論語講義

九十五叟杜道生敬題

李里 著

广西师范大学出版社
GUANGXI NORMAL UNIVERSITY PRESS
·桂林·

图书在版编目（CIP）数据

《论语》讲义 / 李里著 . —桂林：广西师范大学出版社，
2007.10（2025.6 重印）

李里草堂国学系列

ISBN 978-7-5633-6721-4

Ⅰ . 论… Ⅱ . 李… Ⅲ . ①儒家②论语—研究　Ⅳ . B222.25

中国版本图书馆 CIP 数据核字（2007）第 136804 号

广西师范大学出版社出版发行

（广西桂林市五里店路 9 号　邮政编码：541004）
（网址：http://www.bbtpress.com）

出版人：黄轩庄

全国新华书店经销

广西广大印务有限责任公司印刷

（桂林市临桂区秧塘工业园西城大道北侧广西师范大学出版社
集团有限公司创意产业园内　邮政编码：541199）

开本：787 mm × 1 092 mm　1/16

印张：22　字数：400 千字

2007 年 10 月第 1 版　　2025 年 6 月第 13 次印刷

印数：53 001～55 000 册　定价：36.00 元

如发现印装质量问题，影响阅读，请与出版社发行部门联系调换。

目　录

《〈论语〉讲义》赘言

　　尝读《宋史》，或谓予曰：赵普，宋之能臣，虽其人有可议，而半部《论语》治天下，尚不失为名言。

　　世传《论语》有《鲁论》、《齐论》、《古论》，惜乎人世沧桑，年湮代远，齐、古两论亡佚，唯《鲁论》二十篇独传，后注疏者，无虑数十百家，畴昔科举校士命题，规定以《朱子集注》为宗。或又曰：学术者，天下之公器，圣学如日月经天，江河行地，历万古而常新，况今世界学术昌明，亘古未有，焉能墨守乎陈言。萧子云："若无新变，不能代雄。"则李君之作《〈论语〉讲义》也，宜矣。

　　君英年拔萃，传授上庠，前著《国学通观》，人皆佩其锲而不舍，学必大成，今观新作，洋洋约三十万言，人安得不心折之。盖是书也，先有序论以提纲，后分每章为一大段，每段章句，凡释字义，述要旨，或前或后，皆能错综变化，不拘一格，每一章末，复有结论，以为原始要终，其与下章有关联者，则又蝉联以说明之，如是，则全卷二十章，可分可合，分之则自成首尾，朗若列眉，合之则浑然一体，贯如连珠。至于阐述精义，无论古今中外贤哲之至理名言，颇能择其精要而融会贯通。其他闾里市井之语言故事，亦尝取譬以明义，即或偶有调笑，终不乖于圣训，而近乎人情。呜呼！虫臂鼠肝，瓦甓屎溺，庄子亦尝言之，足见道之所在无不在也，而况于圣人之言行乎？是以千百年来，皆奉《论语》为学子必读之经典，而士人立身之准则。由是观之，圣学充实之美，光辉之大，圣神变化之极，足以为天地立心，为生民立命，为往圣继绝学，为万世开太平。今君以此讲学，则弘道爱人，有功于圣学也，岂浅妙哉！

　　回忆髫年受书，即自《论语》始，徒以尘事鞅掌，人海沉浮，以致老无一成，今幸获诵是书，能否温故知新，思过半矣，予将贾其余勇，而上下求索之。

一百零二岁刘克生两千零七年新春于乐至

深入浅出　微言大义
——读李里的《〈论语〉讲义》

李里及其国学研究在这些年的国学热中越来越红,不仅全国各地十多个省级电视台争相报道,就连中央电视台也相继报道。台湾地区的东森电视台、日本国家电视台也都来凑热闹,平面媒体的报道更是难以计数。李里何许人,会受到如此的关注,以至弄得有些家喻户晓。在中央电视台《面对面》的镜头中,王志狡黠精明的追问及李里胜似闲庭信步般的轻松应答,让我们见识了这位年轻学者的学术风采。

其实,李里之喜欢并研究国学,已有十多年,那时他才十多岁。李里似乎就是当今学术界一个奇特的学术怪才。他在读初中时就已显露出对中国文化的极大兴趣。那时,虽然他的数理化成绩让大家很不敢恭维,但他的文学却好得让他就读的那所重庆重点中学的语文老师吃惊。况且,13岁时他还去订做了一套长衫子穿着上课!他中学时让老师得意的另一件事,是他在绘画方面为自己也为学校弄来了一大堆奖牌与奖状,我也正是因此,才得以认识这个天才少年的。

李里在十多岁的小小年纪就喜欢国学,这的确让人费解!找遍今天全国的中学,即使可以找到一堆少年作家,恐怕也难再找到第二个李里。那时的李里放弃了初中数理化的学习,而开始专心专意去学习古典文学、现代文学,去研究四书五经。小小年纪的李里就敢于放弃"科举"功名而潜心于自己的兴趣——李里连高中都没有读过。在今天的学术界,李里或许是唯一自学成才的著名青年学者吧?尽管我们的前辈中这种学者如钱穆、沈从文、启功者不算少数,但在今天,社会给这些"另类"天才的机会却愈来愈少。

李里除自学文学、国学外,尤其崇拜一批国学大师。自十几岁始李里即拜望过许多有学问、有德行的老先生。他提着"束脩"去拜望过季羡林,他拜望过张岱年、侯仁之、刘克生、杨明照、杜道生等大师,他还与年过九旬的老教育家李仲耕先生、百岁高僧佛智法师、诗僧洪禅法师等都是忘年交，老先生们都喜欢这个奇特的、酷爱国学的天才少年。季羡林与李里，一老一小，一聊就是几小时，可见老先生对李里的关爱。另一面，要与季羡林聊几个小时，也得有相当的本事才行，不然你拿什么与国学大师对话？

兴趣浓烈，博学强识，是李里研究国学的基础。李里对传统文化有浓厚的兴趣。在国学领域，他涉猎面极广，不仅在文学、文学史、文字学、经学、古典哲学上下工夫，他还会中医，能给人看病开方，对古代天文地理、传统民风习俗、古代礼节制度也甚为熟悉。他本人的书法、绘画水平也相当不错……李里又有好得出奇的记忆力，只要他上过课的班，一班几十个乃至上百个同学，不到几天，他个个都能叫得出姓名。他不仅能轻松背得一般的古典文学散文、诗词名篇，就是四书五经，也背得不少，甚至连孙中山的《总理遗训》，他都能以极快的语速一背到底……这些，大概就是他与季羡林老先生一聊几小时的原因之所在吧。

李里学的东西多，记的东西多，在其任教的四川师范大学——这是四川师范大学对自学成才的李里的破格录用——开了国学课，初讲课就极受欢迎。他还在星期六、星期天义务为公众讲学长达数年，就讲四书五经。只要李里讲课，各系的学生和各界人士都蜂拥而至，最后口碑相传，不仅川师大本校的师生来听，四川大学的硕士、博士、教师也来听，四川大学还请他去作讲座，四川省社会科学院文学研究所的所长也来了，要聘这位二十来岁的年轻人去教研究生！近年来，全国各地请李里讲学的不仅有大专院校，还有其他机关、企事业单位及社会团体等，他还被四川大学、广西中医学院聘为客座教授。

李里也的确有真本事。他二十五岁前就出版《竺霞法师传》，研究这位中国十大高僧之一的重庆罗汉寺主持。最近，他的《〈论语〉讲义》又是一部弘扬中国文化的好书。

李里讲《论语》与其他一些中国古典经典的白话翻译版不同，这是李里课堂讲《论语》的录音整理，再结合他平时的研究成果而写成，因此"讲义"有着十分明显的李里的个人学理研究和著作撰写的特征。

深入浅出，微言大义，这是李里此书最突出的特征。或许，这也本该是研究《论语》的著述应该具备的特征。因为《论语》作为语录体，它本身就具有深入浅出、微言大义的风格。

例如，你翻开此书，一开始就是《论语》的开篇："学而时习之，不亦说乎？有朋自远方来，不亦乐乎？人不知而不愠，不亦君子乎？"那么，对这种大白话有什么好解读的呢？且看李里如何一一解来。李里首先从文字学角度解释"学"、"习"、"朋"、"乐"等的原意，指出人应学习且应"穷道"，应愉快交友、平和交友，应君子般地看待称讥毁誉，并进而点出此段话的三层次，讲出了《论语》的整个内容和精神——人与心的关系,人与人的关系,人与天的关系,从而说出了整个儒家文化的精髓。儒家文化主要就是解决这三个问题:人与心,人与人,人与天。"要达到一个和谐境界,人与心的和谐,人与人的和谐,人与天的和谐。"他还指出《论语》开篇这三句话与《论语》最后一篇《尧曰》篇里最后三句话是相呼应的,即"不知命,无以为君子也;不知礼,无以立也;不知言,无以知人也"。"故《论语》开篇在这三组关系,结尾在这三组关系。人与天之和谐,人与人之和谐,人与心之和谐,这三组和谐既是《论语》的核心,也是整个中国文化的核心。"

你看,李里论得多好!他不仅能在一些初看上去并无多大意思的句子中寻绎出句中深藏之哲理内涵,而且旁征博引,前后联系,把《论语》当成系统看待,当成中国文化的系统看待,条分缕析,入木三分。这当然又与李里在国学、儒学领域中广博而精到的学养相关。

对于像《论语》这种说理的文章,要讲得生动有趣是很困难的。我们能看到的一些译成现代白话的经典文献,大多为就句论句、硬译直译之作,读之难免味同嚼蜡。李里此书,不仅用语口语化——这显然是李里希望保持平易亲切的语言特征,从而与《论语》语言风格相吻合。同时,李里在讲义中还穿插大量的传统文化知识,如"弱冠"之由来、"四书"的渊源;讲"北辰"之星而谈到古代天文,再讲到"紫微宫"与"紫禁城"之由来;讲"思无邪"而涉中医《黄帝内经》"伤心"之论、《乐记》之情志论、蔡元培之美育代宗教论……无引经据典考证之枯燥繁琐,却于生动活泼聊天式的谈话之中,又有丰富知识的有趣穿插与印证。更难得的是,如此丰富的知识,如此深广的考证,却如水到渠成,表现得自然亲切,信手拈来而头头是道。

这就是李里此书的学术风格:把纯学理的深刻理论探讨寓于行云流水般的娓娓道来之中,寄寓于可读性与趣味性之中,既不失学术的严谨规范,又有文学艺术的情趣兴致。这显然得力于李里广博的知识结构和他对先秦典籍烂熟于胸的深厚学养。

讲《论语》如李里这般,讲到如此生动有趣的程度,显然也不多见。《〈论语〉讲义》的出版,亦属学术出版界之"另类"。在呼唤回归传统、弘扬国学的今天,李里连同他的《〈论语〉讲义》的出现,无疑是件极好的事。

林木两千零七年春于四川大学

读《〈论语〉讲义》

《论语》既是儒家经典的核心，同时也是人们认识儒家学问的敲门砖。正统的儒家经典虽然指六经（诗书礼易乐春秋），但是对今天的人来说，真正去碰六经，真正去研究六经的，已经很少了。所以从现实的意义来说，《论语》便成了认识儒家学问最直接也是最方便的路径。

《论语》这部书恰如民国国学大师马一浮先生所言："《论语》者，所以教人学为君子也。"那什么样的人堪称君子呢？对此，《论语》诸篇从各个不同的角度作了阐说，但我想，最具总结性的，是《论语》煞尾一篇、煞尾一句的"不知命，无以为君子也"。命，大抵包括两个方面，其一是宿世之命，其二是天命。前者其实就是每个人的人生使命。每个人该是什么，有多少功名，有多少利禄，或穷或富，这大概都是有规律的，不是单凭努力就可以得来。后者呢？后者在《中庸》里界定得很清楚："天命之谓性，率性之谓道，修道之谓教。"性即自性，人人皆具，无有高下。前一命乃不平等之命，乃千差万别之命，后一命则可谓平等之命。为什么说知命方能为君子呢？以知命之艰难，以知命之不易也。知命首先要知的是第一命，第一命亦可谓之差别命，于差别中，安于贫富，无怨无骄，不忧不惧，须臾不违于仁，方可谓之知命。安于差别，不为差别所动，进一步方能勘破差别，窥见平等，如是方谓之知天命。以夫子之学，年五十而知天命，是知天命之犹难知也。知天命即是知性，即是见性，即是成佛！从前以为儒家学问乃事功之学，欲明心性必假佛道，今从知命君子观之，则学儒又何尝不能成佛作祖呢？！

佛道二家讲出家修道，儒家是在家修道，是在家出家，出家修道难，在家修道乃难上难！此一门径不离本位而见本地风光，是立地成佛的法门。诸位若看东北农民王凤仪先生，因笃尽伦常，义赴友难，见性明道的过程，便知吾言之不虚也。

余素孤陋寡闻，幸得一读者推荐，始知蜀中有李里先生，先生年十四即志于学，并着长衫，遂有长衫先生之名。今年仅而立，然其学已贯通今古，纵横百家。丙戌岁，蒙先生不弃，应邀前来广西中医学院讲学，十日间，先生片纸未携，侃侃而谈，如数家珍般地道出了数千年中国文化之大义。听者皆大欢喜，叹未曾有，余则暗庆，上苍悲悯，不丧斯文矣。岁末，先生又以其新著《〈论语〉讲义》见示，《论语》乃余素所喜所读者，然鉴于其体例，时或夫子独语，时乃师生答问，瞻之在前，忽焉在后，总觉是东榔西斧之言，前后不能相接。今阅先生之文，从《学而》第一句至《尧曰》最后一句，皆能环环相扣，豁然贯通，圣人之义，昭昭然若揭，始知非圣人之言不能相接，乃以湖泽之小，故不能汇江海也。今也，先生之作将付梓，以余之浅陋，诚不敢以序言，只因读先生之书，欣之，喜之，不愿独享，故草此数语，以荐读者，亦庆圣人之道有所传也。天不丧斯文欤？天不丧斯文也！

丁亥孟春刘力红书于南宁青山

序　论

　　《论语》是我国儒家经典中的一部重要著作。为了使大家对经典有一个清晰的认识，在讲《论语》之前，先谈谈何为经典。《说文解字》讲："经，织也。"注解《说文解字》的清代大学者段玉裁讲，"经"就是织布的纵丝，大家看"经"字左边一个绞丝旁，象征绳子的形状，右边的"□"表示绳子的质地，因为古代人用树皮、树茎搓成绳子，所以"经"的本意就是丝线、绳子一类的东西。那么"经"又是怎么引申为"经典"的呢？中国古代在纸张没有发明之前，书籍都是刻在竹简上。竹简本身是一块一块的，要把它们连在一起成为一部完整的书，就必须在每一块竹简之间穿上绳子。每一块竹简都有绳子经过，所以"经"就引申为经过的意思。又因为每部竹简做的书都有绳子经过，"经"又引申为书。先秦的书都可以称经。到了汉代，汉武帝罢黜百家，独尊儒术，这时只有儒家圣人修订的书才能称经，经就成为官方认定的具权威性的书。这以后"经"由一般意义的书发展为具有权威性的经典著作。经典的权威性除了官方的认定，更主要的还在它自身所具有的重要价值。经典的重要价值体现在它所具有的深度、广度与永恒性上。深度指经典有认识社会人生、把握宇宙规律的深刻性；广度指凡是人们在社会生活中遇到的各种问题都能在经典中找到答案或解决问题的思路；永恒性是指经典具有超越时空的价值。通俗地说，就是经典能够超越时间、空间长期存在，而不是流行三年五年，畅销某地某区。任何时代的人，任何地域的人读了经典都会觉得有价值。春秋时候的人读了觉得好，唐代的人读了觉得好，今天的人读了觉得好，未来的人读了觉得好，这就是超越时间；四川人读了说好，河南人读了说好，中国人读了说好，美国人读了说好，亚洲人读了说好，欧洲人读了说好，这就是超越空间。各个国家、民族都有自己的经典。比如西方的《圣经》，印度的佛经，我们中国的四书五经，等等。这些经典凭借自身的价值，并借助政治或宗教的力量影响着本民族乃至更多的民族、更广的区域。经典往往承载着一个民族的灵魂和精神，决定着一个民族的宇宙观、世界观、价值观。我们要深刻认识和理解一个民族，就必须从这个民族的经典入手。因此，要深刻地认识中华民族，理解中国文化，重建民族精神，发掘中华传统文化对当代中国与未来世界的意义，就必须认真审视影响了我们中华民族两千余年的儒家经典。但是儒家经典卷帙浩繁、内容庞杂，从汉朝到宋朝被官方逐渐认定的就有十三部，称为十三经，再加上历朝历代的读书人对十三经的注解，使这类书更是浩如烟海。即使古人皓首穷经也难以尽观，生活节奏加快、信息爆炸时代的今人，自然更不可能一一解读。所以必须从中选出最能代表儒家思想，并且对我们当代人的现实人生最有帮助的经典来读。

那什么叫"儒"呢？"儒"字一个单人旁，旁边一个"需"，冯友兰先生说，"儒"就是人所需要的，与需要的人。人们需要什么呢？人们需要生活在地球上，人们需要群居、生活，人们需要心情愉快，儒家思想就是讲人与自然的和谐，人与人的和谐，人与心的和谐，这就是人们所需要的。而对人们所需要的，儒家学派的人都懂，所以儒家学派的人就成了人们所需要的人。儒家兴起很早，《说文解字》讲："儒，柔也，术士之称。""儒"指性格柔和而有学问的人。胡适之先生讲，这种人实际是商朝的没落贵族，他们虽然丧失了爵位，但精通古代典籍学问，遂以教授古代文化为生，所以"儒"就是最早的教师，教师则是人们需要的人。而真正将儒家进行改造，使之成为一个学派的是孔子。孔子创立儒家学派后，才在继承古代思想文化的基础上建立了人们所需要的儒家思想。儒家与诸子百家最大的不同就是，诸子百家都只是思想家，而儒家既是思想家，又是精通历代文化的学者，这也是儒家为什么能从诸子百家中脱颖而出，最终成为中华文化正统的重要原因。而对我们当代人最有用，又最能集中展现儒家思想的经典莫过于《论语》。在解读《论语》前我们必须对《论语》中记载的主角、儒家哲学的创始人孔子有一个全面的了解。孔子是中国文化中承上启下的最重要的一个圣人。唐朝的大文学家韩愈在他著名的文章《原道》篇里讲到中国的道统："尧以是传之舜，舜以是传之禹，禹以是传之汤，汤以是传之文、武、周公，文、武、周公传之孔子，孔子传之孟轲，轲之死不得其传焉。"他说在孔子以前，尧把道传给了舜，舜传给了禹，禹传给了商汤，商汤传给了周文王、周武王、周公，周文王、周武王、周公传给了孔子，孔子传给了孟轲，孟轲死后不得再传。国学大师钱穆先生说：中国几千年的文化，上古两千年的文化，赖孔子以传，近古两千年的文化，赖孔子以开。上是传承了尧、舜、禹、汤、文、武、周公的圣人之道，所以孟子说"夫子之学，集大成者也"。孔子是他那个时代最博学的人。他的学问集历代圣王学问之大成，他修订的儒经也是历代圣王集体智慧的结晶。诸子百家各有智慧，但都是个人的智慧，儒家的智慧则是中华民族集体智慧的结晶。下是开启了中华民族两千多年的思想文化与长治久安。孔子在继承了历代圣王思想的基础上又创立了以人为本的仁爱思想。这思想在以后的中国文化中产生了巨大影响并至今闪烁着璀璨的光芒。孔子建立的儒家文化是我们整个中华民族思想文化的基础，所以孔子是我们中华文化人格化的象征。中华文化若用一个人来代表，那就是孔子。以前我国每一个城市每一个县都有孔庙，就是文庙。每一处孔庙里面都有一块匾，上书"斯文在兹"。"斯"作代词，当"这"讲，"兹"也表示这里，意思是这个文就在这里，孔子在这里，中国文化就在这里，孔子就是文的代表。古人说"天不生仲尼，万古如长夜"，说如果老天爷不生下孔子的话，万古都像长夜一般。孔子在黑暗的长夜里为中国人指引了光明，这就是孔子的伟大。孔子是中国文化人格化的象征，孔子的精神就是中国文化的精神。所以从前中国人供奉孔子，每年都要三次祭孔，一次在孔子的生日八月二十七日，另外两次分别在每年二月、十月。孔子的生平主要记录在太史公司马迁的《史记·孔子世家》里面。孔子名丘。据说孔子出生的时候，头的正中有一个肉球，看起来像一个土丘一样，因而取名孔丘。但根据《史记》的说法，孔子是"圩顶"，头顶中央下陷，四周突起，如同山丘，故名丘。不过我们看历代的孔圣人的图像，都是头顶突出如山丘。圣人一般天生有奇异之相。老子出生的时候没有耳郭，所以老子的名字叫老聃，聃就是耳郭的意思。传说释迦牟尼出生的时候，一手指天一手指地，发海潮音，作狮子吼。所以圣人出生都与常人不一样。孔子，字仲尼。古人取字的时候常常把这个人在家里的排行取进去，古人按伯、仲、叔、季排老大、老二、老三、老四。孔子排行老二，故有一仲字。而孔子的家乡山东曲阜有座山叫尼山，古人取字的时候通常把家乡地名也嵌在里面，所以孔子字仲尼。在有的古书里，对孔子不称孔子也不称孔丘，而说仲尼，或者说尼父、尼山，都是指的孔子。

古人的名和字是不一样的，现在的人只有名，古人是有名、有字、有号的。名是出生的时候父母亲取的，到了二十岁要取字。古人把二十岁称作弱冠之年。十五岁束发，束发就是把头发绾起来。古人三至八岁"垂髫"，头发披散，九至十四岁"总角"，头发分左右两半，各扎一结，十五岁束发，将总角解散，扎作一束，表示他半成年了。现在半成年是十六岁，领身份证表示半成年了。古人认为二十岁以前的生命是自然意义的生命，只知道吃喝，从二十岁起，社会意义的生命就开始了，人就要承担起家庭的、社会的责任。古人在成人这一天要举行一个大典，给刚成年的人带上帽子，称为"冠礼"。这时家里面要请很多客人来，然后由你的老师或者家族的长辈给你取字，二十岁时就有了字。古代的习俗是有了字以后，平辈的人再来叫你的名，就是对你的不尊重，只有父母师长才能称你的名，同辈之间一般称字。号就是自己取的了。根据自己的兴趣爱好、住家的地点、个

論語啓蒙

里中學時從外祖父
好友何世森爺請教
論語是為研學論語
之始今論語講義出
版之際何爺何希已去世四
年矣遂繪此圖以為
紀念共和國五十八年
孟夏李里於蓉城

《论语》启蒙。里中学时从外祖父好友何世森爷请教《论语》,是为研学《论语》之始。今《〈论语〉讲义》出版之际,何爷已去世四年矣。遂绘此图以为纪念。共和国五十八年孟夏,李里于蓉城。

人情操,可以取很多号。有的人一辈子取了几十上百个号。张大千号大千居士,齐白石一号白石山翁,一号白石老人。欧阳修号六一居士,他有六个"一":一万卷书,一千卷夏商周三代以来的金石遗文,一张琴,一局棋,一壶酒,外加一个欧阳修老翁,就是六个"一"的六一居士。苏东坡家背后有个坡叫东坡,他就号东坡。号可以取很多,自己取。这就是古人的名、字、号。

孔子的父亲叫叔梁纥,是鲁国的一个小官。孔子三岁的时候他父亲就去世了,他就跟着母亲一起生活,他母亲姓颜,叫颜征在,孔子从母亲那里接受了他的启蒙教育。

国学大师杜道生先生讲,中国传统教育有五教,第一教就是母教。母亲的教育是非常重要的,历史上凡是有成就的人一般都有一个很优秀的母亲。如孟母、岳母、鲁迅先生之母、胡适先生之母、丰子恺先生之母。第二教是家教,家庭教育,家庭中诸成员之共同教育。第三教是行教,古人要学手艺,七十二行,行行都有行规行教。第四教是名教。读书人有名教,名不正则言不顺。第五教是帮教,不读书,不学手艺,在社会上混的人,都有帮教。帮会、袍哥大爷,都有帮教。凡是浪迹在社会上的人都有帮会去教育他。帮会里供的是关公,关羽讲忠义。读书人讲仁,不读书的人讲义。中国社会就靠这五教来维系,几千年来的社会安定都离不开这五教。

圣人从小就显出和常人不一样的地方,其他小孩子都在打梨吃,在疯玩的时候,孔子在摆弄祭祀的礼器。古代祭天地鬼神都有不同的礼器。孔子就把这些礼器放在桌子上,像过家家一样摆过去摆过来。中国成为礼仪之邦和孔子好礼有很大的关系。《论语》第二篇《为政》篇里记载:"吾十有五而志于学,三十而立,四十而不惑,五十而知天命,六十而耳顺,七十而从心所欲,不逾矩。"孔子十五岁开始立志求学,学人生的大道。三十而立,现在所说的成家立业并不是孔子的原意。孔子十九岁娶了宋国的亓官氏为妻,二十岁生了儿子孔鲤。孔子得儿子时,鲁昭公送鲤鱼为贺,所以孔子为儿子取名孔鲤,字伯鱼。孔子的"立"是立于礼,礼仪是人的行为规范,站有站之仪,站的时候要有一种浩然之气。坐有坐之仪,正襟危坐,人看起来端庄典雅。站如松,坐如钟,行如风,卧如弓,这是最起码的标准。此外还有待人接物。对待不同年龄、不同身份的人应该行什么礼,和不同的人应该说怎样的话,说到什么程度,都有一套严格的礼仪。孔子说三十而立,三十岁才懂得了做人的规范,才能堂堂正正地立于天地之间,才成了人。四十而不惑,孔子在二十岁到四十岁这个阶段,在鲁国做过几任管理仓库、管理牛羊的小官,都不受重用。四十岁以后,孔子在一棵杏树下面讲学。在孔子以前,中国的教育是在官府里面进行的,孔子以后才有了民间私家讲学之风。孔子是第一个在民间私人讲学的老师,他是中国第一个平民教育家,将文化学术普及到民间,让老百姓受教育,这是相当伟大的。当时全国各地的学子陆陆续续都来向他求学,孔子门下有门人三千,贤人七十二,他们散布在各个诸侯国,是各个诸侯国的外交家、军事家、学者、政治家。这些人都是孔子的弟子,三千弟子就是当时的精英,孔子实际上就是当时的精神领袖。孔子五十一岁后又在鲁国做了大司寇,五十四岁以后,带着弟子用了十四年的时间周游列国,向各个诸侯王宣讲他的思想,但都不见用,孔子于是在六十八岁这年回到了鲁国,开始著书立说,修订六经。即修诗书,正礼乐,赞易传,著春秋,这是孔子平生最伟大的功绩,是他对中国文化做的最大贡献。六经就是诗经、书经、礼经、乐经、易经、春秋。诗经、书经都不是孔子创作的,孔子以前就有三千首古诗,孔子按照儒家温柔敦厚的标准,把这三千首诗删订成305篇,这就是今天的《诗经》,中国第一部诗歌总集。书经是上古时候政治典章的汇编,相传也有千余篇,经过孔子删订才有古来的《书经》。礼经、乐经也不是孔子的著作,而是孔子以前的圣人周公撰著的。周公是周文王的儿子,周武王的弟弟,叫姬旦。周朝末年,礼崩乐坏,孔子认为有必要重新订正礼经和乐经。易经是"人更三圣,世历三古",是由三个时代的三个圣人著成的。一个是伏羲氏画八卦,一个是周文王演六十四卦作卦辞,三是孔子把易经的深邃哲理阐发出来,加以赞美。《易经》后面的系辞是孔子写得最漂亮的文章,文辞对仗骈美。《春秋》是孔子编订的一部寄寓了自己政治理想的鲁国史书。乐经汉朝失传,所以后来六经变成了五经。六经编定后儒家经典由此诞生,换句话说就是有圣人才有经典。这里就出现了"圣人"的问题,所以我顺便就此谈一谈。"圣诞"就是圣人的诞生。每一个国家、民族都有它的圣人和圣人的诞生。什么是圣人?我们来看看圣字的写法。繁体"聖"字,下面一个"壬",上面一个"耳"一个"口","壬"读 tǐng,象形文字写作"𡈼",表示人立于大地之上。后人也有将"壬"当"王"字讲的,"王"字的三横表示天、地、人,中间这一竖表示贯通天、地、人的人,把天、地、人都贯通的人就称为王,这是统领人间的人。比王还要高的人是"聖"。你们看"王"上面有"耳",表示用耳朵来谛听天地之音,听天地宇宙的大道。这是讲的觉悟,自己首先要觉悟,听得懂天地的大道。而这个"口"字,是指不仅自己觉悟了,还要用口来宣讲天地宇宙的大道,使众生都能觉悟,自觉觉他。所以"聖"就是自己觉悟了,又能使众生觉悟,而且还能统领众生的人,他是比王还高的人。圣人和凡人的差别就在觉与不觉,觉悟了的就是圣人,不觉悟的就是凡人。在中国,孔子以前有很多圣人,孔子以后也有不少圣人。尧、舜、禹、汤、周文王、周武王、周公,这是孔子以前的圣人;孔子以后,有颜子、曾子、子思、孟子,孟子以下还有很多。但孔子是众多圣人中最圣的,所以历代帝王都称他为"至圣"。孔子的封号是"大成至圣先师文宣王孔圣人"。"大成"是说孔子的学问,"至圣"是说他的功绩,"先师"指孔子是中国第一位私人讲学的老师,"文宣王"是说孔子是中国文化的宣导者。古人说:"百世而上,以圣为归。百世而下,以圣为师。"百世以上,以孔子为总结,百世以下,以孔子为老师。

到七十一岁,孔子的事情做完了,也渐渐老了,到七十三岁就去世了。孔子去世的时候,泰山崩,古树死,圣人其萎,天地同悲。按中国文化来讲圣人都是要长寿的,庄子活了八十三岁,孟子活了八十四岁,墨子活了九十二岁,老子更不知活了多少岁。这些人都活得长,为什么孔子才活了七十三岁呢?有两个原因。第一,孔子最喜欢的弟子颜回只活了三十二岁,在孔子七十一岁的时候死了,这件事对孔子打击非常大,孔子大哭。鲁哀公曾问孔子,你的弟子里面哪一个最好学,孔子曰:"有颜回者好学,不幸短命死矣,今也则无。"他说有一个叫颜回的,可是不幸短命死了,现在已没有了,可见颜回在孔子心中的分量。因为颜回是传孔子道的人,颜回之死是道之不传也,这是对孔子的第一个大打击,圣人忧道。第二,孔子晚年"西狩获麟"。有一天,孔子在家里坐着,他的弟子子路风风火火跑来告诉他,鲁国的郊外出现一只麒麟,孔子高兴得手之舞之、足之蹈之。圣人至情至性,他就跑去看,结果还没到那个地方,又有学生跑来告诉他,哎呀,老师啊,麒麟被猎人打死了,孔子一下子从马上跌下来,号啕大哭,七天七夜不省人事。等到睁开眼睛他第一句话又问麒麟,弟子们不理解,就问先生这是什么道理。孔子才慢慢地说,麒麟的出现是天下太平盛世的征兆,天下有太平盛世才有麒麟出现。可是麒麟刚刚出现,就被打死了,太平盛世还没来就被扼杀在摇篮里了。孔子一心想救苍生,想天下太平,可是太平盛世还没来就被扼杀了,这一次孔子也受了深深的打击。圣人为天下苍生忧,这两次打击,缩短了孔子的寿命,他只活了七十三岁。孔子去世的时候,他的弟子纷纷在他的坟前修茅庐,为他守灵三年。孔子晚年有个最喜欢的弟子叫子贡,为他守灵六年,足见圣贤的师生高谊。

经典、圣人都讲了,接下来对《论语》及其相关的知识作个简介。《论语》是四书里很重要的一部书。四书是指《大学》、《中庸》、《论语》、《孟子》四部书。提出四书这个概念的是宋朝的大学者朱熹。朱熹认为儒家的经典浩如烟海,因此他把儒家的《论语》和《孟子》两部书,《礼记》里的《大学》、《中庸》两篇文章抽出来作为四书,他说四书文字少,易于读书人把握儒家的精神。这四部书,《大学》1 753字,《中庸》3 568字,《论语》15 917字,《孟子》35 377字。四部书共六万字左右。对读书人而言,这四部书文字少却见效快,因此朱熹以四书作为儒家读书的总纲目。他还专门为四书作了注解,称作"四书章句集注"。对《大学》、《中庸》的注解称"章句",对《论语》、《孟子》称"集注"。章句,即将一篇文章分为数章,然后对每一章、每一句注解。集注,将前人的注解汇集起来,编在相应句子下,并写下自己的见解。朱熹在《论语》的每一句下都附有自己的意见,多简短精要,甚得圣人之意。故而从宋代到清代八百多年,读书人都读四书,科举考试也考四书,八股文就是从四书里抽些句子出来立论做文章,称作代圣人立言,具体则以朱熹的注解为标准。历朝历代注解《论语》的书相当多,最著名的有三种:一为曹魏时何晏的《论语集解》,吸收了汉朝人注解《论语》的成果,后收入《十三经注疏》;二为朱熹的《论语集注》,为宋朝人注解《论语》的集大成;三为清朝刘宝楠的《论语正义》,吸收了清朝人注解《论语》的成果。今人读《论语》,要领会圣人的微言大义,最好、最便捷的参考还是朱熹的注本。

《三字经》里讲:"论语者,二十篇,群弟子,记善言。"《论语》共二十篇,是孔子的门生记录孔子以及孔子弟子言行的书,是一部语录体书。《论语》是一部人生的教科书,所以老少咸宜。不管什么行业、什么身份、什么年龄的人,读了《论语》都会有很大的收获。照理说,语录是没有思想体系的,但是我认为,《论语》二十篇,每一篇、每一句之间都有很深刻的内在联系,这一点我们在讲解中将会阐明。

学而第一

孔子的学说就是人学。人学的核心就是要将自然人变为理想人。自然人就是没有受过教育的人，理想人就是具有完美人格的人。自然人是人，理想人是仁。故汉朝人讲人者仁也，也就是说仁者是由人做的，理想人是由自然人变成的。那么怎样使自然人变为理想人呢？必须通过学习。学习是儒家修养的根本途径。学是明道，习是体道；学是认识理论，习是实践理论。只有通过反复地认识与实践，自然人才会逐渐变成理想人。所以《论语》一开篇就是《学而》，学是儒家一切问题的基础，这个基础就是学做人。

◎　子曰："学而时习之，不亦说乎？有朋自远方来，不亦乐乎？人不知而不愠，不亦君子乎？"

人要安身立命，要立于天地之间，首先就在"学"字上。学就是学习。学什么呢？学人生的大道。求道，求人生之大道。

这三句是整部《论语》的提纲、灵魂。在中学的时候我们都学过这几句话，但对其中的深意，我们是否已体会？我们读圣人经典一定要掌握方法，就是求微言大义。很微小的一句话当中，有非常深远的、广大的意思，就叫微言大义。我们不论是读儒家的经典还是读其他经典，都要掌握这个原则。看似很平易很简单的一句话里面，往往包含了很深邃的哲理。比如"有朋自远方来，不亦乐乎"，朋友来了，大家高兴，这个话老太婆都会说。连老太婆都会说的话，还需要圣人来讲吗？所以有些人觉得读儒家的书没有什么意思，尽说些老太婆都会说的话，没有深意。其实不然，是他自己没有领会到深意。

我们一句句来讲。"学而时习之"，先看这个"学"字，学的象形文字是"𢫦"，"𦥑"指左右两只手，"爻"指知识、智慧，"冖"表示迷雾，"子"指读书求学的子弟，合起来意思就是老师用两只手，一手拨开小孩头上的迷雾，一手把知识、智慧灌输给小孩。所以"学"即除迷、断惑、开智慧。在这里指除掉人生的迷雾，开启人生的智慧，故"学"即指学习人生的大道。注意，孔子讲的学都是指学人生大道，安身立命之道，并不是学一些零星断续的知识技能。另外还有一个向什么人学的问题。向什么人学？向圣人、先觉者学。下面再看"时"字。象形文字中的"時"是"🕐"。古时候要掌握时间，既没有钟，又没有表，更没有手机，怎么来看时间呢？古人是通过太阳来看时间的。你看这个"時"字，右上方有个"土"字，土表示方位，表示阳光照在哪个地方，但仅仅有了土还不能测出时间，还要有"寸"，测量时间的工具。太阳光照到每一地方的时间是不一样的。在不同的地方，看到太阳的时间完全不同。我们现在在中国，是上午 10 点钟，在读书、讲课，在美国却是深夜，在东京、在伦敦时间又不一样。在故宫里面，有日晷，石块做的，圆盘中间镶了一根铁针，这就是中国皇宫里面最早的钟，用来测时间的表。太阳光照射到铁针上面的时候，必然会出现阴影，太阳不停地移动着，从东方升起，从西方落下，不同时间的太阳光照着的铁针的阴影就不同，如果在正午，因为太阳是直射，就没有阴影。通过阴影的长短就能大致推定一天的时间。这就是中国人测量时间的最早的方法，很原始，但也是非常科学的。此外，根据太阳在天空中运行的方位，我们也可以大概地判断春、夏、秋、冬。一个"时"字就包含了我们古人对天文、对时间的许多理解和测量方法，有太阳，有方位，有测量时间的度量衡。"学而时习之"，学习人生的大道，这里的"时"表示时时刻刻，时时刻刻要去"习"它。那怎么去"习"呢？繁体字"習"上面一个"羽"字，下面一个"白"字，郭沫若先生讲甲骨文中"白"是"日"字，日代表晴天，鸟儿都是在晴天学飞，反复飞，飞着飞着就飞上天了。故《说文解字》讲"习"的本意是"数飞也"，"数"在这里读作 shuò，表示屡次、反复。"数飞"就是屡次、反复飞翔，这是"习"的本意。我们想象一下，小鸟儿刚从蛋壳里孵出来的时候，大鸟喂它食物，它就会扑扑扑地拍扇着翅膀去吃，它的翅膀任何时候都在动，都在学飞。几周后小鸟儿就扑扑扑地飞起来了，但刚飞起来就落下去了，然后再飞，落下，再飞高，终有一天扑扑扑地飞上天空了。所以"习"的意思就是反复飞。反复飞引申为实践的意思，时时刻刻去实践，学习人生的大道就要时时刻刻去实践它。我们讲了一个理之后要在生活中身体力行，开始不一定能做得好，但我们反复做，终于把它做好了。就好像我俩闹了矛盾，我们学圣人之道，解决我们之间的矛盾，开始解决不好，但慢慢解决，缓和一点，再解决，再好一点，最后我们两个关系融洽了，非常之好，这就叫"学而时习之，不亦说乎"。关键在这个"说"字。"说"通"悦"，喜悦在心里，没有流露出来。因为我学了人生的大道，在反复实践它的过程当中，我自己受用了，得到了收益，这时只有我的内心才知道，这种喜悦是他人无法理解的，所以"学而时习之，不亦说乎"，是指自己内心的喜悦。《论语》的第一句就是人要学习，学了以后还要反复实践。人只有学习人生大道，并实践于人生中，真正地受用，才有内心的喜悦。

"有朋自远方来，不亦乐乎"，老太婆也能说的话，我们来讲一讲它的深意。

"有朋自远方来"，关键在"朋"字。"朋"，在《说文解字》里是没有这个字的。最早这个字读 fèng，"朋"的古字是凤凰的"凤"，因为凤凰飞翔的时候百鸟跟从，只要凤凰一飞，所有的鸟都跟从它，百鸟之间相互就产生了感情，像朋友一样。它们都跟随着凤凰，所以它们就是"朋"。"朋"就是指跟随着凤凰飞的鸟，因为跟随凤凰，故引申为凤凰的学生。"朋"后来引申的意思就是"同师为朋"。而"友"和"朋"是不一样的，同师为朋，同志为友。同一个老师教出来的叫"朋"，有共同志向的叫"友"。在座的各位都是我教的学生，你们彼此为朋，但是不一定是友，因为每个人的志向都不一样。如果是一个老师教的，又有共同志向，那就是朋友。还有，有些人有共同志向，但不是一个老师教的，那么他们是友，不是朋。"有朋自远方来"，不是从近处来，注意，关键是"远方来"。一个老师教那么多学生，如果我和某个学生是邻居，门挨着门住，他天天都能看到我，他来看我，我就不觉得很稀奇。而如果有一个学生在祁连山下住，一个在大草原，一个在广西，他们从远方千里迢迢来看望我。为什么他们会千里迢迢来看望我？我们试想，只要读过书的人，在人生中都会遇到很多老师，小学、中学、大学，不同的阶段会遇到很多老师。但在我们的人生道路当中，真正给我们留下印象，值得我们一直记着并想去看望的老师并不多。所以真正的好老师是很少的，而能够让你一生都想到他、一生都想要去看望的，必定是一个非常优秀的老师，他有道德、有学问、有崇高的人生境界，这样的人我们才会常常惦记着他，要去看望他。所以"有朋自远方来"，第一层意思就是，一个老师的道德、学问、人生境界，他的学生、门生弟子认同并为之折服，他们才会去看望他。而且，他们才会跋山涉水，不辞劳苦，从千里以外去看望他。在古代没有飞机、轮船、火车，从远方来是多么不容易。这一点就说明这个老师是不寻常的，肯定是有道的人，是一个思想深邃、有道德、有学问的人，如此才赢得学生的青睐。"不亦乐乎"，"亦"字当"也"字讲，不也是快乐的事吗？不也是喜悦的事吗？"乐"的象形文字是"樂"，是一个木架子，上面挂了一个鼓，代表乐器。这个字的本意应该是音乐的乐。乐以发和，音乐是调和大家的。大家累了、疲乏了、辛苦了，给大家奏乐、演戏，这时大家一下就快乐了。所以"乐"是由此引发出来的，音乐会引发出快乐，快乐从音乐中来。"乐"是喜悦流露在脸上，快乐不流露出来，在心里面只有自己知道的就称"悦"，写在脸上看得见的就叫"乐"。来了客人，必定要出来迎接："请坐，请坐，好久没来了……"自然快乐也流露在脸上。如果来了客人，你只悦不乐，内心喜悦却不说话，也不笑，只把客人望着，会让客人十分不解："我哪年借了他的米还了他的糠？"弄得客人不敢进来，这显然不是正常的现象。按正常情况，来了客人都是很高兴的。"有朋自远方来，不亦乐乎"，这不是快乐的事情吗？这里指的就是你的道德、学问、人格被人所认同，被人所景仰的时候，你感到很高兴，高兴的是自己的有道有德，自己的人格魅力大。既然有这么大的人格魅力，必定就传开了，不胫而走，天下人逐渐都知道了，客人就天天都有。大家试想，偶尔有远方的弟子来看你，你很高兴。但如果天天都是这样子，每天一起床外面排着队都是客人，晚上要睡觉了，客人还没会见完，这个时候你都还能够乐，那才是真正的境界，不容易哦。一个人一旦有名了，他的道德、学问、人格传开了以后，四方之人都想来看他。开始很纯粹，是出于崇敬他的道德、学问、人格，可是后来不一样了，人家就冲他这个名。怀着不同目的的人，怀着各种用心的人都来了。最初是来向他求学的，崇敬他的，来亲近他的，后来有些人就是想来利用他，各种情况都有。这个时候你还能够一直保持那种快乐的心境，不受外界的干扰，是更不容易做到的事情。你们以后都有可能成名人，天天都有各种人围在你身边，随时都有人来朝见，如果还能够保持一份快乐的心境，那就不简单了。人还有分别心，当来的人越来越多，分别心就出来了。哦，这个客人重要，是某某领导，达官显贵，赶快请到客厅里上坐，好生接待；这个又是大老板，要给我们投资，也要好生接待……对不同的客人态度就不一样了。还有，从早接待到晚难免心烦，有时要发发火了，这里吼两句，那里骂一下，在这种情况下你还能保持一颗平常心，这个时候境界就真显出来了。对来求见你的任何人，都要一视同仁，要保持乐，要有欢喜心，而不能生厌倦心，生分别心。有朋自远方来，人容易乐，客人来多了以后，偶尔一两次是可以乐的，天天这样子你就招架不住了。但是在这种情况下你的心都不变，说明你的心不被外物所动，你的那种从容、那种境界，在这个时候才真正体现出来。

第三句接着来了，更关键："人不知而不愠"。你有道德、有学问、有境界、有崇高的人生理想，别人都知道你，你就很高兴。但你有道德、有学问、有境界、有崇高的人生理想，就是没有人知道你，没有人理解你；或是知道了，却不睬你、不用你；更有甚者，还要整你：你了不起啊，你这么行，这样有学问，那我非把你弄下来不可——嫉妒你，在这种时候，你还能不"愠"。这句的关键就是这"愠"字。"愠"就是恼怒，不愠，一点不懊恼，一点不生气，不发怒，这才是真正的君子，这就更不容易了。人的道德境界越高，学问越高的时候，就难免会想，我都这么好了，为什么你们还不理解我呢？我都这么有名了，为什么你们还不用我呢？这种时候你还能一点不恼怒，是不是不容易啊？从古到今我们看，有多少人都在埋怨自己怀才不遇，埋怨自己时运不济，命运多蹇？你看这个人和我初中同学，当时他才考六七十分，而我考一百分，可现在他过得多好啊，荣华富贵，我却还在落难，不公平！怀才不遇，埋怨，这种情况是很多的。"人不知而不愠"，你知我、用我也好，不知我、不用我也好；理解我也好，不理解我也好，我都不生气。其实，高处不胜寒，人的境界越高，能够理解他的人就越少，就是这道理。所以孔子说："知我者，其天乎！"知道我的大概只有天吧。不是众生能知道你的，众生都能理解你了,那众生都是圣人了,这样众生也就不是众生了。所以说"人不知而不愠,不亦君子乎",这一点更不容易做到。而很多人,一般的人:我这么努力、刻苦地学习,人品这么高尚,可是就有人总在背后说我的坏话,我就想不通了;我对他们又好,我又这么努力,他们还这么说我,我心里就不舒服了,恼怒了。如果在这个时候你还能安然地对待,所谓"称讥毁誉寻常有",你寻常对待,这些事才不会影响你的本心。"不亦君子乎",这才是核心的话,这才是真正的君子。那么什么是"君子"呢?这是《论语》的一个核心,在第一段话里就提出了"君子"的概念。

民国国学大师马一浮先生云:"《论语》者,所以教人学为君子也。"《论语》这部书就是教人学为君子的。什么是君子呢?君者,尊也,"君"表示尊贵,尊贵的人。"子",有德、有学、有貌的人,最关键是有德、有学,有没有貌倒不重要,有貌当然更好,没有貌,他还是了不起的。君子就是指尊贵的、有德有学的人。《论语》就是教我们学成为一个尊贵的、有德有学的人。以什么为尊贵呢?以有道德有学问为尊贵。真正的君子能够乐天知命,安常处顺,在任何环境下都能保持一颗平和的心,不为外物所动,喜怒哀乐都不影响自己的本心。第一段这三句话就有这么深的含义,其实它就是《论语》的纲领。我们再看这三句话。"不亦说乎"的"说",是内心世界的感受,这是讲人与心的关系。一个人真正能不忧,没有忧愁,就要看他的心是不是真正的通达、仁德。为什么众生都痛苦呢,就是因为处理不好人与心的关系。"有朋自远方来",是讲人与人之间的关系。你怎么处理有朋自远方来的问题,就是你怎么处理人与人之间的问题。来早了,你不舒服;来多了,你厌烦;不来了,你埋怨,这都是说如何处理人与人之间关系的问题。最后一个,"人不知而不愠",是讲人与天的关系。天命所定,你这个人能不能为世间所用,能不能在这一世做出事情来,那不是人命,那是天命。所以孔子说"五十而知天命",人的知与不知、用与不用都是天命决定的。

这三句话包含了《论语》的全部内容和精神:人与心的关系,人与人的关系,人与天的关系,说出了儒家文化的精髓。儒家文化主要就是解决这三个问题:人与心,人与人,人与天。人与天也就是人与自然。而人与人也好,人与心也好,人与天也好,都是要达到一个和谐境界——人与心的和谐,人与人的和谐,人与天的和谐。这三句话与《论语》最后一篇《尧曰》篇里的最后三句是相互照应的:"不知命,无以为君子也。不知礼,无以立也。不知言,无以知人也。"不知道天命,就不足以称为君子,就是讲人与天的关系;不懂得用礼来调整人内心的感情,就不足以为人而立于天地之间,就是讲人与心的关系;不能辨别他人的话语就不足以识人,就是讲人与人的关系。故《论语》开篇在这三组关系,结尾亦在这三组关系。人与天之和谐,人与人之和谐,人与心之和谐,这三组和谐既是《论语》的核心,也是整个中国文化的核心。

✵ 　有子曰："其为人也孝弟，而好犯上者，鲜矣；不好犯上，而好作乱者，未之有也。君子务本，本立而道生。孝弟也者，其为仁之本与！"

　　第一句是"子曰"，是孔子说的话，为什么第二句是"有子曰"呢？有子是孔子的弟子，姓有名若，叫有若。在《论语》当中只有三个人称"子"，凡是"子曰"都是指孔子说，另外两个称子的，一个叫有子，一个叫曾子，曾子名参。除孔子外只有这两个人称子，其他人称子张、子游、子路、子夏、子贡等，不称贡子、路子……为什么？因为相传《论语》主要是有子和曾子的弟子整理出来的，所以弟子们把他们的老师也称作子，而其他那些师叔，只叫子什么、子什么，就不叫什么什么子了。不是所有人都能称子的，要有崇高的道德境界、深厚的学问才能称子。曾子是孔子的弟子里面年龄最小的一个，他比孔子小四十六岁的样子，最后传孔子道的人就是曾子，曾子著了一篇书，就是《大学》。

　　第一句是讲学，人不能无学，学什么呢？要学着做君子，成为君子的条件是什么呢？有子这句话就是讲做君子的条件。有子曰，"其为人也孝弟"，做君子首先就要"孝弟"，"孝弟"是儒家哲学的一个根本。"孝"的象形文字是"𡥉"，我们先看"老"字的写法："𦒅"，这是"毛"的象形文，在旁边加一竖"𠁼"，表示人，下面是个"化"字。"化"字最早就写成"𠤎"，而此字是将"人"字倒过来写，"老"字象形文字即"𦒅"。把人倒过来就是事物发生了变化，人的毛发下加一"化"字，表示一个人的毛发发生了变化，由黑变白，青丝变白发，这就是"老"字。将"老"字下的"匕"字换成儿子的"子"，就是"孝"，以子承老即为孝。老人老得走不动了，儿女去照顾他，服侍他，这就是孝。孝的第一层意思，以子承老。还有一层意思，如果这个"孝"字没有"子"，也不成其为孝了，孝必须要有子，没有子就不是孝。所以孟子说"不孝有三，无后为大"。"不孝"有哪三种呢？第一是阿意曲从，陷亲不义；第二是家贫亲老，不为仕禄；第三是不娶无子，绝先祖祀。意思就是无原则地刻意迎合父母亲的各种愿望，结果陷父母于不义；家族贫寒，父母又老了，还不出去做官挣钱以养父母；不娶妻，或娶妻无子，断绝了对祖先的祭祀。不孝顺有三种，无后是第一。孝首先要有子，要有儿女，要儿女来照顾老人，这才是孝。再来看"弟"字，弟的象形文字是"𢎟"，中间这个东西是牛皮筋，是绳子，用绳子来捆东西就是弟。捆东西总是一圈一圈地捆，一圈一圈地捆必然就有先有后，弟的本意就是指的次弟，即先后的意思，有先有后就是弟。而次弟先后又有一层意思：哥哥和弟弟之间，总是哥哥在先弟弟在后，于是"弟"又引申为哥哥弟弟的弟。从绳子的先后引申出人的先后，先的就是哥哥，后的就是弟弟。"弟"在这里读做 tì，后来写作"悌"，表示弟弟尊重哥哥，妹妹尊敬姐姐。有子说，为人就要讲孝弟，要尊敬父母,尊敬兄长。孝弟,这是人的根本。"其为人也孝弟,而好犯上者,鲜矣",一个人如果懂得尊敬师长,懂得尊敬父母、尊敬兄长的话,他就不会去犯上。"犯上"就是冒犯长官。如果他很孝顺,很尊重兄长的话,怎么还会去冒犯长官呢?"鲜矣","鲜"就是少的意思。这句话意思是,一个人尊敬长辈,尊敬父母、兄长,还会去冒犯长官,这种人太少了。"不好犯上,而好作乱,未之有也",他连长官都不会去冒犯,怎么会去作乱呢,这样的人是没有的。"君子务本",这是这一句话的核心。"务"就是追求,君子追求根本。务本,这个"本"字,一个树木的"木",下面划一横,代表树根。树的下面是根,根本根本,本就是根。我们看一棵树的枝叶,就要看它的根,它的根决定了枝叶的生长,枝末和这个本是不能分开的。如果在这个"木"的上面划一横,就表示树梢——"末",末梢的末。还是这个"木"字,中间加一横是什么字啊?"朱"字。为什么是朱呢?因为把树皮剖开,会发现里面是红色的,树木的树心都是红质地的,朱红,意思就是红色。在《说文解字》里,以"木"为偏旁造的字有 400 多个。君子务本,君子要追求做人的根本。"本立而道生",根本立起来了,人生的大道自然就生发出来了。就像一棵树,根长好了,枝叶自然就长出来了,道就是枝叶。那根本是什么呢?"孝弟也者,其为仁之本与","孝"和"弟"就是我们做人的根本。这句话提出了儒家一个很重要的概念,仁德的仁,这也是《论语》中最重要的精神。学,学做君子,君子的品德是什么? 就是仁德。"仁"字,一个"人"旁,一个"二",就是两个人的意思。随时随地你心中要想着他人,不能只顾自己,这就是仁德,有我有众生。你心中有了父母、兄长之后,又有了他人,就不光是你自己了,要为他人着想,要随时想着他人,这就是仁爱之心的根本。儒家的仁爱从哪里生发出来啊? 从亲情里生发出来。因为儒家讲的爱是次第之爱,由此及彼之爱,是可以推广开来的。从父子之爱推广到上下级之爱,由兄弟之爱推广到朋友之爱,再由夫妻之爱推广到天下男女之爱,是有次第的,从亲情演绎出来的。所以说"孝弟"是做人的根本。"君子务本,本立而道生",根本立住了,道就生出来了。再看看这个"生"字,我们看每一个汉字,都要对它有深入的理解,这样才能领会中华文化的博大,每一个汉字都是有深意的,都有哲学含意。"生"字是这样写的"𤯔",下面一个"土",上面是草,土上长草就是生,生命开始了,这就是"生"字。"君子务本,本立而道生。孝弟也者,其为仁之本与","与"字读 yú,这里相当于"吧"。这是人的根本吧! 君子的核心是仁德,而仁德的核心在孝弟。要论证一个概念,从正反方面论述,有子说了什么是仁德,懂得了孝弟就有了行仁德的根本。接下来,什么是不仁德呢?

⊛ 子曰:"巧言令色,鲜矣仁。"

　　孔子说,什么是不仁德呢? 巧言令色就少仁德。"巧言"就是花言巧语。孔子很讨厌一天到晚呱呱呱说个没完没了的人。随时都在沾沾自喜,夸耀自己,花言巧语,说得天花乱坠,这种人总是有问题的。"令色",古文里凡"色"都是指脸色,"令"当美好讲,"令色"就是好脸色。花言巧语、满脸堆笑的人,就"鲜矣仁"。"鲜"就是少,缺少仁德。一心以外在的东西取悦别人的人,其内心是缺少仁德的。

◎　**曾子曰:"吾日三省吾身:为人谋而不忠乎? 与朋友交而不信乎? 传不习乎?"**

　　曾子又说话了,子曰一句,有子曰一句,子再曰一句,曾子又曰一句,所以叫"论语",大家讨论,不是一个人说的。曾子说了,人要学习,要学君子,要学仁德,怎么学呢? 学习的方法是什么,这句就是曾子讲的儒家修养的方法,儒家靠什么来修养自己? 靠反省。这是儒家的修道之方,不靠静坐,不靠其他的办法,而是靠反省。君子"三省吾身",这个"省"字要读 xǐng,反省的省。三省,这个"三",是泛指多次,君子要每天多次地反省自己。如果要具体指每天反省三次,应该这样讲——"日省者三",这里"三"就特指三次,如果特指每天反省五次、七次、八次、九次,就是"吾日省者五"、"吾日省者七"……如果调换过来,"吾日五省吾身"、"吾日九省吾身",这里的"五"、"九"还是泛指,泛指多次。"三"也是泛指多次,我每天要多次反省我自己。反省什么? 反省三个问题:"为人谋而不忠乎? 与朋友交而不信乎? 传不习乎?"君子每天都要反省这三个问题。"为人谋而不忠乎",为人,为他人筹划,"谋"就是筹划,为他人做事,而不忠乎? 注意,这一句话的关键在"忠"字。什么是忠? 心不偏不倚就是中,忠心,一个"中"一个"心",什么意思啊,竭尽全力就叫"忠"。我替人家筹划的事情,我答应要给人家做的事情,我是不是竭尽全力在做,我竭尽全力在做就是对这个人忠心。什么叫精忠报国? 竭尽全力报效你的祖国就叫精忠报国。所以岳母刺字,用针在岳飞背上刺了四个字——"精忠报国",要他竭尽全力去报效祖国。"为人谋而不忠乎",我为人家办事是不是忠心,怎么检验呢? 就看你是不是竭尽全力。我是不是对自己的工作忠心呢? 就看我是不是竭尽全力给大家讲《论语》、讲四书。我竭尽全力给大家讲课,第一是对自己教书工作的忠心,第二是对在座诸君忠心,我对你们是忠心的哟,忠心耿耿。何以见得呢? 因为我是竭尽全力在给你们讲课,我没有偷懒,我没有丝毫的懈怠,我没有敷衍,我是认认真真、竭尽全力在讲,我生怕大家听漏了一句,或者没听懂。竭尽全力,这就是我的忠。在座诸君的忠呢? 你们竭尽全力在学习,这就是你们的忠。

　　接下来,"与朋友交而不信乎","忠"主要指心,"信"主要指说的话。"信"字,人言为信,说话算数就是信。和朋友交往要说话算数。"与朋友交而不信乎",和朋友交往是不是说话算数啊？我给你说了我要帮你，十个月以后都没有消息，这就不叫信。守信用，说了话要算数。和朋友交往怎么交往呢？就是看你说话是不是算数。"忠"针对大事，"信"针对小事；"忠"指的是本体，是内容，"信"指的是形式，是语言。"忠"、"信"是分不开的。"忠"和"信"是事物的两个方面，一个是你的心，一个是你的语言，一个是内容，一个是形式。光有"忠"没有"信"不行，光有"信"没有"忠"也不行。因为"信"只是语言，语言可以说得很好，但是心是不是也这样呢？不一定！很多人话说得天花乱坠，说得很诚恳，说的话他也办了，但是他心里不一定是真正向着你的，是忠心于你的。而有些人他做得很好，但是他就是不会、不善于表达，这也不行。孔子说内容和形式要完美统一，"忠"和"信"不能分，举个例就理解了。我说，我来给大家讲课，我是忠心的，我是忠于学院的，忠于在座诸君的，我确实对你们忠心耿耿，可是我就是说不清道理。"这个话就是这个，你想嘛……嗯……啊……"我想表达，表达不出来，茶壶里装汤圆——半天倒不出，这个叫"忠"吗？我有这颗心，但并没有起到"忠"的作用啊，这是光有"忠"没有"信"。另外，我只有"信"没有"忠"，我确实给你们讲课讲得很好啊，可是我心里，"哼，讲啥子嘛，不要给他们讲了"，内心里边很不屑，觉得这也不是那也不是。所以"忠"和"信"是不能分开的，一个是内容，一个是形式。

最后是"传不习乎"，讲传习之功。老师传授给我的人生大道、知识学问，我下课以后有没有反复实践？儒家是很讲实践的，这是东方文化的特点，讲修行，讲证悟。光是讲理不行，讲了这个理还要去修，修了自己还要去证，还要证出这个果来。你如果不传习老师的道，你就做不到为人忠，与人信。比如我们讲了这么多儒家之道、圣人之道，可是我回到寝室里边，就和我的室友搞不好关系，我就是要和他吵架，我回去就吵，天天吵，这叫什么呢？传而不习。我只是学了这个道，我没有在生活当中去实践。三省吾身，用什么来反省呢？就看在生活当中这几点做到没有：是不是忠，是不是信，是不是在实践。你只有实践了，你才可以称"忠"、"信"。你不实践，你就不算"忠"、"信"。

🌀　子曰："道千乘之国，敬事而信，节用而爱人，使民以时。"

"道"要读 dǎo，引导的"导"，"乘"要读 shèng，道千乘之国，即要引导一个千乘的国家。什么叫千乘的国家呢？所谓千乘之国，是用数字来表示一个国家的大小。怎么表示呢？四匹马拉一辆车，车上有三甲士，后面跟着七十二个步兵，这是一乘。一千乘就是一千辆战车，四千匹战马，七万二千步兵，这在当时是较大的诸侯国。"道千乘之国"，就是引导千乘这样大小的一个国家，治理它，引导它。"敬事而信"，要治国，你要敬。什么叫"敬"？你要尊重你所做的事情，你既然在当领导，你就要爱当领导这个工作，用今天的话来说就是要有敬业精神。你既然做这个工作,就要敬你所做的,就要爱它。"敬事而信",我在治理一个国家,我就要尊敬这个国家,爱这个国家。我要尊敬我当领导这个工作,我才会对老百姓守信用。如果我根本不爱我这个工作,我就会对老百姓随便敷衍一下,今天出一个政策明天改了,朝令夕改,答应的事情也不做。这就是不敬。无论做什么事,只有存了诚敬之心,才能够守信用去对待之。"节用而爱人",节用才能够爱人,这就奠定了我们中国两千多年的美德:节约。你要真正爱你的百姓,你怎么爱?你必须要节约,开源节流。你要节约、保存老百姓的劳动果实,你才有节余来为老百姓做事。统治者掌权以后,对老百姓的劳动成果就任意挥霍,怎么爱人?现在整治的那些贪官污吏就是不节用,他们认为老百姓的钱,反正又不是我的,我肆意挥霍浪费,花完了就算了。只有真正爱百姓的人,才会为百姓节约,反过来,节用才能爱人。"使民以时"是这句话的关键。你使唤老百姓,要在恰当的时间。什么叫恰当的时间?你要在农闲的时候,像冬天。因为春天农忙,老百姓要耕种,要撒种,要栽秧子,收麦子;到了夏天要收苞谷;到秋天就更忙了,要秋收了,要种油菜,忙得不得了。到了冬天农闲了,中国人过年为什么要在冬天过啊?因为冬天农闲,没有事了,闲下来,所以大家要娱乐,要过年。你为什么要使唤老百姓呢?因为你在做领导,你要为老百姓做事情,公益事业,要筑城墙,要兴水利,要修桥铺路……这些事情都要人力,这都是统治者要考虑的事情。你什么时候用人力啊?你要在合适的时候用老百姓,老百姓才不会怨声载道,才会拥戴你,因为你做的是为大家造福的事。可是如果你使民不以时,想什么时候用就什么时候用,你在春天的时候找老百姓做事,他们肯定怨声载道:他一天想着他家的田还没耕,地还没有犁,秧苗还没有栽,该怎么办。他这时做事不仅三心二意,而且抱怨连连。

前面四句都是说做人、做学问的道理,为什么这里突然来一句治理天下的话呢?这是有内在联系的。因为求学、读书、反省自己,目的是什么呢?完善自己不是最终目的,所谓自觉觉他,自己完成了,还要去度众生,还要为民之父母,要真正为人民服务。成就了自己以后还要去为民之师,为民之君,还要去教导众生,要去给众生做事。这就是治国平天下之道。这一句话是一个纲领,下一句又没得说了,下一句说什么呢?话锋又转了,又变了,为什么要转呢?因为你要做一个好的统治者,光说是不行的,你仅有理论不行,还要从点点滴滴的生活做起。

子曰:"弟子入则孝,出则弟,谨而信,泛爱众,而亲仁。行有余力,则以学文。"

"弟子"就是指那些读书求学的学生。"入则孝","入",进入父母亲的房门。就是当你在父母亲面前的时候,要孝顺。至于怎么孝顺,在《为政》篇里讲得非常详细,一条一条地讲,该怎么孝,孝的步骤都给你列举了。"出则弟",你出了父母亲的房门,和弟兄在一起,你就要守弟道,弟弟要尊敬哥哥。你在家孝顺父母,出了家门要尊敬兄长。"弟子入则孝,出则弟,谨而信",什么叫"谨而信"? 谨者,严谨也,谨慎也。生活严谨,有法度,用儒家的话来讲就是守礼,用佛家的话来讲就是持戒,一样的道理。生活要有规律,要有一个严谨的常态,要学会日出而作,日落而息。"黎明即起,洒扫庭除",清晨起来以后要扫地;"既昏便息,关锁门户",晚上要关好门户,这都是日常行为规范。每天三顿饭,饮食有节,起居有常。暴食暴饮,夜不睡,晨不起,都是生活没有规律的表现。我教过小学、初中、高中、大学,在重庆、西安、成都很多地方教过书,现在在川师大教书。见了那么多学生,总体感觉现在的青年学生,在"谨"字这一点上太差了。我也做过班主任,做过辅导员。一到学生寝室里边去,烂酒瓶子、臭袜子、臭衣服堆一地,垃圾堆一寝室。我说,这样你们也住得惯啊? 你们还住得有滋有味的,我一进来就觉得又脏又乱又臭,你们还天天生活在这里,这算什么呢? 连做人最起码的日常规范都不懂。怎么严谨地日常生活呢? 比如到夏天了,要把被子、厚衣服拿来晒,晒了以后收好,把毯子洗干净收好,再把席子铺上;夏天过完了,又把席子洗了捆好放在一边,把被子拿出来铺好,这些就是严谨的日常生活。吃饭也是,学生都爱玩个通宵,上网、打游戏,昏天黑地地玩啊,晚上不睡觉,早上起不来床,起不来床就不吃早饭,长期不吃早饭就开始得胃病,恶性循环。还有暴饮暴食,有好吃的"哗啦哗啦"吃,吃了又拉肚子,没好吃的饿几顿不吃,买零食吃,这都是生活没有规律。一个人真正活得怎么样,生命的质量怎么样都与生活有没有常态紧密联系。现在学校的教育有很大的弊端,就是缺乏有关做人的根本的教育。日常生活教育都没有,人都做不好,还学什么呢? 我们儒家有一句很重要的话,说人首先要立志。诸葛亮的《诫子书》第一句话就说一个人立志要高远。那么儒家讲一个人立的第一个志是什么呢? 长寿。人不长寿是人生第一大可耻,这是国学大师钱穆先生说的。最可耻的事就是不长寿。为什么不长寿可耻啊? 因为儒家讲"仁者寿",有仁德之心的人才长寿。你不长寿说明你缺德,你缺德必然就不能长寿,你一缺德自然就伤你的身体。你就糟蹋自己的身体嘛,乱来嘛,生活没有规律嘛,暴食暴饮嘛,想睡就睡嘛,想不睡就不睡嘛。而只有把日常生活经营得非常完美的时候,你才可能长寿。高僧大德一般都是长寿的,因为生活有度,修了道,有道在,有德在,就能够长寿。寿和德是分不开的。"谨而信",只有生活有常度的人,他才可能说话真正算数。自己生活都混乱的人,你还想他跟你守信用? 他都是颠三倒四的,早上要上课了,啊,已经 10 点半了,才起床,你还想要他跟你守信用? 约好了 9 点钟一起出去玩,不可能,他 12 点还没起床。"谨而信",要谨才能信。"泛爱众,而亲仁",儒家讲"仁者,爱人也",爱众生,所有的人都要爱。但是转折了，"而"，这是一个转折连词——"而亲仁"，要亲近那些仁者，亲近那些有道德、有学问、有人生境界、有情操的人，这就叫亲仁。"泛爱众，而亲仁"，亲近那些仁者的目的是什么呢？是要以他们为榜样来匡正自己，所谓"见贤思齐，见不贤而内自省也"，看到贤者，我们要向他看齐；见到不贤德的人，我们就要自己反省，我有没有他这个情况。所以孔子说"三人行，必有我师焉"。儒家的学问是向人学，三人行里必定有我的老师。可能同学们会说，这个人太坏了，怎么会是我的老师呢？生活一塌糊涂，乱七八糟，他还是你的老师吗？是，他是你的反面老师。你看看，我有没有他的行为啊？我像不像他这样子啊？反面教材也是教材，所以他也是你的老师。接下来"行有余力，则以学文"，你把这些事情做完了，还有剩余的精力，你再来学文。"文"是什么？"文"是指儒家里面的"六经"：诗、书、礼、乐、易、春秋。首先你把做人的德行习好了，这时还有精力，你再来读书，做学问。你做人都没有做好，学了也是白学，没有用。所以行有余力，才来学文，这是我们中国传统教育最重要的一条。孔子说话是很从容的，你把人做好了，还要不要学文呢？还是要学文。因为人做好了，只是内容。文呢，是形式，内容、形式不可分，孔子说"文质彬彬，然后君子"，你光是人做好了，而不加外在的修饰，没有文气，不雅，所谓"腹有诗书气自华"，要用文来化我们，文化文化，学文的目的是化自己，变化自己的气质，让文化到自己的一举手一投足，化到点点滴滴的生活中去，这就是"行有余力，则以学文"。

🌀　子夏曰："贤贤易色；事父母，能竭其力；事君，能致其身；与朋友交，言而有信：虽曰未学，吾必谓之学矣。"

　　子夏是孔子晚年的弟子，姓卜名商，字子夏，文学犹好，相传《诗经》就是他传下来的。"贤贤"二字，第一个"贤"做动词，表示尊敬；第二个"贤"当名词，表示贤德，连起来表示尊敬贤德。"易色"，"易"当改变讲，"色"当美色讲。"贤贤易色"就是尊敬贤德而改变重视美色。"事父母，能竭其力"，就是侍奉父母要竭尽全力；"事君，能致其身"，就是侍奉国君能献出生命，"致"当献讲。"与朋友交，言而有信"，就是和朋友交往讲信用。"虽曰未学，吾必谓之学矣"，就是即使没有读书学习过，我也必说他是有学问的。这段话展现的根本就是儒家所说的"学"主要指什么。"贤贤易色"是讲夫妇之道，即选配偶应重德轻色，如果重色轻德，则人老色衰而爱情淡漠，家庭不和。夫妇之道惟重德方能白头偕老，家庭和美。"事父母"是讲孝道，"事君"是讲忠，"与朋友交"是讲信——重德尽孝就可以处家庭，尽忠诚信就可以处社会。可见，儒家的"学"主要是指立德修身的人生社会之学。当然儒家也讲知识学问之学，但那是末，不是本。故而子夏说即使没读书学习，只要有德就是学。不过子夏这话稍稍说得绝对了一些，孔子是说"行有余力，则以学文",在孝弟、谨信、爱众、亲仁等事做好的基础上,还是要读书习文,因为儒家讲的文其实就是诗书礼乐等经典,而这些经典本身就是讲的日常生活之道、孝弟忠信之道,是我们人生的教科书,我们习文读经才能更好地指导我们的立德修身,实践和理论是分不开的。子夏的话和他老师孔子的话虽然差不多,但却有本质的差别。圣人说话总是从容中道,不过亦无不及,弟子说话则稍有过激,但有时一字之差,就谬以千里。我们读书、说话不可以不慎。孔子和子夏这两句话放在一起,是大有深意的。

🌀 子曰:"君子不重则不威,学则不固。主忠信。无友不如己者。过则无惮改。"

　　这句是讲君子之道的,讲君子应该是个什么样子。孔子说君子不庄重就没有威严,更没有威望,而且学问也不会坚固;行事当以忠信为主;没有哪个朋友不如自己的;犯了错误不要怕改正。"惮"读 dàn,表示害怕。君子怎么样才能庄重、厚重起来呢? 必须立德,惟有德方能庄重。一个没有德行的人,即使显得很庄严也是假的,迟早会现形。而德行最主要的部分就是忠信。尽己之谓忠,竭尽自己的全力就叫忠。人言为信,说话算数才叫信。你做任何事情都能竭尽全力,就有了忠的品格。有了这个品德,你做学问自然也会竭尽全力,竭尽全力治学,学问就坚固了;竭尽全力做人,人品就庄重了。绝不失言,别人也就信任、敬重你。自己庄重,别人敬重,威望必然随之而来。

　　"无友不如己",并不是说不和不如自己的人交朋友,那是功利之谈,而非圣贤之学。这句话意思是每个朋友身上都有值得自己学习的长处,多看朋友的优点,则没有哪个朋友不如自己。我们一般人总爱以己之长度人之短,老是看别人短处,这就难以交到真正的朋友,更谈不上以友辅仁了。

　　知错就改也是君子重要的品格。要改错首先是知错,认识错误,还要有承认错误的勇气,最后才是改正错误的毅力。要知道,是人就没有不犯错误的,但贵在能改。因为人改正错误到最后实际是超越自己,超越自己往往是很难的,需要极大的勇气与毅力,所以唯有君子能真正地改错。

　　故要成为一个君子必须要有厚重的品德,端庄的外表,忠信的德行,善于向朋友学习的襟怀,超越自己的气魄,这样才会有威望,受尊重。今日世风浮躁,人多急功近利,忠信犹缺,做人治学多流于浮华,离君子之道远甚,读此章更应引起重视。

🌀 曾子曰:"慎终追远,民德归厚矣。"

　　这句话的意思是说,谨慎地对待人生命的结束,追怀先祖,民风就会归于淳厚。儒家讲"小人之死曰死,君子之死曰终","终"指人生命的结束。人们对已过去的久远的东西往往容易忽视,如果能对死去的人或远祖都慎重追怀,那么对活着的人自然能更关爱。对死去的人和远祖的慎重追怀,实际是培养人们反哺报恩的观念,让人们懂得感恩。人人都知感恩,那么民风自然淳厚,这也是儒家何以重视丧葬之原因。而重视丧葬之根本目的是在教化活人。所以教化才是儒家圣人一刻不离的核心。

再来看儒家的厚葬之风。儒家是很重礼的,礼就是形式。因为重视礼,所以中国文化非常重视形式。形式和内容是分不开的,有内容就有形式,形式体现的是相应的内容。丧葬这种形式代表的是什么内容呢?丧葬是形式,其内容一是寄托哀思,表达活人对死者的悲伤、思念;二是通过这个礼仪来教化人心,这就是丧葬之礼。内容和形式的统一,孔子称它是文质彬彬,在今天叫做最大的和谐。但是发展到现在,丧葬的形式保留了,内容却变味了。有些人办丧事又请和尚,又请道士,不仅吹拉弹唱,还放流行歌曲,还有敲锣打鼓的仪仗队,花几万块钱,一帮人坐在那里打麻将,没有了悲伤的内容,只剩下形式了。只有形式而没有内容的就叫形式主义。孔子的伟大正是在于他在那些机械的、枯燥的礼仪之中灌注了人心、人性、人情,使每一个礼仪都具备了人性的意义。从人出发,以人为本,这是儒家的伟大之处。

李老师穿的长袍,很多人不理解。长袍是服装,属于形式的范畴。很多人说这个人哗众取宠,标新立异,这个人穿得怪模怪样的,道貌岸然,其实不然。我十二三岁就开始这样穿着,这么多年了,读书时是这样子,教书时还是这样子,平时是这样子,走到大街上还是这样子,一直都是这样。目的在哪里呢?不是要哗众取宠,不是要故弄玄虚,使人莫测高深,都不是。我也不是道貌岸然,我是很平易很温和的。为什么要穿长袍呢?是在于形式的重要性。"文革"期间,儒释道三家全被打倒了,当时的和尚僧人都被迫还俗,即使不还俗的也强迫你穿中山服,不准你穿袈裟,不准你穿僧袍。竺霞法师,中国十大高僧之一,重庆罗汉寺的第十八代方丈。我有一张他的照片,是在 1978 年"文革"刚结束时,他和当时中国佛教协会副会长、北京的正果法师的合影。两位法师穿的都是中山服。两个高僧穿中山服,僧袍都不准穿,这就是没有了形式。但是"文革"结束以后,落实宗教政策,佛教也恢复了,道教也恢复了,僧衣也穿上了,道袍也穿上了,寺庙也恢复了,宫观也建立起来了,这时老百姓心中都知道又有佛教、道教了。因为有和尚、道士,有庙子、宫观,民众就知道了。虽然他不一定知道佛教、道教的教义,或许以为那是封建迷信,但至少他知道有和尚、道士,有佛教、道教这种形式存在。但是说到儒家,我们自己的中国文化,却连形式都没有。以前是县县都有孔庙,经过五四以后到"文革",孔庙都毁得差不多了。成都的文庙被毁了,根本没有了，重庆也没有了，大城市的文庙基本上都毁得差不多了，形式没有了。佛教、道教有僧侣、道士，儒家的代表是谁？没有。儒家的服装是什么呢？没有。所以在一般人心里边，儒家是什么呀，都搞不清楚。对儒家根本不了解，因为它的形式都消失了，没有一个代表。你说你的形式在哪里？没有道场，那你的人员呢？又没有人。更不要说服装了。我穿长衫的目的就是要通过这个形式，唤醒人们对儒家的意识，进而唤起人们对其内容的探讨。佛教有了这个形式存在，就有很多人通过这个形式来进入内容，来亲近，亲近以后就慢慢了解了佛法的高深伟大。你连形式都没有，谁会来了解你的内容呢？所以要先有形式，再有内容。通过穿长衫这个形式，使人想知道这是个什么人啊，去了解了解，去打听打听，一打听，这个人还讲得有点道理啊。他讲的什么？他讲的孔子之道，原来孔子说的还有点道理，慢慢就听进去了。他在讲四书，听一听，还有点意思，我们也去学一学。星星之火，可以燎原，形式在特定的时空是有特定的意义的。但是如果以后大家认为长衫穿起来好看，成为一种潮流，都穿长衫，然后街上的瘪三啊、二流子啊、帅哥啊，都穿上长衫了，你一问他，像草包一样，什么都不知道，这样又成了形式主义了——只有形式，而内容丧失了。所以孔子说内容和形式的完美统一，才叫做君子。

🌀　子禽问于子贡曰："夫子至于是邦也，必闻其政，求之与？抑与之与？"子贡曰："夫子温、良、恭、俭、让以得之。夫子之求之也，其诸异乎人之求之与？"

　　子禽，姓陈，名亢，他是孔子的学生，也有说是子贡的学生。子贡是春秋时期著名的外交家、大商人，非常有钱，是孔子晚年对孔子最好的弟子。子贡姓端木，名赐。子禽问端木赐，他说"夫子至于是邦也"。在春秋时候，凡官在大夫以上的才能够称夫子，孔子做过鲁国的大夫，所以称他为夫子，后来这个词由泛指变为特指，夫子就是特指孔子，孔夫子。"夫子至于是邦也"，就是孔子到一个国家，"是"当代词，"这个"的"这"，到这个国家。我们老师孔子每到一个国家，"必闻其政"，他必定会过问、参与这个国家的政治情况。"求之与"，是他自己追求的吗？"抑与之与"，"抑"字表示"或"的意思，还是别人主动向他请教？第一个"与"是告诉的意思，第二个"与"通"欤"字，表示反问，相当于"吗"。子贡听了这个话以后就说了："夫子温、良、恭、俭、让以得之。"这五点是子贡对孔子品格的最高评价，也是对孔子品德的概括。夫子的美德通过这五点就表现出来了，温、良、恭、俭、让，这也是儒家所希望构建的人格品质。

　　温者，温和也，在五种品格当中，温是第一位的。真正的儒家期望的人格，首先必须是温和的，温柔敦厚的，而不是刚暴的、急躁的、浮躁的、暴戾的、凶狠的，所以把"温"放在品格的第一位。跟真正的儒家贤人在一起的时候,就感到如坐春风,像坐在春风里边一样。

良。王阳明说"良能、良知","良",这里表示本来的意思,"良心"就是本来就有的心,"良能"就是本来就有的能力、能耐,"良知"就是本来应该有的知识。这里的"良"是指人本来就有的率真。夫子第一是温和,第二是率真。古人治家有一副对联叫"传家有道唯存厚,处事无奇但率真",足见中国人是看重率真的品格的。

"恭"就是谦恭,对人很恭敬,不谦恭就是傲慢。"俭"就是能约束自己,俭朴,真正的君子都是俭朴的,绝不是奢侈浪费的,不是铺张的。"让",就是礼让、谦让。夫子的品格归纳起来就是温、良、恭、俭、让。对夫子品格的归纳,其实就是提出了一个人格的模范,以什么为师? 就以温、良、恭、俭、让为师,能学到一部分就很不简单了。有的人再学都学不像,为什么呢? 他生性刚暴,说他两句就冒火了。他可以学温,温五分钟,就不温了。这是要靠慢慢地熏陶学习才能学得到的。"温、良、恭、俭、让以得之",因为夫子有温、良、恭、俭、让的美德,他具备了人格魅力,所以走到哪里人们都要去亲近他。要是一个人很傲慢,很孤傲,谁敢去亲近他啊? 对脾气暴躁的,唯恐躲之不及,我惹不起,我躲得起。但是对温和的人,你不自觉地就想和他亲近。率真,就像玻璃人一样,透明,没有那么多城府,没有那么多心计,他又温柔,又没有心计,人们就很乐意和他交往。他又很谦敬,对人很有礼貌,所以大家肯定都很喜欢他。因为有这五种品格,所以他到了各个诸侯国,诸侯国的国君都想要和他亲近,都要向他请教,请他参与自己国家的政事。"夫子之求之也,其诸异乎人之求之与",我们老师追求(的途径),不是与别人求得的方法是不相同的吗? 这是儒家的人格魅力,他要治天下也好,要做什么事情也好,都靠自己的人格魅力。

◎ 子曰:"父在,观其志。父没,观其行。三年无改于父之道,可谓孝矣。"

这句话表面看是在讲孝,但和上面一句话是有内在联系的。先看"志"字,上面是个"士"字,"士"由"十"和"一"组成,有三层意思:第一是化十为一的人,"十"代表宇宙之中、大千世界之内的千变万化,"一"是规律,就是道。从千变万化的现象当中提炼出规律的人就是士人,就是读书人。读书人能从现象中提炼出道,提炼出规律,这就是"士"的第一层意思。第二是守十为一,就是在人生的众多诱惑面前,能守住自己本心的人。这里"十"指代各种诱惑,"一"代表人的本心。第三,以一抵十,一个抵十个的人,因为他能从现象中提炼出规律,因为他有道德、有境界、有智慧,所以他一个能顶十个。读书人、士人,是中华民族的脊梁,五千多年文化的传承,靠的就是士人、读书人,每当有国难的时候,就有很多读书人挺身而出。苏武、文天祥、戚继光、林则徐,抗日战争中的许多英雄,都是一个顶十个的人,他们有气节、有风骨、有操守、有学问、有道德、有情操。"士"下面一个"心",表示心向往做士人,我立志要做一个士人,立志做一个读书人,心期于士,心对士的向往就是志。

"父在,观其志",父亲在的时候就看你的志向,看你有什么样的志向。在古代,父亲在的时候,家里边的事是父亲做主。父亲还在的时候,你不能去自立门户,但要有志。"父没,观其行","没"就是去世的意思,父亲去世以后就看你的行为。父亲去世以后你就当家做主了,那么你的行动就能说明问题了。"三年无改于父之道",三年都能够不改变你父亲的道,那就可以说是孝了。这句话不好理解,"三年无改于父之道",如果父亲是个小偷,你是不是要做三年小偷呢? 父亲是骗子,你也要做三年骗子? 这就叫尽孝吗? 这里的关键是"道"字。"道"是褒义的,美好的,崇高的品格、道德才能称为道。三年都不改父亲身上的那些崇高的、美好的道德、品格,这才叫做孝。《孝经》里边讲孝,什么才是真正的孝? 不是给点饭吃就是孝,给点钱花就是孝,扶你走一段路就是孝。真正的孝是"善继其志"也,真正的孝顺是善于继承祖先的、父辈的志向,这才是真正的大孝。这一句话还有一层深意,父母亲身上不都是好的,也有不好的,用三年的时间来继承父亲身上好的,三年有一千多天了,父母亲身上不好的,你也要通过这三年去除掉,这就是改良。这一句就蕴含了整个中国文化立国的精神。为什么世界上的古文明都断代的断代,灭亡的灭亡,只有中华文明五千多年屹立于世界,就在这一条:"三年无改于父之道"。中国文化讲继承性,强调对前辈的肯定,所以中国文化是肯定之肯定之肯定;而西方文化是否定之否定之否定,它是不停地否定前代。对父亲的否定就是对前代文化的否定,中国文化讲肯定,就是不停地在对前代美德肯定的基础上,再有所损益。"损"就是减去,"益"就是加上,做符合时代发展的增减。所以中国文化是不断地肯定下来的,奠定一个泱泱大国,像滚雪球一样,越来越大。不停地对前代的肯定,舜肯定尧,禹肯定舜,汤肯定禹,文王肯定商汤,武王肯定文王,周公肯定文王、武王,孔子肯定周公,孟子肯定孔子……一代一代对前代肯定,然后再继续发展,就越来越壮大。著名哲学家冯友兰先生作过一篇《西南联合大学碑记》。当时抗战爆发,北京大学、清华大学和南开大学迁到云南昆明,组成了西南联合大学,许多名教授都在这里,闻一多、朱自清等。抗战胜利以后,三所大学要北返,这个时候冯友兰先生就作了这篇碑记来纪念抗战八年中的西南联合大学,中间有一段话是这么说的:

> 我国家以世界之古国,居东亚之天府,本应绍汉唐遗烈,作并世之先进。
> 我国家建国完成,必于世界历史中居独特之地位。并世列强,新而不古,希

腊、罗马有古而无今。惟我国家亘古亘今，亦新亦旧。所谓"周虽旧邦，其命惟新"者也。

意思就是说，并世的列强，比如美利坚、英吉利、法兰西、德意志、俄罗斯，这些国家，都是新而不古，都是新国不是古国。"有古而无今"，希腊、罗马是古国，可是灭亡了，只有我中华民族是亘古及今，既是一个古国，今天仍在发展。"周虽旧邦"是《诗经》里面的一句诗，周朝是一个古国，但是它有新的历史使命。中华民族就是这样的，有五千多年的历史文明，但是到 21 世纪的今天，我们仍然在蓬勃地发展，有新的历史使命。中华民族生命力的源泉从哪里来？从"三年无改于父之道"来——我们善于继承，善于肯定我们前辈的文化，然后加以发展。

有子曰："礼之用，和为贵。先王之道，斯为美。小大由之。有所不行，知和而和，不以礼节之，亦不可行也。"

这一句是接着上面"三年无改于父之道"来讲的。"三年无改于父之道"就是礼。礼仪的用处，以和为贵。为什么要制礼作乐呢？就是因为礼的用处，是用来调和大家，使大家能够和睦、和谐，构建社会主义和谐社会就是这个和谐。大家先看一看这个"礼"字，象形文字是这样的"禮"，左边是一个显示的"示"字，"示"字上半部分一横表示天，一点表示上，合起来指天上，下边的三笔表示日、月、星，天上出现了日、月、星，就是显示，天显示日、月、星给人间看就是"示"的本意。右边的"豆"字是什么东西呢？"豆"在中国古代是一种祭祀的礼器。礼器里面放着很多麦穗儿，粮食丰收了，用粮食来祭祀天地，这就是礼。礼的本意就是祭祀，祭祀天地。所以礼节是从祭祀当中来的，从祭祀活动中衍生出人伦道德的礼仪。

所有的礼节，其用处就在于和睦，所谓以和为贵。制礼作乐的目的，特别是制礼的目的，就是使人各安其分。比如说，学生有学生的礼仪，给老师安一下凳子，请老师坐，倒水给老师喝，整整齐齐地坐在教室里听老师讲课，这是学生的礼。竭尽全力教书，安于老师的本分，这是做老师的礼。老师不安于本分，一边上课，一边想着要去炒股，要去洽谈，完了。学生不安于学生的本分，一边在这里读书，一边想着那里在放电影，那里在上网，那里又在做什么什么了。"礼"就是要使大家安心，各安其分就是礼。大家都安于自己的本分了，自然就和睦了。为什么在教室里大家能够一起上课呢？因为有礼节，有秩序，礼就是秩序。如果我们不安分了，不安于自己的礼了，做老师的无礼了，"哎呀，好累啊，不讲了"，无礼了，学生就要轰老师下去；学生不安于自己的礼了，在下边听着听着就想，"哼，讲的啥子嘛，我要上去把这个老师撬下去，我来讲，我比他讲得更好"，上到讲台来，一边推我，一边喊着"你给我让一边去"，这样的教室还有秩序吗？没有秩序，就是无礼，无礼就要取闹，所以礼是保证大家和睦的原则和条件。

　　"礼之用,和为贵。先王之道,斯为美",这里的先王就是指的尧、舜、禹、汤、文、武、周公,"斯"是代词,表示"这"。先王之道,这个为美。"这个"指代什么呢?指代"礼之用,和为贵",就是说先王治理天下之道都是以这个"礼之用,和为贵"为美。"小大由之","由"就是遵循。遵循什么呢?遵循"礼之用,和为贵"这样一种态度来办事情。先王治理天下,不管什么事都以天下的和睦、和谐为出发点。而实现天下和谐的方法是什么呢?是用礼节来加以限制、协调。大事小事都遵循这个原则。"有所不行,知和而和,不以礼节之,亦不可行也",为了求得和睦而和睦,不用礼来约束,那也是不行的。比如说,我为了求得与大家的和睦,我就给大家说,今年期末考试我悄悄把题目全部送给你们,我这个老师对你们多好啊。监考的时候,让你们抄、抄、抄,多和睦啊,一片和谐,结果呢,不以礼节之,求得了表面上的和谐,但这个和谐是违背了原则的,是以"不可行"。放弃礼的和睦是假和睦,不是真正的和谐,这是不行的,这样就乱了。

　　原则与和睦是分不开的,既要和睦又要讲原则,和睦的前提是遵守原则,而不是放弃原则。这是这句话的关键。

　　🌀　有子曰:"信近于义,言可复也;恭近于礼,远耻辱也;因不失其亲,亦可宗也。"

　　有子说"信近于义,言可复也","信",就是我答应你的话,人言为信,但是我答应你的话必须是要符合道义的。这有两层意思,第一,我答应你的事必须是我办得到的,不能乱答应。我答应明天把太阳摘下来送给你,能不能守信用呢?不可能。太阳永远摘不下来,我就永远失信于人。所以答应的必须是办得到的。第二,答应别人的必须是符合道义的。你说,某某,你去帮我把他杀了嘛。好,我答应你,但杀人是不符合道义的,不符合道义的事也乱答应,即使办成了,也违背了义,违背了做人起码的原则,所以这也是不行的。你的承诺一定是要符合道义的。"信近于义,言可复也","复"就是实现,你承诺的,必须符合道义,你的承诺才能够兑现,才能够实现,这就叫"言可复也"。

　　"恭近于礼,远耻辱也",你对人家恭敬,但是必须要以礼来限制;你只是恭敬而不讲礼,就放弃了原则。比如,某个学生,他亲戚是省长,或者市长,我对他特别恭敬:同学你快喝水啊,你冷了快加件衣服啊,你看不清了,我的书拿给你看,你笔记都不要做了,我帮你做笔记……我是老师,我这样对他,其他同学一看,这个老师简直无耻。没有礼来节制,真是自取其辱。我对大家行礼,给大家鞠躬,对学生一视同仁,对大家的提问,公正地回答,不偏不倚,这才符我老师的身份,符合老师的礼仪,才叫"恭近于礼"。

　　"因不失其亲,亦可宗也","因"当凭借讲,"亲"当亲人讲。一个人行事都要有所依凭,有所依靠,而你所依靠的人要不失其亲,就是要依靠亲近的人。你总不能依靠疏远的人,或者依靠仇人。"因不失其亲,亦可宗也",这里的"宗"就当可以依靠讲。如果你凭依的人是不能依靠的,就可能会遇到不测。我举个例,戊戌变法的时候,慈禧太后要把光绪皇帝的新政废除,这个时候光绪手下没有人,他凭借谁啊?凭借袁世凯。袁世凯从来就和他不亲近,没有特别的关系,结果他被袁世凯出卖了,被慈禧太后囚禁在瀛台,这就是因为他依靠的不是可依靠的人。我们的父母师长,是可以依靠的;我们的同道,是可以依靠的;但如果是一个你从来不了解的人,依靠他是危险的。

有子的这一段话是讲的同一事物的两个方面,你要守信用,但是你的信用必须符合原则;你要恭敬,但是要用礼来约束;你要依靠人,但不能依靠疏远的人,这有点类似孔子所说的"发乎情,止乎礼",不能只讲义气、讲信用,我们两个称兄道弟,我为你两肋插刀,你要我做什么我就做什么,这是信啊,但信得过分了,物极必反。恭敬也是一样,你过于恭敬,不以礼来约束,势必自取其辱。

⊗ 子曰:"君子食无求饱,居无求安,敏于事而慎于言,就有道而正焉,可谓好学也已。"

孔子说,真正的君子吃东西不求吃饱。意思是什么呢?不贪求享乐,不贪求那些山珍海味,美味佳肴,只要能够吃,能够维持生命就行了。"居无求安",就是不求住得多安适,多舒服,不要求多大的房子、多好的床、多好的沙发。"敏于事而慎于言",敏于事就是勤奋地做事,慎于言就是说话谨慎,因为祸从口出。儒家崇尚多做、少说。你多说就是"巧言令色",就"鲜矣仁"。"就有道而正焉","就"是靠近的意思,靠近有道德有学问的人,用他们身上的美德来匡正自己身上的过失,看他哪些做得好,哪些是自己没做到的。"而正焉",进而去纠正你自己,匡正你自己。"可谓好学也已",这就可以说是好学了啊。这是儒家对人的要求:重仁义,而轻视物质生活的享受。现在的人,读书也好,做学问也好,绝大部分是为了住好房子、坐好车子,为了吃好的、穿好的,为了享乐,道德无所谓,但求物质生活过得好。而孔子说,真正的君子是不贪求荣华富贵的,只求完善自己的道德。

孔子最赞赏颜回,为什么呢?因为颜回"一箪食,一瓢饮,居陋巷,人不堪其忧,回也不改其乐"。这是什么意思呢?颜回一碗饭,一瓢水,住在一个破陋的房子里边,人家都忍受不了这种生活,而颜回却自得其乐。这就是"食无求饱,居无求安"。《为政》篇里孔子说:"吾与回言终日,不违,如愚。"颜回很少说话,孔子跟他说了一天的话,颜回都是"嗯,对,是这样……嗯,很好……嗯,太对了……""无违",就是不说一句和老师不一样的话;"如愚",表面上看像傻子一样,但是"退而省其私,亦足以发。回也不愚",颜回退下去,他把我讲的全部身体力行,用在生

就有道而正焉

就有道而正焉。四川乐至有百岁硕儒刘克生先生，道德文章，当世难俦，里恒往问道请教，获益终生。李里绘于川师园。

活当中,而且做得比我说的还要好。这是不是"敏于行而慎于言"啊?"就有道而正焉",孔子是有道的人,颜回亲近孔子,按照孔子的德行来修正自己。颜回达到了孔子所崇尚的这种儒家的追求,所以孔子最喜欢颜回。

　　　子贡曰:"贫而无谄,富而无骄,何如?"子曰:"可也。未若贫而乐,富而好礼者也。"子贡曰:"《诗》云:'如切如磋,如琢如磨。'其斯之谓与?"子曰:"赐也,始可与言《诗》已矣!告诸往而知来者。"

　　子贡是孔子晚年最喜欢的弟子,聪明颖悟,能说会道。子贡问孔子:"贫而无谄,富而无骄,何如?""谄"是拍马屁、献媚的意思,贫穷但不去摇尾乞怜,不到处去讨好卖乖。"富而无骄",富贵却不骄奢淫逸。我们一般的人,一贫穷了,就没有骨气了,到处去奉承,去献媚;有钱以后就吃用无度。暴发户就是这样子,仗着自己有几个钱就了不起了,天上地下唯我独尊了。"何如",子贡问这样要不要得啊,孔子就说,可以。但孔子只是说可以而已,他认为还不足。"未若"就是不如,还不如什么呢? 不如"贫而乐,富而好礼者"。孔子认为,真正的君子,是乐天知命、安贫乐道的。虽然贫穷却很快乐,纵然富贵却还能够好礼,用礼来约束自己。程子曰,"礼三百,一言以蔽之,曰:毋不敬",礼的核心就是尊敬。一个富贵的人,他还能够对人谦恭、尊敬,这就说明他不骄。贫穷还能够快乐,富贵还能够好礼,子贡听了老师的话以后就领悟了,能闻一而知二,举一而反三了,他引出《诗经》里边的一句"如切如磋,如琢如磨","如切如磋"指古人治骨、角等,"如琢如磨"指古人治玉、石等。古人用骨、角、象牙、玉、石来制器具,要反复打磨、加工。《三字经》里讲"玉不琢,不成器",玉不经雕琢就不能成玉器,制玉就要精心打磨,精益求精。"其斯之谓与",是不是就是《诗经》里边这两句话的意思啊?

　　从"贫而无谄"到"贫而乐",从"富而无骄"到"富而好礼",是不是一种递进关系呢? 孔子是在讲要精益求精。所以子贡说,《诗经》里边讲的这个话是不是教我们求学立德应精益求精呢,孔子一听就高兴了:这个弟子开窍了。老师觉得这个弟子开窍了,很高兴,赐啊,我可以开始和你谈诗了啊。意思就是说,你能够通过生活当中的道理来悟到《诗经》当中的道理,看来你已经对《诗经》有所领悟了,我可以和你谈《诗经》了。为什么我能够和你谈《诗经》呢? 因为"告诸往而知来者",这个"诸"字就当"之"字讲,这里做代词,代子贡。告诉你过去的,你就知道未来的了,相当于我告诉你一,你就知道三,就是举一反三的意思,因为你能举一反三,所以我能和你谈《诗经》。这就是子贡由谈人生道理而开悟,悟到了《诗经》的深意,孔子很高兴,因为可以和他谈《诗经》了。这里也反映了孔子对求学能举一反三的高度重视。

子曰："不患人之不己知,患不知人也。"

　　孔子说,不怕别人不知道你自己,而是怕你不知道别人。这是孔子讲的人与人相处最重要的问题。人与人相处,不怕别人不知道你,最怕什么呢? 最怕你不知道别人。人家不知道自己没关系,因为我有崇高的境界,我的道德、人格并不是做出来给别人看的,所以无论你知不知道,我都有道德。但不知道别人就不行了,每一个人的经历不一样,性格、兴趣、学问都不一样,如果我不了解他的话,就不知道怎么和他相处,就不知道怎么和他说话,有时难免会说错,得罪了人家。"不知人"还有一层深意,就是怎么才能够知人。你自己要有辨别是非善恶的标准,你自己有大道,你才能够识人,你能够识人,才能够"泛爱众,而亲仁"。你走到一大堆人里边,连好的坏的都辨别不出来,你怎么亲仁呢? 你一看,都长得差不多嘛,都是两只眼睛、一个鼻子、一张嘴巴,怎么看得出哪个是仁者,哪个是不仁之人呢? 你不能够识人的话,你也就不能够亲仁,也许你还会随波逐流,他们都是这样子的,我就跟着混嘛,他们都在一天到晚打麻将,那我也一天到晚跟着他们混就是了嘛。所以知人的目的是为了成己,完善自己,也是为了与人和睦相处。

　　《论语》第一篇从最开始"学而时习之"到"不患人之不己知,患不知人也",通篇都是讲立志学习人生的大道。所以,"知人"就是什么境界啊,就是"有朋友自远方来"的境界。因为你知人,你有德,所以你才有朋从远方来,才可以和人很好地相处。"不患人之不己知"就是"人不知而不愠,不亦君子乎",人家不知道我,也没有关系。第一篇前后的关联、内在的含义,学到这里我们就很清楚了。

为政第二

　　按照孔子的思想,为学的目的是什么呢？是为了"修身齐家治国平天下"。读了书就是要出来为天下苍生做事,就是要为政,因此《学而》与《为政》有很深刻的内在联系。

🌀　**子曰:"为政以德,譬如北辰,居其所而众星共之。"**

　　这是孔子讲的治理天下的最高标准。诸子百家都有自己治理天下的理想,儒家的理想是什么呢？就是"无为而无不为"。本来"无为而无不为"是道家讲的,但儒家也讲,法家也讲,可是各家讲的内容不一样。"为政以德",就是说以什么来治理天下？要以德来治天下。什么叫以德来治天下呢？首先就是完善自己。你统治者是治天下的人,你要不断地完善自己,完善自己的人格,完善自己的人生境界,用你的境界来感染天下的人,使天下的人纷纷来归顺,这就是儒家的理想。不是说你统治者要管这样、管那样,整这个、整那个,而是去修炼你自己,你自己学好了,天下之人就会向你学习。"譬如"就是比如,"辰"是指星辰,日月星辰的意思。"北辰"指北极星。"居其所",指北极星在它自己所在的地方发光。"而众星共之",这个"共"当"拱"字讲,拱就是两手上举相合的意思,"众星共之",天空中的群星,都把这颗北极星环绕。不是因为北极星要去管这些星星,要求大家来围着我,是因为它自己光亮,群星才来环绕着它。这里给大家讲一讲中国古代天文学知识,就能很好地理解这一句话了。

　　在中国古代,人们认为天空当中有三个大的星系。在黄河上游有一个星系叫"紫微垣"。在东南边,长江中下游平原一直到广东、广西这一带,这里的星系叫"天市垣"。往西南方的上空,这个星系叫"太微垣"。"垣"就是指的一个星系,一个范围的意思。"紫微垣"又称"紫微宫",古人认为紫微宫是天帝居住的地方。"紫微垣"当中有一颗最亮的星,就是北极星。天帝就好比是北极星,光芒万丈,三垣均环绕北极星。古人把天空中的日、月与金、木、水、火、土五大行星并称为"七政"。物理中讲参照物,比如你们看见我在动,是因为你们都没有动,故以自己为参照物看见我在动。类似的,古人要比较日、月及五星的运动,需确定参照物,于是先后选择了二十八组星座作为坐标,就是我们古代说的二十八星宿。什么叫星宿? 一颗星叫星,几颗星组合在一起就叫星宿。古人又将二十八星宿按东、南、西、北划分为四个区域,一区七星宿,在东方的七星宿是角、亢、氐、房、心、尾、箕;西方的七星宿叫奎、娄、胃、昴、毕、觜、参;南边的是井、鬼、柳、星、张、翼、轸;北方叫斗、牛、女、虚、危、室、壁。这里我再展开讲一些古代文化中的常识。按中国古代阴阳五行家的学说,太阳从东方升起,"向阳花木早逢春",东边的花木最早接受到阳光,东方春天来得最早,树木也生长得最早,所以东方属木。南方呢? 因为太阳由东而南,南方最接近赤道,南方是最热的,南方属火。西方离太阳远,太阳从西方落下,秋天就到来了,万物凋零,落叶就像被刀光剑影所砍,所以西方属金。到了北方,太阳落山了,四季循环到冬天,天地寒冷,用水来代表冰冷的世界,所以北方是属水的。东方属木,西方属金,南方属火,北方属水,中央属土。而木是青色,火是红色,金是白色,水是黑色,土是黄色,这就是五行配五色。再看天上,东方的七星宿构成了一个龙的图案,东方属木,青色,所以叫青龙。西方的星宿构成了一个老虎的图案,西方属金,金是白色,所以是白虎。南方的星宿构成了一个鸟的图案,南方属火,火是红色,因而称为朱雀。北方的星宿构成一个龟和一条蛇缠到一起的图案,北方属水,是黑色,玄就是黑色的意思,因而称为玄武。东方青龙,西方白虎,南方朱雀,北方玄武,就构成了天空中的四象。大家读中国古代的作品时就会经常接触到这些东西。唐朝的宫殿,南边的宫门叫什么呢? 叫朱雀门。北边宫殿的门,就叫玄武门。青龙、白虎、朱雀、玄武围绕着中间这颗北极星。而北极星居紫微宫,中国古代的帝王根据这个结构来修建自己的都城和宫殿,所以中国古代建筑有一个特点叫做"象天设都"。我们的都城都是比配天上的紫微宫来修建的。秦始皇的咸阳宫、阿房宫,汉朝的未央宫,唐朝的太极宫、大明宫、兴庆宫,以及明朝的紫禁城都是如此。为什么叫紫禁城呢? "紫"就是比配天上的紫微宫,"禁"就是禁地。

　　我们再回到正文上来。天上群星都环绕着北极星,形成了这样一个宇宙模式,而按照这个模式,中原华夏周边的东夷、西戎、南蛮、北狄少数民族,都应该像天上的星星一样,环绕华夏。这就像尧、舜、禹、汤、文、武、周公,以德行来征服天下,使四方咸来归顺。这就是儒家讲的"为政以德,譬如北辰,居其所,而众星共之"的道理。他是用天象来比配人间,以北极星比配统治者治理天下的德行。你自己的德行完备了,就像天上的北极星那么闪闪发光,你的道德、人格魅力就征服了众生,众生自然就会来归顺你,这就是儒家的政治理想。

子曰："《诗》三百,一言以蔽之,曰'思无邪'。"

　　治天下以后为什么讲诗呢?因为孔子一生提倡诗教,用诗来教化民众,用诗来治理天下,用诗来陶冶民众的性情。孔子说"兴于诗,立于礼,成于乐",要用诗来引起人们对生命、生活,对人生的热爱。我国古代,小孩子发蒙就读诗,《千家诗》、《唐诗三百首》、《诗经》都属此类。一上来就给小孩子讲道理,是很枯燥乏味的。诗歌简短,有情感,而且形象生动,又是美的载体,较容易引起小孩子的兴趣。"两个黄鹂鸣翠柳,一行白鹭上青天",你看,两只黄色的鸟儿在翠绿的柳树间鸣叫,一行白鹭飞上苍茫的天空。"窗含西岭千秋雪,门泊东吴万里船",西岭就是我们四川的西岭雪山,从窗子看出去,一片茫茫的雪山,门边则停靠着行程万里的船只,这是多美的一幅图画,诗是形象的,诗和画是分不开的。"春眠不觉晓,处处闻啼鸟。夜来风雨声,花落知多少。"这些家喻户晓的诗,教给小孩子,有助于培养他们对美的感悟,陶冶他们的性情。诗是最能够陶冶人情操的,如果你一来就给小孩子讲《易经》,讲得他们摸不着头脑,就再也不想学了。一开始就给他讲"关关雎鸠,在河之洲。窈窕淑女,君子好逑",讲"蒹葭苍苍,白露为霜。所谓伊人,在水一方。溯洄从之,道阻且长。溯游从之,宛在水中央",多美的诗句。再讲"桃之夭夭,其叶蓁蓁。之子于归,宜其家人"……讲这些的时候,小孩子容易被诗的意境、美景所感染,所打动,这就是陶冶性情。所以孔子讲治理天下以后马上就讲诗。

　　"《诗》三百,一言以蔽之,曰'思无邪'。"《诗》就是《诗经》。夏商周的时候,有一个制度,叫做"采诗"。最早的诗就是民歌,上古时诗和歌是不分的,老百姓唱歌,朝廷里的官到民间收集这些诗歌给国君看,以此了解民生。如果采编的诗都是赞美国君如何圣明、深入民心啊,天下如何太平啊,生活如何美好啊,就说明当时的政治是得民心的;如果收上来的全是在嘲讽、怒骂,抨击贪官污吏,就说明政治出问题了,依此就要对社会进行治理,这就是"采诗观治",诗歌可以反映出民心的向背。我们说孔子最大的成就是"删诗书、正礼乐、赞易传、著春秋"。第一件就是删定上古传下来的三千多首诗,编成三百零五篇,即中国第一部诗歌总集《诗经》,也是五经里的第一经。"《诗》三百,一言以蔽之,曰'思无邪'"。孔子认为,用一句话来概括《诗经》,就是"思无邪"。"邪"字在古文里边要读做 xiá,"邪"就是杂念,诗歌里边没有杂念,没有邪念。这个没有杂念,没有邪念,怎么讲呢?用三句话来讲:"乐而不淫,怨而不怒,哀而不伤"。快乐但不过分,雨水过多就叫淫,《岳阳楼记》里边的"淫雨霏霏,连月不开",这个淫雨就指过多的雨水,"淫"引申为过分。"哀而不伤",你可以哀愁,但你不能伤心。《黄帝内经》里讲,一个人伤心,就真要伤害你的心,就要伤害你的心、肝、脾、肺、肾。所以你可以哀

思无邪。共和国五十八年暮春李里绘。

愁,但不可以伤心。"怨而不怒",你可以有埋怨,"哎呀,怎么老师讲得这么慢呢?老是讲一句,讲快点儿嘛",你可以埋怨,但不要发怒,你说老师:"你不要讲了,滚!"这就是发怒,一发怒就伤你的肝,喜怒哀乐都是会影响身体的。中医里边讲,外感六淫,内伤七情,都是致病的根源。六淫是风、寒、暑、湿、燥、火,就是使人体生病的六种自然界的淫邪之气。风,中风了,伤风了。寒,人受寒了,把舌一伸出来,舌生白苔。暑,人中暑了,全身温热,不出汗,白苔里面发黄。湿,风湿,湿症,皮肤出问题了。燥,燥火,情绪暴躁如雷,肝上阴虚,情绪波动,睡不好觉,魂不守舍。内伤七情,哪七情呢?喜、怒、哀、惧、忧、恐、思,使人体生病的七种内在情绪因素。喜伤心,过于欢喜就伤心脏,所以有因高兴过度而死的人,如武松。怒伤肝,发怒就伤肝脏,所以易怒的人肝都不太好。哀、忧伤肺,哀愁、忧伤过多就伤肺,林黛玉多愁善感,最后就是得肺病死的。恐、惧伤肾,伤肾脏。思伤脾,思虑过多伤脾胃,但凡多思多虑的人一定长不胖,无忧无虑的人则多半容易长胖,所以《大学》里讲"心宽体胖",一般胖子都很少有忧虑,瘦子多半一天到晚愁眉苦脸。中医讲致病的原因就是两大条:外感六淫和内伤七情。诗三百篇为什么无邪呢? 就是因为其言情而得情之正,虽言情但无邪念,也就是说情感中正、温润,无过分或偏邪之病,所以读诗能让人的情绪平和。

诗能言情,诗歌都是为情所发的,有情才有诗,"诗者,志之所之也。在心为志,发言为诗。情动于中而形于言,言之不足,故嗟叹之,嗟叹之不足,故咏歌之,咏歌之不足,不知手之舞之、足之蹈之也"。就是说诗歌是有感情在内心里边要抒发出来,不发出来就不痛快。情发于声为诗,声成于文为音。诗歌是人心发出来的,平常的言说不足以表达,故嗟叹之,嗟叹之不足,故咏歌之。重阳节到了,独在异乡,有了感触,先是发发感叹,"哎呀,我的亲人们怎么样了啊",发着发着感叹就开始吟诗了:"独在异乡为异客,每逢佳节倍思亲。遥知兄弟登高处,遍插茱萸少一人。"咏歌之不足,不知手之舞之、足之蹈之,用诗歌都不足以表达自己的感情了,干脆就跳起来了,载歌载舞。诗歌都是从情感里流露出来的,没有情就没有诗,所以诗人就是情人,没有情的人是做不出诗来的。"言情而得情之正",是讲既要表达感情,而且这种情还必须是合于礼的,中正的。不合礼、不中正的情就是纵情,就不是正情。

由于诗歌都出于真情流露,能打动人,所以孔子要诗教,要用诗来教化民众,老百姓必须读诗,在读诗的过程中,陶冶性情,移风易俗。你本来是一个刚暴的人,读了诗以后,性情近于温柔;你本来是一个粗野的人,读了诗以后,变得文雅,这就是诗歌的作用。蔡元培先生提倡美育,以美来教化民众,其实就类似于孔子的诗教。这就是为什么孔子把这一句放在《为政》后面:为政的关键是在教化民众,用什么去教化,用诗去教化,用老百姓最容易接受的东西去教化。

子曰："道之以政,齐之以刑,民免而无耻。道之以德,齐之以礼,有耻且格。"

这是接着诗来讲的。孔子说"兴于诗,立于礼",先用诗来教化民众,然后用礼来约束他们,这一句就是讲礼的。

"道之以政,齐之以刑","道"意思同"导"字,引导,用政令来引导老百姓;"齐之以刑",用刑法来整顿老百姓;"民免而无耻",老百姓不犯法,但没有羞耻心。为什么呢? 因为他只是害怕一系列的严刑酷法。比如这一班的同学,命令你们不准出教室,出教室者格杀毋论。这样一来,谁还敢出教室? 即使想出去也不敢出去,门口不是枪炮就是刀,一出去就要杀你,你哪里还敢出去? 但是这并不是因为你不想出去啊,只是你不敢而已,一旦有机会,你还是想溜出去,想从窗子爬出去,想变成鸟飞出去。所以孔子说要"道之以德,齐之以礼",如果用道德引导你们,用礼仪约束你们,这个时候即使你想做坏事,你也会自己约束自己,这时不是因为怕,而是不愿意。"有耻且格","格"当格除讲,就能格除你自己心里边那些不纯正的思想。比如,只跟你说不准你出去,你就想不通,为什么不准我出去啊,我就想出去。但是来了一个人,循循善诱地给大家讲,不让你们出去是为你们好,现在外边全是非典病人,又闹禽流感,或者瘟疫,这里才是净土,你们出去了就要染病,所以不要出去。对你们晓之以理,动之以情,把这个道理给你们讲通了,这下子,叫你们出去,你们都不出去了。你还敢出去吗? 撵你出去,你都不出去。这就叫"有耻且格"。要从内心里边去引导他,而不是强制他。这就是儒家最了不起的地方,这也正是儒家与法家最不同之处。上古时候"刑不上大夫",刑法是针对普通老百姓的,对大夫以上的人是用礼来治理。法家是把对老百姓的法普及大夫以上,实际上就是把高的降低;而孔子是把对大夫的礼用于治理老百姓,就是把老百姓的思想提高。真正要治理天下,不是靠堵,堵是堵不住的,要靠疏通。不准你出去,不给你讲道理,你就老想出去;把道理给你说清楚了,把你教化通了,逼你你都不出去了。用德行、礼仪来教化众生的话,众生自然而然地就不会去做坏事。这就是知其然,又要知其所以然。教育小孩子,你光是不准他这样,不准他那样,他始终还是搞不明白,但如果你告诉他为什么能这样、不能那样,他想通了,他自己就不会做不准做的事情,这就是明理。所以"道之以德,齐之以礼",老百姓就有了羞耻心,想做坏事都不会做了,这就是引导的作用。一个道德高尚的人是不会犯法的,因为法律是底线,他自身道德的约束力高于法律,怎么还会犯法呢?

子曰："吾十有五而志于学,三十而立,四十而不惑,五十而知天命,六十而耳顺,七十而从心所欲,不踰矩。"

讲了用诗和礼教化民众以后,孔子自叙身世,用自己一生的体会来说明教化与为政的关系,这是很巧妙的。这句话里包含了孔子一生不同时期的人生境界,但后世引用这段话时往往只用来说明年龄。比如说某人到了不惑之年,大家就知道他四十岁了;天命之年,哦,他五十岁了;耳顺之年,他六十岁了;他到了从心所欲的年龄,七十岁了。但实际上孔子说的是自己生命历程不同阶段所达到的境界。

"十有五而志于学",孔子十五岁就立志求学,"志"就是立志。注意,《论语》里边每一个字都有深意。"学",学什么,学人生的大道,这是关键。孔子十五岁开始学人生的大道。

"三十而立",字面的意思就是三十岁站起来了。三十岁有了骨头,有了脊梁,这是不容易的哦。我们有些人到八十岁都没立起来,都只是一堆肉,摊在地上。真正的"立"是什么? 看看这个"立"字是怎么写的。立的象形文字是"夲",有头,有两只脚,人站在地上,一个人顶天立地,这就叫"立"。立不是那么容易的事,要堂堂正正地立于天地之间。有几人是做到了呢? 很少。孔子十五岁求学,到三十岁,经过十五年的修炼,才到达能够立于天地之间的境界,不容易啊。孟子说君子有三乐,"父母俱在,兄弟无故,一乐也",父母亲都健在,兄弟都没有什么变化,这就是一种快乐。"仰不愧于天,俯不怍于地,二乐也",抬头不愧于天,低头不愧于地,我心无愧于天地,这是人生的第二乐。"得天下英才而教育之,三乐也",能够得到天下英才来教育,这是人生的第三种快乐。其中"仰不愧于天,俯不怍于地",正是讲的堂堂正正立于天地之间。《论语·泰伯》篇对这个立作了具体的解释,"立于礼"。用礼来让自己站立。你站不起来吗? 礼教你怎么站。你不知道怎么和人交流吗? 礼教你怎么和人交流。五经中的《礼经》对每一条礼都讲得很仔细。比如提亲就要送大雁,这是提亲之礼。去见老师,送十块腊肉,这是见老师的礼。为什么送腊肉,为什么要送大雁,这都是有讲究的,不是乱来的,为什么不抱一头猪去,要送大雁,因为雁是最忠贞的动物,配偶去世了,另一只雁会终身不嫁不娶,称为"孤雁一世"。提亲送雁,即以大雁象征婚姻的忠贞。礼就教人怎么立于天地之间。"四十而不惑","不惑"就是没有困惑的意思,就是什么都想得通,孔子说四十岁的时候,自己什么都能想明白了。一个人是不是什么都能想通,都能想明白呢? 不一定。孔子说"智者不惑",只有智者才可以不惑,不是每个人都能不惑的。通则不痛,痛则不通。你通了就不会感到痛了。你痛是为什么？因为血脉不通畅，淤结在这里，你就感到很痛。智者不惑就是这个道理，因为他什么都想得通。孔子在四十岁的时候才达到了智者的境界，认为可以凭人的智慧，注意，是凭人的智慧、人的才学、人的能力来解决人世间一切想不通的问题。

"五十而知天命"，五十岁就不一样了，孔子在四十岁的时候以为凭我的智慧和学问，天下的事我都能够想得通，我都能够办得到。到了五十岁孔子才深深体会到，人间的事情，单凭人的智慧、人的能力是不一定能够办得到的，还有天意在那里。孔子这么了不起，这么伟大，周游列国都不见用，诸侯王都不用他，为什么呢？因为他学问不高，智慧不够吗？都不是，而是天命所归，天现在还不能用你。这个时候孔子才真正知道了人的力量是有限的，人的智慧、人的才学都是有限的，而真正决定人世间的是非成败、决定荣辱得失的是天。孔子到了五十岁才知道了天命，可见知天命不容易哦。知道天命以后才能够乐天知命，我成也好，败也好，这是由天安排，不是凭我的能力能够解决的。一般智慧越高、学问越大的人，痛苦就越深。因为他智慧高、学问多，认为天下的事没有解决不了的，可他就是解决不了，所以很痛苦。孔子有这么高的智慧，想治理天下，想实现太平世界，想出现"大道之行，天下为公"，可是就是办不到。他要救苍生，却救不了苍生，他痛不痛苦啊，他是痛苦的。到五十岁孔子认识到了痛苦是无益的，天命才是道，所以就没必要痛苦了，因为是天命的问题，不是人的问题。信天命，乐天才能知命。一般的人是这样的，反正我都办不了，我就不办了嘛。反正都不用我，我一天到晚这么努力做什么呢？我也不用严格要求自己了，我也不用行道了，我也来享乐算了，吃香的、喝辣的，高枕无忧，我也跟着混吧。当他的人生追求无法实现的时候，他就有两种可能：其一是放弃，或者彻底地背叛，很多人都是这样子。很多人在早年是非常有理想、有抱负的，但是当他的理想、抱负不能实现，或者受了挫折以后，他往往不能够坚守了，彻底地放弃，或者彻底地背叛，他甚至成了另一个人，跟他以前判若两人。年龄越大的人对这个体会越深。但孔子不然，尽管他知道天命不在他，但是他在五十四岁以后还周游列国十四年，直到六十八岁，中间几次差点被杀掉。既然天都不用我了，我还费力不讨好做什么呢？但孔子仍然要做，这就是儒家最可贵的精神："知其不可为而为之"。明知山有虎，偏向虎山行。我明知道天不用我了，但是我还要尽人事，我还要尽我的努力。一般的人，要么没有智慧，不懂得天命，他做，那是一种愚钝的做；知道了天命以后还要做，那就是圣人了，不一样了。道家的境界，其实只在智者不惑的阶段，所以道家的人是智而不悲，他有智慧，但缺乏悲悯心。儒家就不一样了，明知不可为而为之，明明知道这个事情做不成还要做，最后失败了，他还是泰然处之，为什么呢？

因为失败早就是他预料之中的事了。失败在我预料之中,我还要去做,这就是无往而不胜,故孟子说"仁者无敌"。比如说,这个人得了艾滋病,或者癌症,按道家的说法,这个病治不好的,不要治了,你还治它做什么呢,你太愚蠢了,多活还多花钱、多花精力,不要去治它了,让他死,安乐死,对大家都有利,这是智者的说法。仁者就不一样了,明知道这个病治不好,我还要去治它,我还要去给他不死的信心,我还要去忠心地呵护他、关心他、帮助他,最后他虽然死了,但是我毕竟尽到我的心了。他的死我是早就预料到的,所以我并不会因为他的死而灰心丧气,无所适从。预料到他的死了,我还要去关心他、帮助他,尽我的人事。听天命就无怨,尽人事就无悔,这样就无怨无悔了。

"六十而耳顺",这个境界就更难了。"耳顺"有两层意思,有人说"耳顺"抄错了,说"耳"字是而已的合音,故耳顺即已顺的意思,已顺什么? 已顺天命。这是一种讲法。另一种解释是人最大的烦恼从哪里来啊,从耳朵进来。他又在叽叽咕咕说我什么了,他们几个又在讲我的坏话,又在背后说我了,又在诬陷我……一听到逆耳之言,心里就不舒服了,就冒火了。人的烦恼往往从这里来的。人活在世上,有多少人说你好,就会有多少人说你不好,孔子更不例外。你越是圣人,你越是比众生高,众生就越不理解你,众生说你坏话的就越多。这个时候,你要处之自然,称讥毁誉寻常有,你要让他不说,是不可能的,再好的人都有说他坏话的。孔子这么伟大,也有好多人讥讽他、陷害他。"耳顺"就是你能够从容平和地面对一切称讥毁誉,心不为之所动,喜怒哀乐不入于胸次。这个时候基本上达到了《易经》里讲的"既济"的境界了,水火既济,达到圆满了。

但是孔子还没有止步,虽然已经达到寂静不动的境界了,但是,如果光是寂,就死了,静则止,止则死,死水一潭,就没有生机了。所以最后要退回来,未济之卦,所谓"从心所欲,不踰矩"。经过寂静的境界再出来游历于人间,就像"飞龙在天"一样,无所挂碍。"从心所欲"就是随心所欲,做什么事情都听凭心性去做,但又不会超越人间的规矩,这就是以出世的心来做入世的事。他已经超脱了人世间一切的是非成败、称讥毁誉,已经无所挂碍,这个时候再来做事,再来做人,就是生机盎然,生机流畅,生命畅达。

孔子的一生,就是一个求道的人、成道的人的生命历程、心路历程。他认为治天下、为政的人,就必须向这个境界努力。

下面就讲孝了。以诗来教化天下,以礼来治理天下,然后以孝来治理天下。孔子和四个人讨论孝的问题,但讲得都不一样,这叫因材施教。

　　⊛　孟懿子问孝。子曰："无违。"樊迟御，子告之曰："孟孙问孝于我，我对曰'无违'。"樊迟曰："何谓也?"子曰："生，事之以礼;死，葬之以礼，祭之以礼。"

　　孟武伯问孝。子曰："父母唯其疾之忧。"

　　子游问孝。子曰："今之孝者，是谓能养。至于犬马，皆能有养;不敬，何以别乎?"

　　子夏问孝。子曰："色难。有事，弟子服其劳;有酒食，先生馔;曾是以为孝乎?"

　　这是孝的四个境界，最高境界是"色难"，最基本的是"无违"。这四段话，可以说把各种孝都讲清楚了。

　　孟懿子是什么人呢? 先说一下上古的制度，最高的是天子，天子治理的地方称作天下。天子下边是诸侯，诸侯统治的地方叫国。诸侯下边是大夫，大夫统治的地方称为家。大夫下边是士，士下边就是庶人。士就是读书人，庶就是平民。周朝建国之初分封了许多诸侯国，各个诸侯国开始都听周天子的号令，到了周朝末年，诸侯各自为政，开始争霸，不把周天子放在眼里。到了春秋末年，诸侯的权力全部落到大夫手里，大夫也不听诸侯的了，大夫把诸侯也架空了。先是诸侯把周天子架空，然后是大夫把诸侯架空。孔子所处的时代，正是大夫操纵诸侯的时代。孔子是鲁国人，当时鲁国有三大夫——季孙氏、孟孙氏、叔孙氏，这三家控制了鲁国的朝政。这个孟懿子就是鲁国大夫。孔子最反对越礼，诸侯把天子架空，大夫把诸侯给架空，这都是孔子所反对的，认为他们超越了自身的本分。诸侯不安诸侯的本分，想做天子;大夫不安大夫的本分，想控制诸侯，都是越礼。所以当孟懿子来问孝的时候，孔子就说"无违"，你不要超越你的本分。为什么呢? 因为孟懿子的父母亲本来只能够享受到一定规格的待遇，可是他不以大夫的规格来侍奉他们，而用诸侯的规格，这就是越礼了，越了本分。所以孔子就说"无违"，你不要超越你的本分，这才是尽孝。超越了你的本分，表面上你是孝，其实你是大不孝。因为他消受不了，你折他的寿啊。

　　樊迟是孔子的弟子，"御"就是驾马车。樊迟给孔子驾马车，孔子就对他说，今天孟懿子来问我孝，我跟他说"无违"。樊迟不理解了:"何谓也?"什么叫无违呀? 孔子告诉他，"生，事之以礼"，父母亲活着的时候，依照你该用的礼节来侍奉他;"死，葬之以礼"，父母亲去世，要按照一定的礼节来埋葬他们，"祭之以礼"，你祭祀他们的时候，也遵循你应当的礼节，这就是尽孝。如果你超越了你的礼，就是不孝。比如，我是一个区长，一个月收入两三千块钱，我就尽我的能力来侍奉我的父母亲，让他们的日子过得好，这就是孝。可是你不按照你的能力来侍奉父母,本来三室一厅就够住了,可是你给他们买了几栋别墅、几辆车子,请了几十个佣人,那你肯定是个贪官,否则你从哪里来那么多钱啊?父母亲明明知道你只是一个区长,区长怎么会有这么高的待遇呢?他们用得也不安心,老想着怎么回事啊。他们不安心,退一步说,即便他们用得心安理得,他们也消受不了,消受不了就要折他们的寿。你对父母好,可是靠的全部是贪污腐败来的钱,有一天你坐牢了,你的父母会心安吗?不会。所以孝最基本的是无违,你不要超过你的本分,你按本分尽孝心就行了。我是个老师,我就以老师的本分来尽孝。我不以老师的本分,我非要让父母亲吃山珍海味,比许多高官的父母亲还要过得好,结果是我肯定不能安于本分,肯定要四处投机钻营,但这反而是不孝。所以孔子说孝的第一层意思就是要无违,不要超越自己的本分,不安本分,就是无礼。人要各安其分,各尽其职,这是礼的核心。

孟武伯是孟懿子的儿子,他来问孝,孔子就给他讲,真正的孝是"父母唯其疾之忧"。"疾"和"病"在古文中是有区别的,小病为疾,大病为病。父母最担忧的就是子女得了病,不要说大病了,就是生了小病,染了小疾,父母亲都非常担忧,所以叫"父母唯其疾之忧",父母亲最担心子女的就是生病。父母亲对子女,成天嘘寒问暖,特别是子女在外地的,只要打电话,总是问最近怎么样啊,吃饱没有啊,有没有生病啊……听说你生病了,就着急、担忧得不得了。所以你要尽孝就不要让你的父母亲担心。怎么才能真正使你父母亲不担心呢?你首先不要生病,不要染疾。儒家讲的生病,与我们一般意义上说的生病有所区别,所谓"心君泰然,百体从命",心安了,才能百病不生。而心安是要经过长期修炼的,就是要完善你自己,完善你的人格,你的人生境界提升了,你的身心修养达到一定程度,你的病自然就会减轻、消除,这样才能真正尽孝。不使父母担心就是最大的孝,这句话的核心就在这里,这是孝的第二层次。

子游问孝。子游是孔子比较喜爱的弟子之一,姓言名偃。他来问孝,孔子就说:"今之孝者,是谓能养。至于犬马,皆能有养;不敬,何以别乎?"今天我们所说的孝,就是能养活父母亲,这就叫孝。你能够把父母亲养活就叫孝啊?你喂只猫,喂只狗,养个宠物也要给它一碗饭,如果你对父母亲不尊重,那不就等同于养宠物吗?甚至比养宠物还不如。有些人对父母亲爱理不理,对宠物还要抱着它亲热一阵,对父母亲就没有这一套了。管你吃不吃,你吃得进就吃,吃不进就算了,吃不够也不给你吃了。如今很多人有钱了,成天很忙,一个月给父母一点钱,就算尽孝心了,把他们扔在一边。老人最需要什么呢?那一点敬心,嘘寒问暖,和他们拉拉家常,说两句话,这比你给多少钱都要让他们高兴。《常回家看看》这首歌之所以为大家喜欢,道理就在这里。如果不尊敬父母,那与养犬马有什么区别呢?孝要有尊敬之心,要敬爱你的父母,这是孝的第三层次。

子夏问孝。子夏,孔子弟子里边文学最好的一个,姓卜名商。他来问孝,因为卜商是个很淳厚的人,孔子就跟他说,孝的最高的境界是"色难"。孝的第一步是"无违",第二步是"唯其疾之忧",不使父母担心,第三步是敬爱父母,第四步就是"色难"。比如父母亲打电话来,跟你说家里的厕所堵上了,你跑回去把厕所疏通;说房子哪里漏了,你跑回去用瓦片封好;说家里床坏了,你又回去修好⋯⋯这就叫"有事,弟子服其劳"。这里"弟子"就是"子弟",指儿女。"有酒食,先生馔",有好酒好菜,让父母亲先吃,这叫"先生馔"。"馔"读 zhuàn,本义是食品,这里指吃。"先生",按字面就是比自己先出生的人,就是指父母。"曾是以为孝乎",难道这就叫做孝了吗?——你以为给父母亲做点事,给他们吃点好的,就叫孝了吗?还不够,最难的是"色难",这里的"色"指的是脸色,对父母亲有好脸色,这才是孝里最难、最不容易做到的。为什么呢?因为父母亲太关心你了,这样就会出现什么情况呢?哎呀,今天又降温了,你要多穿一点哦,为什么还没加衣服啊⋯⋯吃饱没有嘛,再吃一个苹果,把这根香蕉也吃了⋯⋯你读书读得怎么样,没读好要多问老师哦⋯⋯结果呢:好,好,好⋯⋯晓得了,晓得了⋯⋯啰嗦得很,行了,行了,我晓得了⋯⋯子女就觉得厌烦了,脸色就不好看了,不耐烦了,脾气也来了,这就是为什么"色难"。孝的最高境界是"色",和颜悦色。侍奉父母时要和颜悦色,孔子讲这个话是很有深意的。和颜悦色说明什么呢?说明你仁慈,你对父母亲和颜悦色,对天下人就都能够仁慈。你对父母亲都凶神恶煞,还能指望你对其他人好吗?不可能。儒家讲真正的孝子心,像豆腐脑那么细腻,那么柔嫩。孝是仁人之心。有这个心的人,他对任何人,都能够宽容、慈悲,都能忍耐,而不是铁石心肠。无情无意的人就是铁石心肠。所以凡是仁德的人,你从他的脸色就看得出来,和颜悦色,因为他的心慈爱。很多人喜欢《西游记》,但没能看出《西游记》的真意。解放初,绍兴剧团进京表演《孙悟空三打白骨精》,郭沫若看了演出后写了一首诗,其中一句是"千刀当剐唐僧肉",唐僧不能辨别是非善恶,孙悟空降妖除魔,他反而把孙悟空给赶走了,因此"千刀当剐唐僧肉"。毛主席也看了这部戏,他写的是"僧是愚氓犹可训,妖为鬼蜮必成灾",毛主席站在另一个角度上说唐僧与孙悟空之间的矛盾是人民内部矛盾,真正作恶的是妖魔鬼怪。一般人都认为唐僧没有头脑,不起作用,其实唐僧是真正的仁者,真正具有豆腐脑般的心肠,在他身上真正体现了佛法的慈悲。但一般人只看到唐僧的懦弱,没有看到他的慈悲,看到了唐僧的柔,没有看到他的刚。唐僧的刚在哪里?以他的柔弱之躯,跋涉千山万水,用十八年时间到西天去取经,没有百折不挠的信念和决心,能办成这样的事吗?唐僧是一个伟大的理想主义者,历经艰难困苦,却从不放弃对理想的追寻,所以他才是仁者。在《西游记》里,孙悟空这么了不起,连玉帝都要撬翻,如来佛都不怕,可是为什么要拜在唐僧门下做徒弟呢?就是因为唐僧有伟大的人格。这里说到孝是仁人之心,所以顺带说到了唐僧。

上面四段话是孔子讲孝,第一是不违,第二是不忧,第三是敬父母,第四是和颜悦色。你看,前两段是不要让父母担心、操心、难过,后两段是要让父母高兴。《二十四孝》里面有个老莱子,七十多岁了,为了使他父母亲高兴,他还经常穿着彩衣,像小孩一样戏耍,以博父母开怀。在四川乐至县有位刘克生老先生,今年刚好一百岁,是一位硕儒、大诗人。他和柳亚子、于右任是好朋友。他的儿子都八十二岁了,但他儿子侍奉他,仍相当周到,不管他怎样吩咐,他儿子都和颜悦色。孝的最高境界是"色",脸色好不好,表面上看是形式,但事实上它并不仅仅是形式,"色"还体现内容,体现你的心,慈爱仁孝之心。

🌀 子曰:"吾与回言终日,不违如愚。退而省其私,亦足以发。回也不愚。"

讲孝就是讲子女侍奉父母之道,至此,孔子将孝道推广开来,讲弟子如何对老师。

孔子说"吾与回言终日",我对颜回讲学,从早谈到晚,"不违",他一句反对的话都不说,一个问题都没有,"如愚",像个傻子一样。"退而省其私",当他退下去以后,我观察、考察他,发现他不但把我讲的话在生活当中一一奉行,而且还有所发扬,做得比我讲的还好。"回也不愚",颜回并不愚钝啊。这是称赞颜回的德行。

一个人能做到跟老师或者长者讲话的时候,不管怎样都不反对,那是大贤人的境界,一般人是做不到的。有的人,你和他讲话的时候,往往是你说上句,他接下句,你说前边,他就接后边。又比如现在讲课,大家表面上看是不违,都没有说话,但那是被课堂秩序所限定了,内心不一定不违,很可能在想,讲的啥子哦,还没有我讲得好……应该那样讲的,都没讲清楚……表里不一,这是第二种情况。还有一种,听了上半句,他就以为他懂了,他还不知道下半句是什么,就认为他的理解和你说的是相符合的了。在交流的时候,很少有人从头到尾听完人家说的话,再从头来梳理对方的思路,判断对方的观点,多数人是凭自己已有的观念来取舍,符合我的观念的,就是对的,不符合的,就是错的。所以,"不违"是一个很不容易达到的境界。这个"不违"并不是表面上不违背,而是真心诚意地认同。之所以要多闻多思,是因为多闻,才能广博心智,多思,才能有所领悟。

🌀 子曰:"视其所以,观其所由,察其所安。人焉廋哉?人焉廋哉?"

这一句话是儒家判断人的最好的法宝。先看"廋"字,读 sōu,就是隐藏的意思。"人焉廋哉",就是哪一个人能够隐藏呢。使一个人不能够隐藏,孔子说了三个步骤:"视其所以,观其所由,察其所安。""视",是宏观地看、全面地看;"观",是微观地看、细致地看;"察",是考察,不光是看,还要从生活当中去考察。"视其所以"，看他做的事情，宏观地看他做什么事；"观其所由"，看他做事的方法；"察其所安"，看他做事以后的心理状态。

举个例，大家就明白了，用这个方法去考察人，什么人都逃不过你的法眼。比如来了一辆公共汽车，上来四个青年甲、乙、丙、丁，都找到位置坐下了。下一站上来一个八九十岁的老太太，甲、乙、丙都起来给老太太让座，丁却坐在那里视而不见。"视其所以"，看他们的行为一下子就判断出甲、乙、丙是有觉悟的，丁则是觉悟较低的。接下来，"观其所由"，看他们怎样让座，甲、乙都非常热情，"老太太，快来坐"，把老人扶过来；丙则喊："老太婆，快点儿过来，我让你坐！"从细节就能够判断甲、乙既有品格，做事也很细心、周到，丙虽然心肠好，可是做事粗疏，性子急。第三步，"察其所安"，考察他们让座以后的心态。甲让了座，很高兴："今天让了座，又做了一件好事，对自己来讲是一个提高，是完成自己。"乙虽然也给老太太让了座，看起来没有什么异样，但他内心里想的却是："好不容易今天乘车有座位，又让给老太婆坐了，真倒霉。"这样一来，对这四个人的情况我们就清楚了：甲是做得最好的，其他三人都存在不同程度的问题。用这三个步骤来考察人，"人焉廋哉？人焉廋哉？"哪个人能够隐藏呢？

以听课为例，"视其所以"，首先，凡是来听课的，都是不错的——睡大觉不来上课的就有问题。"观其所由"，我再看大家听课的方法，有的同学又专心听，又做笔记，还时时会心地微笑；有的人表面上也在听课，望着老师，但是眼睛都发直了，不管老师说什么他都是一个表情——表面上看他很认真，其实早就不知道他在想什么了；还有的，看他也很专心，一直盯着书，目不转睛，结果上面是《论语》，下边却是《神雕侠侣》。最后，"察其所安"，下课了，有些同学说："这堂课听完了，很有收获。学到了不少东西，虽然有点疲倦，但内心还是很充实。"有一些同学上课也很专心，做笔记，下课后他的感受是："终于完了，这个老师讲那么多，笔记好难抄哦，也不早点儿下课。"一个是安，一个是不安。用这种方法来考察学生，就能考察出他是哪一类。考察出来了，不是要对他怎么样，儒家讲"泛爱众"，虽然他有缺点，我们还是要关心他、帮助他。这里说的只是考察人的方法，并不决定你对他人的态度。

✽ 子曰："温故而知新，可以为师矣。"

"温"，温习。"故"，我们常说"故事"，指过去发生的事，"故人"，就是过去遇到的人。把你过去做的事也好，读过的书也好，或者遇到的人，拿来温习、重温，你就会有新的认识，新的体会。国学大师季羡林先生讲："回忆能够净化一个人的灵魂。"我们回忆的时候总是回忆那些美好的事情，一般人都不会把那些最痛苦的事拿出来反复回味——我痛苦啊，太痛苦了——哪个愿意常常回忆这些呢？总是回忆童年在山坡上捉蚱蜢，和小伙伴割草，在小溪边洗衣服，蝴蝶绕着花丛转,蜻蜓缓缓飞。回忆那些和平宁静的生活,回忆美好事物的时候,其实就是在净化自己的心灵,这是其一。其二,故人、故事、故书,现在重温,你的经历、你的阅历与从前都不同,学识、认识也不一样,所以你的感受也会不一样,你会有新的体会。比如,小时候,你寄住在一个亲戚家里边,这个亲戚对你非常苛刻,你小时候对他讨厌得不得了。但是正是由于他的这种苛刻,养成了你做事严谨的习惯。多年以后你再来回忆这个人时,可能会深深地感谢他。通过温故发现如果没有他那样对我,也许就不会养成我身上这些良好的习惯,这就叫温故而知新。再比如,你五岁的时候读"少小离家老大回,乡音未改鬓毛衰。儿童相见不相识,笑问客从何处来",背完就完了。等你十几岁的时候再读,就能够有一些理解了。到你五六十岁、七八十岁再来读,特别是如果你已经离开故乡很多年,"少小离家老大回",你就可以切身地感受到来自内心的那种共鸣,这是超越时空的。少小离别故乡,现在已经近八十岁了,回到老家,一口乡音不改,可是头发却斑白了,小孩也不认识你了:"笑问客从何处来",你是哪里来的老人啊⋯⋯这个时候再来读这首诗,那种内心的感受是不可以言说的。这就是温故而知新,在不同的时空,去温习那些故人、故事、故书,你都会有新的深刻的体会。像巴金老人,在"文革"当中饱受摧残的时候,他的认识和"文革"结束以后他写作《随想录》的时候是绝对不同的,当他重新来审视"文革",就会对那段时期、对中国文化有很多新的见解和体会。"可以为师矣",温故知新,你就可以当老师了,你就可以把你曾经的感受和现在的感受对比起来给人家讲,因为其中包含的都是人生的道理。这句话随时都可以实践。你们随时可以温故,把你以前的生活拿来细细地咀嚼。比如晚上十点半,你躺在床上,没睡着,就温故半个小时,把曾经走过的这十几二十年的路,童年发生的什么事,少年发生的什么事,有些什么人,慢慢温习,记录下从中得到的很多心得体会,日后整理出来就是你的回忆录了,这是有意义的,对教化众生是有意义的。

子曰:"君子不器。"

这一句话是很重要的。什么叫"君子不器"呢?要理解"不器",首先要理解什么是"器"。"器"字,四个"口",一只狗("犬"),四个"口"指物品很多,一只狗把这些物品照看住。需要狗来看守的一定是珍贵的物品。"器皿","器"和"皿"是有区别的,"皿"是一般的物品,珍贵的物品则叫"器"。

一种器皿有它特定的功用,比如这支录音笔,是拿来录音的,这是它的功用。钢笔就是拿来写字的,杯子就是拿来喝水的,喝水的杯子就不能拿来当痰盂。收音机不能拿来当枕头,只能拿来收听。钟是拿来看时间的。窗帘就是遮窗子的,我不能拿它来擦手,有些人洗了手,顺便就在窗帘上擦,这是不可以的。

所谓"君子不器",表面的意思就是君子不能够是一个器皿,因为一样器皿只具备一种功用,而君子不是只有一种用途的人。深层的意思还有,第一层,君子应该具备"不器"这种胸襟,就是对什么都能从容应对。一般人很难做到这点。比如找工作,高的工作,他无力胜任,低的工作,他又不满:"哼,这个工作哪里是我干的,我是要干大事的人。"大事干不了,小事不愿意干。君子则是什么事情都可以做,这种境界不是一般人达得到的,要经过修炼。当国家主席,你可以做得很好,当工人,你是一个优秀的工人,这就是境界,能上能下,能屈能伸,这才是大丈夫。真正的君子就是这样。比如,今天让我在这里给大家讲课,我就在这里给大家讲好课;明天不要我讲课了,让我去扫厕所,我也心甘情愿。一般人就可能想不通了,我明明是个老师,我明明在给大家上课,我又没讲错,为什么要我去扫厕所呢?想不通了,而且内心开始痛苦了:我满腹经纶,还让我扫厕所……郁郁寡欢,怀才不遇,乃至忧愤而死。从古到今,这种人太多了。为什么古往今来,总是有那么多人觉得自己怀才不遇呢?在日常生活当中我们也常常遇到这种人。"哎呀,我这辈子算完了,机遇不好。"这种人很多,但是真正的君子不是这样子。要他做什么,都能泰然处之,这个泰然处之就不容易了。不要我教书了,我就到学校门口摆个小摊,卖点水果啊,卖点针头线脑什么的。一般人一定不好意思,看见学生下课出来了,赶快把脸遮住,不让学生认出来。其实自食其力,谋生嘛,有什么好丢人的。丰子恺先生有幅漫画就叫"去年的先生"。所以君子就要达到这样一种境界,具备这样一种胸襟。不管叫你做什么,你都能从容平和地去面对。

第二层意思,君子不仅要有这种"不器"的胸襟,还要具备一种什么都可以做的能力。但是,什么都可以做,谈何容易,哪个人什么都可以做啊?不可能。为什么又要具备这种能力呢?这并不是要求你什么都能做:既是国家领导、元首,又是书法家,是名老中医,又是文学家,是艺术家,又是哲学家、宗教学家……不可能,不可能什么都能胜任,但是你要具备什么都可以做的能力。这种能力是什么呢?是"道"。"道"就是万事万物的规律,就是指引你做事的规律。只要你掌握了"道",即便你现在是老师,马上要你出来担任四川省省长,你也可以很快地熟悉全省的状况,并顺利开展工作。因为你掌握了"道",你可以用出世的心,来做入世的事;你可以"以空处立脚,以慈悲处入手"。比如,你以前没写过字,可是你现在开始练书法,半年后你就可以写得很好。为什么呢?因为你掌握了"道",书法的道,也是"道"之一,万变不离其宗。"道生一,一生二,二生三,三生万物",这个"一"就是"道"。你领悟了道,你就能无所不通。

真正的君子要具备从容应对的境界和无所不通的能力,这就叫"君子不器"。

🌀　**子贡问君子。子曰:"先行其言,而后从之。"**

子贡问孔子,怎样是真正的君子呢?孔子说"先行其言,而后从之",就是先

去年的先生

做再说，先做到你心中想做的事，然后再说出来。比如说，我要送你一本书，我先把这本书买来送给你了，我再说这个话，而不是没买书就说"某某，我要送你一套《红楼梦》"，过了很长时间我还是没送给你。不要还没做的时候就敲锣打鼓，让天下人都知道了却许久不兑现，失信于人。

🌀　子曰："君子周而不比，小人比而不周。"

这句话的关键是"周"和"比"，朱子讲"周"是普遍，"比"是偏党。"周"是公心，"比"是私心。君子有公心而无私心，小人有私心而无公心。君子是以公正、公平之心来做事，小人是以一己私利出发来判断事物。君子做事以道义为标准，小人做事以这件事于他有没有利为标准。比如说，判断某项政策的得失，一般人往往是根据自己的利益，从自己的利益有无损益来判断，而很少站在国家、民族的利益的角度来思考。而君子，他从国家、民族的角度出发，如果某种政策对整个国家的发展是有利的，即便牺牲了部分人的利益，他自己的利益也受到了损害，他还是会拥护这项政策。再比如，某个学生平时爱给老师提问题，而且经常提一些很古怪的问题，作为老师，如果公正、客观地看，会看到这个学生的好学、上进，会给予表扬，但如果心胸狭窄，就可能会想："哼，这个学生刁钻古怪，这次考试给他打不及格。"因此，我们看问题不能只站在个人的立场上，以私心去判断，而要从大局出发，全面地看。

◎　子曰："学而不思则罔,思而不学则殆。"

　　这句话很重要。孔子说,学习不思考就罔,"罔"读 wǎng,迷惘之意,即迷惑而无收获。有的人喜欢读书,不停地读啊,背啊,还记笔记、做摘录,却根本不思考,所学的像糨糊一样存在头脑里边,学到后来都搞不清楚学了什么。只知道抄、写,到最后连抄的是什么都不晓得了。我曾经给大家讲过"士"字,"士"有一层意思是化十为一,能够从千变万化的自然、社会现象当中提炼出规律的人就是士。士人为什么了不起呢? 因为他能够归纳、总结、思考,把从书中学到的知识转变为自己的见解。你光是读,不想,读一辈子,仍然无用。所以光读不思考是不行的。比如说,听老师讲了一节课以后,大家应该就他前后所讲的进行连贯性的思考,想想他为什么要这样讲,这堂课的核心精神是什么,条理是什么,思路是什么。光学不思,老师在上面讲,你在下面听、记,听完了、记完了就放在那里,下节课又听、又记,记了半天,一提问,啊,什么都不知道,赶快翻书,翻笔记,把老师讲的从头到尾念一遍——仍然不是你自己的学问。

　　"思而不学则殆",另一种情形是光思考不学习。有些人很喜欢思考,一天到晚冥思苦想,这里想不通,那里想不通,但却不愿带着这些问题去学习,从学习中找到答案,只会苦恼,因而他就总是苦恼。"殆"就是危险。光思考不学习就危险,一天到晚想,想不通还要想,再想还是想不通,最后的结果是精神病,想成精神分裂症了。一个人的智慧是有限的,众生各自的天赋也不一样。韩愈说"坐井而观天,言天小者,非天小也",你坐在井里边看天,只看到井口那么大的一块天,你就说天小,到底是天小,还是你所见到的小呢? 人的禀赋不一样,要借助前人的智慧,学习,再来思考,才能够进步。

　　"学而时习之"那个"学"字,朱子的解释是"后觉效先觉也",后觉悟的人效仿先觉悟的人。所以我们要向前人学,向智者学,向圣人学。向圣人学,越学越有智慧。你思考一个问题,就要看看智者们是怎么思考这个问题的,你把前人的结论拿来比较、学习,原来人家是这么想的,你就想通了;如果你看了前人的思考觉得还不妥善,那么再根据前人的思考和你自己的思考,得出一个新的结论,这就是创新。所以思和学是不能偏废的,既要思又要学,既要学又要思。

◎　子曰："攻乎异端,斯害也已。"

　　这句话的关键是"攻"字。"攻",一解作"治",研究。《诗经》上讲"他山之石,可以攻玉",他山的石头可以拿来治玉。"攻乎异端",就是研究那些异端邪说;"斯害也已","斯",这个,这个是有害的哦。就是说你要去研究异端邪说这本身就是最大的危害。危害什么呢? 危害自己的身心。这句话有三层深意。第一层,怎么辨别异端邪说。入门的时候,有老师教你,有圣人、前人指引你、指点你,这些你暂时不要涉猎，不要去看。第二层，你的心智开启了，渐渐地你就能够独立判断什么是正道，什么是邪道了。这时候，对歪门邪道，你也可以去探究，但你是去了解它与正道有什么不同，它为什么是邪道，而不是专注于它，甚至信奉它。第三层，"攻"解作"攻击"，批判异端邪说，它们的祸害自然就会消除。从另一个角度来说，研究异端邪说有害，但攻击异己之学术、思想也是有害的。儒家讲宽厚仁恕之道，自然不会去攻击与自己不同的见解。对邪说加以批判，则其祸害不攻自破；对不同意见，则允许其存在：有比较才更显出大道之昌明。

🌀　子曰："由，诲女知之乎！知之为知之，不知为不知，是知也。"

由，孔子的弟子，叫仲由，字子路。子路是一个好勇的人，在孔子的弟子里边，他的脾气是比较急躁的。子路也是一个孝子，《二十四孝》里收入了他的故事，几千里以外去给母亲背米。另外，子路对孔子是非常忠心的。

"诲"就是教，"女"通"汝"，就是你的意思，"诲女"就是教导你。"知之乎"，你知道了吗？也就是说子路，我教你的道理你知道了吗？"知之为知之，不知为不知"，你知道的就说你知道，你不知道的就说你不知道；"是知也"，这个"知"通"智"，这才是真正的智慧啊。那么什么叫真正的智慧呢？有些人，不懂装懂，这是愚蠢。为什么呢？你不懂装懂，你就永远不懂。但是如果你承认你不懂，你就会去研究它，把问题搞清楚，最终你就懂了。不知是知的前提，不知是知之母。如果你无视或者掩饰不知这个前提，你就永远都不知。知是从哪里来的？是从不知里来的。正因为我不知，所以我想知道，我才能够知道。你根本就不想知道，又怎么可能知道呢？

🌀　子张学干禄。子曰："多闻阙疑，慎言其余，则寡尤。多见阙殆，慎行其余，则寡悔。言寡尤，行寡悔，禄在其中矣。"

子张，姓颛（zhuān）孙，名师，字子张，是孔子弟子里边一个道貌岸然的人。道貌岸然最开始是一个褒义词。"道貌"，修道的样子，"岸"就是伟岸，"然"，这样子，修道的样子很伟岸就叫道貌岸然。

子张学什么呢？"干"当"求"讲，"禄"是俸禄，"干禄"就是追求官职。"子张学干禄"，就是子张学为官之道。中国古代有三星，福、禄、寿。福，就是有福气。寿，就是长寿。禄，孔子说："多闻阙疑，慎言其余，则寡尤。多见阙殆，慎行其余，则寡悔。言寡尤，行寡悔，禄在其中矣。"这句话不仅对做官的人适用，对我们一般人也适用。"多闻阙疑"，阙当其讲。阙疑就是它的疑问。"慎言其余"，谨慎地说出人家说话中那些不完全、不精确、不准确的地方。"则寡尤"，"寡"就是少，"尤"就是错误，就能少犯错误。"多见阙殆"，"殆"当危险讲。你做事的时候，多看人家怎么做的,别人做得不对、有差错的地方,你要加以注意,自己不要犯同样的错误。"慎行其余",你有把握的部分,则谨慎地实行。"则寡悔",那样就能减少后悔。"言寡尤,行寡悔",说话少错误,做事少后悔,则"禄在其中矣",官职、俸禄就在这个当中了。这句话表面是说做官,其实做人也是如此。

⊚ **哀公问曰:"何为则民服?"孔子对曰:"举直错诸枉,则民服。举枉错诸直,则民不服。"**

哀公是当时鲁国的国君,这是孔子和国君的对话。鲁哀公问孔子:要怎样做老百姓才服你呢?"孔子对曰",之前都是"子曰",这里是以臣下对君上,所以加了个"对"字。孔子说:"举直错诸枉,则民服。举枉错诸直,则民不服。""直",直的,引申为刚直、正直、公平、公正的;"枉",不正的,弯曲的。"错"字当设置讲,就是摆放、置放的意思,把什么置放在什么上边。以公平、正直置于不公平、不正直之上,老百姓就服;把不公平、不正直置于公平、正直之上,老百姓就不服。也就是说,选拔那些公平、正直的人来做官,黜退邪曲的、谄媚的小人,老百姓自然就归顺你;如果做官的都是邪曲的人,只会阿谀奉承你,那些正人君子都被罢黜了,老百姓就不会服你。"四人帮"制造那么多冤假错案,怨声载道,一倒台,举国欢呼,老百姓高兴得不得了。这句话还有一层深意,世间总是美丑并存、善恶同在,有直就有曲,有正就有邪,"水至清则无鱼",任何一个当政的人,他都不能做到随时随地绝对公正,由于各种原因,他可能会犯一些错误,但"举直错诸枉",你处理事情的时候,秉着公平、公正的办事态度,即便事与愿违,不公正的事偶尔发生,你也可以问心无愧。

⊚ **季康子问:"使民敬、忠以劝,如之何?"子曰:"临之以庄则敬,孝慈则忠,举善而教不能则劝。"**

季康子是当时鲁国的大夫季孙肥。他问孔子,要使老百姓既有诚敬之心,又能够忠心,还能够努力向善,怎样才能做到呢?"子曰",你看,这里没有用"对曰",与大夫对答就不用"对",因为与大夫是平等的,对国君才用"对"。"临之以庄则敬","临"就是面临,你面对大家的时候庄重,大家就会尊敬你。做老师的,对学生庄重,学生才会尊敬你。你作为老师,自己都不庄重,上课时一会儿抠脚,一会儿抽烟,学生肯定不会尊重你。做国君也是这样。"孝慈则忠","孝",你对自己的父母亲能尽孝心,"慈",对幼小慈爱,并将这种孝、慈推及百姓,老百姓就会忠心于你,就会竭尽全力为你做事。你对你自己的父母都不孝,让他们挨饿受冻,老百姓会忠心于你吗?"举善而教不能则劝","举"就是推举,"举善"就是对老百姓当中那些善的、好的人、事都加以表彰,以教育"不能","不能"就是做得还不够好的人,则老百姓自然就能受到鼓励,自然就会努力向善。"劝"表示勉励、鼓励。因为提倡好的,大家自然就向往好的。就像一个幼儿园里边,这个小朋友背书背得好,给他一朵大红花,其他小朋友都想戴上大红花,大家就都努力去背书。儿童的心理是这样,大多数成人也是这样。

🌀　或谓孔子曰:"子奚不为政?"子曰:"《书》云:'孝乎! 惟孝,友于兄弟,施于有政。'是亦为政,奚其为为政?"

"或"是不定代词,当"有的人"讲。有的人就问孔子,"子奚不为政",这个"奚"字当"何"讲:孔夫子,你何以不出来做官呢? 孔子他没有直说,因为他有不得已的苦衷——当时的诸侯国君都不用他。他引用了《尚书》里面的一段话委婉地说明自己实际上已经为政:"《书》云:'孝乎! 惟孝,友于兄弟,施于有政。'"他说《书经》里边讲,要孝敬父母,友爱兄弟,并把这种孝敬父母、友爱兄弟的心推广、应用到政治当中,"是亦为政",这也就是在为政了。"奚其为为政",何必非要做官呢? 孔子一生最大的理想是当老师。他认为做老师可以教导思想,我教的学生,以后有可能做国家的领导者,或各个部门的执政者,我把这种孝悌的思想教给学生,他们今后就会把这种思想推广到民间,我这不就是在从政吗? 孔子没有从政,但做的是比从政更伟大的事情。

🌀　子曰:"人而无信,不知其可也。大车无□,小车无□,其何以行之哉?"

孔子说,一个人没有信用,不知道那怎么可以。接下来,孔子用了一个比喻来说明讲信用的重要性。"大车无□,小车无□",□读 ní,□读 yuè。古代的大车指牛车,小车指马车,古代的车车辕前面都有横木,是用来套牲口的,□就是大车车辕与横木连接的关键,□就是小车车辕与横木连接的关键。没有□、□,不能套牲口,大车小车就走不了。同理,一个人如果没有信用,就无法在人世间行动,就像牛车缺了□、马车缺了□无法行动一样。

🌀　子张问:"十世可知也?"子曰:"殷因于夏礼,所损益,可知也;周因于殷礼,所损益,可知也;其或继周者,虽百世可知也。"

这是《为政》篇里十分关键的一段话,这段话讲了儒家很重要的一个思想:"经权之变。""世",三十年为一世,引申为朝代,"十世"就是十代,子张问孔子,此后十代的事情,可不可以知道啊? 孔子答:"殷因于夏礼,所损益,可知也;周因于殷礼,所损益,可知也。""因"是指沿袭,"礼"当制度讲,"殷"是指商朝。"损"指减少，"益"指增加，商朝沿袭夏朝的制度，所增加、所废除的，我们可以知道。周朝沿袭商朝的制度，所增加、所废除的，我们可以知道。"其或继周者，虽百世可知也"，"其"指周朝以后，"虽"当"即使"讲，周朝以后的那些朝代，即使是一百代以后的事情，我都可以知道。儒家的圣人可以知道百世以后的事情，为什么呢？就是因为"经权之变"。商朝沿袭夏朝，周朝沿袭商朝，有些东西是没有改变的，有些东西是改变了的，没有改变的东西称为"经"，改变了的就称为"权"。"经"就是天经地义，历经任何朝代都不会变的东西。比如生、老、病、死，婚、丧、嫁、娶，人伦礼序，都是不变的。权变则是随每个朝代特定的历史情况而出现的一些具体的变化。权是什么？权就是秤砣，称东西的时候，为了求得平衡，要把秤砣在秤杆上移动过去，移动过来，这就叫权宜。权宜之计就是临时的变动，因为历史时代不同，具体的情况也不同，我们要对一些制度、一些政治体制，做一些适当的调整，这就叫权变。儒家的圣人懂得经权之变这个道理，所以千年、万年以后的事情他都可以预测到，所以孔子说周朝以后的王朝，即便在百世之后，很多事仍然可以预测到。

🌀　子曰："非其鬼而祭之，谄也。见义不为，无勇也。"

　　什么叫鬼？古代对鬼有明确的解释，人死之为鬼，人生之为人。鬼并不是什么不好的，人死了就叫鬼。"非其鬼而祭之，谄也"，是什么意思呢？不是你们家的鬼你去祭，这就叫献媚，就叫"谄"。什么叫你们家的鬼啊？就是你们家死去的那些亲人。不是你们家死去的亲人你也去祭，就说明你居心叵测。"谄"就是献媚，讨好卖乖。"祭"在中国古人来讲是非常慎重的事情，祭祀也是很有讲究的，你自己家里边的祖宗、亲人，他们与你血脉相承，祭拜他们是表达报恩返祖之情。"见义不为，无勇也"，义者，宜也，这个"宜"字，当"应该"讲。"见义"，见到应该做的事情，"不为"，你不做，就叫无勇。那么什么是应该做的事啊？义，它是一种行为，这种行为从哪里出来的呢？从心里边来，从什么心来？仁爱之心、恻隐之心、同情之心，因为有这种心，所以看到应该做的事就会勇敢地去做。比如你看到一个瞎子走在马路上，他前面下水道的盖子被那些收破烂的捡去卖了——现在走到大街上经常能遇到这样的事，好好的下水道的盖子，突然有一天不见了，被人偷去当废铁卖了——你急忙上去扶着他绕开，这就叫见义勇为。见义不为，见到瞎子要掉到坑里边了，却在旁边数数，还有三步，两步，半步，掉下去了，哈哈哈……这就比见义不为的性质更恶劣：不仅不为，还要在旁边幸灾乐祸。见到应该做的事情你不去做，就是你不勇敢。见义勇为——这个词就是从《论语》里边来的。

　　《为政》篇讲完了。我一说讲完你们就合上书本了，这是什么呢？"学而不思"啊。这一章讲完了，你应该回过头来思考一下。从开篇"为政以德，譬如北辰,居其所而众星共之",到末章"非其鬼而祭之,谄也。见义不为,无勇也",其间有什么内在联系?为什么要归在《为政》篇?你这样来思考才能领会精髓,不然学了半天只学了一大堆话:孔子就是讲了一大堆话嘛,东一句西一句,不知道说了些什么。《为政》篇是孔子、也是儒家治理天下的理想。儒家的政治理想是什么呢?是大同世界。大同世界怎么去实现呢?儒家的方法是修炼自己,完成自己,通过自己的净化来感化他人,使他人也得到净化,其关键在"德",所以为政以德,开篇就点明了儒家的政治理念:以德来治天下,通过为政者自身的完善来感召天下的人。"非其鬼而祭之"就不好理解了:你管他祭哪个的鬼,这个都要管!这个管是有道理的,为什么呢?把这句话和"为政以德"联系起来,思考一下,学而思。"非其鬼而祭",说明你是有求于人,你有功利的目的。你在治天下的时候,不是通过完善你自己,而是通过很多投机取巧的方法,笼络人心啊,小恩小惠啊,讨好卖乖、献媚啊,所以"谄也",这是歪门邪道,不是儒家的光明正道。古代衙门里面挂的匾额,往往题"正大光明",为什么?就是完成自己。为政者你首先要完成自己,不要去祭这里的鬼,那里的鬼,去求东,求西。下面一句"见义不为,无勇也",从为政者来讲,什么是义?你为民之父母,什么叫民之父母?把老百姓当作你自己的儿女,父母亲对儿女是怎样的?嘘寒问暖。所以对为政的人而言,你的义就是民之所急,老百姓需要什么,你就应该帮助他实现。比如前面举的瞎子的例子,一般的人能做到把瞎子给扶开,然而你是有权力的人,你就应该下令用新盖子把下水道的洞口封好,然后还要教化百姓,不要破坏公共设施。既要助人,又要教化民众,首先完成你自己,然后还要为老百姓办好事,这就是见义勇为内涵的拓展。自己好好地思考一下,才能有所得。思考的时候要把书拿出来对着看,空想是不会有收获的,要边读边思。

八佾第三

　　《论语》第一篇《学而》是讲治学，要学习人生大道；第二篇《为政》讲要用所学来治国平天下。要治理国家，首先就要认识这个国家，就要了解当时社会的各种各样的问题，所以第三篇《八佾》主要是批判现实，批判春秋末年混乱的各种社会现象。这就像要成为医生，要能给别人看病，首先要学习医学知识，学习医生的职业道德，这就是为学。此后，你可以开始为病人诊病了，这就是为政。这时你要给病人把脉，找出病症所在。《八佾》这篇就是把脉，把社会之脉，找出社会问题的病根。按中医的理论，左手的脉关联心、肝、肾，右手的脉则关系肺、脾、肾，医生在把脉的时候，根据脉象判断病根之所在。而春秋末年的时候，病根在哪里呢？病在"非礼"上，这也是春秋末年最大的社会问题。什么叫"非礼"？前面我们已经讲过"礼"字的写法。"礼"就是用一些祭品来祭拜神灵，是一种形式，把这种形式展开来，就是社会生活的各个方面都存在的特定的礼仪形式、规定。有一句话最能讲明儒家的礼：君君、臣臣、父父、子子。现在很多人批判这句话，还有人不理解这句话到底是什么意思。什么叫君君、臣臣、父父、子子啊？"君君"，就是国君要有国君的样子，国君要守国君的礼法；臣子要有臣子的样子，臣子要守臣子的礼法，这就叫"臣臣"；父亲要有父亲的样子，守父亲的礼法，这就叫"父父"；儿子要有儿子的样子，守儿子的本分，这就叫"子子"。就是说，是什么人就要守什么人应该守的礼节，人应各安本分，各守己道。把儒家的礼归纳起来就是两个字——人人，人要有人的样子。人没有人的样子，你拥有人的躯壳，可是做的却是猪狗的行为，那么你不是成了猪狗了吗？这就不是人人。所以人要有人的样子，人没有人的样子就是非礼。春秋末年就出现了君不君、臣不臣、父不父、子不子的状况，甚至臣弑君——做臣子的把国君给杀了，子弑父——做儿子的把父亲给杀了……生活的方方面面都是非礼的，各人都不守本分。孔子针对这样一些情况进行了批判，这就是《八佾》的核心。你把握了这个核心，再来看每一句话就好懂了。《八佾》是《论语》里很不好懂的一篇，因为这其中涉及很多春秋时候的礼制。

⊛ 孔子谓季氏:"八佾舞于庭,是可忍也,孰不可忍也?"

春秋初年的时候,诸侯就不听天子的话了,他们互相攻伐,齐桓公、晋文公、秦穆公、宋襄公、楚庄王相继称霸。到春秋中期,大夫开始不听诸侯的话,开始操纵诸侯,鲁国就出现了三家大夫——季孙氏、孟孙氏、叔孙氏,他们控制了鲁国的朝政,鲁国的国君成了傀儡。在孔子的时代,大夫季孙氏把持了鲁国的朝政,鲁国的国君是君不君,鲁国的大夫是臣不臣了。孔子谈论季孙氏就说"八佾舞于庭"。"佾"音 yì,古代奏乐舞蹈,八人为一列,"佾"即列。在周朝的时候,将人分了五等,周天子是统治天下的,天子下边分封诸侯,诸侯下边有大夫,大夫下边有士人,士人下边是庶民,庶民就是老百姓。根据等级,各个阶层享受的礼乐是有定制的。"八佾"就是八列,周礼规定天子能享受八列,八八六十四人;而诸侯用六列,四十八人;大夫用四列,三十二人;士人用两列,十六人。"舞于庭",什么"庭"?就是季孙氏家里边的那个庭院。季氏只是一个大夫,他本来只配享受三十二个人规格的奏乐舞蹈,可是他却用了天子的规格。一个大夫家里边居然用六十四个人奏乐跳舞,孔子说"是可忍也,孰不可忍也","是",就是"这","孰"当"谁"讲,表示什么,如果这都可以忍,那还有什么不可以忍啊?孔子认为天下最不可忍受的事是什么呢?是非礼,就是人不安于自己的本分。因为各人都安于自己的本分,天下才可以太平,如果人人都不安于本分,天下就不太平了。做老师的不安于老师的本分,做学生的不安于学生的本分,我一边讲课,一边接电话、发短信,你们呢,一边听课,一边听音乐,更有甚者还手之舞之足之蹈之起来。在这样的情况下,天下就混乱了。礼的作用就是维护社会秩序,从而实现和睦。

⊛ 三家者以《雍》彻。子曰:"'相维辟公,天子穆穆',奚取于三家之堂?"

"三家"指鲁国的大夫季孙氏、孟孙氏、叔孙氏。《雍》是《诗经》里边的一篇。《诗经》分为风、雅、颂,祭祀时候所唱的歌就叫颂。颂里边有《周颂》,《雍》就出自《周颂》。"三家者以《雍》彻","彻"指祭祀完毕撤除祭品。周礼规定,天子祭祀宗庙完毕,唱《雍》这首歌来撤去祭品。这个礼本来只有天子才能用,现在三家大夫超越自己的本分,按天子的祭祀规格也用唱《雍》来做祭祀的结尾,孔子对这件事就发表评论了。"相维辟公,天子穆穆"是《雍》诗中的两句。"相"指祭祀时相助的人,"辟公"指诸侯,"穆"就是庄严敬穆的意思。就是说在祭祀的时候,天子主祭,非常敬穆庄严,旁边是助祭的诸侯。孔子以这两句来指代《雍》诗。"奚取于三家之堂","奚"就是何,"堂"是祭祖的庙堂,意思是《雍》这支音乐是天子祭祀用的,怎么能用在三家大夫的祭祀活动中呢?这是不能够的,不允许的,是一种非礼。季孙氏用六十四个人奏乐跳舞,是非礼,三家大夫用《雍》来做祭祀的结尾,也是非礼。

子曰:"人而不仁,如礼何? 人而不仁,如乐何?"

孔子说,一个人如果没有仁德,那么礼拿来做什么呢? 一个人如果没有仁德之心的话,又拿音乐来做什么呢? 孔子一生是讲礼乐的,用礼乐来治天下,礼乐之治。为什么要有礼乐? 礼是形式,乐也是形式,人的诚敬之心,要以一种形式来表达,就用礼乐。而人如果没有仁德之心,你光有礼乐有什么用呢? 比如说我非常懂礼,看起来好像很有礼节,礼数也很到位,可是我实际上狼心狗肺,礼节再到位又有什么用呢? 你的礼节做得再好,衣服穿得再美,可是你的内心比蛇蝎还要恶毒,那这个礼乐还有什么用呢? 没有用。所以孔子说首先人要有仁德之心礼乐才有意义。

林放问礼之本。子曰:"大哉问! 礼,与其奢也,宁俭。丧,与其易也,宁戚。"

林放是鲁国人,他来问礼之本,因为春秋末年礼崩乐坏,礼的实质已经不讲了,可是礼的形式还保留着。比如说"八佾舞于庭",六十四个人奏乐跳舞是一种礼,尽管他是在用他不该享受的礼,是非礼,可是他仍然保留了这种形式;"三家者以《雍》彻",他们是在祭祀,还在奏乐,形式保留了,可是内容完全变味了。所以林放就来问,到底礼的根本是什么呢。现在大家都很懂礼啊,看起来礼乐很流行啊,可是到底这个形式的本质是什么呢? 在春秋末年,礼已经成了一种形式时,孔子感叹林放居然还能够来问礼的根本,所以他说:"大哉问!"你问了一个好问题啊! "礼,与其奢也,宁俭。"孔子就说了,一般的礼节,你与其搞得很奢侈,把礼节的形式搞得非常完备,不如简略一点、简单一点,重在突显它的本质。"丧,与其易也","易"就是治的意思,治办丧事,与其把丧事治办得礼数周全,治办得很妥当,"宁戚",不如心里真正悲伤。办丧事的时候又请和尚,又请道士,念经说法,还有乐队奏乐,搞得非常隆重、完备,可是他的儿女呢? 在旁边又打麻将,又吃夜宵,这算什么呢? 孔子说你与其把排场搞得这么大,不如你心里真正悲伤。办丧事是为了表达对死者的哀悼,寄托悲伤之情,而你连悲伤的实质都没有了,丧事办得再好又有什么用呢? 对待礼节,你与其把形式搞得很好,不如去深入体会里边的内容,礼节是形式,形式背后是诚敬,这才是礼的根本。

子曰:"夷狄之有君,不如诸夏之亡也。"

"夷狄",广义上指少数民族。而我国古代所谓的夷狄,不仅指一般意义上的少数民族,更主要是指中原以外没有被中华文化所化的各族。在凡是没有被中华文化所化的地方,就称为夷狄,而被中华文化所化了的,就称为华夏。古代,东边的少数民族称为东夷,西边的称为西戎,南边的少数民族称为南蛮,北边的少数民族称为北狄,中间的就叫中华、华夏。华夏居于东夷、西戎、南蛮、北狄的中间,所以又称为中华。当时的中华文化是整个东方文化的中心,是亚洲的中央之国,四方都以中国为中央。到汉唐的时候,中华是世界的中央之国,万国来朝。这里我顺便讲讲为什么称华夏。

你们看"华"字的象形文字"華",这也是"花"的象形文字,华者,花也,华就是花。花有花纹的意思,三皇五帝中的黄帝,他的夫人叫嫘祖,嫘祖就是我们四川盐亭县人。嫘祖首创抽丝织绸,制作衣裳。华夏族在很早的时候就穿上了有纹彩的衣裳。在其他的少数民族还是赤身裸体的时候,我们已经是纹彩飞扬了。所以称华。什么是夏呢?"夏"的象形文字是"夒",像什么呢? 像人戴着面具在跳舞。歌舞是礼乐的载体,华夏族是最早懂得礼乐的民族,那些东夷、西戎、南蛮、北狄还在茹毛饮血的时候,华夏族就已经懂得戴上面具载歌载舞,懂得礼乐了。《左传》里讲:"有衣冠之美谓之华,有礼乐之美谓之夏。"有衣裳,懂得唱歌跳舞,表明我们已经被文所化,所以华夏又有文化的意思。我们国家是以文化立国的国家。我们是华夏子孙,应该为此自豪。华夏子孙是被文所化的,不是野蛮的,按照儒家的话来讲,华夏华夏,要名副其实,就是华夏人要有华夏人的样子。但是现在我们的华夏子孙,许多人已经不像华夏子孙了。出口成"脏",公众场合赤膊,穿拖鞋,还像华夏子孙吗?

孔子说"夷狄之有君",东夷西羌都有国君,"不如诸夏之亡也",这里为什么称"诸夏"呢? 因为当时的华夏民族,变成了很多小的诸侯国,因而叫诸夏。这里的"亡",注意"亡"读 wú,它的象形文字是"亾",上边一个"人",左边"乚"表示隐蔽的地方,就是一个人走到了别人看不到的地方,他就消亡了,这就是"亡"字的本意。"亡"就是看不见了,引申为无,看不见就没有了。孔子说夷狄都有国君,而周朝的周天子,却名存实亡。这里并不是说周朝没有国君,而是君不君,天子不像天子,诸侯都不听他的,成了一个摆设。孔子的意思是连那些没有开化的、没有被教化的民族都有国君,不像我们华夏,简直连国君都没有了。这是孔子对当时社会现实的深层的感叹和批判。

☯　季氏旅于泰山。子谓冉有曰:"女弗能救与?"对曰:"不能。"子曰:"呜呼! 曾谓泰山不如林放乎?"

"旅",指祭山,季氏去祭祀泰山。冉有就是冉求,孔子的弟子。当时冉有是季氏的家臣,孔子就对冉有说:"女弗能救与?""救",劝的意思,你不能劝他吗?

你不能劝阻他不要去祭祀泰山吗？因为按照周礼，只有天子可祭全国名山大川，诸侯可祭祀封地境内的名山大川。泰山在鲁国，只有周天子与鲁国国君才能够去祭，季氏一介大夫，有什么资格去祭祀泰山呢？他去祭祀泰山，就是在做一件非礼的事情，就是在僭越。所以孔子对冉有说，你能不能劝季氏不要去祭祀泰山。如果你让他去祭了，就是陷他于不义。好比你明知道他要去跳崖，你都不阻止他。冉有回答说，我劝不了，他这个人我怎么劝得了呢——季氏这么固执，又有野心。孔子就感叹："呜呼！曾谓泰山不如林放乎？"哎呀，泰山怎么能够接受他的祭祀啊，泰山之神简直还不如林放。鲁国一介平民林放都知道问礼的根本是什么，而泰山竟然这么不懂礼，它居然还同意季氏去祭它。孔子这是说了一句幽默话，他本意是说季氏不懂礼，不懂礼实质上是有野心，但是他又不好明说，因为季氏是鲁国的当权派，于是就说得很委婉：泰山不懂礼，它怎么能让季氏去祭它呢？表面上在批判泰山，实际是在批判季氏。泰山有什么办法呢？谁要去祭，它怎么管得了，它除非抖两下，你季氏来祭我就抖两下，山崩地裂，国君来祭我就不动，可是泰山不可能这样子，这里采用了拟人的手法。

子曰："君子无所争，必也射乎！揖让而升，下而饮，其争也君子。"

"无辞让之心，非人也"，人应该有谦让之心，不应该有争斗，君子更是如此。现在我们的教育往往片面灌输竞争意识，这是一种错误的做法，竞争的同时，合作也是必要的，合作就需要谦让。孔子说，真正的君子没有什么要争斗的事情，如果有，也只有在比赛射箭之时。为什么呢？这里的射箭相当于我们现在的运动会，全运会、亚运会、奥运会等类似的竞技活动。古代的射礼有四种：其一叫大射，天子、诸侯、大夫祭祀之前选拔参祭之人所设的典礼；其二宾射，是诸侯朝见天子或诸侯、大夫之间会见时举行；其三为燕射，为贵族平常的娱乐活动；其四为乡射，地方荐贤举士时举行的典礼。孔子说君子要争就只有在这时。"揖让而升，下而饮，其争也君子。"古人是很讲谦逊、礼让的，"揖让而升"，"揖"就是作揖，"升"，登上射箭台，比如说该我们两个比赛射箭了，我就给你作揖，你也给我作揖，互相谦让三次，然后一起登台。之后还有一个谁先射的问题，又要谦让，最后一般按照长幼，年长的先射。"下而饮"，这是说赛完后，选手们相互作揖到台下喝酒，互致祝贺。"其争也君子"，是说这样谦敬的争才是君子的争。中国的古人即使在比赛当中，也是很谦让、很谦和的。

⊚ 子夏问曰:"'巧笑倩兮,美目盼兮,素以为绚兮。'何谓也?"子曰:"绘事后素。"曰:"礼后乎?"子曰:"起予者商也!始可与言《诗》已矣。"

子夏问孔子,《诗经》里边有一句话,"巧笑倩兮,美目盼兮,素以为绚兮",是什么意思呢?这句话在《诗经》里面是用来形容女子的美貌的,但是它还含有另一层深刻的哲理,子夏就是向孔子请教这个道理。"巧笑倩兮"是形容女子笑起来很美的样子。"倩",好看的脸颊,比如笑起来有酒窝,嘴角微微上扬,笑容温婉,这样的脸就很好看,这就叫巧笑倩兮。"美目盼兮","盼"本意指眼珠子黑白分明,美目流盼,就叫美目盼兮。"素以为绚兮","素"是指白色,"绚"是指有文采,在白净的纸上可以画出很绚丽的画来。这句话用在这里是什么意思呢?是说这个女子本身长得就很美,再加以纹饰那就更美,就像在白净的纸上画上绚丽的花纹一样。比如西施,她本来就美,她洗衣服的样子很美,就连她生病的样子都很美。可是东施就不然了,她长得不美,所以不管她怎么笑,眼珠怎么转,她都不美,可是她还要去效仿西施,就把别人都吓住了。本身长得美,你不管在什么状态下都是美的,本身不美,再怎么矫揉造作,仍然不美。宋玉,屈原的学生,中国古代出名的美男子,写了一篇《登徒子好色赋》,在这篇赋里他写一个女子:"增之一分则太长,减之一分则太短,着粉则太白,施朱则太赤。"就是说这个女子美到极致了,恰到好处,增加一分显得太高了,减去一分则太矮了,涂胭脂就太红了,擦点粉又太白了,她的一切都恰到好处,不需要任何修饰,美到了极致。这样的人,她就不需要什么修饰,她的任何状态都是美的,因为她本身美。因此孔子答复子夏:"绘事后素。""绘"就是画画,画画的事情后于素,后于白纸,就是说先有白纸才能在上面画好画。比如这是一块白板,我在上边用黑笔画画,大家就看得很清楚;如果是黑板上,我仍然用黑笔去画,或者这里已经写满了字,我还在上面画,我画了半天,大家也看不出我在画什么。子夏听了这句话就领悟了,他说:"礼后乎!"礼仪是不是后于内容啊?是不是首先要有一颗诚敬之心、善良之心,然后才用礼节来表达呢?孔子听了以后很高兴,说"起予者商也"。"起"就是启发,"予",我,商是子夏的名,前面已经讲过,启发我的人就是卜商啊!"始可与言《诗》已矣",从现在开始我可以和你讨论《诗经》了啊。因为你从诗句中有所领悟,能够举一而反三,所以可以和你谈论《诗经》了。这段话的核心在"礼",礼是从什么地方来的啊?是从心里来的。我对你有礼,是因为我尊重你,首先有尊重的心,然后才有行礼的形式,这就叫"礼后"。首先要有心,如果心都没有了,仅有礼节这个形式,也没有意义了。

◎　子曰："夏礼吾能言之,杞不足征也。殷礼吾能言之,宋不足征也。文献不足故也,足则吾能征之矣。"

子曰："禘,自既灌而往者,吾不欲观之矣。"

这两段要结合起来读,才能得出其中的真意。"夏礼吾能言之","殷礼吾能言之",意思是说夏朝的各种礼仪、文物制度我是能够讲出来的,商朝的各种礼仪、文物制度我是能够讲出来的。"杞不足征也"与"宋不足征也","杞"就是我们常说的"杞人忧天"的那个杞国,它是夏朝灭亡以后,商汤分封给夏禹的后裔的一个小诸侯国。"宋"是商朝灭亡以后,周武王分封给商朝的那些遗老遗少的一个诸侯国。"征",通"证"。孔子说我能讲出夏朝的礼仪、文物制度,可是到杞国去考察,却发现在那里已经完全考察不出夏朝的礼仪了,到殷商后人的封国宋国去,也完全考察不出商朝的礼仪文物制度了。"文献不足故也","文"是指历代典籍,"献"指的当时的贤人,就是说杞国有关夏朝的典籍和宋国有关商朝的典籍都太少了,这两个国家也没有当时的贤人了,所以不足以证明夏朝和商朝的礼节。为什么孔子要讲这段话,要结合下一段才能明白。

"禘,自既灌而往者,吾不欲观之矣。""禘"读 dì,是天子祭祀历代祖宗的大礼;"灌",是这个盛大的祭祀典礼开始时第一次向太祖亡灵献酒的仪式。在灌的时候,君臣一片肃穆,把酒洒到地上。"既灌"就是行完了灌礼。孔子说从把酒洒了以后的其他礼节,我就不想再看了。因为大家已经没有祭祀那种虔诚之心了,所以这种祭祀就没有意义了。孔子说这话的意思是什么呢?这里要补充讲一下周朝的历史。周朝建立天下不久,周武王就得重病去世了。他的儿子周成王继位。当时成王只有八岁,八岁怎么治理天下呢?周武王去世前就命周公做摄政王,辅佐成王。周公是周武王的弟弟,叫姬旦,周武王叫姬发,他们都是周文王的儿子,周文王叫姬昌。周公辅佐成王八年,期间制礼作乐,天下太平。成王长大主政,觉得摄政王叔叔周公对周朝的功绩太大了,及周公离世,就赐鲁国天子之祭,可以在鲁国的周公庙举行禘这种祭祀典礼。鲁国是周武王赐给周公的封地,是一个诸侯国。而诸侯国只能供奉本国的创始人,就鲁国来说就是只能供奉周公,不能够供奉周文王,可是因为周公的功绩大,所以成王就允许鲁国禘于周公庙,以周文王为始祖,但以周公配飨。这种做法已经是非礼,但是由于是成王对周公的褒奖,故孔子参加了这个仪式,但是这种祭祀应该严肃、庄重,而你们在祭祀的时候还吊儿郎当的,没有诚意,所以孔子说我不想再看了。孔子一心想正礼乐,他想恢复夏朝的礼仪制度,但夏朝的制度已无法考证了;他想恢复商朝的礼仪制度,但商朝的制度也无法考证了。本来鲁国保存了周朝全部的礼仪制度,可是鲁国也已经礼乐混乱了,所以孔子说"吾不欲观之矣"。这是孔子对当时礼崩乐坏、古礼不存的现状的深沉哀叹。

　　◎　**或问禘之说。子曰："不知也。知其说者之于天下也，其如示诸斯乎！"指其掌。**

　　有人问孔子，这个禘礼是怎么回事啊？孔子就说不知道。孔子怎么会不知呢？他是礼学专家，他应该很清楚，可他为什么要说他不知呢？因为，禘是天子之礼，知道这个礼的人就能怎么样呢？孔子指着自己的手掌说，知道禘这种礼仪的人，他治理天下就像把东西放在手掌上一样容易，易如反掌。易如反掌这个词就出自这里。"示"，放置、展示，"斯"，这，指手掌。真正知道禘礼意义的人，治理天下对他来说简直易如反掌啊。禘礼的意思是使天下的人都能够诚敬，因为天子在祭祀祖宗的时候，是应该十分庄严肃穆怀有诚敬之心的。儒家的核心就是要正人心，你要使天下老百姓都能治理的话，你自己要先有这颗诚敬之心。就像做老师的，你要使学生学好，首先自己就要以身作则。老师都昏二昏三，学生就更昏。要正人就要先正己，要学生们有一个良好的风气，抖擞的精神面貌，可是老师在上边都阴尸倒阳的，讲一讲的要睡着了，学生怎么会有兴趣呢？你要学生精神好，首先老师精神要好。儒家的意思就是说，你要统治天下的话，你首先要懂祭祀的礼，要使老百姓民风淳朴，首先你天子的心就要正。如果天子祭祀的礼都搞不好，那天下就治不好，如果你把禘礼搞好了，那么天下自然就好治理了，治理天下就易如反掌了。这句话也反映了孔子认为礼对于治理天下的重要意义。

　　◎　**祭如在，祭神如神在。子曰："吾不与祭，如不祭。"**

　　"祭如在"，就是祭拜祖先的时候，好像你死去的亲人就在你的面前（这样你就会更诚敬）。有些人在清明节扫墓的时候，一边烧香，一边有说有笑，这怎么行呢？"祭神如神在"，祭祀鬼神的时候，好像鬼神就在你面前一样。比如说，课堂上老师在和不在肯定不一样，有老师在这里大家就鸦雀无声，老师不在的时候，大家就比较轻松，说说笑笑。如师在，就是说你们在教室的时候，好像老师就在你们面前一样，是同理。"吾不与祭，如不祭"，孔子说，如果我不能亲自参加祭祀的话，就不如不祭。比如说祭祀这一天，我有重要的事情不能到场，我就派一个人去祭。孔子说，我不能亲自去祭祀的话，就不能真正地表达我的诚敬之心，因为我祭祀的时候是如同我的祖先都在我的面前，而代替我去祭祀的人，他肯定不能像我那样诚敬。所以我与其派人去，不如不去。孔子的意思是说，你都派一个人去了，你的心多不诚啊。再大的事有祭祀重要吗？你真正有诚敬之心的话，不管有什么大的事，都可以推掉来参加祭祀。这实际还是讲的礼的核心是诚敬，无诚敬则无礼。

◎　王孙贾问曰："'与其媚于奥，宁媚于灶'，何谓也?"子曰：
"不然，获罪于天，无所祷也。"

　　王孙贾是卫国的一个大夫。"与其媚于奥"，"奥"是指房子的西南角。古人认为房子的西南角有神，这是什么神？为什么居于西南方？因为古人房子的西南方为尊者所居，此外，按照八卦的方位，西南方正好在坤位上，五行里边西南属土，坤位是属土的，坤就是地，代表大地，所以这个神称土神，也叫奥神。另外，古人认为在房子的其他方位也有神，如灶神、井神。以前到了过年的时候，要迎灶神，送灶神，祭灶神是为了求得康泰富足；要祭水神，祭水神是为了消灾祈福；还有瘟神，就是掌管瘟疫的，古人认为祭瘟神能保佑家人一年平安……这些神都是掌管某一个小区域的，而土神是一年四季都供着的，每天都要给他上香。王孙贾就说，那个土神好像跟我们没有多大的直接关系啊，与其去祭他，不如去祭灶神，因为祭了灶神还可以得到好处。就好比现实生活当中，有些人名为总管，但实质上并没有权力。比如说，你们的班主任虽然是班级的主管，我是一个任课老师，只负责我这门课程的教学，可是期末考试是由我来打分，所以与其去和班主任搞好关系，不如去和任课老师搞好关系。孔子听了这个话以后说，"不然"，不是这样的。"获罪于天，无所祷也"，神都是相通的，"获罪于天"，你把天给得罪了，"无所祷也"，那么你祭哪个都等于白祭。因为你祭祀的心不诚，对此天是知道的，什么事情，你不知，我不知，可是天知道——无论你做好事还是坏事，天都知道——所以你这样投机取巧，势利、功利，天也是知道的，因此你如何祭祀都是无用的。"无所祷也"，你祭灶神也好，你祭什么神也好，只要你的心不诚就没有用。春秋末期周天子、诸侯王表面上还是当权的，实际上实权已经落到大夫手上。当时有人认为投靠天子、诸侯王不如依附有实权的大夫，孔子对这种现象做出了批判，指出人不应有投机之心，投机取巧或许能取得暂时的成功，但终究是要失败的。

◎　子曰："周监于二代，郁郁乎文哉！吾从周。"

　　"周"指周朝。"监"，就是视，就是看。视于二代，"二代"指夏朝和商朝。他说周朝把夏朝和商朝都看完了，意思就是周朝是继夏朝、商朝以后的朝代，夏朝有夏朝的礼仪，商朝有商朝的礼仪，周朝建立以后，周朝就在夏朝和商朝的典章文物制度的基础上，制定了自己的典章文物制度。比如清军入关，他就看明朝人的制度是怎样的，据此来建立清朝的制度。周朝学习和继承了夏朝、商朝的礼仪、文物制度，所以孔子说"周监于二代"。因为综合了夏商两代的制度，加以总结，所以"郁郁乎文哉"，"郁郁"就是完备，丰盛，"文"就是指礼仪文物制度，所以周朝的礼仪制度可以说是最完备的。"吾从周"，我要是行礼的话，我就要跟从周朝来,我就要学习周礼。孔子是主张恢复周礼的,因为周礼是夏商周三代礼仪文物制度的总结,也是三朝文化的集大成。由这句也可知孔子对夏商周三代的文化是非常熟悉的,不然就不能比较出优劣。孟子说"夫子之学,集大成者也",孔子是他那个时代最博学的人,据此,我们也就明白孟子所言不虚了。

◎ 子入大庙,每事问。或曰:"孰谓鄹人之子知礼乎?入大庙,每事问。"子闻之,曰:"是礼也。"

"大"在这里读 tài,指太庙;"大庙"在这里指周公庙。当时每一个诸侯国都有自己的大庙,这个国家开国之君的庙就是大庙,鲁国的祖先是周公,所以鲁国的大庙就叫周公庙。现在山东曲阜、陕西岐山都有周公庙,而且非常气派、古雅。"每事问"就是说孔子进入周公庙以后,每看到一样礼器——祭祀祖宗的庙里有很多东西,有钟啊、鼎啊、香炉啊之类——都问:这个是什么啊?这个是做什么的啊?"孰谓鄹人之子知礼乎?""孰谓",就是谁说的意思。"鄹"是鲁国的一个地名,即鄹邑,孔子的父亲叔梁纥曾经做过鄹邑的大夫,此处"鄹人"就是指孔子的父亲,"鄹人之子"就是孔子,有的人就说,谁说孔子这个人知礼啊?"入大庙,每事问",当时孔子是以知礼而闻名的,孔子懂礼节,懂礼仪,既然懂礼,那为什么进入大庙以后什么事情都要问呢?如果你懂礼的话,何必每一样都问呢?人们就觉得奇怪了。孔子曰:"是礼也。"孔子说这就是礼啊。"是"当"这"讲。礼仪的核心就是尊敬。孔子明明什么都懂,可是他仍然每一样都要问,这个问本身就是一种谦虚诚敬的表现,即使懂得还是要问,这本身就是一种礼。问就是一种礼。而我们一般的人,懂一点点知识了,懂一点点文化了,就了不起了,这也瞧不起,那也瞧不起,认为自己天上知一半,地下全知,十分傲慢。人有了学问就傲慢,这叫"知障",知识的障碍。圣人那么有学问,那么懂礼,可他仍然是很谦虚、很诚敬的,什么都问。并不是他不知道,而是敬的一种表现,所以问本身就是一种礼。

◎ 子曰:"射不主皮,为力不同科,古之道也。"

在中国古代汉语里边,凡是双音节词,比如说皮革、牙齿、疾病、朋友,组成词的每个字都有独立的意义。有毛之皮谓之皮,无毛之皮谓之革。大牙叫牙,门牙则叫齿。小病叫疾,大病叫病。同师为朋,同志为友。再比如说形象,形就是具体的形式,象就是现象,是不具体的,既像这样,又像那样。《易经》里讲:"在天成象,在地成形。"天空中的一些现象,比如日月星辰,你可以说它像白狗,可以说它像箭,也可以说它像其他什么,说它像什么都可以,它是象,但不是具体的形。形是具体的,象是抽象的,它们有区别。"射不主皮",射箭关键不在穿皮,什么叫穿皮?射箭就要打靶,这个箭靶子是用皮做的。射箭并不一定要把这个箭靶子射穿。《仪礼·乡射礼》曰："射以观德,但主于中而不主于贯革。所以然者,盖以人之力有强弱不同等耳。"射箭主要是看人的德行,应该以射中为主而不是以把靶子穿破为能,因为人的力量有强弱不同,因此要以是否射中靶心来评判。"为力不同科","科"当等同讲,就是说每个人的力量是不相同的。射箭要射中靶心才算赢,而不是以射穿靶子为标准,"古之道也",这是古来射箭的规矩。

为什么孔子要说这个话呢?你们看朱子的注解:"'武王克商,散军郊射,而贯革之射息。'正谓此也。周衰,礼废,列国兵争,复尚贯革,故孔子叹之。杨氏曰:'中可以学而能,力不可以强而至。圣人言古之道,所以正今之失。'"孔子是以古之道,来匡正当世的失误,当世有什么失误呢?周武王在攻打商朝的时候,就主张射箭要射穿,因为是在打仗,就要比力气大。打仗的时候肯定是力气大的占上风。周武王得天下以后,不打仗了,射箭作为礼乐之一种,就不主张射穿了。但是到了周朝末年,天下的诸侯国又纷纷起来争霸,这时候就又要比力量了,于是在射箭比赛里又兴起了以射穿靶子为优胜的风气。孔子就是针对这种情况,用这句话来匡正当时天下人争强斗胜的杀戮之心。

◎　子贡欲去告朔之饩羊。子曰:"赐也,尔爱其羊,我爱其礼。"

什么叫"告朔之饩羊",我先说一个现代的现象大家就明白了。每年到了十一、十二月的时候,街上有卖挂历的,表示到岁末了,要过年了,新年就要来了。在夏商周时,在每一年秋冬之交,是由天子来颁发来年的历书给各个诸侯。不像现在,只要你花钱就能买到挂历,古时候的历书不是老百姓能有的。天子把来年的历书颁发给各个诸侯,然后各个诸侯将历书供在各自的大庙里边,每个月初一国君要到大庙里去祭祀,表示这个月听政的开始。"告"这里读 gù,宣示、谕示的意思;"朔",指农历每月初一。天子颁发这个历书给诸侯时,把来年每个月的情况宣示给诸侯,这就叫告朔。诸侯每个月去祭祀这个历书的时候,要杀一只羊,"饩羊",这个"饩"读 xì,就当"活"字讲,指活的羊。

但是到了春秋末年,子贡的那个年代,虽然历书还供在大庙里边,可是国君都不亲自去祭祀了。这说明国君心里边已经没有周天子了,周天子已经没有权力了。但是,虽然国君不尊敬周天子了,不去祭祀历书了,那些管理大庙的人还是照例每个月杀一只羊,管你来不来祭,羊还是照杀不误。所以子贡就说,反正都不祭了,何必杀羊呢,多可惜啊。反正国君又不来祭祀了,何必白白地杀羊。内容没有了,徒有形式。孔子听了这个话,他说:"赐也,尔爱其羊,我爱其礼。""爱"当怜惜讲,端木赐啊,你可惜的就是那一只羊,而我可惜的是这个礼节。如果形式还在,我们可以通过这个形式再把它的内容恢复起来。有这个形式存在,人们就会问,为什么要杀羊啊?因为要祭祀历书。哦,原来还有这个礼节。渐渐的,礼节就有望恢复起来。可是如果你把杀羊这个礼节都废除了,每个月大庙里边一点动静都没有了,人们哪里还知道每个月有要去祭祀历书这个礼仪呢?孔子是在说明内容和形式的关系。我们今天常常说走过场,搞形式,与其搞形式,不如不搞。这样恰恰是错的,因为即使内容失落了,形式仍然有它的积极作用。

🌀 子曰:"事君尽礼,人以为谄也。"

孔子说,我侍奉国君,完全按照礼仪,有的人认为我在献媚。比如说,学生在外边碰到老师了,是不是应该给老师行个礼,说声"老师好"?这是应该的,这是学生对老师的礼仪,你问候老师,老师也会回敬你。这是一种礼仪,相互尊重,这是应该做的事情。可是有很多同学看到老师往往装作没看见就走了,或者看见了也埋头走了。甚至还有一些同学,目中无人:"这是谁啊?我不认识。"相反的,有个学生很尊重老师,看到老师就说"老师好",很谦和,本来这个学生是对的,其他同学反而觉得他在巴结老师——把正常当非常,把非常当正常。不给老师行礼明明是你不对,人家行了礼,你心里还不舒服,还认为人家是在献媚,是在讨好。所以孔子说我侍奉国君尽我的礼仪,我是对的,只是有的人以为我在献媚。圣人从容平和,如果换作别人或许就会说"小人以为谄也",那些小人反倒觉得我是在献媚。圣人从容平和,他没有批判人家,只是解释自己;即使被冤枉了,也只是澄清事实,而不是去责备冤枉他的人。

🌀 定公问:"君使臣,臣事君,如之何?"孔子对曰:"君使臣以礼,臣事君以忠。"

鲁定公问孔子,国君要使用臣子,臣子要侍奉国君,应该怎样做才好呢?孔子就说,"君使臣以礼",国君对待臣子以礼节;"臣事君以忠",臣子侍奉国君要忠,要竭尽全力。上对下要合礼,下对上则要竭尽全力,要忠。比如,作为老师,就要依老师的礼给你们上课,给你们辅导,给你们布置作业,这就是老师的礼,老师的本分。近代的四大高僧之一,弘一大师李叔同先生在浙江两级师范学校做老师的时候有一段对学生以礼的佳话,这在他的弟子丰子恺先生的回忆文章中有描述。有学生迟到,一般的老师都要批评,但是李叔同先生反而给迟到的学生行礼,说:"我的课不好听,让你迟到了,以后我一定尽量把课讲得更好,使你不会迟到。"有学生上课睡大觉,李叔同先生也过去给他行礼,说:"我没有使你耳目聪明,让你开智慧,反而使你在课堂睡觉,实在是我对不起你啊。"有学生上课放屁,李叔同先生也过去给他行礼:"这个课没有引出你的香,而把你的这个引出来了,请你以后到教室外边去泄气。"有这样的老师,学生还能不受教化吗?学生还会迟到吗？他还会上课睡觉吗？他还会很不文雅地在教室里放屁吗？肯定不会了。同样的道理，国君以礼节对待臣子，臣子对国君是你敬他一尺，他敬你一丈，臣子就会竭尽全力侍奉国君。

⊛   子曰："《关雎》，乐而不淫，哀而不伤。"

孔子说《关雎》这首诗，快乐而不过分，哀愁而不忧伤。上古三千首诗，孔子删定成三百零五篇，在三百零五篇里，把《关雎》列为第一篇，孔子的这一做法是有深意的。为什么要把《关雎》列为第一篇呢？就是因为它乐而不淫，哀而不伤。《关雎》这首诗寄托了儒家崇高的人生理想，儒家的人对于人生、对于婚姻的理解都在《诗经》里边，所以孔子这么赞叹《关雎》这一首诗是有深意的。

"关关雎鸠，在河之洲。窈窕淑女，君子好逑。参差荇菜，左右流之。窈窕淑女，寤寐求之。求之不得，寤寐思服。优哉游哉，辗转反侧。参差荇菜，左右采之。窈窕淑女，琴瑟友之。参差荇菜，左右芼之。窈窕淑女，钟鼓乐之。"

国学大师马一浮先生说："《论语》者，所以教人学为君子者也。"《论语》这部书就是教人学做君子的。你要做君子，首先要把《论语》学好。"窈窕淑女，君子好逑"，君子当与窈窕淑女相配，所以如果你娶了泼妇、悍妇，那首先是因为你不是君子，你自己的修养不到家。反过来，女子所嫁的不是君子，也是因为你自己的境界不够。所以这一句话是讲男女各自的修养要达到一定的境界，才能构建和谐的婚姻，才能构建和谐的家庭。《关雎》这首诗的核心有两层，第一层讲儒家关于性情的观念："发乎情，止乎礼。"儒家讲"发乎情"，它对人的性情是肯定的，肯定人是有情的。但是情发出来以后，要用礼来约束，所以是"发乎情，止乎礼"。"止乎礼"就是你快乐是可以的，但是不要过分。忧愁可以，但是不要哀伤，伤者伤也，就是伤身体，你哀愁过分了就会伤身体。第二层意思，"乐而不淫，怨而不怒，哀而不伤"，这是儒家追求的最高境界，中和的境界。过犹不及，你不要过分，也不要达不到。你快乐、忧伤，都不要过分，这就是含蓄之美。比如说在这个教室里边，到黄昏时大家都下课吃饭去了，有两个女子没有离开教室，两个人都坐在夕阳里边，两个人都很忧伤。其中一个泪如雨下，另一个虽然也在哭，但泪在眼眶里打转，就是不流下来，太阳往那儿一照，眼睛一闪，晶莹剔透。你说这两种状态哪一种美？中国人追求的就是这种含蓄之美。什么是含蓄？含蓄就是眼泪在眼眶里没有流出来，流出来就叫过，不流就叫不及。你不流也不行，流出来也不行，就要在眼眶里边转，这就叫含蓄之美。中国文化里追求的就是这个含蓄之美，而《关雎》正展现了这种美。

🌀　哀公问社于宰我。宰我对曰:"夏后氏以松,殷人以柏,周人以栗,曰使民战栗。"子闻之,曰:"成事不说,遂事不谏,既往不咎。"

　　我们经常听到这样一句话,江山社稷。什么叫社,什么叫稷?社是指土神,稷是指谷神。古代国君十分重视供奉土神和谷神。因为要安邦立国,首先要据有土地,要守住土地,所以要供土地神;其次,要解决老百姓的温饱,所以要供谷神。因为土神和谷神都太重要了,后人就用社稷来代指天下,江山社稷。

　　"哀公问社于宰我",就是鲁哀公向宰我问土地神的事情。宰我是孔子的弟子,叫宰予。这个宰予是孔子弟子里边最调皮的一个,孔子经常批评他。宰予昼寝,孔子曾批他说,"孺子不可教也","粪土之墙不可圬也"。这个宰予白天睡大觉,孔子说此人不可教,就像用脏土筑起的墙壁,怎么刷也刷不干净。这次宰予又乱说话了。鲁哀公问宰予关于社神的事情,宰予就说:"夏后氏以松,殷人以柏,周人以栗,曰使民战栗。"这里要注意,夏、商、周三代每一代都要供自己的土神,而由于夏、商、周的都城并不在一个地方,因此所供的土神就有不同。古代供土神的时候要做个土神的牌位,这个牌位是用木质材料做的,用什么木材来做这个土神的牌位呢?要找和这块土地相适宜的木料。比如成都最适合银杏树生长,那么成都要供土神,就用银杏树的木料来做牌位。"夏后氏"指夏朝人。夏朝社神的牌位用的松木,商朝用的柏木,周朝用的栗木。这样一来,宰予就望文生义了。他自己在那儿瞎想,为什么要用栗树呢?他不知道选择木料是以与土地相宜为依据的道理,他就妄自想了,用板栗树,栗者,栗也,就是要使人恐惧,战栗发抖,用栗树的目的可能是为了让人发抖,使人恐惧。孔子听了这个话以后很不悦。他说当时的诸侯国都已经是杀伐之气很重了,一天到晚都想争天下,你还去给他说选择栗木是为了让人恐惧,那诸侯国君岂不更是逞干戈、尚游说,杀伐之心益增?但是他说都已经说了,怎么办呢?所以孔子只好说:"成事不说,遂事不谏,既往不咎。"已经做了的事情就没办法补救了,不要再说了;已经完成的事情,不要提意见了;"既往不咎",已经过去的事就不要再追究了。其实这三句话是对宰予的深深的责备:你以后说话要注意啊,搞不清楚就不要乱说。

　　前面几句和我们现在的关系不大了,因为根据土地选择木料做社神的牌位这个事情已经不存在了。但是后面三句,对我们今天的日常生活仍然十分重要。"成事不说,遂事不谏,既往不咎。"比如我们班上要搞一个活动,在没搞之前,有一个同学觉得不应该搞,或者在这个时候搞不合适,就此提出自己的意见,这是可以的。可是如果决定要搞活动并且已经开始准备了,你就不要再去说"哎呀,不要搞了,没有意思",人家听了烦,并且也不会理会你的意见。如果这个活动已经办成了,你还在说"你们搞些啥子哦,我早就说不该搞嘛",这就很不合时宜。对已经做成了的事情就不要再说了,对已经过去的事就不要追究了。可是我们一般的人都不是这样子的。大多数人,对不符合我们意见的事情,哪怕已经过去很久,还在念叨。你想一想,既不能起到作用,而且又伤感情,唠唠叨叨有什么意义呢? 所以在做事之前你可以发表意见,大家达成一致意见了,你就是不赞同也要执行。这个事做成了,你就不要再说了;这个事都过去了,就不要再追究了。这是做人、处事的一条重要的道理。

子曰:"管仲之器小哉!"或曰:"管仲俭乎?"曰:"管氏有三归,官事不摄,焉得俭?""然则管仲知礼乎?"曰:"邦君树塞门,管氏亦树塞门。邦君为两君之好,有反坫,管氏亦有反坫。管氏而知礼,孰不知礼?"

这是孔子在评价管仲。管仲何许人也? 春秋时齐国的第一个宰相,辅佐齐桓公九合诸侯,是春秋时候了不起的一个大臣。孔子说:"管仲之器小哉!"管仲这个人的器量小,这里指他的人生境界不高,因为他只能行霸道,而不能真正辅佐国君行王道,所以说管仲是个小器的人。朱子对器的解释:"器小,言其不知圣贤大学之道,故局量褊浅、规模卑狭,不能正身修德以致主于王道。"就是说管仲的器量小,他不知道圣人的大道之学,只知道凭武力,凭借他的聪明才智来搞一点小的霸道而已。孔子说了管仲器小,有人就问了:"管仲俭乎?"你说他器小,他这个人是不是很节约、很节俭啊? 是不是因为他很节约才小器呢? 有些人就怀疑了。孔子说不是这样子的。"管仲有三归",就是说他家里有三个大库房,他哪儿节约呢?"官事不摄",管仲是一个大夫,大夫手下有为他管理家务的家臣。摄就是兼职的意思,不摄就是没有兼职。本来可以一人兼数职,但管仲却每一样事情都要一个人专管,就是说他很讲排场,很铺张,"焉得俭",他哪里节俭呢? 有的人又问了,他搞这么多排场,他是不是懂礼节呢? 因为礼节需要形式。孔子就说了:"邦君树塞门,管氏亦树塞门。邦君为两君之好,有反坫,管氏亦有反坫。管氏而知礼,孰不知礼?"邦君就是国君,"塞"就是阻隔,"塞门"就是指的屏风。像后来的照壁一样,立在院门与堂屋之间,正好把堂屋和院门隔开。国君的皇宫门口有一个屏风,管仲家门口也立了个屏风,"邦君为两君之好","好"读去声;"有反坫","坫"音 diàn,就是说国君和其他国君友好会见时,设一个土台子,用以放置喝过的空酒杯。屏风和反坫都是诸侯的礼,而管仲作为一个大夫,国君享受什么,他也享受什么,这就说明他越礼了,超越了自己的本分。如果说管仲这样都算懂礼的话,那有谁不懂礼呢? 实际是说,管仲既不节俭,又不懂礼,所以说他器量浅小。

☉ 子语鲁大师乐。曰:"乐其可知也:始作,翕如也;从之,纯如也,皦如也,绎如也,以成。"

这段话很关键,讲的是孔子对音乐的深刻理解。孔子在音乐方面有很深的造诣。"语",去声,告诉的意思。孔子告诉鲁国的太师,太师是指乐师之长。孔子的外公就是一个乐师。在那时,乐师大多是瞎子。瞎眼的人他的听力往往很好。上天不会什么都给你,不会让你圆满的,天地间没有圆满的事情。瞎了,损失了一样,那么就在另一样上给你补上——听力就比较好。口吃,说话结巴,往往文字表达能力就强,韩非子就是这方面的例子。孔子和鲁国的乐师谈论音乐。音乐,是我们可以知道的吗?是可以描述的吗?"始作,翕如也","翕"音 xī,合的意思,就是各种乐器同时开始演奏;"从之","从"读 zòng,展开之意;"纯如也","纯"就是和,和谐美好;"皦如也","皦"就是明亮;"绎如也","绎"就是连续不断;"以成"就是乐曲终了。孔子说音乐的道理是可以知道的:开始的时候各种乐器热烈地演奏起来,然后铺展开来,悠扬悦耳,音节明快,到结尾的时候又回旋往复,余音绕梁,不绝如缕。这是孔子对音乐的理解。我们看演奏乐器的人,弹钢琴也好,弹古筝、古琴也好,表面上好像很随意,很陶醉,可是"不踰矩",他每演奏一个音符都是符合音乐自身的规律的,他不能超越规律。孔子说"兴于诗,立于礼,成于乐",最开始的教育从诗歌开始,以诗来引起兴趣,诗歌唤起人的兴趣以后,人的情感就随之生发出来了,这时要用礼来约束人的情感,最后成于乐,乐就是情与理的和谐统一,一个人就在音乐当中完成自己。

☉ 仪封人请见。曰:"君子之至于斯也,吾未尝不得见也。"从者见之。出,曰:"二三子何患于丧乎?天下之无道也久矣,天将以夫子为木铎。"

"仪"是卫国的一个城市,"封人"是封疆之人,"仪封人"就是卫国仪这个地方的长官,管理仪这个地方的人。仪封人求见孔子,说:"君子之至于斯也,吾未尝不得见也。"凡是到这里来的君子,没有我不得见的。"从者见之","从者"就是跟从孔子的人,也就是孔子身边的弟子;"见之"就是使之见,跟从孔子的人让仪封人见到了孔子。"出,曰",没有写见的情况,弟子在外面守候,只是记录了仪封人出来以后说的话,仪封人说:"二三子何患于丧乎?天下之无道也久矣,天将以夫子为木铎。"这句话是有深意的,在第三篇里为什么说这样的话?仪封人请见一事发生在孔子周游列国期间,当时孔子在鲁国不见用,而到其他诸侯国也没有人

用他。"二三子"就是孔子身边的弟子,"丧",就是丧失地位,仪封人对这些人说,你们不要担心你们老师的大道会丧失。"天下无道也久矣",天下没有秩序、没有光明已经很久很久了。"天将以夫子为木铎",木铎是一种木舌铜铃,是施行政教时所用的一种铃铛。还有金铎,金铎的铃舌是金属做的,金铎是打仗的时候摇的,"武事振金铎,文事振木铎"。仪封人说天要派孔子做木铎,就是天要让孔子以圣人之道来引导天下的人。古人说望气,望气而知人,一看人的气息、气象就知道他是一个什么样的人。这个仪封人了不起,是个贤人,因为他一眼就把圣人给看出来了。

　　子谓《韶》:"尽美矣,又尽善也。"谓《武》:"尽美矣,未尽善也。"

　　《韶》指韶乐,要讲韶乐就必须讲到舜,五帝里边的舜帝。舜是了不起的,《二十四孝》里的第一孝就是讲舜以孝感动天的故事。舜的父亲叫瞽(音 gǔ),是一个脾气很暴躁的人,续娶了一位妻子。舜的这个后妈是一个很奸邪的人,她生了一个儿子,叫象。象也是一个刁钻古怪的人。这三个人都恨舜,想尽各种办法去折磨他。他们派舜修屋顶,舜刚一上去,他们就把梯子给拆了,想让舜跌下来摔死,结果舜安然无恙。他的后母又想出一个办法来,让舜去开种南亩之山。南亩之山上全部是大石头,根本没有土地,没有办法种田。虽然父母亲、弟弟这样对待他,可是舜没有一点怨言,一点不抱怨,还是很孝敬地对待父母亲。然后自己就去南亩之山躬耕。没有工具,就用手指头挖那个大石头,挖得手鲜血直流,但他还是没有怨言,默默地做。他的这种行为感动了上天,上天派了很多小鸟来帮他锄草,还派了一头大象来帮他耕地,于是庄稼很快就长了起来。关于舜的贤能的故事传到了尧那里,尧就准备把天下让给舜。当然,只是耳闻其德还不行,还要实际的考察。尧怎么考察呢? 尧把自己的两个女儿娥皇和女英同时嫁给了舜——看他家庭关系处理得怎么样,看他是不是可以治国。中国人讲齐家治国,你家都不齐,谈何治国平天下呢? 结果舜和娥皇、女英恩爱和睦,十八年如一日。尧考察了舜十八年,才把天下让给了舜。此后舜励精图治,在晚年南巡到了梧州,就是今天湖南的九嶷山,结果因积劳成疾,死在了苍梧。娥皇、女英看到舜一去不复返,就一路追寻,从北到南,在湖南湘水之滨听到了舜去世的消息,她们非常伤心,在湘水之滨哭泣,眼泪溅到竹子上,形成斑纹,因此叫斑竹。毛主席有一句诗"斑竹一枝千滴泪",讲的就是这个故事。舜帝创制了《韶》乐,南巡到苍梧的时候曾命人演奏《韶》乐,韶山便因此而得名。

　　舜的帝位是尧禅让的,舜是以孝、以德得到的天下,所以孔子说《韶》乐尽善尽美,它既有形式的美,也有内容的美。《武》是武王起兵讨伐商纣王获胜后,当时的老百姓称道武王写出的一支音乐,但因为武王是以兵戈、以战争得到的天下,所以孔子说《武》乐"尽美也,未尽善也",它只是有形式之美,而缺乏内容之善,因为里边有杀伐之气,有战争之音。这句话既反映了孔子的政治理念,也体现了孔子的文艺思想,对中国的文艺理论产生了深远的影响。孔子的文艺批评标准就是艺术性和思想性的统一,既要有美,又要有善,不是只追求美,也不是只追求善,而是追求尽善尽美。但是注意了,孔子讲了善,讲了美,没有讲真。中国人求善,求美,但对真不那么看重;而西方人很求真,对客观事物有很强烈的求知欲,所以西方的科学技术发达,中国的伦理道德体系完备,各自不一样。

🌀　子曰:"居上不宽,为礼不敬,临丧不哀,吾何以观之哉?"

这一句是对《八佾》篇的总结。孔子说居上位的人不宽厚仁德。在上位的人,当国君、当统治者的人不宽厚仁德,因为他不爱民,所以他不宽待百姓。"为礼不敬","礼"就是各种礼节,设立各种礼节的目的本是为了培养人的诚敬之心,可是春秋时期,尽管各种礼节在形式上仍在延续,人们也祭祀,告朔也杀羊,可是关乎礼仪实质的诚敬之心却不存在了,所以为礼也不敬。"临丧不哀",临到丧事又不悲哀。办丧事本是为了表达悲哀,可是现在大家互相攀比,讲究排场,你比我办得热闹,我就办得比你的规模更大,但是哀伤之情却失落了:人们一边办丧事,一边打麻将,唱歌跳舞,欢快得很。"吾何以观之哉?"天下混乱成这个样子,我怎么看得下去呢?

我们前面讲,《八佾》是孔子在批判现实,而现实是什么状态呢?就是"居上不宽",统治者压榨百姓,而且互相征战;"为礼不敬",大家"都在讲礼,而且好像大部分的礼仪都很完备,实际呢,人们都没有一点诚敬之心;临丧不哀",遇到丧事没有悲哀之情。这就是春秋时候的情况。"吾何以观之哉?"让我怎么看得下去啊?这一句是对整个《八佾》篇讲的礼崩乐坏,到处违礼、僭越现象的深刻的批判和深沉的叹息。

《八佾》篇讲完了,最后一句"居上不宽,为礼不敬,临丧不哀"中的"为礼不敬",照应第一句"八佾舞于庭",孔子说这哪里是真正的礼呢?礼都乱了套了。

里仁第四

《八佾》篇是孔子对春秋末年社会现状的诊断,看当时的社会现实有什么样的病症。接下来呢?既然把病根找出来了,就要对症下药,第四篇《里仁》就是孔子开的方子。医生开方子总是用多味药。在中医里药有"君臣佐使"之分,第一味药称为君药,其他的是臣药、佐药、使药。因为第一味药是药方的关键。那么治当今天下混乱、处处越礼的这个病的最关键的一味药是什么呢?从本篇的题目就可以看出来,就是"仁"。《论语》二十篇的题目都取自各篇的第一句,比如,《学而》篇取"学而时习之""学而"两字;《为政》篇取"为政以德,譬如北辰"之"为政"二字;"八佾舞于庭"取"八佾",为《八佾》篇;"里仁为美"取"里仁",为《里仁》篇。题目叫"里仁",说明仁是这个药方子里最核心的一味药。"仁"字,从字面上看是两个人的意思,表示人与人之相亲。仁者,爱人也,儒家讲的仁是推己及人,由父子关系推导出君臣关系和其他的上下级关系,由弟兄关系推导出朋友关系,由夫妇之道推导出一般的男女关系。仁,爱人,这就是孔子开出的治理天下混乱的药方。仁又是儒家道德的最高标准,是儒家的最高的精神。孔子的学说就是以仁为体,以礼为用,有了仁作为基础,礼自然就生发出来。有仁而致礼,天下违礼的病也就药到病除。故治病之根本在仁。

🌀 子曰:"里仁为美。择不处仁,焉得知?"

在古代,人们居住的地方就是里。"里仁为美",即居住于有仁德的地方是最好的事情。要治理天下,就是要使天下人居住于有仁德之地,使天下之人都归于仁心。"里仁"就是孔子说的"天下归仁焉",天下都归于仁德。"里仁为美",大家都居住在有仁德的环境、氛围当中,那自然是最美好的事情了。"择不处仁,焉得知?""知"通"智",智慧;"择"就是选择。有各种各样的选择,比如你选老师、选居住地、选学习的内容……不管你选择什么,都应该选有仁德的。选老师,要选仁者;选居住地,就要选一个民风好的、有仁德的地方。如果你不选择有仁德的地方居住,怎么能算是有智慧呢?那样就说明你没有智慧。智者才懂得追求仁德。

智者和仁者是有区别的,仁者的境界更高,智者虽然达不到仁者的境界,但是他具备了辨别能力,辨别得出谁是仁者,谁不是。如果你没有智慧,那么你首先连谁是仁者、谁不是都辨别不出来。如果天下人都能居住在有仁德的环境当中,天下人都能崇尚仁德,那天下自然就太平了。里仁为美,这就是孔子提出的治理天下的办法:使天下之人都安于仁德。《论语》每一篇都有纲要,《为政》的核心是"为政以德",《八佾》的核心是"八佾舞于庭,是可忍也,孰不可忍也",同理,"里仁为美"就是《里仁》这一篇的纲要。

子曰:"不仁者不可以久处约,不可以长处乐。仁者安仁,知者利仁。"

"不仁者不可以久处约",就是说没有仁德的人不可以长久地处于贫困。孔子说"君子固穷,小人穷斯滥矣",君子可以守住本心,即使遭遇穷困,他也可以守住本心,安贫乐道。没有仁德之心的人就不同了,穷困太久了,他要么献媚,要么偷鸡摸狗,不安本分,结果越来越堕落。不仅如此,不仁德的人还"不可以长处乐"。仁者,实行仁德,心安,所以能长久地保持心境的安乐,而不仁者,不实行仁德,心不安,所以无法长久地快乐,即使高兴也是短暂的,如过眼云烟。"仁者安仁,知者利仁","利"当"求"字讲,这是说仁德的人安于仁,智者则追求仁。智者认识到仁的境界很好,他就要去追求,他还在追求,就说明他还没有达到仁,他还不是仁者。仁者就不同了,他已经具备仁德,所以就安于仁。

子曰:"唯仁者能好人,能恶人。"

"好人","好"读 hào,"恶人","恶"读 wù。好是喜好、称赞、赞赏的意思,恶是厌恶的意思。只有仁者才能够真正地赞扬人与厌恶人。意思就是说,只有仁者才能够公正地评判人,分辨人的好坏。不少人评判是非是以一己之私心为标准,不是以仁德之公心。比如,某个人一天到晚给我提意见,我就认为他太坏了,那个人经常给我小恩小惠,天天给我送点小东西,我就觉得这个人太好了——不是根据对方的品行来作出评价。当然这是夸张了,但我们一般人通常都是以自己的利益为出发点来评判事物:对我好的就是好,对我不好的就是坏。而真正的仁者是以公心来对待事物,他的标准是看这个事物是不是符合天道,而不是看它是不是对我有利。这就是天理人欲之别,小人讲人欲,君子讲天理。同时,这句话也是对仁者的注解,仁者是一种什么样的人:是能够好人、能够恶人的人,是可以长处约的人,是可以长处乐的人,是安仁的人。

🌀 子曰："苟志于仁矣，无恶也。"

"苟"就是如果的意思，"志"就是立志。这句话的意思是，一个人，如果立志求仁德，他就不会做恶事了。"恶"读 è，表示坏。立志求仁的人虽然他也可能犯错误，但是他不会存心去做恶事、坏事。他当然会有一些过失——可能事情没做好，或者好心办坏事，但他不会去做恶事，不会去做伤天害理的事情。

🌀 子曰："富与贵，是人之所欲也。不以其道得之，不处也。贫与贱，是人之所恶也。不以其道得之，不去也。君子去仁，恶乎成名？君子无终食之间违仁，造次必于是，颠沛必于是。"

"富"和"贵"意思不一样，"富"是指有钱，"贵"指地位高。"欲"就是想要的，财富、地位都是人所想要的。"不以其道得之"，不以正确的方法和途径来得到钱财、地位，"不处也"，即使是得到了，我也不会接受，也不会去享受、接受这种名誉、地位、钱财。比如你对我说，你把那个人杀了，我就给你十万块钱，于是我为了十万块钱就把他杀了，这就叫不以其道得之。不以正道取得的富贵，我是不会接受的。"贫与贱，是人之所恶也"，"贫"是指没有钱，"贱"是指地位低下，贫穷和地位低贱，这是人们厌恶的。"不以其道得之"，这里的"得"应该当失去讲，意即摆脱。如果不是以正道去摆脱贫贱的话，我也不会接受。比如抗日战争时期，你对我说，你给日本鬼子办事，就给你钱，给你官做，这样就可以摆脱贫贱了，如果我做了，这就叫"不以其道得之"，但是我情愿做叫花子，我也不去做汉奸，这就是中国人讲的气节。君子、仁者做事都是以道义为标准，符合道义的事我就做，不符合道义的事我就不会去做。即使是贫贱，也要有骨气。

"君子去仁，恶乎成名"，"恶"在这里读 wū，文言疑问词，意思是君子没有了仁德，何以得名呢？事物有名有实，名与实应当是相符的，比如，"杯子"是这个东西的名，这个器皿就是"杯子"的实。君子，这是名，它的实是什么呢？君子的实就是仁德。有仁德的人才能称为君子。君子离弃了仁德，怎么样成就君子的名称、名号呢？这里的"去"当离开讲，引申为离弃。

"君子无终食之间违仁，造次必于是，颠沛必于是。""食"就是吃饭，"终食"，吃完一顿饭，"终食之间"就是指一顿饭的工夫。哪怕是一顿饭的工夫，君子也不会违背仁德。"造次"指仓促紧迫之时，"颠沛"是指颠沛流离之时，"是"做代词，在这里指代仁德。哪怕在仓促紧迫的时候，在颠沛流离的时候，君子都会守住仁德，不会去违背仁德。这就是儒家强调的一个重要的品格，在《大学》《中庸》里都提出来了，就是"慎独"。"君子慎其独也"，一个人独处的时候，要谨慎。一般的人,在有他人在场的时候就会有所顾忌、有所收敛。举个最简单的例子,夏天,在公共场合,再热你也会穿戴整齐,而如果是一个人关在屋子里边,你就可能穿背心、短裤,甚至赤膊。这说明有人在场和自己独处的时候人对自己的要求是不一样的。儒家讲君子修炼的最高境界是慎独,就是单独一个人的时候也要谨慎,因为在这个时候人最容易放纵自己。举个生活中常见的例子,比如看到地上有十元钱,这时候大多数人肯定都想把它捡起来,但是很多人都会先左右四顾,如果周围没有人,他就捡起来心安理得地放进兜里;如果有人,他也许会喊一声"哪个的钱掉了",没人搭理的话,他就可能说"哎呀,我的钱怎么掉了",假装是自己掉了钱,然后把钱捡起来放进兜里。这个例子说明人在没有他人在场的时候,很不容易把握好自己。哪怕你内心向往仁德,但在独处的时候,也很可能会放纵自己。还有的人,平时中规中矩,但一遇到事情,他就显出本性来了,他的习气一下子就暴露了,平日伪装的仁德一下子就无影无踪了。而真正的仁者,在任何时候都是一个样,即便是吃一顿饭的工夫都不会违背仁,有没有人在场都是一个样。著名的漫画家丰子恺先生画过一幅很有趣味的漫画,这幅画很能体现这段话的深意。

无人之处

画上的题词是"无人之处"。画上的人,有人在的时候他随时都戴着一个假面具,一个笑的面具。没有人的时候,当他把面具摘下来,却是面目狰狞。小人就是这样子,而真正的君子就不是这样。这不仅是小人和君子的区别,真君子和伪君子的区别也在这里,真君子任何时候都是一个样,而伪君子则当着人一套,背着人一套。

  子曰:"我未见好仁者,恶不仁者。好仁者无以尚之;恶不仁者其为仁矣,不使不仁者加乎其身。有能一日用其力于仁矣乎？我未见力不足者。盖有之矣,我未之见也。"

  孔子说,我没有见过喜欢仁德的人,也没有见过厌恶不仁德的人,我没有见过这两种人。"好仁者无以尚之","尚"就是超过,真正喜欢仁德的人,对他来说,没有比这个更好的事情了。而厌恶不仁德的人,他对仁的态度只是"不使不仁者加乎其身",即不让那些不仁德的事情加在我身上。这两句话听起来有点拗口,举个例子大家就明白了。志于仁,时时想行仁道,完善自己,这是好仁者。比如有同学病了,我主动去关心他,照顾他,嘘寒问暖,这叫好仁。如果是恶不仁,只是讨厌不仁德,那么只要不做不仁德的事情就足够了,所以尽管有同学生病了,我既不去关心他、照顾他,我也不去加害他,只要不去做那些坏事,我就满足了。好仁与恶不仁,二者的层次不一样,恶不仁者只是不做坏事,好仁者不仅不做坏事,还要去做好事。"有能一日用其力于仁矣乎？我未见力不足者。盖有之矣,我未之见也。"有试过用一天的力量去行仁德的人吗？我没有见过行仁德而力量不够的,也许有,但我没有见到过。在日常生活中点滴的小事上就可以行仁德,并不非要你有多大的力量,做多大的事业。他的书掉在地上,你帮他捡起来,看到他摔倒了,你把他扶起来……这些都是行仁德,怎么说力量不足呢？真正要行仁德的人,没有因为力量不足而不行的,所以关键是有没有心。

  其实孔子说了三种人:一种是求仁的人,另一种是恶不仁的人,还有一种是想求仁德而不得的人。孔子说,前面两种人,我没见到,第三种人——这种愿一日用力于仁而力不足的,即便有,我目前也还没见到。可见,行仁德固然难能可贵,但是要真正落实也并不是一件特别困难的事情。只要你有心,你真正去做,在哪里都能行仁德,有什么是你想做却做不了的呢？又不需要什么特别的条件,只要你想做都能做得到。比如,看到这里的纸屑,随手捡起来丢到垃圾箱里,看到水龙头在滴水,随手把它拧紧了……这些都是在行仁德。仁德看起来很难,其实只要从身边的小事开始做起,每天都自我完善,渐渐地就能达到,关键看你愿不愿意。

  子曰:"人之过也,各于其党。观过,斯知仁矣。"

  "党"指类型,"过"就是过错。朱子注解说"党,类也",就是一类人。注意这个"党"字,它的繁体字上边是"尚",指崇尚,下面是"黑",按照字面推导,崇尚黑的就是党,这是"党"字的本意。结党就会营私,中国人自古以来是很讨厌结党的。孔子说"君子群而不党",君子可以与人交朋友,但绝对不会结党。"人之过也,各于其党",孔子说,一类人往往有一类人的过错,不同的人有不同的过错。我们常说的"物以类聚,人以群分"也是这个道理。同样类型的人,他们往往会犯同一类型的错误,比如急性子的人,因为过于急躁,他们办事比较粗疏;而慢性子尽管做事很细致,可是时间上又往往比较拖沓。不同类型的人,就会有不同类型的错误。"观过,斯知仁矣。"你看到别人的过错,你就能知道什么是仁德了。儒家常说"三人行,必有我师焉",三个人当中比我好的人是我的老师,比我差的人也是我的老师,因为"观过,斯知仁矣",别人的错误可以成为你的反面教材,认识了这一类型的错误,你不会再去犯它,这就是所谓知仁了。

子曰:"朝闻道,夕死可矣。"

早晨听闻大道,晚上就可以去死。这句话是不是这个意思呢?不是,这太肤浅了。这句话实质的意思是说,一个人,他闻道以后,他对生死就是非常从容的了,可以生顺死安:活着的时候他可以安然地生活,死亡来临的时候他也可以从容地去面对。所以早晨闻了道的人,他就了断了生死,即便晚上他就要死去,他也可以很从容平和地对待。这就是"朝闻道,夕死可矣"。并不是说早上闻了道,晚上就可以去死了。它其实说的是对生死的态度,这是儒家的生死观。得道的人就可以乐天知命,知足常乐。他不会终日忧戚,担心老病,恐惧死亡,一会儿忧生,一会儿惧死——闻道之后就不会这样了。"道者,事物当然之理",事物固有的理就是道。"苟得闻之",如果真正得道,闻说了事物的道理,"则生顺死安,无复遗恨矣",即便晚上就死了也不会有遗恨了。这就是儒家的生死观,从容地面对生死。"朝"和"夕",是说间隔短。程子曰:"言人不可以不知道,苟得闻道,虽死可也。"人不可以不懂得道,如果得了道,即使死了也无遗憾。因为死生是大事,一般人最看不开的就是生死。佛法就是讲如何超脱生死的。儒家说,人只要得了道就可以从容地面对宇宙,面对世界,面对人生,面对生死。

子曰:"士志于道,而耻恶衣恶食者,未足与议也。"

孔子说,一个士人、读书人,如果立志于求道,又以没有好衣穿、没有好饭吃为耻,那么就不足以与他谈论大道了。比如一个人立志学习中国文化,学习儒家精神,他听了《论语》,向老师提问:我学了这么多,我怎么发财啊?这种情况,老师怎么跟他讨论下去呢?"道不同,不相为谋。"他一边在学道,一边在想名利,这种人就不足以和他谈大道了。朱子说:"心欲求道,而以口体之奉不若人为耻,其识趣之卑陋甚矣,何足与议道哉?"心想求道,而以口服的奉养不若人——你看他生活得多好啊,他不读圣贤之书,还开着宝马车,穿着名牌衣服,我学了道还这样子——而感到耻辱,这种人的品位、志趣太差,哪里还值得与他谈道呢?程子曰:"志于道而心役乎外,何足与议也?"程子说,志于求道,然而心被外边声色犬马的世界所奴役,被名食财色所奴役的人,用不着与他谈道。这里深刻地讲明了儒家的学说是超功利的,读圣贤书不是为了升官发财、荣华富贵,而是为了让人超越名利,心不被外物所累,从而获得心灵的自由与解放。

🌀 子曰:"君子之于天下也,无适也,无莫也,义之与比。"

君子对天下的事情,没有一个固定的标准,"适"就是这样,"莫"就是那样,不这样,也不那样。以什么作为原则呢?以道义。这里的"比"当"从",表示以义相从,以义为原则。这就是儒家讲的适中的问题。君子对天下的事情,没有一个固定的方法,他在不同的时间、不同的空间处理事情所用的方法是不一样的。这是变的一面,还有不变的一面就是这个义,道义是不变的:不管我用什么方法来做,我都是符合道义的。比如我教你们两个学生,内容一样,都是圣人之道,但是因材施教,教授的方法就不同,是因时、因地、因人而异的。这句话很深刻,就是说真正的君子并不是那种教条主义者,不是非要这样做或者非要那样做,不是保守、机械、固定的,他是随机应变的,但必须是符合大道的。

🌀 子曰:"君子怀德,小人怀土。君子怀刑,小人怀惠。"

这是通过对比来讲小人和君子的区别。

"怀",思念、想着。君子随时都怀想着德。我们看看什么叫做"德"。"道之得于心谓之德",道从你的心里生发,就叫做"德"。"德"实际上是人的行为,道在人心。比如说,某个人有道德,他看见扔在地上的垃圾,就捡起来丢到垃圾箱里,他的行为体现他的品德。他的品德从哪里来呢?因为他明白,保持环境的整洁,要靠每个人的行动。支配他行动的就是他内心对这一道理的体悟。道真正存在你心里,指导你的行动,对"道"身体力行,这就是德。"德"又写作"悳",从文字学角度分析,上边是"十"字,中间是"目",下面还有一横,读 yǐng,隐藏的意思:十只眼睛注视着你心里最隐秘的地方,看你有没有"德",这时候,无论什么事情你都要求自己从道义出发,做到最好,这样你就有德了。"小人怀土","土"不是指泥土,而是代指舒适的生活,小人总是想着过一种安逸的生活。君子不考虑生活的安逸与否,而是首先考虑自己有没有德。所以君子是无牵挂的,他可以四海为家,因为他有德,他乐天知命,到任何地方都可以随遇而安。小人就不行了,你叫他离开他的那个安乐窝,他一定很痛苦。

"君子怀刑,小人怀惠",这里的"刑"不是指刑法,而是指代礼法、规矩。君子考虑的是公道、礼法,小人想的是小恩小惠。一件事情,君子想它符不符合礼,小人想它对我有没有利。比如说考试,君子想,考试应该公正,不应作弊;小人则盼望老师能给他点恩惠,让他通过,让他考好。

朱子讲"怀德,谓存其固有之善",即保存本心的善;"怀土,谓溺其所处之安","溺"就是沉溺,沉溺于已有的安逸的状态;"君子小人趣向不同",君子和小人的志趣不一样,追求不一样;"公私之间而已",他们不同在哪里呢?就在是从公心还是从私心的角度出发。

子曰:"放于利而行,多怨。"

"放"读 fǎng,依靠的意思。"放于利而行",依靠利益而行;"多怨",做什么事都以利益为出发点的话,就会招来怨恨。这个很好理解,比如,你的笔掉在地上了,请我帮你捡起来:"可以啊,帮你捡一支笔付我多少钱啊?五块还是十块?"下课了,同学向老师请教:提问题可以,但一个问题二十块。如果做什么事都以利益为原则,那就会招来怨恨。因为求己之利必伤人之利,故而遭人怨恨。一切都以利益为出发点,那么人与人之间就没有情义了。人与人都没有情义了,人也就不叫做人了,如此,又谈何仁德?

子曰:"能以礼让为国乎?何有?不能以礼让为国,如礼何?"

孔子说,如果能以礼让来治理国家,治国又有何难?"何有",有什么困难的呢?因为在一个国家里,如果大家都懂礼,相互礼让,君臣相互谦让,老百姓之间互相谦让,那么治理国家有什么难的呢?"不能以礼让为国,如礼何?"如果不能用礼让来治理国家,这些礼仪拿来做什么呢?礼仪拿来也是没有用的。礼从哪里来呢?源于我们的诚敬之心。仁者爱人,我们互相关爱,因为有爱,所以有诚敬、谦让之心。有敬、让之心所以有礼。不能以礼让治国,人们不再互相谦让,人与人之间不再互相关爱,礼的本质不存,那遵循这些礼节又有什么用处呢?不以礼来治理国家,则礼的形式也就形同虚设。

子曰:"不患无位,患所以立;不患莫己知,求为可知也。"

"患",怕,不怕没有位置,不要怕天地之间没有你的一席之地。"所以立","所",用的意思,就是使自己立起来的东西,或者说本事。"患所以立",就是担心没有能使自己立起来的本事。君子不怕自己没有地位,只怕没有什么使自己立起来的本事。因为只要你有本事,自然就能找到安身立命之所在;如果你没有本事,没有德行,就没有立足之地。

"不患莫己知","莫己知",就是莫知己;"莫",无定代词,表示没有人,不怕没有人知道你。"求为可知也",你得有能让别人知道你的东西。你说要让人家知道你,让人家知道你什么呢? 你有道德吗? 有学问吗? 有才艺吗? 要让人知道你,总要有足以让人知道的长处。

⊗ 子曰:"参乎! 吾道一以贯之。"曾子曰:"唯。"子出。门人问曰:"何谓也?"曾子曰:"夫子之道,忠恕而已矣。"

"参",曾参。孔子和曾子交谈,他说:"参乎! 吾道一以贯之。"曾参啊,我一生所行的道、道义,只有一个主题,始终贯穿着一个中心。孔子并没有说这个道具体是什么,只说道一以贯之。曾子说"唯",是是是。这说明曾子明白老师的意思,他了解老师。曾子出来以后,孔子其他门人就问,老师刚才说的意思是什么呢? 他说的一以贯之是什么呢? "夫子之道,忠恕而已矣。"曾子说,我们老师一生的道,只有两条:忠和恕。中心之为忠,尽己之为忠。推己之为恕,如心之为恕,如同自己的心,也就是将心比心。比如,作为老师,我竭尽全力地教书,你作为学生,竭尽全力地读书,这就是忠。忠是对自己的要求,恕是对他人的态度,对别人要宽恕。怎么宽恕呢? 推己及人,将心比心。你要原谅人家,你不将心比心,怎么能原谅呢? 孔子之道,其核心就是忠、恕。《易经》里的乾卦讲"天行健,君子以自强不息","自强不息"可谓忠;坤卦讲"地势坤,君子以厚德载物","厚德载物"就可谓恕。"忠"还有一层深意:诚。忠和诚是不一样的:忠是指外在的状态,是需要这样去做;而诚是指向内心的,自觉的、自然的。客观世界万物的生命过程,如植物,从种子生根发芽到最后开出花来,它是一个真实不虚的过程,这种真实不虚的生命过程谓之诚。这是宋代的礼学家周敦颐说的。忠就是以万物的诚为榜样,像天地万物真实不虚的生命过程那样来竭尽全力。忠是己欲立而立人,己欲达而达人;恕是己所不欲,勿施于人。其实儒家的很多道理就是讲这两方面的。

⊗ 子曰:"君子喻于义,小人喻于利。"

"喻"就是通晓,明白。君子通晓道义,小人通晓利益。小人是为了利在生活,君子则是为了义在生活。君子做事都是要符合道义的,符合天地的大道。小人做事符合个人利益就行了。这就是义和利之区别。后来孟子对这一条做了更深入的阐发,形成了孟子哲学中重要的内容:义利之辨。这个理论对中国后世的文化产生了深远的影响。冯友兰先生讲人生有四个境界:自然境界、功利境界、道德境界、天地境界。社会上百分之八十的人都生活在功利境界当中,做任何事都是为了利益。读书、求学是为了有文凭,以便找到好工作,为了高薪水,为了小车、洋房,归根结底是为了一己私利。而处于道德境界的君子,他做任何事情都是为了道义,符合道义我就做,不符合道义我就不做。

> 子曰:"见贤思齐,见不贤而内自省也。"

"省",读 xǐng,反省。"思齐",在思想上向贤人看齐。看到贤者我在思想上就要向他看齐,像他一样贤能。看到不贤德的人,我就要反省自己:我有没有他这种行为啊?我有没有这种情况啊?坏蛋也是我们的老师,是我们的反面教材,坏人身上的问题可以引起我的警惕,让我反省。看到好人我就向他学习,看到不好的人,就检讨自己身上有没有类似的问题。

> 子曰:"事父母幾谏。见志不从,又敬不违,劳而不怨。"

"幾",微也。"谏",劝也。孔子说,侍奉父母亲,要幾谏。古人云:"父母有过,下气怡色,柔声以谏。"父母也是人,人无完人,他们也会有过错。做子女的,对父母的过错、缺点,要委婉地给他们提意见。圣人不是一味地说"父要子亡,子不得不亡",父母有过错,子女应该劝谏他们。但是劝有其法,怎么劝呢?含蓄地、和颜悦色地。"见志不从",你和颜悦色地给他们说了,父母亲还是不听。"你懂啥子,不要你管我,你还有资格管我?"他们不听你劝谏的时候,你仍然"敬而不违"——这是讲的态度,你对他们还是要尊敬,不违背。"劳而不怨",替他们操劳而不抱怨。这几句话其实是讲如何与父母相处。从这里也看出孔子讲的父子关系并不是要求子对父绝对地服从,而是相对的,父慈子孝,父母有过,子女也要给父母提意见,但要注意方法。子女对父母绝对服从,这是经汉朝人改造以后的产物,并非孔子的原意。

> 子曰:"父母在,不远游。游必有方。"

父母健在的时候,做子女的不要出去远游——这是孝道的一个方面。为什么不远游?因为父母需要子女来侍奉、照顾。但是子女要求学、要出去做事、要从军报国,不得不远游,那怎么办呢?"游必有方"。你可以离家万里,但是你要给父母写信报平安,要让父母知道你的下落,要随时保持联系。这一是为了让他们放心,二来家里一旦有急事,父母也知道到哪里去找你。

> 子曰:"三年无改于父之道,可谓孝矣。"

父母去世,三年内不改变他们的美德,这就是孝了。父母虽然也有缺点,但毕竟是有美德的,只要你不改变父母身上的美德,就叫尽孝了。"三年无改于父之道",不是说对父母的一切品行你都坚守,非也!这句话的关键在"道",美德,

劳而不怨

共和国五十八年
孟夏李里绘于
蓉城东门天人轩

劳而不怨。共和国五十八年孟夏李里绘于蓉城东门天人轩。

你不要改变父母的美德。这句话在《为政》篇中已出现过。

　　子曰："父母之年,不可不知,一则以喜,一则以惧。"

　　从这一句最能看出儒家的孝和仁德之心。对父母的年龄不可以不知道啊,"一则以喜,一则以惧",一来你感到很高兴:父母又多陪了我一年,你看我都 92 岁了,我的父亲还在啊,又活了一岁了,多好啊;二来你会担忧:哎呀,父母亲又老了一岁了,他们和我们相处的日子又少了一年了。这句话最能体现孝敬之心。"父母在,不远游"要求你体察父母之心,将心比心,是谓孝;而这里要求你不仅从父母之心出发,还要你记得父母的年龄,并以此为喜忧,这是更大的孝。现在很多父母把子女送出国,等到自己老了,只能和老伴在家相依为命:苦啊,想孩子啊;而儿女也无法对父母尽孝。"子能以父母之心为心",这是孝的关键。

　　子曰："古者言之不出,耻躬之不逮也。"

　　孔子说,古代人不轻易说话。为什么呢? 后边一句是原因。"耻",就是以……为可耻;"躬"就是自己的行动;"逮",达到。以自己的行动不能达到为耻。轻易说出口的话,是不是也能这样轻易做到呢? 所以"非言之难也,而行之难也"。儒家强调身体力行,践行,不轻易说,是因为怕自己做不到。

　　子曰："以约失之者鲜矣。"

　　"约",约之以礼,注意,《论语》里讲的"约",其中一种意思是指约束,约之以礼,用礼来约束自己;"鲜矣",少。因为以礼来约束自己而犯过失的,是很少的。一般而言,一个人严于律己,对自己要求比较严格,他犯的错误就会少。

　　子曰："君子欲讷于言而敏于行。"

　　孔子说,君子应该"讷于言而敏于行"。语言不能顺利地说出口就叫"讷"。"敏于行",行动很敏捷。因为说话是很容易的,可是行为呢,真正要做好一件事情是很困难的。因为说话容易,所以你说话要谨慎;行动不容易,所以你要敏捷。古人讲少年要老成,因为青年人血气正盛,很张狂,所以要注意谨慎、稳重。而老年人血气已衰,更应该精神抖擞,让自己生气勃勃。君子都是少说多做的,我们中国人往往喜欢少说话多做事的人,而不喜欢夸夸其谈、只说不做的。

　　子曰："德不孤,必有邻。"

　　什么叫孤? 鳏寡孤独,这是有讲究的。孟子说,妻子去世了的称为鳏,丈夫死了的称为寡,从小没有父母的称为孤,老而无子的称为独。这里的孤,意思是孤独、孤单。"德不孤",如果你是个有道德、有德行的人,"必有邻",字面讲是必然有邻居,就是说人们会来亲近你,与你为邻。如果别人都不愿和你相处,那说明你自己的品德出了问题。

🌀 子游曰:"事君数,斯辱矣;朋友数,斯疏矣。"

"数",读 shuò,屡次、多次的意思。在这里引申为过于殷勤。侍奉国君太过殷勤,就是自取其辱。对朋友太过殷勤、太周到,反而会被疏远。我们今天常常说,太亲近反而会疏远,距离产生美。你过于殷勤,什么事情都照顾到,关心多了,人家反而厌烦你。你的出发点是好的,只是不明白"恰当"这个道理。与人相处要恰到好处,人际关系才能和谐。

《里仁》篇很好理解,就是孔子对《八佾》里说的种种社会现象开出的方子。

公冶长第五

要治理天下,要实行仁德,很重要的一个问题就是要有人才。什么是人才呢?《公冶长》这一篇就是专门谈人才的问题。孔子对他的弟子一一进行了点评,看这些人能够对社会有怎样的作用。所以,这一篇也可以说是孔子的人才论、人才观。

　　子谓公冶长,"可妻也。虽在缧绁之中,非其罪也"。以其子妻之。子谓南容,"邦有道,不废;邦无道,免于刑戮"。以其兄之子妻之。

公冶长是孔子的一个弟子;"妻"读 qì,名词作动词,做妻子,即"嫁"。"缧绁","缧"读 léi,黑绳子;"绁"读 xiè,捆绑。在春秋的时候,用黑绳子来捆绑犯人。公冶长是被黑绳子捆起来的,说明他在坐牢。"非其罪也",但这不是他的罪过。"以其子妻之",公冶长身陷牢狱,但孔子仍然把女儿嫁给他,为什么呢?孔子看出他是个好人,他的坐牢并不是因为他自己的过错。这一句的深意是:圣人和君子不是以一时的成败得失来衡量人的。不是说一个人进了监狱,就否定这个人。我们一般人,看到一个人不得志,往往就不和他交往,更不要说和牢房里的人谈论婚嫁了。不以一时之得失成败,不以外在的条件来衡量一个人,而要看他内在的品格,只要这个人品质是好的,哪怕他现在受到了不公正的待遇,都应该一如既往地对待他。

我们四川崇州上古寺有个登宽老和尚,活了一百零五岁。登宽老和尚的祖父是前清的举人,他的父亲是个刀马客。什么是刀马客?古代骑马打仗,刀马客就是专门砍马腿的。清朝末年时,成都混乱。登宽老和尚的曾祖父就带着他逃难到崇州去了。当时他才五岁,就遇到上古寺的老方丈,老方丈很喜欢他,觉得他年少聪慧,就叫他出家。登宽老和尚讲公冶长这一段讲得非常好。他说公冶长这个读书人,有一次在南山上行走,看到两条蛇在交配。他怕蛇来伤害他,就用棍子打蛇,把其中一条蛇的尾巴打断了,那两条蛇就跑了。断尾的那条是公

"公冶长，公冶长，南山有羊，你吃肉来我吃肠。"共和国五十五年春，于成都崇州上古寺听百岁住持讲公冶长故事，妙趣横生，五十八春忆而绘之。李里于川师东园天人轩。

蛇,它逃回去以后,它的妻子看到它就说:"相公啊,你的尾巴怎么被打断了啊?"公蛇说:"是被公冶长打断的。"母蛇说:"我要去给你报仇,要把公冶长吃掉。他竟然敢把我相公的尾巴打断。"母蛇就跑到公冶长家的窗户下。这时公冶长正坐在窗前按孔子讲的君子"三省吾身"的要求来反省自己。他说:"今天我走到南山,遇到两条蛇在交配,我实在不应该打它们,还把一条蛇的尾巴打断了,我应该绕开它们走,不应该伤了它的尾巴。"母蛇一听,就说:"该打!打得好!"它不但不报仇了,还感激公冶长帮它出了一口气,想报答公冶长。怎么报答呢?它就爬到公冶长的窗前,公冶长吓坏了,以为蛇来报仇了。母蛇对公冶长说:"我就是今天被你打断了尾巴的蛇的妻子,你打得好,帮我出了口气,我要报答你,我要送给你一件法宝。"公冶长说:"是什么法宝呢?"母蛇说:"我要让你听得懂鸟儿的叫声。"母蛇在公冶长耳边吹了一口气就走了,公冶长觉得这简直是天方夜谭:人怎么能听懂鸟儿的叫声呢?他不相信,也没在意。

　　第二天清晨起来,公冶长坐在屋里读书。读了一会儿,就听见一只鸟在咕咕咕地叫。公冶长清楚地听到这只鸟儿说:"公冶长,公冶长,南山有羊,你吃肉来我吃肠。"公冶长想知道自己是不是听错了,是不是真有这么回事,他就跑到南山上,一看,果然有一只羊,羊被老虎咬死了,而且有鸟儿正在吃羊的肠子。公冶长很高兴,就把羊的肠子掏出来,让那些鸟儿吃,自己则把羊扛回家。可是,牧羊人看到他扛着羊就说:"公冶长,你是孔子的弟子,怎么还偷我的羊。你有什么道德?"牧羊人就把公冶长告到了官府,差役就用黑绳子捆绑了公冶长,把他押送到官府里去了。这下大家就不理解了:公冶长一直是孔子很称赞的弟子,怎么干起偷鸡摸狗的事来了?孔子听说以后就说,这一定不是公冶长的问题:"虽在缧绁之中,非其罪也。"到了公堂上,长官就问公冶长:"你一个读书人,怎么干出了这等事来?"公冶长就把自己怎么遇到蛇、打了蛇、母蛇来传授法宝,自己怎么听懂鸟儿说话等等经过一一道来,长官觉得不可思议,认为公冶长疯了:说什么蛇啊、鸟儿啊、鸟说话,简直不知所云,还敢戏弄本官。恼羞成怒,就要杖罚他。长官旁边的一个幕僚就说:"此事蹊跷,儒家向来是讲诚厚之德的,公冶长应该不敢胡说,何况这件事确实有点神奇,不如试验试验,看他是不是真的听得懂鸟的叫声。"于是就让人把公冶长拉到官府门口,这时恰好有两只鸟儿飞过来,叽叽喳喳在叫,长官问他它们说了什么。公冶长听懂了,就说:"鸟儿说,东街口有家人正在娶亲,办得好热闹。"长官马上派人去看,那人回来报告说东街口果然有一家人热热闹闹地在娶亲,迎亲的队伍排了很长。长官一听,看来公冶长是真的能听懂鸟儿的叫声,看来羊不是公冶长偷的,而是被老虎咬死的,就放了公冶长。孔子听说以后就很高兴,他说:"你看,我说对了嘛——虽在缧绁中,非其罪也。"就把女儿嫁给了公冶长。

南容也是孔子的弟子，叫南宫适。孔子说南宫适这个人，"邦有道，不废"，国家处于盛世，政清人和时，他能够为国家做事，为江山社稷出力；"邦无道，免于刑戮"，国家混乱的时候，他能够谨言慎行，全身避害，免遭刑罚。"以其兄之子妻之"，孔子就把自己哥哥的女儿嫁给了南宫适。当时就有人说，南宫适比公冶长要好。为什么呢？儒家讲礼让，把好的让给别人，把差的留给自己。人们看到孔子把自己的女儿嫁给公冶长，把哥哥的女儿许配给南宫适，先人后己，那肯定是南宫适更好。其实非也。程子说不是这个道理，因为婚姻这件事是各有缘定的，要从年龄、长相、才华、性格方面考虑，看哪个合适，就许配给哪个。

这两段话有什么深意？我讲过，《论语》每一篇开篇第一句就是这一篇的纲领。在《公冶长》这一篇里，孔子评点了很多弟子，对每一个弟子的点评都不一样。第一个点评的是"可妻也"，可以做女婿的人，这里就包含了中国文化很重要的一个特点：人才观。什么人是最高的人才？可以把自己的女儿嫁给他的人。为什么？前面给大家讲过舜的故事，尧把自己的两个女儿娥皇、女英都嫁给了舜，考察舜的家庭关系，结果娥皇、女英和舜恩爱和谐，十八年如一日。孔子在选拔人才的时候，跟尧的标准是一样的：先齐家，而后治国。所以开篇就是嫁女儿、嫁侄女，用嫁人来考察。"可妻也"，这是儒家对人才的最高评价。中国历史上许多大学者、大师都是以嫁女儿来作为对人才的肯定。什么人是最好的人？可以让女儿托付终身的人，就是最好的人。

⟲ 子谓子贱："君子哉若人！鲁无君子者，斯焉取斯？"

子贱姓宓(fú)，名不齐，也是孔子的弟子。孔子谈论子贱时说，宓不齐这个人是个君子。"斯焉取斯"，两个"斯"都作代词，"这"的意思，但第一个指代宓不齐，第二个指代鲁国的贤人。如果说鲁国没有贤人，那宓不齐向谁去学君子之道呢？他向谁学习呢？这一段话是什么意思呢？这里又有微言大义。为什么宓不齐会成为君子？因为他在鲁国。孔子在这里其实是在赞扬鲁国的民风。春秋末年的时候，鲁国民风相对淳朴，毕竟这里是周公教化过的地方。鲁国一直有君子之风，代代相传，所以有学习的资源。这是儒家教育思想里的一个重要观念：向群体学习。"三人行，必有我师焉"，鲁国之所以会出宓不齐这样的君子，就是因为鲁国有世代相传的君子之风。刘邦项羽争天下时，各诸侯国一片混乱。各诸侯国都紧闭城门，戒备森严。刘邦来到鲁国的城门下，这里的城门却大开着，没有一个士兵守卫，甚至还有丝竹管弦之声。那些儒生在城里演奏各种乐器，一派从容和平之象。对此，刘邦感到异常诧异，说这里确实是圣人之乡啊，战乱已经到了门口，人们还这样从容镇定，不为外物所动。他被感动了，没有进城，鲁国便得以完全地保存下来。这里就体现了儒家所谓的感化：鲁国这种斯文教化之风，连刘邦这样的人都被感化了。

🌀　子贡问曰:"赐也何如?"子曰:"女,器也。"曰:"何器也?"曰:"瑚琏也。"

　　子贡看到老师一会儿称赞公冶长,一会儿称赞南宫适、宓不齐,心里边着急,就问老师,我怎么样啊?孔子说话从容中道,他说:"女,器也。""女"通"汝"。"器",《为政》篇里说了,"君子不器",君子不是一个只能做一样器皿的人——一样器皿只有一种功能,杯子是用来喝水的,笔是用来写字的,录音机是用来录音的——君子是通才,什么事都可以做,做什么事都能做好。孔子虽然没有直接批评子贡,却暗含讽刺,他说,端木赐,你只不过是一件器(还不是一个君子)。子贡又问:是什么器皿呢?"瑚琏也。"瑚和琏都是祭祀天地时用的礼器,夏朝曰瑚,商朝曰琏。这两个字都从"王"字旁,表示与玉有关,用玉来做的祭器,当然是非常高贵的。孔子说话很委婉,子贡虽然只是器,但却是器中之珍贵者,是好器。这是孔子对子贡的评价。

🌀　或曰:"雍也仁而不佞。"子曰:"焉用佞?御人以口给,屡憎于人。不知其仁,焉用佞?"

　　"或",有的人;"雍"是冉雍,字仲弓,是孔子弟子中德行很好的一个。"佞",有口才,"佞"字,由"仁"和"女"组成,妇人之仁就是佞。有人说雍这个人有仁德,但是没有口才。对此孔子很不以为然:"御人以口给,屡憎于人。""御",应对,"口给(ji)",辩论。应对人的时候,能说善道,往往遭人憎恶。孔子认为说话应该是气盛言溢,一个人能够说话,话说得好,并不是因为他有口才,而是因为内有气。"气"是什么?孟子说"吾善养吾浩然之气","气"就是指道德学问,内在修为充沛,有道德、有学问,语言自然从中流露,而不是光靠嘴巴说出来。儒家是不提倡辩术的,孔子喜欢敦厚朴实的人,不喜欢那些叽叽呱呱能说会辩的。孟子说"予岂好辩哉,予不得已"。孟子有辩才,但是他说他是不得已:并不是他想辩,而是在战国末年,各种异端邪说纷起,不能不辩。"不知其仁,焉用佞?"我不知道他是否能做到仁,但何必要能说善辩呢?哪里用得着妇人的口才呢?当然这是从本意上来讲,这里指的巧言令色。因为孔子说"巧言令色,鲜矣仁"。巧言令色是最不好的,所以孔子说,哪里用得着巧言令色呢?用不着。口才是不用的,焉用佞,能说会道是没有用的。至于他仁不仁,我就不敢说了。这句话孔子全给他否定了。说他仁呢,孔子说不知道;说他佞呢,孔子说焉用佞。后边跟着几句都是问孔子仁不仁的,孔子一一说不知道,就像你们在座诸位,我评说了这两个学生以后,诸位就问这个怎么样,那个怎么样,我说我不知道。老师说对学生不知道,就说明这个学生有问题。老师怎么不知道自己学生的情况呢？只是不愿意直接打击学生。圣人从容中道，他既不过于褒奖人，也不过于批评人，不打击人。

◎   子使漆雕开仕。对曰："吾斯之未能信。"子说。

漆雕开也是孔子的弟子，字子若。孔子让他去做官，孔子是知人论事，如果孔子让漆雕开去做官，说明他认为他有做官之才。可是漆雕开怎么样呢？漆雕开说："对做官这个事情，我还不够自信。"就是说认为自己还不能做好。"子说"，"说"通"悦"，喜悦，孔子听了很高兴。为什么？第一，他不希望自己的弟子没有自知之明；第二，他不赞成人生追求仅仅在于做官。漆雕开希望自己能有大成，孔子对此很以为然。什么是大成就？现在我们说某人成功了，常常是指某人仕途、财富上的成功。然而对这些孔子皆不以为然。古人所谓的大成就，《左传》里有云"太上立德"，立德才是大成。其次是立功，不能成德，不能做圣贤，才去建功立业，做王侯将相。最后是立言，一不能立德，不能做圣贤，二不能做官，那你就写书、做学问。所以漆雕开不做官，其实是希望有所大成，是想成德，所以孔子喜悦。宋代大学者周敦颐——二程的老师，写《爱莲说》的——曾说："士希贤，贤希圣，圣希天。"读书人希望自己做一个贤人，贤人期望自己能成为一个圣人，圣人则期望做一个有天地境界的人。什么是天地境界？就是得了天道之人：把天当作父亲，把地当作母亲，把山川草木、鸟兽鱼虫当作自己的兄弟姐妹，在天地之间自由自在，与万物为一体。"士希贤，贤希圣，圣希天"是层层递进的。漆雕开心不在做官，这让孔子十分喜悦。这里包含了儒家的价值观。

◎   子曰："道不行，乘桴浮于海。从我者，其由与？"子路闻之喜。子曰："由也好勇过我，无所取材。"

这一句很关键，反映了孔子在特定状态下的志向。孔子说，如果大道不能实现的话，那我就乘着木筏到海上去漂浮。"道不行"，就是说孔子实现太平世界的理想不能够真正用于天下。如果这样，那跟从我的人或许是由吧。"由"，仲由，字子路，是孔子众子弟里最好勇的一个，是个性急、率真的人。子路听到了就很高兴——老师难得表扬自己一次，但孔子马上又说，子路在勇敢方面超过我，可是"无所取材"。"材"，同剪裁的"裁"。什么叫"无所取裁"？不能对事情作出正确的评价、判断——因为他鲁莽从事。所以后来孔子说子路"暴虎冯河"：子路确实很勇敢，空手和老虎搏斗，渡黄河不用船只，结果呢？徒手搏虎，只能被老虎所伤；不用船只渡河，自然会游得很辛苦。这跟李逵有点相似，李逵听到人家说宋江不义，他上了梁山刷刷刷几斧头下去就把"替天行道"的旗帜给砍倒了。不事先调查事情的真相，先砍倒旗帜再说——确实有勇气，可是有勇无谋。子路就是过于性急。

　　孔子对子贡是先抑后扬：你只是器，但是器里面最高贵的；对子路是先褒后贬。孔子强调因材施教，他的这一教育观念在《公冶长》这一篇里得到了最清晰的体现。孔子对不同的弟子用的教育方法是不一样的，他对每一个弟子的性格都非常了解。子路这个人有勇气，但太鲁莽，所以孔子要给他泼点冷水。

　　🌀　孟武伯问："子路仁乎？"子曰："不知也。"又问。子曰："由也，千乘之国，可使治其赋也。不知其仁也。""求也何如？"子曰："求也。千室之邑，百乘之家，可使为之宰也。不知其仁也。""赤也何如？"子曰："赤也，束带立于朝，可使与宾客言也。不知其仁也。"

　　孟武伯在《为政》篇里出现过，孟懿子的儿子，曾经问孝。他问孔子：子路这个人仁不仁德啊？孔子说："子路仁不仁，我不知道。"孟武伯又问。孔子就说：子路这个人，"千乘之国，可使治其赋也。不知其仁也"。"千乘之国"，有一千辆兵车的国家，这是一个比较大的诸侯国了。"可治其赋"，"赋"，赋税，这里指兵赋。这句话意思是千乘之国，它的军队所需要的赋税，子路能够全部凑集，至于他仁不仁，我不知道。

　　孟武伯又问：冉求这个人怎么样啊？"求"，冉求。"千室之邑，百乘之家，可使为之宰也"，"邑"，古代居民聚居地，分为公邑、采邑两种。公邑为诸侯直接管理，采邑是诸侯分给卿大夫的领地，"家"就是指采邑。"千室之邑"，有一千户人口的公邑；"百乘之家"，有一百辆兵车的采邑。"宰"，主宰，注意"宰"字，上边宝盖头，相当于一间房子，下边辛苦的"辛"，在房子里，也就是在家里操劳的人，"宰"的本意就是家臣，后来它的意思扩大了，"宰相"就是它意义的扩大。孔子说，冉求这个人，他可以做有一千户人口的公邑或有一百辆兵车的采邑的总管，但他仁不仁，我不知道。

　　"赤也何如？""赤"，公西华，也是孔子的弟子。孟武伯又问：公西华怎么样呢？"束带立于朝，可使与宾客言也"，"束"就是捆，"束带"，扎着腰带。孔子说，公西华这个人相貌庄严，可以让他穿戴整齐在朝堂上迎接贵宾，用今天的话来说，就是可以搞外交，至于他仁不仁，我不知道。

　　孔子都没有明确回答这几个人仁还是不仁，因为实际上，他们还没有达到仁的境界。这段话是孔子对子路、冉求、公西华的评价，孔子点评的是各人的才能，而不是他们的品德、德行。子路和冉求当时都是鲁国大夫季孙氏的家臣，孔子觉得他们各有才华，但是说到仁德，他们都还不足。到第十六篇中的《季氏将伐颛臾》，对此就说得更清楚了。仁德是儒家最高的人格境界，一个人有仁德，就几近于圣了。所以孔子可以称赞弟子的才华,肯定他们的长处,但他不轻易说哪个有仁德。包括颜回,孔子也只是说他"其心三月不违仁",足见仁之不易。

⟳ 子谓子贡曰:"女与回也孰愈?"对曰:"赐也何敢望回?回也闻一以知十,赐也闻一以知二。"子曰:"弗如也!吾与女弗如也。"

这一段最有趣味,把弟子和老师之间微妙的心理活动刻画得十分精妙。孔子对子贡说:你和颜回两个谁更好一些?"孰",谁,"愈",更加,这里的意思是更好。看朱子的注释:"子贡方人","方人"就是评论人,子贡经常问老师这个人怎么样啊,那个人怎么样啊,颜回和子路相比如何,子路和冉有相比又如何。"夫子即语以'不暇'",孔子就说没有时间。"又问其与回孰愈",孔子是很有智慧的,既然你总是评论这个、比较那个,那你自己说一说,你和颜回相比怎么样啊。"以观其自知之如何",看他有没有自知之明。子贡说:"赐也何敢望回?"我怎么敢和颜回相比啊。颜回听说一就知道十了,我闻一才知二,你看差距多大啊。从这句话就听得出子贡酸溜溜的味道了。这句话有两层意思,其一说明颜回确实了不起;其二,子贡不见得真的闻一只知二,他是心里不舒服才这样说的。孔子说,"弗如也",不如,你确实比不上颜回。接下来孔子又说,"吾与女弗如也",我和你都比不上他。孔子很了不起,子贡自尊心很强,所以孔子说,不仅是你不如他,我和你都不如他,这样,既教育了子贡,让他知道自己的不足,又不至于让子贡太灰心。孔子的教育是因材而施,灵活变通的,教育过程如春风化雨,润物无声。

我们再看,什么是"闻一以知十"? 这讲的就是所谓的"悟性",听说一能够推导出十,说明颜回的悟性很高。一个人有没有悟性,要看他能不能从一推导出其他;一个人的悟性高不高,就看他是闻一知二还是闻一知十。

⟳ 宰予昼寝。子曰:"朽木不可雕也,粪土之墙不可杇也。于予与何诛?"子曰:"始吾于人也,听其言而信其行;今吾于人也,听其言而观其行。于予与改是。"

这里点评宰予。你看,孔子一个一个地对他的学生加以评价。宰予这个学生,白天睡大觉,孔子就批评他。同样是批评,子贡自尊心很强,所以孔子说他不如颜回以后,马上又说"吾与女弗如也"。而对宰予,孔子说,"朽木不可雕也",腐烂了的木头无法雕琢;"粪土之墙不可杇也","杇"音 wū,就是镘,抹墙的工具;脏土筑起来的墙,怎么抹也抹不干净。"于予与何诛","于",对于;"予",宰予;"诛",责备。对宰予,我该怎么批评他呢? 孔子接着说,开始的时候我对人是听其言而信其行,现在呢,我是听其言而观其行。"于予与改是","是",代词,指代从始听其言而信其行到如今听其言而观其行的改变。意思是这个改变是因为宰予而产生的。开始的时候我对宰予,是听他说什么就信什么:宰予说他要早起,我就相信了,结果他白天却在睡大觉;后来我对他说的话,就要观察后才相信。是宰予的表现让我改变了态度。从这个语气里我们感觉得到孔子对学生的慈爱。孔子以开玩笑的口吻批评宰予,但是他并没有就此放弃宰予。以前孔庙里供四圣,旁边供十二贤,宰予就是十二贤之一。这说明宰予后来改正了错误。"宰予昼寝"这个问题,在今天的年轻人里普遍存在:夜出昼寝,晚上看电视、打游戏、上网、打牌、跳舞、泡吧,白天睡觉,用孔子的话说,这样的人就是朽木——不可雕,粪土之墙——不可杇,身心都朽坏了。中医的理论,人体最佳睡眠时间是晚上十一点到凌晨三点,人的肾在这段时间才生骨髓,骨髓生精,精生津。熬夜的人往往会口干舌燥,就是因为错过了肾生长的时间,没有津。长此以往,身体自然朽坏,头脑再聪明、再有才华都没用,是不是朽木不可雕呢?早睡早起才是健康之道。孔子反对昼寝,由此也可见孔子对学生身体的关切。

◎ 子曰:"吾未见刚者。"或对曰:"申枨。"子曰:"枨也欲,焉得刚?"

这是孔子在评价申枨。"枨",音 chéng。申枨也是孔子的学生。孔子说,"吾未见刚者",我没有见过刚毅的人。有人就说,"申枨"。孔子说,"枨也欲",申枨有太多的欲望,"焉得刚",怎么能说他刚毅呢?所谓"无欲则刚",一个人没有欲望才刚强得起来,总是有求于人,怎么刚强呢?《尚书》九德,刚毅第八,靠近末尾了。即便如此,真正的刚毅还是不容易做到的,因为没有欲望才能刚,而没有欲望这一点,一般人都很难做到。比如说,我对你无所求,我可以按照我的原则处事,该怎么样就怎么样,我在你面前就可以刚。可是如果我对你有所求,我想要你帮我做事,我就得对你献殷勤,我有欲望,所以刚不起来。南怀瑾先生有副对联:有求皆苦,无欲则刚。说的就是这个道理。

◎ 子贡曰:"我不欲人之加诸我也,吾亦欲无加诸人。"子曰:"赐也。非尔所及也。"

子贡说,我不愿意别人强迫我,我也不想强迫别人。这也就是儒家说的"己所不欲,勿施于人"。比如,发苹果,每人一个,苹果里有好的,可是也有一些是不太好的。我不想分到那些不太好的,我心里就希望最好让别人分到不好的苹果——这其实也是一般人的心态。子贡的意思是我自己不想要的,也不强迫人家要。孔子说,端木赐啊,"非尔所及也","非",不,"尔",你,这不是你能达到的,这种境界你还达不到。在生活当中往往如此,我们对自己的期待与实际情况通常有距离。你想做到，是一回事，但做没做到是另外一回事。孔子看问题看得很透彻。

⊚ 　子贡曰："夫子之文章，可得而闻也；夫子之言性与天道，不可得而闻也。"

这句话的关键："文章"两个字。什么是"文章"？不是我们今天说"写文章"的文章。"文"，花纹；"章"，彰显的色彩。文章是和道德对举的，道德是内容，文章是形式，即人的道德的外在表现。具体而言，就是指人的外观、神色、语言、举动。子贡说，夫子的道德的外在表现，"可得而闻也"，我们看到得、听得到。可是，"夫子之言性与天道，不可得而闻也"，老师关于人性和天道的认识，我们听不到。什么叫"性与天道，不可得而闻也"？西方哲学好谈抽象的哲理，儒家哲学与此不同，孔子更多的是在谈日用行常之间的道理，孔子很少谈抽象的问题——这也是儒家思想很重要的特点。"性"，什么是性？诸葛亮《出师表》有"苟全性命于乱世"，"性"指人的本心，"命"是生命。天是什么？人从哪里来？又到哪里去？人到底是什么？这些问题孔子是不谈的。因为首先要解决了生活的实际问题，才能来谈生活的意义。如果生活本身都没有弄清楚，就来谈生活的意义，又有什么意义可言？就像有的人，一天到晚要追求真理，要求道，可是自己的生活却一团混乱——夫妻反目、孩子吸毒、父母抱怨、同事厌恶，可是他对这些实际的问题视而不见，或者不屑一顾，只是一门心思要修天道。殊不知，孔子不言性与天道，却已说明性与天道。什么是天道？孔子说："天何言哉？四时行焉，百物生焉。"天什么时候说过话呢？天并没有说我是天道，我让你们怎样怎样，可是春夏秋冬四季更迭，万物自然生长、枯荣。所以孔子不谈天道，却已经告诉你何谓天道：把生活过好，这就是天道——在家做好儿女，在学校做好学生，在单位做好同事，把个人的生活安排好。孔子并不抽象地谈天道，他教你切实地安排好具体的生活。《八佾》篇有"子入大庙，每事问"，孔子在宗庙里遇到什么都去问，表面上看好像他不懂得礼，其实他所行的就是礼。一样的道理，孔子不说天道，因为天道不是靠说的，而是要践行的。"不离日用行常外，直到先天未化前"，儒家哲学是指导人生的，而不是抽象谈玄的。

⊚ 　子路有闻，未之能行，唯恐有闻。

凡是老师讲的话，子路听到了都要身体力行。子路好勇，勇于实践。但这里说"未之能行"，老师说一句，他做一句，但是老师说了多少话啊，哪里做得完呢？"未之能行"，做不完，所以"唯恐有闻"，唯恐老师又说新的话了。就像有的同学记笔记，老师说什么他都记，上一句没记完，老师又说新内容了，所以生怕老师再说新的。这里描写的子路性格很可爱。子路也是十二贤之一,十二贤是子贡、子路、冉有、仲弓、宰我、闵损、冉伯牛、子游、子夏、子张、有子、朱熹。

子贡问曰:"孔文子何以谓之文也?"子曰:"敏而好学,不耻下问,是以谓之文也。"

"孔文子何以谓之文也?"孔文子是当时卫国的大夫,叫孔圉(yǔ)。古时候做官的人死了有谥号:国君根据他的品行给他加的封号。比如曾国藩谥文正,曾文正公,左宗棠谥文襄,左文襄公,李鸿章谥文忠,李文忠公。李鸿章在清末内忧外患交迫之时,勉力支撑,慈禧太后说,非忠字无以明其德,故谥文忠。像尧、舜都是谥号,尧名放勋,舜名重华,《谥法》云"翼善传圣曰尧,仁盛圣明曰舜","尧"、"舜"都是称颂功业的。古人是很重视谥号的,谥号相当于盖棺定论。孔文子的"文",就是孔圉去世以后,国君给他加的封号。子贡问孔子,孔文子凭什么得到"文"的谥号呢?孔子说:"敏而好学,不耻下问,是以谓之文也。""敏",聪慧。有的人仗着自己聪明就不认真学习,而孔圉本身聪明,还能踏踏实实地学习。"下问",向年龄比自己小的人、地位比自己低的人、德行不如自己的人请教。"不耻下问",不以向这些人请教为可耻。一般说来,地位高的人,就不愿去向地位低于自己的人讨教。我都当老师了,还去向门口擦皮鞋的请教,觉得可耻。我都是博士了,还去问小学生问题,感到可耻。然而孔子说,"知之为知之,不知为不知,是知也",这才是真正的智。孔文子本身很聪明,还勤奋好学,虽身居高位,还能够向地位比自己低的人问问题,孔子说,这就是他得到"文"这个谥号的原因。

子谓子产,"有君子之道四焉:其行己也恭,其事上也敬,其养民也惠,其使民也义。"

子产是郑国大夫,春秋时候几个著名的丞相和改革家之一,与齐国的管仲齐名。子产是做官的,孔子点评他,说他做到了四条君子之道。第一,"其行己也恭"。"恭",谦逊之意。对人谦虚诚敬。我们一般人容易因为自己某些方面的长处而瞧不起别人,比如,他地位比我低,才学不如我,或者品行不如我,我就轻视他。另外,我们往往从自己的观念出发评价他人,瞧不起那些与我们观念不一致的人。第二,"其事上也敬",侍奉国君很诚敬、谨慎。对待领导、对待上级、对待长辈要尊敬、谨慎。第三,"其养民也惠",使老百姓实实在在地得到实惠。第四,"其使民也义",役使百姓符合道义,是合理地使用。比如说冬天农闲了,让百姓修水利——做对百姓有利的事情,而且也是百姓愿意去做的,这就是"使民也义"。如果在农忙的时候叫老百姓给你修陵墓,那就叫使民不义:第一,修陵墓只是满足统治者的奢华;第二,在农忙的时候使民,就是扰民,是不合理的。孔子说子产在这四点上有君子之道。

🌀　子曰："晏平仲善与人交,久而敬之。"

　　晏平仲,齐景公时齐国宰相晏婴,字仲,平是谥号,孔子同时人,比孔子小一点儿。春秋时期齐国出了两个著名的宰相:管仲和晏婴。孔子对管仲是有所批判的,而对晏婴他却很称赞。他说,晏平仲这个人善于和别人交往,而且交往得越久人们越尊重他。这是很高的评价。因为大多数人,与人交往的时候,一开始都很注意自己的言行,懂得收敛,这时人际关系是融洽的。可是时间长了,彼此熟悉了,我们就不太注意了,问题、缺点就冒出来了。这时,大家也就不像一开始那么敬重你,甚至可能疏远你。交往时间越久,越得他人的尊重,说明这个人品行很好。此外,这句话还有一个关键,"善与人交","久而敬之"的原因除了这个人道德高尚外,还有"善与人交"的"善"。什么意思呢? 要善于与人交往。因为人是很复杂的,人的心理是很微妙的,不同的人各有特点,与不同的人交往就要采取不同的、适当的方法,要了解对方的心理,减少误会,才能实现人际关系的和谐。

🌀　子曰："臧文仲居蔡,山节藻棁,何如其知也?"

　　臧文仲是鲁国的大夫,臧孙氏。"居蔡",蔡是大乌龟,这里的"居"是养的意思,养了一只大乌龟。为什么叫蔡呢? 因为这只龟是蔡地这个地方出产的,因蔡而得名。这个蔡龟有神灵之气,中国古人对龟是相当尊重的,视之为吉祥之物,认为家里如果养龟,就可避邪,朝廷里边养龟是江山社稷长久的象征。所以以前有些地方修房子,下边都压一只大乌龟,以祈祷这个房子能长久,能够平安吉祥。我们现在挖那些古建筑的时候,有时还能挖到大乌龟,活了上千年,还越长越大。庄子在《逍遥游》里边就写了:"上古有冥灵者,以五百岁为春,以五百岁为秋。"就说上古的时候,有一种乌龟能够活几千年,五百年是它的一春,五百年是它的一秋,可见它的年龄有多长了。2000 年,我们四川双流县的应天寺修山门的时候,就挖到两只镇山门的龟,相当大,一雌一雄,不知道是多少年以前的了,压在石头下边,修山门才把它们挖出来,还是活的,后来百岁方丈佛智老法师就把它们喂养起来。古人都有养龟来表示吉祥的风俗。臧文仲就养了一只大乌龟,他给大乌龟修了一个房子,"山节藻棁","节",指柱头斗拱,山节,就是在斗拱上画着山,"藻"就是水草,"棁",音 zhuō,梁上短柱,在短柱上画着海藻,这里指雕梁画栋的房子。就是说养乌龟的房子修得异常的漂亮。孔子说"何如其知也"。这个臧文仲哪里叫智慧呢? 有几层意思,第一,当时只有国君才能把大乌龟养在这样豪华的房子里,臧文仲如此,说明他非礼,且有野心,不是真正的大智慧;第二,只有祭场才能山节藻棁,而这个乌龟的屋也山节藻棁,可见他那种奢华与张扬,怎么能说他智慧呢?

◎　子张问曰:"令尹子文三仕为令尹,无喜色;三巳之,无愠色;旧令尹之政,必以告新令尹。何如?"子曰:"忠矣。"曰:"仁矣乎?"曰:"未知。焉得仁?""崔子弑齐君。陈文子有马十乘,弃而违之。至于他邦,则曰:'犹吾大夫崔子也。'违之。之一邦,则又曰:'犹吾大夫崔子也。'违之。何如?"子曰:"清矣。"曰:"仁矣乎?"曰:"未知。焉得仁?"

子张是颛孙师,孔子弟子。"三仕"表示多次做官,"三巳"表示多次罢官,"三"表泛指,非特指。这里子张问了孔子楚国和齐国的两个政治人物。春秋战国时候,齐、楚都是大国。第一个是问令尹子文。令尹是楚国特有的官名,楚国的丞相就叫令尹。子张就问了,令尹子文这个人,多次做官当了丞相,但多次做丞相都没有流露出特别高兴的样子,多次被罢官,但多次罢官也没有懊恼的样子。他辞官的时候,都要把旧的那些制度、文印、诏令、奏议、朝廷的事情,告诉给新任的接班人,就是搞好交接工作。他这个人怎么样啊?孔子说,这个人比较忠,就是能竭尽全力。子张就问,他仁德吗?孔子说,至于仁不仁,不知道。怎么算得上仁呢?"崔子弑齐君",子张问的第二个人是崔子。崔子是齐国大夫崔杼(zhù),他把齐国的国君齐庄公给杀了。春秋末年的时候,臣弑其君的现象比较多。齐国另一个大夫叫陈文子。陈文子有十辆车,四十匹马。对于一个大夫来讲,这已是很丰厚的家产了。但他看到这种混乱的状况,就把这些马和车都舍弃不要而离开了齐国,到了另外的国家。"违",离开的意思。到了那里,他说,这里的执政者也同我们的大夫崔子一样,又离开了。再到了另一个国家,又说,还是和我们齐国差不多,像我们齐国大夫崔子乱政一样,也是乱邦,他又离开了。子张就问,他这种行为怎么样啊?孔子就说,"清矣",他这个人只是比较清洁而已,只是能够洁身自好而已,至于仁不仁,不知道,搞不清楚。为什么孔子要这样讲呢?因为这两个人都是有私欲的人,有私心。周天子分封的时候,楚国只是封的子没有封王,但楚国僭称王,就是自己称自己为王。子文去楚国当丞相,他这样做是有所图谋的。而陈文子作为齐国的一个大夫,他们的国君被杀了,另外的大夫起来专政,他就应该出来正君诛邪,清君侧,应该帮助国君来清理这些恶事情,而他没有这样做,只是自己离开。过不了多久又回到齐国。所以孔子说这些人都不能算真正的仁德。孔子认为他们既然位在大夫,就应该行大夫之事,而没有尽到职责,就不能以仁德称之。因为仁德是儒家所崇尚的最高境界,是全德,不是人人都能达得到的。所以孔子不轻许哪个以仁德。

⬡ 季文子三思而后行。子闻之,曰:"再,斯可矣。"

季文子这个人三思而后行。什么叫三思而行? 多次思考、权衡后再行动,这个"三"是指的多次的意思。季文子也是鲁国的大夫,他做事总是要多思而行,孔子听说了以后就说:"再,斯可矣。""再"就是两次,只需要思考两次就可以了,不需要三次。我们今天觉得三思而行是个褒义词,其实不然,这是孔子所批判的。做事情就思考两次,为什么呢? 到三思的时候,就会出现怎样一种状况呢?"私意起而反惑矣",多思就会生出私心来,这样反而更疑惑,做事情就不果断。你做一件事,第一思考这个事合不合天理,合不合人道,符合我们就做。第二次思考,这件事做了会不会伤害他人,如果不会对周围的人有太大的伤害就做。如果多次思考就会考虑这个事对我有什么好处啊,对我有没有利啊,这样一来,私欲一起,事情就不能断决了,就不能够处理了。故朱子在注解里说,"是以君子务穷理而贵果断,不图多思之为尚"。

⬡ 子曰:"宁武子,邦有道则知,邦无道则愚。其知可及也,其愚不可及也。"

宁武子是卫国的大夫,名俞。朱子的注解里有一段话可以帮助我们理解这句话的意思。"按春秋传,武子侍卫,当文公、成公之时。文公有道,而武子无事可见,此其知之可及也。成公无道,至于失国,而武子周旋其间,尽心竭力,不避艰险。凡其所处,皆智巧之士所深避而不肯为者,而能卒保其身以济其君,此其愚之不可及也。"这段话的意思就是说,根据春秋传记载,文公成公之时武子在卫国做事。文公时国家治理得好,看不出武子的特别来,他的这种智慧我们能够做得到。而当成公时,成公无道,把国家都丧失了,这时武子周旋其间,尽心竭力,不避艰险。聪明智慧的人都避之不及,而他却能在这时保全自己还辅佐君王,孔子说他的这种"愚"我们是赶不上的。"其愚不可及",用的是反语,孔子以此赞美武子的德行。

⬡ 子在陈,曰:"归与! 归与! 吾党之小子狂简,斐然成章,不知所以裁之。"

这是孔子周游列国的时候,在陈国的路途当中说的话。孔子说,回去吧,回去吧。因为孔子周游列国不见用,内心感到很失望。他这时已知天命了,他的天命不再是出来为官从政,治理天下,而是要传道,使他的弟子能把他的圣贤之道传之后世。"吾党",在古代,五百家为一党,"吾党"即我的故乡,指鲁国。"狂简"，"志大而略于事也"。"斐然成章"，章就是文章，斐就是有文采的样子——"其文理成就，有可观者"。但是他们不知道从哪里去剪裁、匡正他们自己。所以孔子准备回去剪裁、教育这些后学。朱子说："夫子初心，欲行其道于天下，至是而知其终不用也。于是始欲成就后学，以传道于来世。又不得中行之士而思其次，以为狂士志意高远，犹或可与进于道也。但恐其过中失正，而或陷于异端耳，故欲归而裁之也。"

🌀　子曰："伯夷、叔齐不念旧恶，怨是用希。"

　　这是孔子在称赞伯夷和叔齐，司马迁的《史记》七十列传把《伯夷列传》放在第一篇。司马迁是很有他的价值取向的。十二本纪把《五帝本纪》放在第一篇，讲了尧、舜、禹的禅让。三十世家的第一篇是《吴太伯世家》，也是讲吴太伯让国。伯夷、叔齐是什么人呢？商朝末年的时候，东北的孤竹国国君有三个儿子，大儿子叫伯夷，三儿子叫叔齐，叔齐很有才华，孤竹国君就想把王位让给三儿子叔齐。叔齐就说，自古以来王位是传给长子，不传给次子，父亲传给我王位是不符合天道的，所以一溜烟就跑了。轮到哥哥伯夷了，哥哥就说，父亲的王位是传给弟弟的，不是传给我的，我如果接受了，就是违背父道，也一溜烟跑了。两个人都不要王位，只有二哥勉强做个国君。伯夷、叔齐逃走以后，正好遇到周武王伐纣。伯夷、叔齐就跪在地上请求武王不要去攻打商朝。他们说你武王是商朝的诸侯，是商纣王的臣子，以臣弑君，能称得上仁吗？等到周朝建立，伯夷叔齐觉得他们是商朝的臣子，不能吃周朝的粮食，不然就是没有风骨，没有气节，就不忠。所以他们跑到陕西的首阳山上采薇菜吃以维持生命。薇菜，是一种蕨类植物，第四纪冰川就存在的很古老的植物。他们把首阳山方圆几百里的薇菜全部吃光了，当他们下山找另外的野菜时，遇到的一位隐者嘲笑他们，说你们不吃周朝的粮食，现在已是周朝的天下，难道薇菜不是周朝的薇菜？伯夷、叔齐听后绝食而死，以此来殉他们的商朝。伯夷、叔齐在中国文化史上是很有代表性的，代表中国文化中的风骨、气节。所以后来我们有一个传统，叫一臣不事二主，一个臣子不在两个朝廷做官。比如说赵孟□是宋朝宋太祖十一世孙，宋朝亡了以后，他给元朝做官，成为元朝的大画家、大书法家。书法上以前说颜柳欧苏四大家，颜真卿、柳公权、欧阳询、苏轼，有人说苏轼的成就没有赵孟□高，虽然赵孟□画也画得好，字也写得好，文章也好，在中国美术史上是很有造诣的，可是前人对他的评价都很低，书法上也称颜柳欧苏。因为赵孟□给元朝做官，大家认为他没有气节。又如明朝亡了以后，有一部著名的杂剧《桃花扇》。《桃花扇》里边写一个明末的公子侯方域，娶了妓女李香君。他们用一把桃花扇作为他们的定情信物，感情是很好的。李香君誓死抗清，侯方域起初也抗清，到清朝得了天下以后，最终被清朝收买,做了清朝的官员。李香君就和他决绝,最后拔剑自刎,血溅桃花扇。这个剧讴歌一个妓女都有这样高的气节,说明中国人是很讲究这个气节的,伯夷、叔齐就是开了这个风气之先的人。"伯夷、叔齐不念旧恶",他们为人高洁,很清高。孟子就说伯夷、叔齐"不立于恶人之朝,不与恶人言","与乡人立,其冠不正,望望然去之,若将浼焉"。就是说,他们不和恶人同在一朝做事,不和恶人说话。如果和一个同乡在一起,这个人衣服没穿周正,帽子没戴好,他们也不会理他,望他两眼就离开。但是如果这个人能改过自新,他们也不会怨怨他身上的缺点、错误,他们仍然会和他交往。这就是不念旧恶,所以人们也不会怨他们。"怨是用希",怨恨他们的人就是很少的。孔子很称道他们。程子就说:"二子之心,非夫子孰能知之?"伯夷、叔齐他们这种气节、精神、操守,不是夫子,也没有人能认识、称道。称赞伯夷、叔齐是从孔子开始的,一般的人都讥笑他们不识时务,笑他们迂腐,但孔子高度评价这种精神、气节。

子曰:"孰谓微生高直? 或乞醯焉,乞诸其邻而与之。"

孔子说,谁说微生高这个人性情正直呢?"或乞醯焉","醯",音 xī,就是醋。有人向微生高借醋,他就"乞诸其邻而与之"。就是从邻居那里要一些醋来给向他求醋的人。孔子说这就不叫直,为什么呢? 因为有就是有,无就是无,是就是是,非就是非。你有醋,你就给,你没有醋你也要说你有醋,到人家那里要醋来给,就说明你这个人并不是真正的正直。孔子看人是看到细微之处的,把人的本质都看出来了。本来他这种做法是对的,乐于助人,想出各种办法来助人。但是注意了,孔子说话是很准确的,他是说他不一定直,并不是说这个人不好。孔子只是说这个品德不叫直。

子曰:"巧言、令色、足恭,左丘明耻之,丘亦耻之。匿怨而友其人,左丘明耻之,丘亦耻之。"

"巧言令色",在第一章已经出现过,"足恭"就是过于的恭敬。孔子就说,巧言令色,过于的恭敬,就会自取其辱,所以对人要不卑不亢。你过于的殷勤了,就会流露出献媚之嫌。巧言、令色、足恭,左丘明感到可耻,孔丘也感到可耻。左丘明是春秋时候的贤人,相传孔子的《春秋》有三家传,传就是注解。左丘明就是给《春秋》作注解的人之一,叫《春秋左氏传》。另有公羊高给《春秋》作传叫《春秋公羊传》,有谷梁赤给《春秋》作传叫《春秋谷梁传》。"匿怨而友其人","匿"就是隐藏,隐藏怨恨而和人交朋友。本来你对这个人恨之入骨,你还要表面上和他交朋友,一边在心里面恨你入骨,一边在表面上却做出很亲热的样子,这种行为,左丘明耻之,孔丘亦耻之。孔子这句话的意思是什么呢? 第一,你匿怨可以,但你就不要友其人。你匿怨就是了,但是孔子认为这也是不对的。第二,你要友其人,你就不要匿怨。注意了,你要和人交往,你就要宽容他,推己及人,将心比心。你只要宽恕,就能友其人了。

🌀　颜渊、季路侍。子曰:"盍各言尔志?"子路曰:"愿车马、衣轻裘,与朋友共,敝之而无憾。"颜渊曰:"愿无伐善,无施劳。"子路曰:"愿闻子之志。"子曰:"老者安之,朋友信之,少者怀之。"

　　颜回和季路都陪伴在孔子身边。"盍"当"何不"讲。孔子就说,你们何不各人说说各人的志向呢? 子路就说,我愿意乘着车马,穿着很轻的皮大衣,和朋友共同享受。子路就是一种有福同享的情怀,有车子、有马、有衣服,那就和朋友一起共享,即使穿烂了,用烂了也不觉得遗憾。颜回就说,我希望不自夸我的德行,也不夸大我的功劳。"伐"是夸耀的意思,"施"也有夸张的意思。子路性情很急躁,他问老师:您的志向是什么呢? 孔子就说:"老者安之,朋友信之,少者怀之。"你看,一个圣人的气象是层层递进的。孔子的志向是,使老人都能得到安养;朋友都能信任我;少年人都能思念我、怀念我。这就是孔子的志愿。这是一种什么志愿啊? 是使天下之人都能各得其所,各顺其性,都能相安,和睦相处。子路是愿共物,颜回是愿共善,而孔子是愿天下之人各得其所。程子曰,"夫子安仁,颜渊不违仁,子路求仁",这就是他们三个人的境界了,孔子安于仁者的境界,仁者安仁;颜渊是不违背仁德;而子路是求仁,他要求达到仁德的境界。他们三个人的志向都是幸福愿与大家共享,但是享的是不一样的。子路只是把自己的器物拿来大家共享,颜回是把自己的道德拿来大家共享,而孔子是把自己的人生境界,把自己的这种安详拿来大家共享。这段话正体现了圣贤气象的差异。圣贤皆善,但境界有不同,圣人的志向与天地相同,即长养万物,这是孔子的追求,也是儒家的最高追求。

🌀　子曰:"已矣乎! 吾未见能见其过而内自讼者也。"

　　孔子说,哎呀,算了吧,我没有见过看到自己的错误而和自己打官司的人。"讼",就是打官司,就是自己告自己的状。自己做了坏事,就给自己的心说:"心啊,我今天又做了坏事了,你要惩罚我啊,我要忏悔啊。"就叫内自省也。孔子说我没有见到这样的人。第一,人做事,一般不会觉得自己是做错了的;第二,即使做错了,也不愿意承认;第三,即使承认了,也不容易改正。所以内自讼也,自己忏悔自己,自己改过自己,孔子以为这是很难得的。这是警醒大家,人要善于反省自己。

🌀 子曰:"十室之邑,必有忠信如丘者焉,不如丘之好学也。"

孔子说,一个小村子,必有像我孔丘一样忠信的人,但不如我之好学罢了。这句话是整个《公冶长》篇的总结。这句话似乎不符合孔子平时说话的态度,孔子从来不会说自己很了不起的,他这里是什么意思呢?"不如丘之好学",这是学什么?孔子认为每个人身上,每个人天然的习性里边都有一些善良的品格,每个人都有,但是他们只是凭着自己的本性来做事。我这个人生性善良,爱帮助人;我这个人生性就很敦厚、诚厚;我这个人生性就不爱说话。这都是他们的美德,但是他们不像我孔丘这样去明理。所谓格物致知、穷理尽性,把每一样事物的道理都追究清楚,把每一样美德都能够推展到极致。好学是学什么?就学这些大道,能把每一个道理都推展到极致。比如忠,忠的极致是什么?信的极致是什么?除了忠信以外,各种道德应该达到什么境界才算是好的?所以《中庸》里边讲,极高明而道中庸。要有极高明的境界,才能够达到中庸这样一种生活状态。一般人孔子认为都有美德,至于仁不仁,那就不知道了。他们都有自己的美德,但是它们都是一种天然的美德,是自发的,而不是自觉的。孔子是自觉了道以后,再对每一样东西进行理性的认识、学习,这个学就是把人的天生、自发的东西变为自觉。所以这些人都不知道仁不仁啊,因为他们的性都是自然之性,还没有上升到理性的程度进行完善。

《公冶长》篇评价弟子时人,从公冶长开始,每个人都有自己的优点长处,只是还不能将其推广到极致,完全达到仁的境界,所以最后一句即是对全篇的总结。

雍也第六

　　《雍也》和《公冶长》的性质是差不多的,都是孔子在评点弟子,但是这种评点有轻重不同。《公冶长》这一篇,开篇就是公冶长"虽在缧绁之中,非其罪也,可妻也",是从个人的角度来评价人、看待人。《雍也》就不一样了,开始就是"雍也可以使南面",他的气势就有所不同了,是以天下家国作为评论的标准,并由此升华到儒家对人的理想追求。

　　⟳　子曰:"雍也可使南面。"仲弓问子桑伯子,子曰:"可也,简。"仲弓曰:"居敬而行简,以临其民,不亦可乎? 居简而行简,无乃大简乎?"子曰:"雍之言然。"

　　雍,即冉雍,字仲弓,是孔子弟子里边很有德行的几个之一。什么叫"使南面"? 南面,就是面向南方。什么叫面向南方呢? 因为古代的朝廷,都是坐北朝南,坐落在北方而朝着南方。国君听政就是坐在北方朝着南方。可使南面,是借这一形式表明仲弓有做国君的才能,当然不一定实指国君,也可以说他有做领导的才能。孔子称赞了冉雍,冉雍接着就问子桑伯子:那么老师您说一说子桑伯子这个人怎么样呢? 子桑伯子这个人不大可考,不过《庄子》中也还记过他,是生性旷达之人。孔子就说"可也,简"。他说这个人还可以,不过他太"简"了,这个"简"是简要、不烦琐的意思。旷达的人往往不拘小节,生活比较简单。仲弓听了老师这个话以后,就有所体会了。他说,老师,你的意思是不是"居敬而行简,以临其民,不亦可乎"? 意思是你内心当中有诚敬的品格,因为你的心诚敬,能够专注,能够守一而不动,那么你的行为由你的心所控制,表现出来就很专一、很稳健、很简洁,做事很明了。再打个比方说,这个人生活条件本来是很好的,但是他内心觉得人应该是勤俭节约,那么即使生活条件好,他也很朴素,很勤俭节约,这就叫"居敬而行简"。还有一种叫"居简而行简",他本身就很穷,他的生活自然就很简单了,这是一种自然的状态,而不是说他为了要追求节约,他是没有办法,只有这样子。"居敬而行简,以临其民,不亦可乎?"自己很诚敬,对大家施行的法律、方针、政策都比较简洁,以这种状态对待老百姓不是可以的吗?"居简而行简,无乃大简乎?""大"在这里同"太","无乃"表示岂不。生性就疏懒,行为也疏懒简约,岂不是太简了? 这是说两种状态,一种是自然状态,一种是自然状态提升经过理性思考以后的状态。比如说人穿衣服,应该穿得端庄、朴素、大方,这是内心的一种想法,付诸实践他也穿得很端庄、朴素、大方,这就叫居敬而行简。居简而行简,他这个人生性就很疏懒,做事情丢三落四的,这就是居简而行简。并不是他有意为之,而是生性就是这样子。再比如一个人在家里边,深居简出,是因为他认识到了人应该居静而养性,他就深居简出了,长期在家里边修身养性,这就是居敬而行简。有些人长期不出门,表面上看也是深居简出,可是他生性就懒惰,一天到晚就在家里边睡大觉,这就叫居简而行简。一种是认识到了才这样做,一种是生性就这样子。仲弓的意思是子桑伯子属于居简而行简这一类,孔子听后说,雍啊,确实是这样子,你把这简的两种情况分析得好呀。

🌀 **哀公问:"弟子孰为好学?"孔子对曰:"有颜回者好学,不迁怒,不贰过。不幸短命死矣! 今也则亡,未闻好学者也。"**

鲁国的鲁哀公问孔子,你的弟子中,哪一个好学呢? 孔子回答说,有颜回这个人是非常好学的。他的品格孔子给他归纳为"不迁怒,不贰过"。朱子对此解释:"迁者,移也。贰,复也。怒于甲者,不移于乙,过于前者,不复于后。"不迁怒是很难得的,什么是不迁怒呢? 在甲的事情上生了气,不迁怒到乙的事情上。"不贰过",不重复犯错。一般人放任情绪,喜怒之时有违于理,颜回则是怒不过分;一般人有过害怕改正,颜回则不重复错误。孔子认为颜回克己的功夫能到如此地步,所以称他最好学,但是"不幸短命死矣",颜回只活了三十二岁。"今也则亡","亡"同"无",今天就没有了。"未闻好学者也",没有听说再有好学的了。从这里也可以看出孔子对颜回的早逝深为惋惜,也可见这个好学不是指的一般的学。孔门弟子三千,贤者七十二,身通六艺者不在少数,为什么孔子不说他们好学呢? 因为孔子所说的好学是真正学为圣人之道,而不仅仅是知识增长。程子就说"学以至乎圣人之道也",所以孔子最欣赏颜回。

🌀 **子华使于齐,冉子为其母请粟。子曰:"与之釜。"请益。曰:"与之庾。"冉子与之粟五秉。子曰:"赤之适齐也,乘肥马,衣轻裘。吾闻之也,君子周急不继富。"原思为之宰,与之粟九百,辞。子曰:"毋! 以与尔邻里乡党乎!"**

子华,孔子的弟子公西赤。公西赤这个人出使到齐国。当时孔子在鲁国做司寇之官,就是管刑法的官,他派公西赤这个弟子出使齐国。孔子另外一个弟子冉求,请求孔子给公西赤母亲一点粮食,用我们今天的话来说,也就是说为他母亲申请一点出差补助。孔子就说"与之釜",釜是六斗四升,是古代的一个量度单位,这里说的"与之釜"就是很少一点。本来是不应该给他的,但是圣人宽容、平和,虽然不应该给,既然人家来请了,还是给一点儿。"请益",就是说再多给一点儿。冉求觉得给少了。孔子就说"与之庾",那就给十六斗吧。但是冉求自作主张给了他八百斗。"与之粟五秉",五秉就是八百斗。孔子就说:公西华到齐国去,坐着肥马,穿着貂皮大衣。我听说过:"君子周急不继富。"周者,补不足;继者,续有余。君子帮助那些急需要帮助的人,而不接济富人。孔子说了这个道理,紧接着又有一件事情。原思,叫原宪,也是孔子的弟子,当时为孔子家总管。孔子给他"九百粟"的俸禄,他推辞。孔子说,不要推辞,这是你的俸禄,你应该得到的,如果用不完,你就拿去周济邻里乡人吧。这段话深刻、集中反映了孔子在财富分配上的态度与方法。子华为鲁国出使齐国,家庭富有,就不该另给钱财。但既然冉子有请,圣人宽容雍穆,还是给,只是少给一点。但冉子自作主张多给了,孔子就批评他,说君子只救急不继富。原思觉得俸禄多了不要,孔子就告诉他,禄法所得,当受不让,如果你用不完,就拿来周济亲朋邻里。孔子这里是以道义为标准,这对我们现代人是很有借鉴、学习价值的。

子谓仲弓曰:"犁牛之子骍且角,虽欲勿用,山川其舍诸?"

仲弓的父亲是个很坏的人,是个恶人。仲弓老是觉得我父亲这么坏,我赎都赎不清他的罪过。犁牛就是杂毛牛,骍就是红毛,纯色,角就是角方正。孔子为了安慰他才说,杂毛牛生出了毛是红色、角又方正端庄的儿子,虽然因为它是杂毛牛的儿,人不想用它来祭祀,可是山川之神也不愿意舍弃这头牛不用。这头牛长得太好了,并不因为它的父亲是杂毛牛,它就不好,所以即使人不想用这头牛,但神都喜欢这头牛。孔子以此说明仲弓有美才、有美德。虽然你父亲不好,但是你却有很高尚的道德。孔子认为人的品德在己不在人。"三年无改于父之道",你能继承父母之美德固然好,父母亲很坏,你能改变他的错误,自己有美德,那么也是好的。

子曰:"回也,其心三月不违仁。其余日月至焉而已矣。"

孔子说,颜回的心能够长时间不改变仁德的境界,这里的三月应理解为长期。而其余的人只能一天、一个月做到仁德而已。按照儒家所要求的每一个道德去做的话,那是很不容易的。一天做得到,两天做得到,一个月做得到,两个月做得到,三个月呢? 长期呢? 程子曰:"三月,天道小变之节,言其久也。过此则圣人矣。"因为三个月是天道小变之节,一年之中以三个月为一季度:春季则有孟春、仲春、季春三月;夏季则有孟夏、仲夏、季夏三月;秋季则有孟秋、仲秋、季秋三月;冬季则有孟冬、仲冬、季冬三月,三个月为一循环。人想做好,做一天、两天、三天可以,一个月、两个月可以,到三个月就难了。时间一长,有些不好的东西就会自然流露出来。所以,看人,三个月观察足矣。这也是为什么找工作试用期都是三个月的原因,一般人掩饰自己最多不超过三个月,三个月后有什么问题都会自然暴露出来。

　　季康子问:"仲由可使从政也与?"子曰:"由也果,于从政乎何有?"曰:"赐也可使从政也与?"曰:"赐也达,于从政乎何有?"曰:"求也可使从政也与?"曰:"求也艺,于从政乎何有?"

　　季康子也是鲁国的权臣。他问,子路可以使他去从政吗?仲由就是子路。孔子说,子路这个人很果敢,风风火火,从政对于他有什么困难?赐,就是端木赐,子贡。又问,子贡怎么样啊?孔子说,子贡这个人对人、对事很通达,从政有什么困难?又问,冉求可以从政吗?孔子说,冉求这个弟子多才多艺,从政有什么困难?这几句话说明什么呢?说明孔子认为人各有所长,每个人都有自己的特长。有这些特长,必定在从政当中因自己的特长而行,那么都能够有所行、有所取、有所用。这也就是人尽其才的道理。

　　季氏使闵子骞为费宰。闵子骞曰:"善为我辞焉。如有复我者,则吾必在汶上矣。"

　　闵子骞叫闵损,也是孔子弟子里边德行最好的几个之一。颜回、仲弓、闵损,都是很有德行的几个弟子。季氏想让闵子骞去做费城这个地方的官——费是季氏的私邑,大夫都有私邑。闵子骞就对使臣说,你要好言为我辞去,如果再有来请我的人,那我一定要逃到汶水之上。"汶"wèn,汶在齐国,就是从鲁国逃到齐国,我绝不回来做官。因为季氏是权臣,僭越礼法,赶走昭公,是当权的乱臣。闵子骞不愿给乱臣贼子做官,而且很干脆明白地说:"如果还来征召我,那我宁可离开鲁国。"闵损的辞令表达了他的决心,也足见闵损之贤。

　　伯牛有疾,子问之,自牖执其手,曰:"亡之,命矣夫!斯人也而有斯疾也!斯人也而有斯疾也!"

　　孔子去探望他的一个生病的弟子伯牛,就是冉耕。孔子去看他的时候,"自牖执其手",牖就是南窗。按古礼,凡是生病的人,要把床移到北边来。因为北边是属水的,按五行的学说,水是主肾的,人一病了,首先是元气受大损,所以要把床移到靠北墙。但是如果遇到国君要来探望病人的话,病人的床又必须要从北面搬到南面去。因为如果病人坐在北方,国君来了到哪里坐啊? 所以国君来了,要把床从北面搬到南面去,然后才能向着北面朝拜国君。冉耕太尊重老师了,孔子来看他,他也用对国君的礼仪来对待老师,就把床从北面移到了南面。孔子守礼,不敢当之,就在窗外边握着冉耕的手,说明孔子对冉耕有很深的感情。"亡之,命矣乎!"孔子说天要亡他的话,这是他的命啊。"斯人也而有斯疾也! 斯人也而有斯疾也!"两句重复是孔子在深沉地感慨:这样的好人,怎么得了这样的病啊? 这样有德行的人,怎么会得这种病啊? 可见病得很严重了,孔子非常痛惜。人的寿夭祸福、生老病死都是天命所致,人力无法改变,所以孔子一边叹这是天命,一边又深深痛惜。叹天命是理性认识;痛惜是情感表露。儒家是既要充分肯定人的情感,又要用理进行调节,也就是"发乎情,止乎礼"。正是这样,儒家培养的人才不会因重情而无礼,也不会只讲理而无情。合情合理就是中道,孔子正是行中道的典范,从这些探望学生的日常生活中随时都可以体现。

⊙　子曰:"贤哉,回也! 一箪食,一瓢饮,在陋巷。人不堪其忧,回也不改其乐。贤哉,回也!"

　　孔子说,高尚啊,颜回!"一箪食",用一个竹篮子打一点儿饭;"一瓢饮",用一个瓢舀一点儿水来喝;"在陋巷",住在很破旧的房子里边;"人不堪其忧",人们都不能忍受,觉得颜回的生活太苦了;"回也不改其乐",可是颜回仍然不改变他快乐的样子。这句话的关键在哪个字? 关键是这个"改"字,什么叫不改其乐啊? 不改变他的快乐,就说明快乐已经在先了,早就有快乐了,不是现在才有快乐。人有了快乐的境界以后,不管是穷达荣辱、富贵贫贱,都不能改变他这种快乐。说明人一旦有了很高的人生境界以后,境遇再差、再好也不会改变他的本心。你让我去住小别墅、小洋楼,我感到快乐;你让我住穷街陋巷,我仍然感到快乐。这句话套用前面第四篇《里仁》篇里的话,就是"朝闻道,夕死可矣"。早上得了道,晚上就可以从容面对死亡。那么以前得了道,感到快乐了,即使现在环境再差,我依然不改变。不改其乐就是说任何称讥毁誉、穷达荣辱,他都能一视同仁,安详自在地面对,真是高尚啊,颜回! 三千弟子中孔子最喜爱的就是颜回,为什么? 就在于颜回的不改其乐。而这"不改其乐"中包含了许多儒家真谛。第一就是儒家的超功利性。快乐绝不以物质的富足为条件,这却正是现代人的大困惑,拼命追求财富,还是得不到快乐。第二就是儒家所追求的人对生命的超越。个体生命的最大解放与超越,就是心灵不为外物所羁绊。心不为外物所动,就能守住一心不乱。这样的快乐才是真快乐。颜回以自己的生命来实践了儒家的理想,故而孔子大大地赞叹颜回贤德、贤德。两个"贤哉",足见其喜爱之深切。我们四川

不改其樂

四川師範大學有國學大師九十五歲杜道生先生每日
提一竹籃於食堂打飯,著四十餘年數補之中山服宿中文系
廢棄之辦公室,月以毛筆古書為伴,人不堪其憂,彼不改
其樂,真今世之顏子也。李里畫并記於川師東園

不改其乐。四川师范大学有国学大师九十五岁杜道生先生,每日提一竹篮于食堂打饭,着四十余年数补之中山服,宿中文系废弃之办公室,日以毛笔古书为伴,人不堪其忧,彼不改其乐,真今世之颜子也。李里画并记于川师东园。

的国学泰斗,四川师范大学九十五岁的老教授杜道生先生就有颜回的境界。他是 1937 年北大的研究生,胡适之、钱穆、沈兼士、闻一多、马一浮、顾颉刚、朱光潜、熊十力、冯友兰诸先生的学生,八卷本《汉语大字典》的主编之一,还通晓英、法、日文,解音律。可这样一位大学者,衣着朴素,穿的都是四五十年前已洗得褪色,还有很多补丁的旧中山装。学校三次给他分教授楼,他都不要,而住在中文系已废弃的两间办公室里,屋里唯一的电器就是一盏电灯,其余全是书。老先生生活很节俭、清苦,一年四季都是一床草席,每天提一个竹篮到食堂打饭吃,几十年如一日,至今九十余岁仍是如此。很多人都说杜老的生活太苦了,可是杜老从来都是很怡然自得地在他的世界里生活,每天读书写字,他的讲义都是用毛笔小楷写来发给学生的。这就是颜回的境界,心中有道,外在的物质对他来说丝毫不会影响他的本心,他常引《庄子》中的话:"喜怒哀乐,不入于胸次。"他九十五岁寿辰的时候,我给他做了副对联,就是:"道继孔颜,寿追文武;身如松柏,气似竹梅。"杜老是真正力行了箪食瓢饮不改其乐的孔颜之道的,让我们在当代看到了活生生的颜回,这确实值得我们大家好好学习。

〇　冉求曰:"非不说子之道,力不足也。"子曰:"力不足者,中道而废。今女画。"

这句话的关键就在这个"画"字,画,画限为界,画地不前,就是停止前进。就像《西游记》里,孙悟空要去找吃的了,要出去打探环境了,就拿金箍棒在唐僧坐的地上画个圈,有这个圈妖魔鬼怪就进不来了,画个圈把他限住。冉求听到孔子称赞颜回这么好,开口一句"贤哉,回也!"完了又是一句"贤哉,回也!"简直好得不得了,心里颇有些不舒服。他就说,老师你说的道理我都喜欢,但我就是做不到。"力不足也",我力量不够。"说",通喜悦的悦。孔子就说,"力不足者,中道而废"。力量不足的人,在走路时,走啊,走啊,确实走不动了,没有力量了,就停下来,中途而废。可是今天你走都没走就说你走不动了,其实是你根本不想走,哪里是你走不动了啊?你画地自限而不前进,不是没有力量了,是你不想走。所以第五篇《公冶长》里说"求也艺",就是说他自己局限他自己,画地不前,只能局限于多才多艺而已,不能够得道。

〇　子谓子夏曰:"女为君子儒,无为小人儒。"

孔子对子夏说——女,当汝字——你啊,要做君子儒。儒,儒生,是对当时学者的称呼。古代典籍最早记载这个名词的就见于这一句。你要做君子一样的儒生,而不要做小人一样的儒生。这里的儒就是指的需要的人,与人所需要的。需要什么人?需要先觉悟的人。孟子所谓"以先觉觉后觉",需要先觉悟的圣贤来教导后觉悟的众生。人们需要什么？需要对与人们日常生活息息相关的各种事的引导，生老病死、婚丧嫁娶、为人处世，这些都是人们需要的。儒家就告诉人们怎样和天地、宇宙自然相处，怎么和周围的亲朋、同事、邻里相处，怎么和自己的身体相处，怎么和自己的内心相处。儒这种人是在商朝末年由商朝没落贵族中有学问的人逐渐形成，而儒家形成一个学派，有自己独立系统的思想学说，则自孔子开始。孔子是儒家学派的创始人。孔子以前的儒只是指有学问的人，但没有完整的思想体系与崇高的精神境界。孔子在这里则指出儒有君子儒、小人儒两种，也就是说有学问的人也有思想境界的巨大不同，这也是孔子对儒家改造的体现。君子和小人的区别在哪里？君子重义，小人重利。君子做事以义为准则，这个事符合道义我就做，小人做事则以利益为准则，这个事符合我的利益我就做，不符合我的利益我就不做。君子儒，君子是有状态的，从内到外都很和谐，这才是君子。小人儒就不同了，他也可以在外表、形式上做得很好，但他做得很好是有目的的。比如，我这会儿听课，做得非常好的样子，看起来就像君子一样，坐得很端正，听得很认真，又专心记笔记。为什么呢？是因为今天学校里边要检查，听课听得最好的人就奖励他一千块钱，所以我这会儿要做出最好的样子，努力得到那一千块钱，这就是小人儒，他做得好是什么目的呢？是为了得钱，是为利。所以君子儒和小人儒是有不同的。我们有些人外表看起来好像谦谦君子，但是到底达到了内在和外在的和谐统一没有，那就要看他究竟是君子儒还是小人儒。即使做学问，也有为义与为利的差别，为道义做学问，不计较个人得失，就是君子儒；为利益做学问，为评教授、评职称、拿奖金做学问，就是小人儒。

子游为武城宰。子曰："女得人焉尔乎？"曰："有澹台灭明者，行不由径。非公事，未尝至于偃之室也。"

子游，姓言名偃，字子游。他做了鲁国一个小城——武城这个地方的长官。孔子就问他，你得到人才了吗？子游就说："有澹台灭明者，行不由径。"这句话的关键就是"行不由径"。他说有一个叫澹台灭明的人——姓澹台，名灭明——他走路从来不走小路，只走大路，走正道，小路绝对不走。"行不由径"，"径"就是指的小路，大路为路，小路为径。就说明这个人光明正大。"非公事，未尝至于偃之室也。"澹台灭明除了公事，从来不到我言偃的卧室里边来。以前说的室主要指的卧室。因为办公事就在办公室里，子游是澹台灭明的上级，如果下级一天到晚往上级的卧室里跑，肯定是有问题的，有献媚之嫌。所以不是公事他从不到我的屋子里边来，就可见澹台灭明这个人很正直，从不走歪门邪道，不走后门，不走小路，总是光明正大。子游称赞澹台灭明这个人的德行，另外也看得出孔子说的，为政最重要的事情就是得人才。所以孔子第一句话问他，你得到人才了没有啊？

子游就说,我得到人才了,我得到澹台灭明了啊。《史记》提到过澹台灭明,他字子羽,小孔子 39 岁,长相丑恶,师事孔子,孔子开始觉得他才能薄弱,后来子羽勤于修行,声名大著,孔子听说后就叹道:"吾以貌取人,失之子羽。"

🌀　子曰:"孟之反不伐,奔而殿。将入门,策其马,曰:'非敢后也,马不进也。'"

　　孟之反是鲁国的大夫,也是个贤人。孔子称赞他"不伐"。以前这个"伐"字,都当夸奖的"夸"字讲。"不伐",就是不自己夸奖自己。"奔"是败走的意思。打仗失利,大军撤退的时候,他跑在最后面。一般人打仗撤退唯恐落后,因为后边有人追啊,可是孟之反却在最后压阵。"殿"就是最后,在最后压阵的叫殿军。"将入门",要进入自己的城门了。那时的规矩,战败而还,以后为功。打败仗回来能在最后的人,说明他是不怕死的人,他还能照顾大家,顾全大局,所以最后进来的人是有奖的。但是孟之反将进入城门的时候,却故意把马打两下。"策其马","策"就是鞭策,故意把马鞭策两下说:"非敢后也,马不进也。"并不是我要走后边啊,是我的马走不动,我没有办法。这是他品德高尚的地方,不夸耀自己的功劳。推辞礼让正是儒家倡导的美德,孟子说:"无辞让之心,非人也。"没有推辞礼让的心就不叫人。在孔子对这些人事的褒贬中,我们就能明确地看到儒家的价值观。

🌀　子曰:"不有祝□之佞,而有宋朝之美,难乎免于今之世矣!"

　　祝□是卫国的大夫,叫子鱼,祝是一种祭祀的官,官职,□就是这个卫国大夫的名字,祝□就是官职和名字合起来的称呼。佞,这里指祝□的口才。孔子说:没有祝□这种人的口才,有宋朝这种人的美貌,也难于在今天这个世间免于祸患。宋朝是宋国的公子,长得很漂亮。"乎"当"于"字讲,难于,"免"是免祸,难免祸于今天这个世间。意思就是春秋末年的时候,社会风气崇尚又长得漂亮,又能说会道的人,这种人才吃得开,光是漂亮这种人都不行了。所以这是对当时世风的一种深深的鞭挞。这是孔子在批判当时的人才制度,光是漂亮都不行,还要能说会道,而孔子最反对巧言令色。

🌀　子曰:"谁能出不由户? 何莫由斯道也?"

　　"户"的象形文字是一扇单门,两扇门在一起是门,一扇就叫户。以前那种单门,现在农村里还有。这种门是竹子编的,上边有一半是竹子编的,下边是空的,让鸡啊、狗啊、猫啊进出。人进出就全开这扇门,鸡、狗进出就不用全开。"柴门闻犬吠,风雪夜归人"就是说的这种门。"谁能出不由户?"哪个人能不从门出去呢?除非特殊情况要翻窗子,一般都是走门,没有从烟囱、从窗子出去的。人都知道从门出去,"何莫由斯道也?"可是人怎么就不走我指出的这个道呢?注意,"道"和"路"不一样,"路"字一个"足",一个"各",各人用自己的脚走自己的路,所以每个人的路都是不同的。"道"是大家都要行的,通向光明的路。我们常说修道,就是修通向光明的路。众生走的路一般都在盲目摸索中走,不知道光明在哪里,反正走到哪里黑,就在哪里歇。可是道就不一样了,道指引你走向光明。道的象形文字是"𧗸",左边"辶"字,读 chuò,表示脚走路,象征脚走动时肌肉的运动。右边"首"就是首,头上边象头发之形,下边是面的象形。所以道是用头指引所走的路,经过思想指引的路则是通向光明的路。所以孔子说:人啊,奇怪啊,要外出都知道从门出去,可是走路呢,就不知道走通向光明的大道了。"非道远人,人自远尔。"这不是大道远离人,而是人远离大道。明明圣人给你说大道在这里啊,你要这样走啊,他却偏不,这就是众生的一种状态。

◎ 子曰:"质胜文则野,文胜质则史。文质彬彬,然后君子。"

这是第六篇里重要的一句话,也是儒家讲内容和形式的关系最重要的一句。"质"是指内容,"文"是指形式。"野"指粗野,"史"指浮华。如果内容大于形式的话,看起来就很粗野;而形式大于内容,这个东西就没有生命力了。"文质彬彬",内容和形式的完美统一,就叫彬彬,就是均衡的意思。内容和形式都达到均衡了,这才是真正的君子。所以不管做任何事情,你写文章也好,画画也好,做人也好,都要力求内容与形式的完美统一。这个人很有学问,满腹经纶,可是很不讲形式,穿的衣服又破又烂,那么就是"质胜文则野",这个人看起来就很粗野、鄙陋。比如说来了一个给你们上课的老师,这个人蓬头垢面,还没走进教室,他还在楼梯上大家就闻到一股臭气。进了教室大家一看,穿着背心、短裤就来上课了。大家就会想,什么人,这么粗野,还当老师。就算这个人确实有学问,但是他这个形式让人不能理解,不能接受。"文胜质则史","史",朱熹解释就是掌管文书的人。这类人易言辞华丽而诚厚可能不足,有虚伪浮夸之意。又来了一个老师,大家一看这个老师,穿得干干净净、整整齐齐,举手投足俨然翩翩君子。可是一讲课,空洞乏味,还有不少错别字,这样的老师就是只有形式,缺乏内容,大家肯定也不欢迎这样的老师。"言之不文,行之不远",如果语言没有文采,是流传不远的;但你的文章写得再好,没有思想,空洞的,全是一些华丽的辞藻也不行。所以做任何事情,内容和形式必须完美统一,这才是真正的君子。

⊙　子曰："人之生也直,罔之生也幸而免。"

　　直,直的象形文字是"直",十与目表示十只眼睛,"乚"表示隐藏的地方,十只眼睛望着你隐藏的地方,也就是大家都望着你,你无法隐藏。你不直都必须直。就是说你随时都要行直道,要正直,才不怕人家看你。一旦你想做坏事,你就想到十只眼睛都在看着你,你就必须要直,要正直。"人之生也直",孔子的意思是说,按正常的生理,人都应该是直立的,如果人不直立行走,像动物一样爬行,那就不叫人了。"罔之生也幸而免","罔"同"枉",就是不直,这里指不能直立行走。什么叫"幸而免"? 如果你一生下来就有问题,脊柱是弯着的,或者头和脚在一起,这种人如果活下来了,那只是幸免于难,是侥幸,这是这句话的本意。其实它的真正含义是说做人必须要正直,这才符合天道。不正直的生活是违反天地大道的,如果你不正直又生活下去了,那也是侥幸。所以儒家教人要堂堂正正,要顶天立地。

⊙　子曰："知之者不如好之者,好之者不如乐之者。"

　　这也是儒家一句关键的话。"好"读 hào,喜好。意思是知道这个的人,不如喜好这个的人,喜好这个的人,不如以此为乐的人。比如知道《论语》这部书的人很多,但是喜好这部书,认真去读这部书的人就少了,而认真读这部书并以此为快乐的人,那就更少了。只是知道《论语》好有什么用呢? 买部《论语》放在床头,天天放着,从不打开,有什么用? 知道《论语》好,还要认真去读,才能有所收益。我们做学问也是这样子,同是一个班的学生,可是状态不一样。有知之者,有好之者,有乐之者。乐之者越读越快乐,说明他体会的程度越深。不管你做什么事,只要你能快乐地去做它,那就能达到最好的境界。朱子说:"知之者,知有此道也。好之者,好而未得也。乐之者,有所得而乐之也。"知之者,知道有《论语》这部书;好之者,喜欢,但还没有学好;乐之者,越读《论语》越觉得它好,乐在其中,读得笑呵呵的。《论语》确实就是这样子,真正读通了,你越读越快乐,每句话你细细体会,那真是乐在其中。可是真正要达到这个境界,那很不容易,必须通过长期的修炼才能进入乐之者的境界。

⊙　子曰："中人以上,可以语上也;中人以下,不可以语上也。"

　　中等以上的人,你就可以给他说上等的智慧,中等以下的人你就不可以给他说上等的智慧。什么道理? 因为为学有次第,这是很重要的。佛家说的应机说法,就是对不同根器的人说不同的法,看他有什么智慧就给他讲什么。初入门什么都不懂的人,只能给他讲粗浅的东西;而真正有大智慧的人,你仍然给他讲初级的、粗浅的知识,他也不愿来了。所以为学的次第很重要。有次第才可以让人循序渐进,依此得到门径、培养兴趣,逐渐学来,而不是拒人于千里之外。你能够应机,这就是智慧的表现了。你一看这个人就知道他是怎样一种状况。有些人长得很漂亮,结果是个草包,什么都不懂。你首先要认识他是什么根基,再根据他的情况深入浅出地讲出你的道理,这也是智慧。怎样评判老师讲课,有一个方法。如果他讲课,你越听越觉得高深,听得云里雾里,一头雾水,那么这个老师是最差的:自己都没搞懂,才会出现这种状况。如果老师讲课,你越听越觉得简单,许多道理一听就懂了,那就说明这个老师还有点水平。自己搞懂了的人,才能把复杂的道理说简单。搞不懂的人,总是把简单的事情说复杂。你必须要对学问熟悉以后,才能够深入浅出。

　　◎　樊迟问知。子曰:"务民之义,敬鬼神而远之,可谓知矣。"问仁。曰:"仁者先难而后获,可谓仁矣。"

　　孔子的弟子樊迟问孔子什么是智慧。"知",当智慧讲。孔子就说,"务民之义,敬鬼神而远之,可谓知矣"。"务",就是求,"民"就是人,追求做人的道义,人应该怎样去做。"敬鬼神而远之",对鬼神,我们要尊敬它,但是又要远离它。儒家讲进了任何寺庙,见了任何神都要拜。不要以为这是儒家没有头脑,恰恰相反,这正是儒家讲的人的诚敬之心。不管对什么,对众生都要尊敬。所以儒家说什么都是神,树有树神,花有花神,见了什么都要跪,见了什么都要拜。儒家的人其实并不傻,他是尊敬,有一颗诚敬之心,他尊敬大千世界的万物,这是儒家最了不起的。儒家讲什么是鬼?人活着叫人,人死了就叫鬼。鬼者,归也,归去的人就叫鬼。那什么是神呢?人死了,肉体叫鬼,精神叫神。儒家的人对鬼神的态度就是要尊敬它,但是又要远之,这样就不会被它迷惑。因为鬼神是不可知的,既然是不可知的,我们就存而不论。"敬鬼神而远之",远离它而不至于被它欺骗,被它迷惑。一般的人,要么他就不信,于是他就不敬。不信的人,他就不尊敬:"啥子东西哦,这都是些泥坨坨,木桩桩,拜啥子拜,走!"孔子说:"君子有三畏,畏天命,畏大人长者,畏圣人之言。小人不知天命而不畏也。"君子知道要畏惧天命,要畏惧大人长者,要畏惧圣人说的话。小人不知道,肆无忌惮——你对神都不敬,对人就更不敬。还有一种人,信,于是就容易迷信。很多说鬼的人,最后自己把自己闹疯了。所以儒家讲的智慧就是要敬,对鬼神,对神佛都要敬,但是又要守得住本心不乱。这才叫智慧:"敬鬼神而远之,可谓知矣。"

　　"问仁",什么叫仁德呢?孔子说"仁者先难后获,可谓仁矣"。先是很困难,因为仁德需要力行,需要约束自己,对自己严格要求,所以做起来是不大容易的,是很困难的事情,此后才能有所领悟,有所受用。儒家的道理是"先难后获",克己复礼为仁。孔子说要克制住自己的私欲来迎合大道,那是很困难的事情。要约束自己,就是和自己的私欲作斗争,超越自己。比如,我这个人生性就好骂人,看你不顺眼就想骂你两句,我心里并不一定恨你,我就是喜欢骂骂咧咧的,什么都看不惯,总想骂两句。这种人就要改他的脾气,学会忍耐,学会什么事都要看得惯。开始很难,但是一天、两天、三天,我这一周都没骂人了,再坚持,我这一月都没骂人了,最后,我这一年都没骂人了。当你一年都不骂人的时候,你已经养成不骂人这个习惯了,这时你就获得了仁的品格,这需要长期的克制、修炼。"从心所欲,不踰矩",是在长期的修炼当中形成的,随心的愿望去做事而又不超越规矩,这就是仁者的境界。所以"先难后获",一开始做起来很困难,随时都要恭恭敬敬的,随时都要严格要求自己,不乱说,不乱动,讷于言,敏于行。不要有私欲,要为他人着想。每个人都是有个性的,每个人的习气不同。先难,就是先要战胜你的习气,后获,后来就获得了仁的品德。你能够战胜你那些习气,你就得道了。

　　子曰:"知者乐水,仁者乐山。知者动,仁者静。知者乐,仁者寿。"

　　这句话就是这一篇的核心,讲智者和仁者的区别。为什么前边那么多问弟子仁与不仁,孔子回答都是不知道,因为孔子对仁有自己的评判标准。在这里他就说出了仁者和智者的区别。"知者乐水",智慧的人是爱水的,为什么? 老子说"上善若水。水善利万物而不争",最好、最善的就是水的境界。长江、黄河从青藏高原发源,中间尽管经历多少曲折、坎坷和阻碍,最后终归流入大海,这就是水柔能克刚的秉性。而且"水利万物而不争",万物生长都离不开水,但它又不争强好胜。你用什么装它,它就是什么形状。它能柔顺于各种事物。这是不容易的哟,真正要达到这种境界,你要我怎样,我就怎样,那就是无我的境界,水的境界就是无我。什么是"知者乐水"? 乐水就是无我的境界。"仁者乐山",山是什么状态? 稳立不动,青山稳稳在这里。泰山在周公时候如此,到了现在 21 世纪,泰山还是在那里。稳稳不动,这就是山的品德。仁者就像山一样,安静沉稳。但是我们要知道,真正的不动,是在动当中体现出来的。你要我这样也可以,你要我那样也可以,如果不是真正得了道的人,能守住自己本心的人,是达不到这种境界的。什么都不做,那是最初始的境界,什么都在做,是没有定力,守不住自己的本心。真正的无我和有我是相对的。"仁者乐山",就是以不变应万变。万变是什么? 要我这样也可以,要我那样也可以。不变是什么? 是你那颗心不动。所以仁者乐山。知者乐水,因为知者不惑,所以他很快乐,他什么事都能想得通,像泉水叮咚响,发出欢声笑语。齐白石画的水的波纹,波光粼粼的,给人一种快乐的感觉,这就是智者乐。仁者寿,什么是寿?《说文解字》里说:"寿者,守也。"因为守得住自己的心,故而能够长寿。诸葛亮说"非淡泊无以明志,非宁静无以致远"。只有静才能够远,远就是长寿。所以中国人养生都讲静养,中国古人认为生命在于静。西方人讲运动,可是运动员长寿的少。你说运动员锻炼身体多好啊,更应该长寿啊,可是往往短命。什么道理?要静才能养,要养才能寿。乌龟静,乌龟就长寿。道家就有乌龟养生法,效其龟鹤以延年。"仁者寿",我们中国古人读书,进学堂第一件事就是立志长寿。国学大师钱穆先生说,人不长寿是人生第一大可耻。不长寿是可耻的,所以骂人有一句话叫"打短命的",就是因为我们认为短命是可耻的,长寿是值得骄傲的。真正得道的都是长寿的人,智慧的人是快乐的,仁者是长寿的。但是,注意了,你们不要把智者和仁者对立起来,认为智者是一种人,仁者是一种人。错了!仁者是智者的升华,不经过智者境界是达不到仁者的,不经过乐是不能长寿的。一天到晚都在愁苦的人,他能长寿吗?愁都愁死了,这里也愁,那里也忧伤,林黛玉就只活了十九岁。所以乐是寿的前提,你没有乐,哪能寿呢?寿的人肯定是乐的,但是乐的人不一定寿。仁者是智者的递进,就像山是从水中来的。地球上原来是一片汪洋大海,经过几亿年的运动沉积,才逐渐逐渐形成陆地,形成高山。人体70%是体液,地球上约70%是海洋、江河。山是从水里出来的,先有水后有山。仁者后于智者,必须先达到智者的境界,之后才能够成为仁者。如果智者都达不到,那就休谈仁者。我这里举一个仁者的例子。重庆罗汉寺第十八代方丈竺霞法师,活了九十三岁。他圆寂的时候,现任中国佛教协会咨议委员会副主席惟贤法师给他作的挽联称赞他是"智慧如海,仁德如山"。说他有海样的智慧,有山样的德行。竺霞法师在当代的高僧里边是很了不起的,还有一副挽联这样写他:"见地真纯,太虚门下谁能敌;戒行坚固,当代僧中第一人。"竺霞法师是最深居简出,最不起眼的。他和很多高僧大德一起去美国弘法,其他法师穿得金光闪闪,一看就知道是高僧,而竺霞法师一看就是"低僧"。因为他长得矮,个子小,又穿得非常朴素,穿件颜色暗淡的布袍子,看起来很朴素,就像其他高僧的侍者。其实他的境界很高。虽然他从来是少言寡语,但他的学问却相当了不起。他的方丈室挂了一副对联:"休嫌淡泊来相处,若厌清贫去不留。"洪禅法师是竺霞法师的学生,当代有名的诗僧,才华横溢,诗词文章都写得很好。宝光寺、罗汉寺、文殊院里边很多对联都是他作的,他的才气很像民国时候的诗僧苏曼殊。但这个人性格孤傲,又不守戒律,很多人就看不惯他。他曾经在乐山乌尤寺帮遍能老方丈,但去了没多久就有人进谗言,结果他离开了乌尤寺。后来文殊院老方丈宽霖法师又请他去,去了不多久,又因谗言而离开。最后竺霞法师把他请过去了,到了重庆罗汉寺,他仍然不上殿。其他的人就对竺霞法师说,凭什么他不上殿,我们天天要上殿呢?竺霞法师就说,罗汉寺的对联全是他写的,如果你们哪个也写两副对联来,你们也不用上殿了。自此,再也没有人敢说洪禅法师了。对竺霞法师一开始有人不理解,很多人还瞧不起他,他深居简出,不大说话,看起来并不是很有智慧的样子。但是你真正和他长久相处以后,就感到他是这样一种境界:"乾坤容我静,名利任人忙。"这是苏曼殊的一副对联,就像法师的写照。竺霞法师八十多岁时成为全国第一个在位传法的方丈。这是很多人做不到的。九十岁的时候他做了一首诗:"日落西山忆故乡,即须检点办资粮。等闲整顿好行李,莫到临时手脚忙。"竺霞法师是安详地离开人世的,他了断了生死。法师圆寂前说,十二月十八号这一天我一定要走,到了那天早上,他说,我今天十一点钟就走了。结果到十一点钟他就准时走了。他是预知时至。还有一件事,体现出竺霞法师既是智者,又是仁者。很多人找竺霞法师算命。你看竺霞法师怎么给他们算的命,你们想都想不到。竺霞法师从来不搞这些的,他把你看来看去,看了半天,他说,你一百岁以后要升官,一百零五岁以后官会做得更大,你一百二十岁的时候还要发财。这样说了以后,再也没有人找他算命了:你光算我一百岁以后的事,我活得到那个时候吗?有几个人能活到一百岁啊?他绝不给你说一百岁以前的事,只说一百岁以后的事。这就是智慧,敬鬼神而远之,可谓智也。他绝对不给你谈迷信,但又不违你来算命的心愿,这就是仁者之心。

◎　子曰:"齐一变,至于鲁;鲁一变,至于道。"

　　孔子说:齐国一变,就变成了鲁国,鲁国一变,就成了道。这怎么讲呢?周武王得了天下以后,把鲁国分封给周公,把齐国分封给姜太公,齐鲁两国都是圣人教化过的地方,相对其他诸侯国,齐和鲁的民风最好。但齐鲁两国相对而言,鲁国民风比齐国更好。因此孔子说齐国的民风稍稍一变,就能接近鲁国,鲁国的民风稍稍一变,就能接近于大道。什么道?圣贤之道,周公之道。这是孔子对当时的社会风气,对当时各诸侯国的一个评价。朱子说:"孔子之时,齐俗急功利,喜夸诈,乃霸政之余习。鲁则重礼教,崇信义,犹有先王之遗风焉。"齐国是春秋时候率先称霸的国家,齐国有一种霸政之风。《孟子》讲王霸之辨,说以力服人,就是行霸道,以德服人,就是行王道。你听不听课,不听,啪啪啪,打得你听,让人口服心不服,就叫霸道。行王道,就要以理服人,以德服人。齐国是行霸道,有霸政的余风,而鲁国是行王道,讲礼仪,崇仁德,鲁国仍然有王者之风。齐国和鲁国的风俗,有美和恶的差别,近于先王的道,鲁国更容易,齐国就要难一些。因而是"齐一变,至于鲁;鲁一变,至于道"。

🌀 子曰："觚不觚，觚哉！觚哉！"

"觚"，音 gū，是一种有棱角的东西，当时用觚这种有棱角的东西来做酒杯，这种酒杯都是方形的。"觚不觚"，酒杯已经没有方形了，还叫觚吗？"觚哉！觚哉！"觚为什么叫觚？就是因为它是方形，有棱角。因为它有棱角，所以它才叫觚，现在觚都没有棱角了，它还能叫觚吗？什么事都应名实相符。这句话是孔子深深地在感叹当时（春秋时期）已经名不符实了，名存而实亡，虽然孔子只举了觚来说，其实当时社会无不如此。人，是因为有德行才叫人，有恻隐心、有羞耻心、有是非心、有礼让心才叫人。没有羞耻心、没有同情心，你还叫人吗？所以是："人不人，人哉！人哉！"人都已经丧失人的品德了，这还叫人吗？

🌀 宰我问曰："仁者，虽告之曰'井有仁焉'，其从之也？"子曰："何为其然也？君子可逝也，不可陷也；可欺也，不可罔也。"

宰我问孔子，一个有仁德之心的人，我去对他说，井里边掉下小孩子了，这时仁者会不会跟着跳下去救小孩呢？救小孩的行为就是仁者的行为，所以叫"井有仁焉"，井中有可以行仁德的事情。孔子就说，怎么能这样做呢？"君子可逝也，不可陷也；可欺也，不可罔也"，"逝"，往，就是到井边去。君子可以去挽救他，但是自己不能跳进陷阱里边。仁者不是一听说井里掉下小孩了，不管三七二十一，扑通就跳进去，结果跳下去自己也出不来了，小孩也死了，这就不是仁者之行。"仁者可逝也"，我可以去，但如果我自己都被淹死了，我怎么救人呢？所以仁者会在井边想办法，找绳子，或者找人来打捞，不会自己莫名其妙就跳下去，结果同归于尽。君子可能被欺骗，但是你不能"罔"，罔就是昧，就是无知，搞得莫名其妙就丧命了。罔，朱子注解中说是"昧之以理之所无"，道理都搞不清楚的事却来迷惑我。君子可能被欺骗，但是不能被迷惑。即使是仁者，他也应该很讲智慧。这是宰我这个调皮学生问的问题，所以有些荒诞。

🌀 子曰："君子博学于文，约之以礼，亦可以弗畔矣夫！"

孔子说，君子用文——这里的文指《诗》、《书》、《礼》、《易》、《乐》、《春秋》六经，君子用六经来广博自己的学问，用礼来约束自己，不使自己张狂，"亦可以弗畔矣夫"！"畔"就是违背，也可以不违背于道啊。人一旦有点学问，就容易恃才放狂，自己有了学问，这个也瞧不起，那个也瞧不起，得意忘形。现在这样的人比较多。老子说"为学日益，为道日损"，你的学问越高，你的障碍就越大。博学于文必须约之以礼，有了学问还要用礼来约束，这是孔子很重要的教育方法。既要让你读书，满腹经纶、有学问，又要有礼，随时约束自己，不张狂。光有学问，没有道，没有德的人，越学越觉得自己满腹经纶了不起了，各种傲慢、轻慢的行为就出来了，目中无人，天上地下，唯我独尊。这是很不好的。《弟子规》里讲："不力行，但学文。长浮华，成何人。"也正是这个意思。

◎　**子见南子，子路不说。夫子矢之曰："予所否者，天厌之！天厌之！"**

　　这一段最可爱了，把孔子刻画得非常生动、形象。南子是卫灵公的宠妃，古人站在封建正统的立场上都说她有淫行，其实从史书中只能看出南子美貌，并无淫乱的记载，且她对孔子还很礼敬。以前的古礼，周游列国到了别的国家以后，必须去见这个国家的小君——小君就是王后，而且南子又想见孔子，所以孔子就来见南子。子路就不高兴了，"说"通"悦"。子路说，哼，你孔夫子一天到晚讲圣人之道，却还去见那个名声不好的南子，你什么想法啊？"夫子矢之"，"矢"通"誓"，孔子就发誓，"予所否者"，意思是假如我做了不合礼的坏事，天都要厌弃我，天都要厌弃我！"否"表示不合礼。孔子在子路面前没有办法，只能够发誓。"圣人道大德全，无可无不可。"对像孔子这样的圣人来说，见不见南子，在他根本无所谓，任何人都不会影响他的本心。"其见恶人，固谓在我有可见之礼，则彼之不善，我何与焉？然此岂子路能测哉？故重言以誓之，欲其姑信此而深思以得之也。"南子怎么样，于我孔子何干？子路哪里能知晓圣人的境界呢？让他自己回去好好地思考吧。子路的智慧不足以了解孔子，所以孔子以发誓使其相信，并促其思考。这也是孔子的因材施教，对子路就只有这种办法。还有一个类似的故事，宋代的理学家二程——程颢、程颐两兄弟，他们都是很有学问、很有道德的人。有一次，二程同游秦淮河，遇到很多歌妓来拉他们上船。大程很欣然地就上船听那些歌妓唱歌，小程就在旁边叽叽咕咕，很不高兴。第二天回到家里，在饭桌上，小程忍不住谏言大程，大程笑道："昨日船上有妓，而吾心中无妓，今日桌上无妓，而汝心中有妓啊。"昨天船上有妓女，可是我心中没有妓女，所以我能从容平和地听她们弹奏；今天已经过了一天了，桌子上都是摆的饭菜，哪来的妓女啊，这是你心里摆脱不了妓女的影子，所以你还在说这件事。

◎　**子曰："中庸之为德也，其至矣乎！民鲜久矣！"**

　　孔子说：中庸作为道德，那是最高的道德。"至"就是达到极点了。可是老百姓差得太久了。孔子的人品是忠恕，他所追求的道德就是仁爱，达到的境界就是中庸。什么是中庸？庸，古音读 yóng，指的日常生活。中，是指的恰到好处。把日常生活处理得恰到好处就叫中庸。中庸作为道德来讲，那是最高的道德了。

中庸这个道德好，可是老百姓差得太久了。离中庸越远，日常生活就越处理不好。这是孔子在称赞中庸之德。相传《中庸》是孔子的孙子孔伋做的。《中庸》是《易经》思想的升华。不明《易经》不足以知《中庸》，不读《中庸》也不能统领整个《易经》的精髓。"能尽人之性，则能尽物之性；能尽物之性，则可以赞天地之化育；可以赞天地之化育，则可以与天地参矣。""与天地参"就是《易经》的精髓，觉解天地之道，也就是中庸之道。中庸规范了儒家的价值观与方法论。庸指日常生活，首先就展现了儒家讲的道是常道，对人的生命、生活持肯定态度。常道即老百姓共同都要走的路，都必须经历的生命轨迹，如生老病死、婚丧嫁娶、人伦关系、对人处事等。中就是方法论，处理日常生活的方法就是中，就是恰到好处，把日常生活都处理到和谐平衡的状态。到达这种状态，个人便会快乐，社会便会安宁和谐。中庸既是个人生命境界的最高追求，又是社会美好蓝图的勾画。实际上儒家讲的崇高人生境界就是在日常生活中完成的。孔子就把这种状态归纳为中庸。而中庸这种状态又是从宇宙自然的和谐运转中推导出来的，故而说中庸出于《易经》的思想。孔子晚年治易，未及深谈便去世，到孔子孙子孔伋才进行理论的全面阐述。孔子虽然没有理论总结，但中庸的思想却散见于《论语》中。朱子将《礼记》中《中庸》一篇抽出来与《论语》并列为四书，是有深邃见地的："不谈《大学》不知儒家规模之大，不读《中庸》不知儒家学理之深。"此句出现在《雍也》篇中也反映孔子对于人才的理想，就是要有中庸之德。

⊙ 　子贡曰："如有博施于民而能济众，何如？可谓仁乎？"子曰："何事于仁，必也圣乎！尧舜其犹病诸！夫仁者，己欲立而立人，己欲达而达人。能近取譬，可谓仁之方也已。"

　　子贡问老师说，如果能够广施恩惠给老百姓，以此来达到救济众生，怎么样啊？这样叫不叫仁德啊？孔子就说，何止于仁呢？"事"当"止"字讲。哪里就止于仁德呢？这已经是圣人的行为了。能够救众生，哪里仅仅是个仁者呢？尧、舜都还没有达到这一点。"夫仁者，己欲立而立人，己欲达而达人。"作为一个仁者，自己能够站得住，也帮助他人一同站住；自己已经达到的，也帮助人家能够达到。比如说，我能够讲《论语》，我也希望在座的同学以后都能讲《论语》。"能近取譬，可谓仁之方也已。"你能就近从你身边做起，这就是行仁的方法。意思是说，你不要一开始就想到要把众生救完，你能救几个就救几个，能帮几个就帮几个，从你身边的点点滴滴做起。很多人都说，哎呀，这么多人，我怎么救得完哦，我哪有这么大的能力。算了，救不完就不救了。孔子说，不行。尽你自己的力，救一个算一个，救一点儿算一点儿，帮一个算一个，帮一点儿算一点儿，总比你一个都不帮好，这就叫行仁德的方法从身边做起。从这段话首先看出仁与圣是有不同的。

仁是个人道德境界的完成,并兼及身边的人;圣是使天下众生都能完成达到幸福崇高的境界。其次看出行仁的方法就是完成自己,并从身边小事做起,于身边小事的积善中去完成仁的品格。

第六篇《雍也》就讲完了,这一篇内容很深刻,开篇讲冉雍这个人,结尾讲行仁德的方法。《公冶长》这一篇是讲人才,《雍也》这一篇也在讲人才,但是在这一篇里孔子将人才升华了,提出了真正成为儒家人才的标准和要求。儒家对人的要求是成为仁者,仁者的状态就是中庸。《里仁》篇讲该怎么行仁,这一章是从内在深入分析仁者的本质特征是什么。所以有四个字——"先难后获",先难后获就叫仁。同时也阐述了智者与仁者的差异。

<h1 style="text-align:center">述而第七</h1>

　　《述而》篇是孔子教育思想、教育理论、教育实践的集中记录。第五、第六篇讲人才的重要性、对人才的评价及对人才的要求。而人才从何而来？从教育中来，故第七篇紧接着讲教育。孔子的理想是通过教化来改变社会现实，故而教育就是孔子思想学说的核心，所以《述而》篇在《论语》中有极重要的意义和价值。旧时代的平民弟子在私塾中读《论语》往往从《学而》读到《述而》就对孔子思想基本明了了，并终身受用，原因就在这里。

　　子曰："述而不作，信而好古，窃比于我老彭。"

　　"述而不作"是整个第七篇的核心思想。孔子说自己是这样一个人：传述圣贤之道而不妄作，相信而又喜好古代的文化，我私自把自己比作老彭。传述圣贤之道，这就是儒家学问相传的一个重要方法。述，传述，就是指的灯火相续，生生不息。灯就是光明，是智慧之光。儒家把这个称为"为往圣继绝学"。宋代的大学者张载讲了四句话，称为四句教，成为儒家读书人必须遵守的重要信条："为天地立心，为生民立命，为往圣继绝学，为万世开太平。"要立天地之心，要为众生立命，要能够使圣人的学问代代不已地传下去。因为圣人之道不是人人都能觉解的。黑格尔说：只有思想才能认识思想，只有智慧才能认识智慧。你没有思想和智慧，你就不能传圣人之道。真正能够领会圣人之心的人，也就将近圣人了。不是圣人也是亚圣，孟子就是亚圣。能够传圣人之道的，就是为往圣继绝学。最终的目的是什么？是为万世开太平，使众生都能出离苦海，使众生都能同享太平。述，怎么述呢？它是特定的一种方法。"述"这一个字里边有很深邃的思想。庄子就说了一个问题，叫做"薪火相传"，这个火要怎么传？要用薪来传。比如，你在地上平白无故生一团火，这个火会不会燃呢？燃不起来。火必须要依附其他东西燃烧。我把干柴拿到那里去，火一下就点燃了，火必须依附东西燃烧。智慧必须依附于人，才能够传得下去。薪火相传，薪就是指的柴，火必须依附柴来传，智慧必须依附人才来传。柴有好柴，有不好的柴，你拿一堆湿柴去，它就点不燃，你拿干柴去,马上就燃起来了。柴要好柴,选人,要选到能够传的人,才能够传,你选个木脑壳给他讲道,你讲了十年——"老师,你这十年说的什么呀?"完了,老师只有气死了,这个灯就传不下去了。要选到人才能够传,所以叫薪火相传。述而不作,先说说这个"作"字。"作",就是自己的发明创作,就是一家之言。你自己的一些认识、体会就叫"作"。圣人不会自己妄作,怎么传? 是述,就是讲述圣人之道。不是不说自己的,而是不要自己在那儿妄说。比如,我给大家讲《论语》,这就叫做述,把圣人之道讲给大家听,但不是"废书不观",这些书都不要了,我就坐在这里瞎讲,而是把圣人讲的道传述给大家。在这个传述的过程当中,就有一个问题了,因为讲的是古圣先贤的学说,不管在道理、时空,还是语言方面都有障碍,不容易听懂。听不懂怎么办呢? 听不懂,我就要用能使当代人听懂的方法来为大家讲。为什么我讲课的时候要给大家举很多例子呢? 便于大家去体会,所以每个人的述都是不一样的,不要以为都是讲《论语》,一千个人讲《论语》,每个人讲出来的都不同。述本身就有对圣贤之道的再体会,而这个体会又不能离开圣贤之道。但是讲述自己的体会,其实也就是在作,在创作。把圣人的道理讲出来,使大家都明白,这个过程就是一种创作。这里就深含着经权之变的思想。我们已经讲过,经就是固定不变的东西,圣贤之道就是固定不变的。所以《论语》就是《论语》,不可能某个人讲成"论不论语"。他肯定还是从"学而时习之"讲到最后"不知命,无以为君子",至于他怎么阐述,每个人都不一样。这就是权。权就是秤砣,秤砣在秤杆上移来移去以求平衡就是权宜之计,是变化。你讲圣人之道,讲了十年了,对我们一点儿用都没有,全是讲与我们没有一点儿关系的东西,那就不是圣人之道了。圣人之道就是能解决老百姓日常生活的问题,是对他真正有所帮助的东西。因此必须有与时俱进的变化。实际上,每个时代的人讲出来的《论语》都各有侧重,有些时代也许把《为政》篇阐述得很丰富,有的时代或许把《八佾》篇讲得很详细,各自的侧重点不同。这个侧重点不同就是损益,这种损益本身就是在创作。所以述里包含的意思,第一,他在讲圣人之道;第二,他对圣人之道进行一种符合当代需要的阐述。故述而不作就是不妄自发挥自己个人的思想,而是以述为作。儒家和其他诸子百家的区别在哪里? 其他诸子百家的道都是在作,都是在发表自己一家一派的思想见解,而儒家不然,它首先是在继承祖述先圣之道,然后才寄托自己的思想。所以儒家既是学者,又是思想家。其他诸子百家只是思想家,比如老子、庄子、公孙龙子、韩非子……这些人都是思想家,他们都有自己独特的思想,但是你要问到他从古到今学问的源流,思想的演变,天下其他各家各派的思想,他就搞不清楚了。而儒家首先是大学者,他无所不知,从上古到今天,他都能如数家珍,给你娓娓道来。儒家的特长,他首先是知得多。第二,他在知的基础上形成了自己的思想。知实际就是述,就是传承。而在以述为作的过程中也就形成了儒家的思想。这是儒家与其他诸子百家最不同的地方。为什么最后儒家思想能够脱颖而出,成为中国两千多年以来共同遵守的思想准则呢?就是因为它的丰富性。没有这个丰富性,就没有儒家与其他诸子百家之不同。

中国传统文化里一个很深厚的思想就是"信而好古"。中国古代人都以复古、好古为一种美德。五四以后才认为复古是不好的,使大家一谈到复古就认为是一种贬义。在古代,能够好古是一种高尚的情操。儒家的人都好古,人家要穿西装,我们不穿西装,要穿长衫,这就是好古。人家用钢笔,我们写毛笔,这也是好古。人家住高楼大厦,我们住四合院,住老房子;人家提皮包,我们提竹篮,这都是信而好古。人家读洋书,我们要读古书。这是现象,本质是什么?信,就是起信、诚信,儒家很讲信。圣人之道首先是信,没有信就不可以敬。首先是信古,信而好古。为什么要信而好古呢?我们中国古人认为太平世界出现在上古之世,尧舜禹的时候就是大同世界。那么要想再恢复到大同世界,就必须要向古代看,所以古人言必称尧舜,这是好古的第一个原因。第二,到了战国百家争鸣的时候,诸子百家每一家,都要依附一位古圣先贤,来假以自高。比如,我请你调个位置,这个同学,你调到窗子角上的位置,你说,凭什么你叫我去我就要去。我说,不是我说的,是校长请你坐到那里去,你就只有去了。你要拿出有权威的人来使人家信服。诸子百家中,孔子推出周公。墨家当时和儒家相抗衡,墨家就说,你周公早没有我大禹早,墨家就以禹作为他们学派的祖先,说墨家哲学是从大禹那里传出来的。孟子说,你大禹早,总没有尧舜早,孟子又引出尧舜。道家又说了,尧舜再早,总没有黄帝早——黄帝在尧舜之前——道家就引出黄帝来做他们的精神领袖,所以道家称为黄老之学。农家又讲,黄帝早,黄帝总没有炎帝早,所以农家又引出炎帝神农氏,以神农氏来作为他们的领袖。诸子百家,各家各派都引出古代的圣人来作为他们哲学思想的一个归依,增加他们学说的权威性,这也助长了一种信而好古的风气。所以在中国文化里边,信而好古是一种很重要的哲学思想,中国人都以好古为一种美德。好古还有一个本质的东西,是什么?中国是农业国,大家注意,手工、农产品和其他工业产品不一样。工业产品是不停地贬值,电冰箱、电视机、空调、手机从它们卖出来的那一天就开始贬值,而手工、农产品和与其相关的东西是放得越久越值钱。中国古代的东西,不管是丝绸、茶叶、瓷器、宣纸、酒,都如此。酒者,久也。陈年老窖,放得越久越高级。放五千年的酒,这个酒拿出来,肯定是无价之宝。一件商代的青铜器,四羊方尊,现在也是无价之宝。中国古代的东西经得住岁月的检验,这是我们中国文化的一个特点。所以我们中华民族长盛不衰,哪个民族有我们年纪大?这就是长寿。中国人以短命为羞耻,以长寿为自豪。我们都五千多岁了,重孙玄孙,孔子的后裔到现在已是七十几代了，美国才两百多岁，算起来也就八九代人。所以我们以寿高为中国文化的一个重要特点。中国是农业国，种庄稼有一个重要的特点，就是经验。有经验才能使我们的庄稼长得好，经验从哪里来？从老人那里来。为什么敬重老人？因为老人有经验。青年的经验都是老人传给你的，代代相传。其实这个就是"述而不作，信而好古"的深意，代代相传。曾祖父给你说，庄稼要春天的时候播种，到了清明的时候应该怎么样，到了谷雨的时候又该怎么样，到了小满的时候又该怎么样，就这样代代传下去了。关于天文历法的知识就有了，什么时候该怎么种。因为农业注重经验，所以中国人都尊重过去的经验，尊重老人，这是一个很重要的情结。中国人敬老尊贤，都是从这里来的。还有一个是报恩返祖，知道报恩。为什么好古？因为无古不成今。你从哪里来的？从地里出来的吗？不是。是父母亲生出来的。你父母亲从哪里出来的？你的祖父母生的。祖父母哪里来的？曾祖父母生的。代代相传。这就是孝悌思想的延伸，也是我们中华民族伦理道德思想的一块重要瑰宝。如果我们不敬老尊贤，老的都没用，只有新的才好，中国早就亡国了。西方的文化重否定之否定之否定，中国文化重肯定之肯定之肯定，不停地对前人的文化进行肯定。孔子出来肯定周公，孟子出来肯定孔子，董仲舒出来肯定孔孟，朱熹、程子又出来肯定孔孟，不停地对前人进行肯定，不停地对它进行阐释，然后就越来越大，就形成了我们泱泱古国，中华民族传统文化就是这么形成的。而西方文化，崇尚科学技术，那肯定是新的比旧的好。电脑我倒不懂，听别人说的，电脑从奔二，到奔三、奔四、奔五……越新的就越好，前几天买的就要淘汰，淘汰得很快，旧的东西就要否定，因为科学是不断地在前进，不停地发展，从前的东西就不断地被否定，不要了。所以西方文化断代的、消亡的很多，新起的也很多。它是不停地向前看，我们是向后看，是对前代不停地总结。因为圣人之道深邃。中医，不管你什么新理论出来，你都必须要读《黄帝内经》。不读《黄帝内经》你当不了好中医。不管怎么发展，再发展一万年，只要是学中医，你还是要回过头来读《黄帝内经》，读古人的书。因为那里边已经归纳了很高的医学智慧。西方的智慧是在实践中摸索出来的，西医全是解剖出来的。中医没有解剖。"身体发肤，受之父母，不可毁伤，孝之始也。"你把人剖成几半，还把肚子剖开来看，这是哪里，那是哪里，中国古人是不允许的。中国的医学怎么出来的，内证出来的。中国文化是在对前人不断肯定的基础上形成的，所以中华民族也是越来越大。西方的国家就越来越小，整个欧洲从罗马帝国到现在分成多少小国了。一个中国就顶一个欧洲，面积基本上差不多大。中国九百六十多万平方公里，清朝时候是一千多万平方公里，欧洲也就是一千多万平方公里，差不多大。这就是东西方文化的不同。

　　前面讲远了，下面言归正传。"窃比我于老彭。"意思是我私自将我自己比作老彭。"窃"表示自谦。老彭,相传是商朝的一个大夫,就是我们中国传统文化里所说的彭祖。传说彭祖活了八百岁。成都附近有个彭山县,就是彭祖的故乡,那里的仙女山上供有彭祖庙。庄子在《逍遥游》里边也说彭祖以寿高特闻,以八百岁为了不起。为什么呢?因为寿就古,谁有八百岁的古?他能够知道八百年以前的事情,如果现在有一个活了八九百岁的人,算一下,退回去八九百年,应是宋朝人。现在还活了一个宋朝的人,他可以把宋、元、明、清以来的事全部讲给我们听,他古不古啊?没有谁比他古。你在他面前说历史,他说,你说错了,慈禧皇太后我见过的。说到宋朝的事情,蒙古人来的时候,这个成吉思汗我也见过的。说到宋徽宗赵佶,喔,他请我去看过他的画。信而好古,你只有相信他,你拿书出来都没他那么准确,因为他是亲眼见到的。信而好古,用老彭来打比方,这句话很有深意。述而不作,你们在这里创作,写一大通宋史论,"彭祖"说你这个宋史论不对,你说宋徽宗逃走的,不对,他没有逃走,他什么时候走的我全知道,你不用在那儿创作了,听我讲就是了。唐朝时候大医学家孙思邈活了一百多岁,他是从魏晋南北朝一直活到唐朝的。当时唐太宗要修史书,修魏晋南北朝史,就派大臣魏征、房玄龄到陕西的药王山去请教他关于魏晋南北朝的事情,因为没有哪个比他知道得更详尽、生动了。书记载的还不如他讲的。写历史,叙述任何事都要采纳他的意见。后来唐太宗感激孙思邈的功绩,就到药王山上去拜孙思邈,现在药王山上还有拜真台。孙思邈被称为医中之圣人,作了《千金要方》、《千金翼方》。他在《千金要方》里把妇科放在第一篇,在当时男尊女卑的社会,这是很了不起的。他讲医生的医德,作了《大医精诚》这篇文章。"夫大医治病,必安神定志,无欲无求,发大慈恻隐之心,誓愿普度含灵之苦。"后来的医生都必须读这篇文章,就是讲医德的问题。他还是全世界第一个治疗脚气的医生,脚气这个病也是古来就有,孙思邈第一个研制出治疗脚气的药。肾结石、膀胱结石造成尿路堵塞,排不出尿来,很痛苦,孙思邈比西方早了一千多年研究出导尿术。用什么导尿?你想都想不到中国人的智慧,用葱管作导尿管。葱管的中间是空的,又薄,就用葱管做导尿管。孙思邈是了不起的,大医圣。说到这里又说远了。我们中国人对老人、古的、旧的,都无比地崇敬、怀念。彭祖因寿高而信古能述,故孔子以彭祖自喻。孔子修诗书、正礼乐、赞周易、修春秋,皆为传述先王之旧,非自创作,故发出"述而不作,信而好古,窃比我于老彭"这番议论。正由于此,孔子才成为夏商周三代文化的总结者,成为他那个时代最博学的人。

子曰:"默而识之,学而不厌,诲人不倦,何有于我哉?"

"识"读 zhì,记忆的意思。默默地记忆,反复地去体会、思考,就叫"默而识之"。学习圣人之道一点儿不感到厌烦,教诲人也不感到厌倦,不管他怎么问你,都耐心细致地给他解答。"何有于我哉",这句话就是"我有何哉",这几样我有哪一样啊,我一样都没有。"默而识之,学而不厌,诲人不倦"我一条也做不到,这是孔子自谦,其实他是在讲教和学的问题。学,应该是不厌;教,应该是不倦。《礼记》里边有一篇很重要的文章叫《学记》,其中道:"学然后知不足,教然后知困。知不足,然后能自反也;知困,然后能自强也。故曰:教学相长也。"你越学越觉得自己太不够了,我讲课讲不清楚,讲半天学生都是云里雾里的,我就知道自己学得不足了,就会回过头去再研究、学习。重新来学,再给大家讲懂。教学相长,所以孔子这两句话也含有教学相长的意思。成都应天寺的百岁方丈佛智法师说:老师和学生不是固定的,今日之老师是昨日之学生,今日之学生可能成为明日之老师。师和生是互相变化的,没有固定不变的。

《述而》这篇开篇这两段,第一段"述而不作,信而好古"是宏观地讲对待古代文化传统的态度,第二段"默而识之,学而不厌,诲人不倦"是微观地讲对待古代文化传统的继承方法。

⊙　子曰:"德之不修,学之不讲,闻义不能徙,不善不能改,是吾忧也。"

来求学的诸君,我有一点忧愁,那是什么呢? 这几句是孔子开学的发言词。他说诸君自四方来学,如果你们不知道修养自己的德行,不讲习所学的学问,听到大道而不能跟随,"徙",原意迁徙,这里指跟随,看到自己有不善的行为而不能改正自己,这些就是我的忧愁啊。这是孔子告诉弟子们要怎么来求学,以什么态度来面对求学。

接下来就是孔子身教胜于言教的范例。

⊙　子之燕居,申申如也,夭夭如也。

这句话太关键了,这是对孔子圣人气象的形容。"燕居"就是闲居,孔子闲居无事的时候坐在那里,"申申如也,夭夭如也"。"申申"是那种从容、安详、自在的样子;"夭夭"是一种愉快的样子。孔子没有事在那里闲坐的时候,很从容、很平和、很淡然、很安详,而且很愉悦,随时脸上都挂着微笑。四川的安岳石刻是很有名的,其中有个紫竹观音,不论在大足石刻或安岳石刻里都要算雕得最美的。紫竹观音坐在那里,安闲自在,你不管从哪个角度看,她目光都是那么悠远、安详,那么美丽。孔子闲坐的时候也是这样,安详、自在、平和。大家注意,人一无事就容易出现两种情况,要么就无聊,磨皮擦痒的,自己不知道做什么了,烦躁不知所措;还有一种是闲下来就很散漫,站着想坐着,坐着想躺着,躺着就不起来了。而圣人哪怕是无事闲居的时候,依然是从容、淡定、安详、自在,而且脸上还带着微笑。这一句是孔子身教胜于言教里边最重要的一条。他要让学生看到,你读书学成了之后是一种什么状态。那就是"申申如也,夭夭如也"。如果你虽然在学习,却边学边烦躁,那就没有达到学习的目的。只有真正的内心和谐,才能显现出外表的庄重和娴静。这是从心里流露出来的,不是做出来的,做是做不出来的。一天在那儿坐着,开始可以装一下,装半天嘛,装到下午就不行了。只有从内心里边流露出来的,才能长久如此。

🌀 子曰:"甚矣吾衰也!久矣吾不复梦见周公。"

这是孔子晚年的状态,我们今天说的梦周公,就是从这里来的。现在我们心目中的儒家圣人是孔子,而孔子心目中的圣人就是周公,所以孔子做梦都梦见周公。因为他一心想复周公之道,想回到周公那个时候礼乐薰习、天下大治的状况,所以他做梦都梦见周公。"甚矣吾衰也",这里是孔子说自己衰弱得很,老得不行了,因此好久没梦到周公了。没有梦到周公是说他的心力已经不足了,虽然为圣之心不改,但行道之身已不行了。这一句是孔子在深深地感叹自己这一生到处周游列国,到处宣讲圣人之道,可是都不见用,理想不能实现,内心深处的那种悲凉,深深的忧愁。孔子并没有说算了吧,我们儒家之道行不通了。孔子以自己的一个梦境,来形象地说明他内心的感受。这些孔子平时所说的话,其实最能体现他内心深处的世界,那种为天下苍生忧,而又道之不行的内心感受。这也是圣人和圣人的心灵相通,孔子的心在周公那里。孔子说:"知我者,其天乎。"就是说当时的人,能够理解孔子内心的很少。真正能理解他的,只有五百载以前的周公,所以他和周公在梦中相会。周公之世是孔子的理想。久来不梦见是理想与现实的差距。

🌀 子曰:"志于道,据于德,依于仁,游于艺。"

孔子说立志在求道,志就是心之所欲至,心中所想要去的地方就是道,道就是通向光明的路。我立志在修道。"据于德","据",当"守"字讲。我要守住德,道之得于心谓之德,"德"者,"得"也。得了道就是有德行了,德是道的显现。道是理论,德是行为。求道,就是我寻找通向光明的道。据德就是努力地行圣人之道,在生活当中将圣人之道守住。比如,老师说:"君子三省吾身:为人谋而不忠乎?与朋友交而不信乎?传不习乎?"这些道理老师教给我了,我回去以后就要身体力行。我每天要反省自己:和人家交往我忠不忠啊?我有没有诚信啊?老师教我的东西我传习没有啊,研究没有啊?我这样做了就是德,就有德行了。"据于德",守住你的德行。"依于仁",仁是道之全德。品德一点点地构建起来,到一定的程度以后才能形成仁德。仁是一种什么品格?没有私欲就叫仁,爱人就叫仁。你要把德行一点点地充满，到一定程度才能成为仁者。"依于仁，游于艺"，当你的德已经到达仁者的最高境界，你就可以凭借你的德行而游于艺了。艺就是琴棋书画等等，就在艺术的境界当中去遨游。当德行对于你来讲已经成为生活习惯，这时做好事、严格要求自己都犹如吃饭、上厕所一样正常，不是人为的、强制的，而是出自内心的，这时你就不是成天抱着书在那里背诵，书中的道理已化作你的人格，化在你的血液里了。而你在弹琴、画画儿、写字、下棋时，就能"从心所欲不踰矩"，能够随心的欲望来做事情，但是又不超越规矩，就叫游于艺。我们看弹琴的人，游刃有余，弹得非常自在。你看他弹得很自在，可是他这个自在并没有超越规矩。你看他的手动得那么熟练，可是他的动都在规矩里边，都在琴弦里边，没有超出过琴弦。因为他对这个东西纯熟地掌握以后，他就可以自由自在地运用。游于艺就是对你道德的检验，看你的道德达到什么程度了。真正得了道的人，他有像艺术一样自由自在的境界，这是修道修成以后的境界。这一段是孔子在讲为学的次第与步骤，从哪里立志，经过什么过程，最终达到什么状态。

◉　子曰："自行束脩以上，吾未尝无诲焉。"

　　这是孔子收弟子的规定，"束"，十根草捆在一起就叫束，"脩"就是干肉的意思，干肉就是腊肉。孔子说，只要送给我十块干肉，我没有不教诲他的。这是什么道理啊？在先秦，对士大夫来讲，十块干肉是最微薄的礼，好的礼应该是玉帛，珍珠、玉帛才是高贵的礼品。送十块腊肉是很一般的礼节。《学记》里面说"严师为难"，"师严然后道尊。道尊而后民知敬学也"。老师不严，道就不尊，道不尊，老百姓就不尊重你的学问，所以为师之道"严师为难"。那么怎么体现出学问、道德、智慧的价值呢？那就必须你内心要至诚。你没有那个诚心，是我非要让你来学，求你来学，我敲着锣喊："赠送喽！不要钱喽！我还倒贴喽！"你这个学问这么不值钱呐？所以并不是说要收腊肉，而是让人真正懂得对学问、智慧、学者要尊重。《礼记》里面讲"古闻来学，未闻往教"，只听说过你来求学，没听说过我一定要去教你的。现在的学堂，是老师要求学生学，不是学生要求学。我就有体会，我在大学里面教书，就是求学，我在求学生学；我给民众讲学呢，那就不一样了，那是民众来求学。大家挤着挤着都要来学，他是自己心里面要学，故而大家都安安静静，整整齐齐地来学习。学校里面上课，老师在上面讲，竭尽全力地讲，学生在下面，吃瓜子的吃瓜子啊，谈笑的谈笑啊，I love you 的 I love you 啊——是老师在求他学，求学生学。孔子说，只要送给我十块腊肉的，我没有不教诲他的。所以圣人说，十块腊肉表示你有这个心，只要你有求道之心，我就一定要教你。你没有这个心，我就是教也白教。我二十四岁第一次到北大拜见季羡林老先生

志於道據於德
依於仁遊於藝

成都有老教育家九十二
歲李仲耕先生學貫儒佛道
馬厚德愛物誨人不倦精通
音樂夫子之言可以當之共
龢國五十八年立夏李里繪
於川師東園

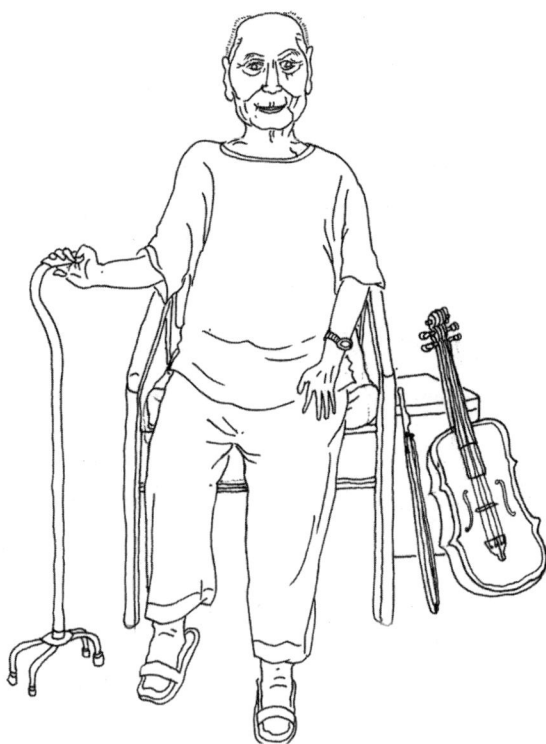

志于道，据于德，依于仁，游于艺。成都有老教育家九十二岁李仲耕先生，学贯儒佛道马，厚德爱物，诲人不倦，精通音乐，夫子之言可以当之。共和国五十八年立夏李里绘于川师东园。

时，就送了十块腊肉。

◎　子曰："不愤不启，不悱不发。举一隅不以三隅反，则不复也。"

这一句和上一句结合起来看，上一句讲不是诚心来求学的学生不要教，这一句讲学生还没有经过自己努力学习思考，老师就不要去启发。这些都是孔子的重要的教学思想。"不愤不启"，不到他思考问题实在是想不出来的时候，你不要去启发他。"愤"这里就是心中想不通的意思。"不悱不发"，意思都到嘴边上了，可是找不到特定的词表达，就叫"悱"，不到他想说话、想表达而实在表达不出时，你不要去给他递传语言。一定要他自己去表达，确实表达不出来的时候，你递给他一句，他终生都记得。他思都没思考，你就给他讲了半天，"老师你讲的什么啊？"你到他讲不出来的时候，你给他讲，就叫醍醐灌顶，从而豁然开朗。我族中一位饱学的八十五岁大哥李炽昌老先生做了一副对联就是："当头棒喝是必大彻大悟，醍醐灌顶即知非色非空。"当头棒喝你一下，你大彻大悟，为什么？因为你有长期思考的积累。什么叫顿悟？长期思考的东西突然之间豁然开朗，就是顿悟。你没有长期思考的过程是不会顿悟的。所以，必须要他有那个心的时候，你再去教他，那这个教才是有意义的，不然也是白教。"隅"就是屋子的角落，我们一般屋子都是四个角落，四方形，中国古代建筑都是四方形。你给他讲了一个角落，他就应该知道其他三个角落了。一个角落讲明白了，其他三个角落还不知道的，你就不要再教他了，再教他也没用了。所以，这两句要结合起来读，就是说他有这个心，你才收他做你的弟子，你才教他。第二，他确实是在努力，刻苦地学习，你才去指导他。真正的老师，不是说他一天到晚坐着给你讲，师父引进门，修行在个人，是要你自己去深入地修学以后再点拨你。

◎　子食于有丧者之侧，未尝饱也。子于是日哭，则不歌。

这又是讲孔子的身教了。孔子去吊丧，在吊丧的时候孔子是没吃饱的。这是写什么哟，饭没吃饱也要写。其实不然，这个是很有深意的。中国古代圣人常常通过很富有生活趣味的事件把哲学道理讲出来。他没有给你很复杂地演绎、论证、阐述，讲一大堆道理，而是用形象表达哲理，这是中国文化的一个重要特点，"在天成象，在地成形，变化见矣"。形和象是不可分的。中国的哲学很讲形象性，很多道理都是从直观当中得来的。孔子去哭丧，"未尝饱也"，是为什么没有吃饱呢？是因为圣人悲伤，因为悲哀所以吃不饱。下面又说了，孔子在那里哭泣，不唱歌了。"歌"是孔子的日常状态，是安详从容自在的状态。像《易经》"离卦"里面讲的，"日昃之离，不鼓缶而歌，则大耋之嗟"。"鼓缶而歌"是当时对得道

天道酬勤

赠

李里小友

季羨林

甲申

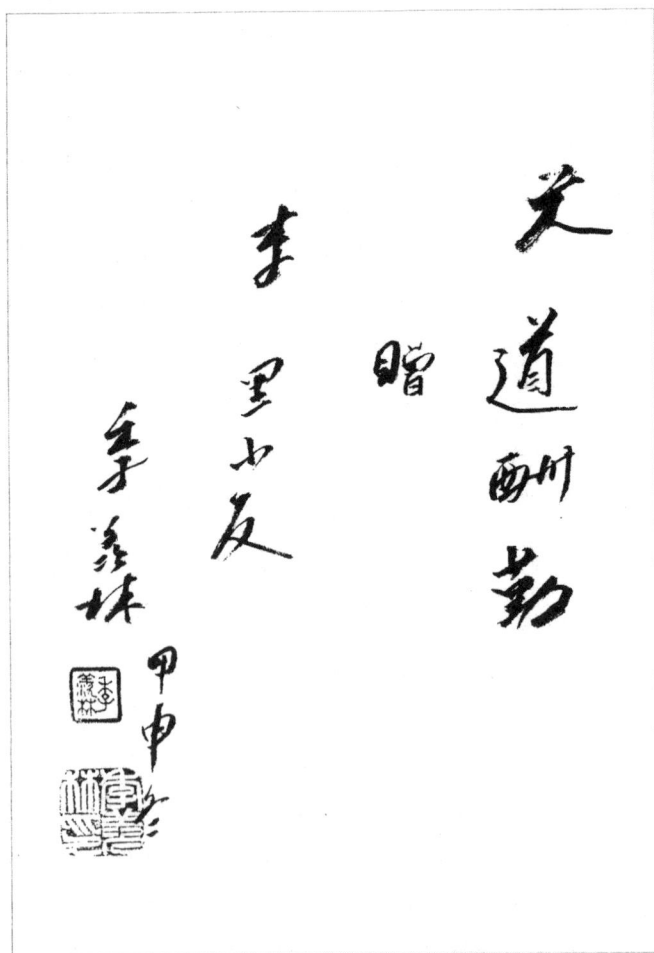

与国学大师季羡林先生合影，其后季老题赠李里：天道酬勤。

的人的一种描述，就是说，安详自在地敲着瓦罐唱着歌。孔子于丧者之侧，是日哭，不唱歌了，这就说明孔子内心的那种悲伤，说明孔子对逝去者的诚敬之心。我们话又说回来了，圣人是不容易动心的，为什么又在哭呢？圣人那种内心的不动是从至情至性中体现出来的。只有至情至性才能体现圣人内心那种最终的安详自在。一个人薄情寡义，他也是不动心的。鲁迅先生的小说就是批判人的那种冷漠、麻木。孔乙己被打断了腿，在地上爬行，旁边冷漠的人还觉得好看。刻薄寡恩的人是无情，圣人是至情至性。所以，颜回死了以后，"子哭之恸"，孔子哭得很厉害，大哭，比他的七十二个徒弟都哭得厉害。圣人的感情丰富细腻，其心可包罗天地万物，一草一木都关情，宇宙都在他的心中。"申申如也，夭夭如也"，"吾不复梦见周公"，"食于有丧者之侧，未尝饱也"，都是孔子以身教示人，大家仔细来读，其味无穷。

🌀　子谓颜渊曰："用之则行，舍之则藏，唯我与尔有是夫！"子路曰："子行三军，则谁与？"子曰："暴虎冯河，死而无悔者，吾不与也。必也临事而惧，好谋而成者也。"

　　孔子对颜回说，我们出来为天下苍生做事，如果当政者用我们，我们就做，不用我们，我们就隐居起来，住在陋巷里面，这只有我和你两个人做得到吧。孔子对颜回的称赞之盛由此可知。孔子和颜回在那儿说体己话，可是被子路听见了，子路又不舒服了。子路说，什么都是颜回好，可是"子行三军，则谁与"？如果老师您率领三军征战沙场，您跟谁一道呢？——子路有勇，并颇以此自负，心想打仗时老师您总该跟我一道吧。孔子就说："暴虎冯河，死而无悔者，吾不与也。""暴虎"就是徒手去打老虎，"冯河"就是徒步去涉江，像这样的人我是不会跟他一起走的。子路这个人性情很爽直，也很憨厚。孔子说话一般是很委婉的，但是说子路的时候他是说得比较严厉的。孔子继续说，必须是遇到事情谨慎戒惧，能够谋划成事的人，我才会跟着他一起去。"惧"就是一颗尊敬之心，必须要能够诚敬的那种人。这就是孔子对子路好勇，有勇无谋的一种批评。子路这个人是很率真的，对孔子也是相当好的，只不过他不是那么细腻，不那么能够体会老师的心，但是他对老师忠心耿耿。老师虽然经常说他，但还是很喜欢他。我们能够从语气当中感受他们关系的亲密。这一段孔子与弟子的对答，实际是对他因材施教的教学实践的记录。

🌀　子曰："富而可求也，虽执鞭之士，吾亦为之。如不可求，从吾所好。"

　　"执鞭之士"就是赶马的人，很低贱的人。孔子说：富贵如果可求的话，那么执鞭这种低微的事情我都要去做。如果不能够求得富贵,那还是依从我自己的心意去做事吧。这句话的深意是什么呢?孔子根本就是知道富与贵"于我如浮云"。第一孔子根本就不想求富贵,第二他也深深知道富贵之不可求得,"死生有命,富贵在天"。孔子既然知道富贵不可求,那说什么富贵呢?目的是让大家明白富贵是求不到的,以此强调富贵不能求。既然求不到,就随从我的喜好吧。也就是去求我的道,去治我的学,去"志于道,据于德,依于仁,游于艺"吧。

◎ **子之所慎:齐,战,疾。**

"齐"字,朱子解释的是"齐",有的注解解作"斋","斋,战,疾",其实都讲得通。孔子是无不慎,什么事情都是谨慎的,圣人是"乾乾然,夕惕若",随时都是谨记自己的。"疾"是生病,"战"是打仗,"斋"是斋戒。朱子讲,斋戒的时候要齐其心,使自己的心整齐,"齐其思虑为齐"。孔子什么事情都谨慎,可是为什么要特别提出三件事情来说,他为什么特别谨慎这三件事情呢?因为这三件事是国事,不是他自己的事情,是关系到国家兴亡、民族命运的事情。孔子认为有三种事情是家国大事,第一是祭祀,是关系天地、鬼神、祖宗的大事;第二是战争,战争关系到民族的兴衰存亡;第三是疾病,因为战争以后往往就是瘟疫,疾病也是关系到民族能不能生存的关键。这三件事情都是大事,所以孔子要特别强调谨慎。

◎ **子在齐闻韶,三月不知肉味。曰:"不图为乐之至于斯也!"**

这一句又是讲孔子的身教了。这是孔子对"游于艺"的形象阐述。孔子在齐国听了韶乐,这个韶乐是美舜的音乐。孔子在齐国听了韶这种音乐,"三月不知肉味"。三个月都不知道肉的味道了,足见韶乐的优美。在《八佾》篇里面孔子说"《韶》:'尽美矣,又尽善也'"。孔子说听了韶乐,三个月不知肉的滋味,没有想到啊,韶乐之美到这样的境界,可以忘我。孔子用肉来和音乐相比,可见在当时吃肉是件多么了不起的事情,古人把吃肉称为打牙祭,就是以肉祭祀牙齿,祭祀活动不是天天搞的,一年总不过两三次,所以用肉来祭牙齿也是非常少的,说明古人难得吃一回肉。三个月都忘记肉味,说明音乐的魅力比肉的魅力还要大。现在人无所谓了,天天吃肉,对肉不屑一顾了,可是当时不然。孔子说没有想到音乐的魅力达到这样的程度。这句是孔子在给他的弟子说音乐的重要价值,也说明韶乐确实太动人了。

◎　冉有曰："夫子为卫君乎？"子贡曰："诺，吾将问之。"入，曰："伯夷、叔齐何人也？"曰："古之贤人也。"曰："怨乎？"曰："求仁而得仁，又何怨？"出，曰："夫子不为也。"

这一段有一个很有深意的典故在里面。孔子周游列国来到卫国，卫国国君卫灵公娶了南子，南子当时掌握着卫国的朝政，卫灵公的嫡长子蒯聩（kuǎi kùi）欲谋杀南子，被卫灵公驱逐出卫国。卫灵公去世了，蒯聩的儿子出公辄继承了王位。蒯聩就想回到卫国来，做卫国的国君。但是出公辄不允许，不想让父亲回来。冉有问的就是这件事情。冉有想知道老师对这个事情是什么态度。"为"当"以为然"讲，冉有问子贡，老师对卫灵公的孙子继位的事以为然吗？赞成吗？冉有在问子贡，可见子贡与老师更亲近。子贡就说，"诺"，"诺"就是好，表示答应。我去问一问。子贡到孔子那里去，就问："伯夷、叔齐何人也？"伯夷、叔齐是什么样的人啊？因为按古礼君子到了别的国家不能非议那一国的大夫，何况是国君，故子贡没有直问，而引伯夷、叔齐为问。孔子答：伯夷、叔齐是古代的贤人啊。子贡又问：他们有没有所怨怒啊？孔子说：伯夷、叔齐两个都是求仁德而得到仁，又有什么值得怨的呢？子贡于是心领神会。师徒两个在打哑谜，明明是问的卫国国君出公辄的事情，他们都没说正题，都不就事论事，而说些题外话。出来以后，子贡对冉有说，夫子并不赞成出公辄啊。理解这段话的关键是伯夷、叔齐让国的故事，我以前讲过。孔子说这话的意思是，伯夷、叔齐都是让国的贤人，而出公辄连自己的父亲都不让，说明孔子对他是极不赞成的。子贡听懂了老师的意思了，就把这个话给回答了。这段话是从现实政治评判中展现孔子的价值标准。

◎　子曰："饭疏食，饮水，曲肱而枕之，乐亦在其中矣。不义而富且贵，于我如浮云。"

这一句要和《雍也》篇里的"一箪食，一瓢饮，居陋巷，人不堪其忧，回也不改其乐"联系起来看。这两句都是写孔颜乐处的，孔子和颜回乐什么？其实都是乐的一种人生境界。孔子说：吃着粗茶淡饭，喝着水，枕在手臂上睡觉，乐亦在其中啊。乐天知命，知足常乐，安详自在。"不义而富且贵，于我如浮云。"不凭道义得到的富贵，对于我来讲，就如天空中的浮云一般。这一句，大家自己体会就是了，他的意境，和前面讲的许多都是相似的，就是孔子的安详、自在、从容。

《述而》篇，是孔子教育思想的集中体现。两教：身教和言教。身教，就是孔子的状态。和"子之燕居，申申如也，夭夭如也"联系起来看。"申申如也，夭夭如也"是弟子对孔子生活状态的总结与描述。这一句孔子是对自己进行阐述，吃着粗茶淡饭，前面是山，后面是水，依山傍水，一间茅屋，住在里边，枕着手臂，在那里安详自在地生活,快乐在其中啊。中国历史上真正在生活境界上得了孔子道的人,真正地、深刻地领悟了孔子的精神,而且化在了生活当中的人是陶渊明。陶渊明在中国文化史上,地位是相当高的。陶渊明的诗文并不多,文章只有十多篇,诗赋百余篇,可是他的地位可以与司马迁、李白、杜甫、苏东坡、曹雪芹不相上下,甚至比他们地位还要高。这是为什么呢?因为他是真正得了孔子道的人。一篇《归去来兮》,整个魏晋南北朝,难有超过这篇文章的。陶渊明得了孔子的道,陶渊明说什么啊?"少无适俗韵,性本爱丘山。误落尘网中,一去三十年。羁鸟恋旧林,池鱼思故渊。开荒南野际,守拙归园田。方宅十余亩,草屋八九间。榆柳荫后檐,桃李罗堂前。暧暧远人村,依依墟里烟。狗吠深巷中,鸡鸣桑树颠。户庭无尘杂,虚室有余闲。久在樊笼里,复得返自然。"在陶渊明以前,中国没有真正的隐士。古代的隐士多是行在江湖之上,而心存魏阙之下。魏晋南北朝有一篇骈文,叫《北山移文》,这是一篇很有名的文章。就是讲有一个人,表面上做隐士,实际上沽名钓誉,心里面总是想着俸禄,想着做王侯。陶渊明不一样,陶渊明是真正地乐于田园生活,乐孔子之所乐。《归去来兮》就是讲的这种乐。"登东皋以舒啸,临清流而赋诗。聊乘化以归尽,乐夫天命复奚疑!"这两句话,就是陶渊明的"道出自然",是陶渊明所说的道。要说起来,陶渊明的诗更接近、亲近自然,是真正大自然的诗歌,那是出自天然。陶渊明诗中的意境正是对孔子"饭疏食,饮水,乐在其中"的精神状态的形象描绘。

☺ 子曰:"加我数年,五十以学《易》,可以无大过矣。"

对这一句历来有多种讲法。首先是对这个"无大过",一种说是对《易经》的研究可以没有太大的错误,一种说是人生可以没有太大的过错。其实这两种讲法应该是一个意思的两个方面,前者是理论研究的完成,后者则是人生实践的完成。其次是关于这个"五十"的问题,朱子说"五十"是"卒"字的误写,"加"应当"假"字讲,意思就是假如再给我数年的时间用以学《易经》,我就可以无大过错了。朱子认为这是孔子晚年时的人生感叹。另一种说孔子四十二岁自齐返鲁,开始修订、整理《诗经》《书经》《礼经》《乐经》,将这几经整理得差不多了,就想到再给我几年的时间,到五十岁把《易经》整理出来,则对易学的认识、理解与人生的行事方面都不会有太大的过错了。不管是哪种讲法都体现出《易经》的重要性与不易解读。《易经》乃伏羲画卦、文王制卜辞的一部古书,又用于占卜,故语言神秘古奥,哲理深邃,所以不易读。这也是孔子最后才整理《易经》的原因。《易经》内涵丰富,哲理幽深,讲天道宇宙的变化流行规律、天道人道的关系,以及吉凶消长之理、进退存亡之道,所以真正读透了这部书,就能深刻洞察天理人事,知晓人生大道,不至再犯人生的大错。但要具备孔子这样的智慧与修为才能不犯大错，足见人生要寡过是多么的难呀。清末大翻译家林琴南老人去世前给自己做了副挽联就是："遂心唯有看山好，涉世方知寡过难。"可见孔子的可"无大过"的感叹是有永恒性的。这一句话是《论语》中讲到《易经》的两句话中的一句，值得大家注意。相传孔子读《易》，韦编三绝，"韦"就是牛皮筋，就是说孔子读《易经》，把穿连《易经》竹简的牛皮筋都读断了三次，可见孔子读《易》是下了苦功的。后来孔子将《易经》的思想提炼出来，作《易传》十篇，这可以说是孔子读《易》的伟大成果吧。今人若是舍去孔子的《易传》，恐怕更是无法解读《易经》了。孔子读《易》对他"知天命"、"耳顺"、"不踰矩"的人生境界的不断提升有至关重要的作用。

◎　子所雅言，《诗》、《书》、执礼，皆雅言也。

这句话的关键是"雅"字。于此"雅"字古来有两种说法。朱子讲作"常"，意思是孔子常说《诗》、《书》。"执"当"守"字讲，也常说要守礼。礼不是单用来诵读的，必须要按礼所规定的去做，故言守礼。《诗》可以陶冶人的性情，《书》是讲治国平天下的。学《诗》在于完成自己，学《书》则是要为国为民。个人的完成与家国的泰平都是儒家的追求，而个人的完成与家国的泰平都必须以守礼、遵循礼法为原则，故而《诗》、《书》、守礼都是孔子所常说的话。这也可看出孔子教学的核心就是《诗》、《书》、《礼》。另一种讲法把"雅"字当雅言讲。雅言就是指的官话，官话也就是当时官方规定的通用语，相当于现在的普通话。按这个讲法，这句意思就是孔子平时说话用鲁国的方言，但在诵读《诗》、《书》和赞礼的时候就用当时的普通话。按这种讲法，孔子讲课或谈到诗、书、礼都是用官话，足见孔子对诗、书、礼的高度重视。

◎　叶公问孔子于子路，子路不对。子曰："女奚不曰：其为人也，发愤忘食，乐以忘忧，不知老之将至云尔。"

叶(shè)公，是当时楚国的一个人。他问子路，孔子是一个怎么样的人呢？子路说不出来了。他虽然与孔子很亲近，但是要用一句话来概括老师，就不知道怎么说了。因为子路和孔子很亲近，所以孔子就说他，子路啊，平时你说话比谁都快，这下别人问你，你老师是个什么样子，你说不出来了。"女奚不曰"，"女"当"汝"字，表示你。"奚"当"何"字讲，你为何不说呀？你说不出来，我来教你，你应该说，我老师他这个人呀，"发愤忘食，乐以忘忧，不知老之将至云尔"。这句话很重要，发愤读书，忘记了吃饭，快乐而忘记了忧愁。没有学成之前是发愤忘食，学成之后是乐以忘忧。因为乐以忘忧所以不知自己将要老去，一般人都惧怕自己衰老，连衰老都已忘记，那就是真正得道后超然忘我的自由境界，生老病死都不能影响自己的本心了，这才是孔子所达到的生命境界。

⊙ 子曰:"我非生而知之者,好古,敏以求之者也。"

孔子说,我不是一个生下来什么都知道的人。什么叫"生而知之"?一生下来什么都知道的人叫生而知之,有生而知之,有学而知之,有困而知之。有生下来什么都知道的,有学习以后才什么都知道的,有遇到困惑以后才学习、才什么都知道的人,有困而不学,遇到疑难都不学的人。这几种人《论语》里都讲到了。既然孔子说他不是一个生来什么都知道的人,那他怎么那么有学问呢?大家注意,孔子是他那个时代最博学的人,孟子说:"夫子之学集大成者也。"孔子这么渊博的学问从哪里来啊?好古而来。这是很重要的,《述而》篇开篇第一句就是"述而不作,信而好古",孔子是好古的。中国儒家的读书人都是好古的,好古是中国文化一个重要的特点,也是我们中华民族五千年屹立于世界民族之林的重要原因。好古就会更尊重历史,更尊重传统。如果我们不好古,不尊重历史,我们的历史文化早就断代消亡了,岂能五千年延绵不绝?世界上那么多文明古国,不是都断代的断代,灭亡的灭亡了吗?我们民族有好古的传统,而第一个对这个传统自觉,并将它形成一种哲学思想的就是孔子。"信而好古"正是对这种思想的理论概括。正是由于孔子好古,他才努力地去学习古代文化,努力地把他以前的圣人的文化,全部继承下来,这个好古客观上就起到了继承传统的作用。因为好,所以去学,学就是一种继承。孔子好哪个?孔子好周公。周公以前呢?武王、文王。武王、文王以前呢?商汤。商汤以前呢?大禹。禹以前呢?大舜。舜以前呢?尧。尧以前呢?黄帝、炎帝、伏羲。孔子是有意识地、自觉地去吸收、去学习、去继承他以前的历代文化,去继承他以前的历代圣王的智慧,所以孔子是他那个时代最博学的人。其他人也许好古,但没有自觉,所以是支离破碎地学一点,不成体系。孔子是有意识地、系统地学习继承,所以他成了人们以为生而知之的圣人。同学们,你们要想有学问的话,必须好古。要对前代文化、历史进行深入的学习,体会。只有你喜欢它,才会去学习它,研究它。只有学习、研究,你的知识学问才会广博起来。你好古就会去研究,古人为什么要穿这个衣服啊?这个衣服有几个扣子啊?没有扣子以前又是怎么穿起来的?你就会想,古代的衣服是几层啊?有没有内衣啊?你越想,问题研究得越深入,学问就越广大。"敏以求之者也","敏"当"勤敏"讲,就是要用勤敏的态度来学习古文化。光好古还不行,还需要勤奋的态度,敏捷的行为。学问浩如烟海,如果不勤敏地学习,也好不了多少,是叶公好龙。孔子为什么学集大成?一是因为他好古,二是因为他勤奋。好都不好,自然不会去勤奋学习,只好不勤奋,那也是假好,所以好古是前提,敏求是方法。有了前提和方法,学问就集大成了。孔子的学问是怎么来的,这一句话里明确地告诉了我们,也为我们治学指明了道路。

◎　子不语怪、力、乱、神。

孔子不说怪、力、乱、神这四种情况,这里的"不语"也不是从来不语,是指的不多讲,孔子很少说关于怪、力、乱、神这四种情况。我们把这四种情况的对立面找出来,就能知道孔子重视什么,轻视什么了。怪的对立面是常,怪异的就和正常的相对。力跟德相对,以力服人者霸,以德服人者王。治和乱相对,治世和乱世,治理好了的就是治,治理不好的就是乱。神和人相对。反过来说,孔子好谈常、好谈德、好谈治、好谈人。所以孔子的常说首先是站在人的立场上,谈人生的问题,儒家的学问都是讲人生的,都是关于人伦道德的问题。孔子一生是希望出现太平治世、太平盛世,不希望有乱世,所以孔子谈治而不谈乱。春秋以后就是乱世,这是孔子所深恶痛绝的,他希望出现周朝的盛世。孔子强调德行,不强调力量,所以孔子谈德而不谈力。孔子讲常,是行常道,而不讲非常道。常道就是日常生活人伦德行之常,所以孔子谈常而不谈怪。这一段反映了孔子教学的主要内容,也是孔子所重视的内容。

◎　子曰:"三人行,必有我师焉。择其善者而从之,其不善者而改之。"

这句话体现了孔子重要的教育观、教学思想,就是向群体学习,这是很重要的。孔子的学问就是向群体学习的,不是向某一个人学。向群体学习,整个社会的人都是我们的老师,为什么这样讲呢?因为整个社会当中的人,好人是我的老师,所谓"见贤思齐";不好的人也是我的老师,"见不贤而内自省也",可以内思反省自己。好人做我的老师,我向他看齐,学习自己不具备的德行;不好的人,我以他为反面教材,来反观我自己的言行。

◎　子曰:"天生德于予,桓魋其如予何?"

这一句要和第九篇《子罕》里的一句联系起来看。这一句表现了孔子在危难关头对自己道德的自信。孔子说,老天把德生给了我,使我具备了这样的仁德,那么"桓魋其如予何"?意思是桓魋又能拿我怎么样?桓魋(tuí),是当时宋国的一个司马,司马就是掌管军事的官。"如予何","予"就是我,桓魋能把我怎样啊?当时桓魋想害孔子,孔子有一种自信,所谓时穷节乃见,就是对道德、人伦的自信,到了危急的时候,那种底气就流露出来了。第九篇《子罕》里有一句话:"文王既没,文不在兹乎?天之将丧斯文也,后死者不得与于斯文也;天之未丧斯文也,匡人其如予何?"这两句的境界是完全一样的。孔子周游列国走到匡国的时候,匡国人把孔子当成了阳虎。阳虎曾经危害匡国人,匡国人非常仇恨阳虎,因为孔子长得高高大大,跟阳虎很像,匡国人就把孔子当成了阳虎,要杀他,在这种危难的情况下,孔子说出了一句很重要的话,他说:文王已经去世了,文王的道德今天在哪里? 不是在我孔子这里吗? 如果老天要断绝文化的话,我孔子哪里还会听闻圣人的大道呢? 如果天不断绝中国文化的话,几个匡人又能把我怎么样呢? 他们就能把我杀掉吗? 孔子的自信,对中国文化的自信,对道的自信,在这两句话中都有生动的体现。中国文化能数千年不灭,直到现在,与这种自信是息息相关的。今天,在西方文化日盛的情况下,我们中国文化难道就会断绝,东方文化就会断绝吗? 不能,因为它有一种自身的完美性。"天生德与予,桓魋其如予何?"老天既然生了我这样的德行,一个桓魋又能把我怎么样呢? 后来李白诗中"天生我材必有用,千金散尽还复来"的自信就是从孔子的思想里边来的,一种对于道德,对于自己的才德的自信。既然道德可长存于世,那么我孔丘就是以身载道,自然可长存于世。这也是孔子自觉的道德责任感的体现,也是孔子的身教。

子曰:"二三子以我为隐乎? 吾无隐乎尔。吾无行而不与二三子者,是丘也。"

这是孔子对学生发的一点感慨。可能他的门生里有人说,老师自己这么了不起,但教给我们的不多,是不是有隐瞒? 孔子听到以后,就这个问题发表了看法。"二三子"指学生当中的一些人,学生中有些人说我有所隐瞒,说我没有把学问都传给学生。实际上我是没有隐瞒的,我一点儿都没有隐瞒,我没有一点儿行为不是坦坦白白表现在你们面前,这就是我孔丘啊。这是孔子所说的身教。我的行为,做的每一样事情,都是在你们面前当着你们做的,没有哪一样事情是背着你们做的,我的行住坐卧,"申申如也,夭夭如也",都展现在你们面前,我并没有隐藏啊。所以古人认为好的老师身教胜于言教。学生从老师生活的点点滴滴中就可以学到很多东西。这一句指出学生应懂得如何从老师的生活中去学习。由此也知道孔子是用自己的一言一行在教学生。

子以四教:文,行,忠,信。

孔子用四种德行来教育学生,哪四种呢? 文,行,忠,信。这四个字顺序应该倒过来,文和行是指形式,忠和信是指内容,内容与形式的关系。信,就是守信用,一个人能守信用,他就能够忠。忠就是竭尽全力。他能守信用,就能竭尽全力为别人办事,有信才有忠。有忠心才有去为别人办事的行为。光有行为还不行,行为还必须有所修饰,有礼有节,行为当中展现出一种礼节,就叫文。行为有了修饰就叫文。比如说,我对你守信用,所以我就对你很忠诚,我这个忠诚的行为要表达出来,你的杯子掉到地上了,我就帮你捡起来。但是你用什么办法捡起来呢？有的人捡起来，呼地扔到桌子上，这也是行为，但是这个行为不文。虽然信也有了，忠也有了，行也有了，可是文不够。捡起来了，你应该端端正正地放在桌子上，这个行就是有文的行，有修饰、有礼节的行为。另一种讲法，文指文献典籍，指知识；行是社会生活实践；忠指人所存之心；信指人所展现的行为，也就是知与行要合一的问题。

子曰："圣人，吾不得而见之矣；得见君子者，斯可矣。"子曰："善人，吾不得而见之矣；得见有恒者，斯可矣。亡而为有，虚而为盈，约而为泰，难乎有恒矣。"

孔子说：圣人我没有见到过，能够见到君子已经是不错了。"斯"，当"这"字讲，"斯可矣"，表示这个就可以了。孔子又说：真正善良的人我没有见到过，能够见到有恒心的人就算是可以的了。这四句是递进关系，也像"文，行，忠，信"一样顺序是倒过去的。只有有恒心的人，才能进而为善良的人。一个人如果连恒心都没有，他就不可能成为一个善良的人，因为善是从生活的一点一滴里流露出来的。不是说今天你想善了就善，明天你不想善了就不善。《易经》里有一卦叫恒卦，专门讲恒的问题，所以有恒心的人，他才能进而为善人。只有善良的人才能进而为君子，君子再进一步，才能为圣人，是层层递进的。孔子说这个话就是警醒人：要成为圣人，要从哪里做起？从有恒心做起。只有有恒心，才能终而为圣人。"亡而为有，虚而为盈，约而为泰，难乎有恒矣。""亡"，同"无"。明明没有的，你要说你有，不懂装懂；明明是空虚的，你说你已经满了。"约"，简约，就是什么事情都还没做好的时候，你说你已经做得很好了，这样的人是难以有恒心的啊。为什么难于有恒？因为这样的人是虚假的。在虚假的情况下，他是不会有恒的。有恒心的人和圣人之间还有很大差距，但是没有一个圣人不是从有恒心而逐渐达成的。这是教人入德之门：从哪里入德？从有恒入德。

子钓而不纲，弋不射宿。

这句很有意思。孔子小时候家里贫穷，为了生活或者祭祀，也不得已做过一些钓鱼、打鸟的事。但他去钓鱼，"钓而不纲"，就是不用大网去网鱼，钓一条算一条。"纲"表示以大网网鱼。"弋"就是用绳子捆起飞镖打鸟，看到鸟在飞的时候，咻，绳子甩出去打在鸟身上。"不射宿"，孔子不打那些在睡觉的鸟。为什么呢？这些都是圣人仁爱之心的体现，因为睡觉的鸟没有防备，一打一个准。飞的鸟就没办法了，听天命了，所以孔子只打飞鸟不打睡觉的鸟，只钓鱼不网鱼。贫贱的时候不得已要射鸟、要打鱼，怎么办呢？他能够保持仁者的仁爱之心。孟子就说:"君子之于禽兽也,见其生,不忍见其死;闻其声,不忍食其肉。是故君子远庖厨也。"君子对于禽兽,看到它活着,就不想看到它死;听到它的声音就不想吃它的肉。这就是君子的德行。君子要远离厨房,因为在厨房里老听到动物的叫声,是故"君子要远庖厨也"。这一句也很能展现孔子的德行。对动物尚且如此仁爱,对人就可想而知。此虽小事,但尤能见出孔子的仁心。又是一例典型的身教。

⊚ 子曰:"盖有不知而作之者,我无是也。多闻,择其善者而从之,多见而识之,知之次也。"

孔子说,可能有什么都不懂却在凭空妄作的人,但我不是这种人。所以孔子提出来要"多闻,择其善者而从之,多见而识之"。跟从的人必须有所选择,要多听,多看,然后记在心里,选择好的向他学习,这样的人虽然比生而知之的人要次之,但也比什么都不懂却凭空妄作的人强。这是孔子在批评"不知而妄作"。可见这个风气自古就有。这是孔子教人如何积学养德。

⊚ 互乡难与言。童子见,门人惑。子曰:"与其进也,不与其退也,唯何甚! 人洁己以进,与其洁也,不保其往也。"

互乡是一个地名,相传互乡这个地方,民风刁蛮,很难与当地人讲善的事情。互乡有一个童子来求见孔子,孔子见了,门人对此理解不了,老师怎么去见那些坏人呢? 孔子见了南子,子路不满,这下老师又去见那些莫名其妙、不能教化的互乡童子,门人又理解不了。孔子就告诉这些不理解的学生,"与其进,不与其退也"。"与",就是赞许、称赞,称赞他们那种能够向善、向美的进步。他们只要愿意来向善,我们就肯定他、称许他这种向善之心。不是去肯定他们以前那种不好的行为。"唯何甚"就是何必要做得太过分呢? 他来见我,是要向善。我见他,是我肯定他这种向善之心。比如说犯人中有些人想改好,你说,这个李老师居然连犯人都要见。殊不知犯人来见我,是要向善、向美,只要他是向善向美的,我就支持他,肯定他这种行为。我见他,并不是在称赞他以前那些犯罪的行为,我是在肯定他那种向善向美之心。"人洁己以进,与其洁也,不保其往也。"人清洁自己,干净自己,我是赞美他的清洁,而不能保证他以前或以后是不是能同样的清洁。他现在完善自己来见我,说明他现在是好的。至于他以后会怎么样,这就很不好讲了。但是只要他现在向善,我们都肯定他。一个犯人出来了,他来见我,我称赞他向善的行为,至于他以后还犯不犯罪,我就不能保证了。但是从当下做起,当下对他鼓励和称赞,以后再说以后的事情。你现在都拒绝他,不称赞他,那么就是不给人家生路,把向善的道路给他堵死了。很多犯人出来以后,还是想重新做人,可是社会不给他们机会,犯人来应聘,不用。到处都不用他们,这是断绝人家的道路。他只要向善、向美,我们就肯定他、帮助他。这是孔子在解释他的教育思想——"有教无类"。这也足见孔子教育精神的伟大。

🌀　子曰:"仁远乎哉? 我欲仁,斯仁至矣。"

孔子对弟子们说,同学们啊,你们觉得仁德很遥远吗? 其实仁德并不远,我只要自己想立志求仁,那么仁就来了。只要你想有仁德,你就会按照仁德的要求一点一滴去做。做一点算一点,长期积累你就有仁德了。能不能仁,都在于自己,成仁由己,欲之则至,何远之有? 这段指出儒家教人,关键是教人要有向善之心,有了向善之心,身体力行,从身边事做起,仁德就在你身上充实起来了。

🌀　陈司败问昭公知礼乎? 孔子曰:"知礼。"孔子退,揖巫马期而进之,曰:"吾闻君子不党,君子亦党乎? 君取于吴为同姓,谓之吴孟子。君而知礼,孰不知礼?"巫马期以告。子曰:"丘也幸,苟有过,人必知之。"

这是讲的一段历史典故。当时鲁国的国君鲁昭公,娶了一个吴国的公主。分封诸侯的时候,吴国和鲁国都是周天子的同族,都是姓姬的一家人。按照古礼,同姓不能娶同姓。比如姓张的男子就不能娶姓张的女子,而鲁昭公恰恰娶了一个和他同姓的吴国公主,都是姓姬的,姓姬的男子娶了姓姬的女子,这是不符合周礼的。陈司败,司败是官名,就是司寇,掌管刑法的官。陈国的司寇就来问孔子,你们鲁昭公懂得礼吗? 孔子就说,知礼。孔子作为国君手下的人,他只能够说他的国君懂礼,他不能去乱说。孔子出去以后,"揖巫马期而进之",陈司败就拜了一下孔子的弟子巫马期这个人,巫马期走进去后陈司败对他说,我听说君子是不能结党的。你看"党"字,黨,上面一个"尚"字,下面一个"黑"字,崇尚黑就是党,小人才结党,君子是不结党的。他的意思是说,你们老师孔子是君子,他为什么也和鲁昭公结党,不敢正视他的问题呢? ——鲁昭公娶了同姓的女子,这是违礼的,他却说他知礼。按春秋时代规定,国君夫人的称号一般是在她的出生国的国名上加她的姓,吴孟子应称吴姬,为隐瞒真相故不叫吴姬,而叫吴孟子,孟子是吴姬的名,称名不称姓,就是隐瞒她的同姓之亲。陈司败就说,如果这个鲁昭公都知礼的话,哪个不知礼呢? 巫马期回来就把这事给孔子说了。圣人就是不一样,他说:我孔丘真是有幸啊,如果有过错,人们都会知道并指出来。这个话说得很巧妙,其实他并没有过错,他说这个话是不得已。因为他作为鲁国的臣民,怎么能去诽谤自己的国君呢? 他明明知道这是怎么回事,但还是要为尊者避讳。

这是真正的懂礼,真正的大德。他明明知道自己受了冤枉,但是却不说自己冤枉,却说我真是有幸啊,我有一点儿过错,人家都要给我指出来。从这句话就能看出孔子的胸襟和气魄。即使是受诬陷、受委屈,仍然用一种很宽容的心态来面对。另外孔子也巧妙委婉地肯定了鲁昭公的非礼,孔子的智慧与仁德的身教在这里淋漓尽显。

子与人歌而善,必使反之,而后和之。

孔子和人唱歌,从这里可以看出孔子是很喜欢音乐的。他和人唱歌的时候,听到人家唱得好,必定请那个唱得好的人再唱一遍。以前唱歌是对歌,你唱一首,我唱一首,但是孔子只要听到人家唱得好的,就要请他再唱一遍,他才唱一首来配合人家。这说明孔子善于发现人家的长处,善于肯定人家的德行,并且善于学习,他要把人家的德行彰显出来,然后自己才来和之。由这件事可看出圣人的气象,善于学习,诚恳谦逊,同时彰显别人的长处。一件微小的事情,也是很多善事的集合,大家应该好好地体味这一句。这又是孔子的身教。

子曰:"文,莫吾犹人也。躬行君子,则吾未之有得。"

孔子说,在形式方面,穿着打扮、言行、知识学问方面我或许和别人差不多。"莫"当"或许"讲。但是要说真正的内容和德行我还做得不够。"躬行"就是身体力行,身体力行做君子,我还没有取得什么成就。这是孔子的谦词,也足见真正要成德不是件容易的事。

子曰:"若圣与仁,则吾岂敢?抑为之不厌,诲人不倦,则可谓云尔已矣。"公西华曰:"正唯弟子不能学也。"

这是孔子和弟子公西华交谈,孔子说,说我是圣人和仁者,我哪里敢当啊。只不过有两件事,就是"为之不厌,诲人不倦",这个我还敢当。"云尔"表示这样说,"可谓云尔已矣",意思是是可以这样说的。我向着仁德方向努力从不厌烦,我以此来教诲别人也从不疲倦,这两点是可以这样说的。公西华说,就是这两点,正是我们学不到的。这是孔子对自己的一个自我评价,孔子对自己的评价就是"为之不厌,诲人不倦"。不厌倦地向着仁德的方向努力,不知疲倦地教诲人也向着仁德的方向努力。这也是为什么孔子是万世师表的道理所在了。

子疾病,子路请祷。子曰:"有诸?"子路对曰:"有之。《诔》曰:'祷尔于上下神祇。'"子曰:"丘之祷久矣。"

孔子生病了,这是在孔子七十一岁那一年,已经病得比较严重了。孔子生病是因为发生了西狩获麟这样一件事。那一年，鲁国的西边出现了一只麒麟，子路跑去告诉孔子，孔子很高兴，就骑着马去看。半路上，子路又跑来对孔子说，老师，麒麟被打死了。孔子立刻从马上跌下来，七天七夜不省人事。子路很着急，在旁边祈祷，求神保佑——可见子路对老师相当好，老师有个三长两短，子路是最着急的。虽然他有些鲁莽，但他最心痛孔子——孔子醒来以后问，我听他们说你在给我祈祷，有没有这回事啊？"有诸"，就表示有这回事吗？子路说，是有这个事情，你生病的时候，我一直在给你祈祷。他连祈祷什么都说出来了。"诔"音lěi，是一种文体，向上天祈祷的祷文，哀悼死者的祷文也叫诔。"祷尔于上下神祇。"天上的神称为神，地上的神称为祇。子路说天神地神我都拜完了，只要是神我都拜，我不停地求他们保佑你。孔子听了这个话以后奄奄一息地说："丘之祷久矣。"我这个祷已经很久了，我天天都在祷。注意，祷是什么意思？古人说祈祷，祈是祈求，祷是忏悔。忏悔自己的过错，以求神灵的宽恕就叫祷。孔子说，我天天都在忏悔我自己，我忏悔了很久了，哪里需要你来临时抱佛脚啊。其实孔子是借此说子路临时抱佛脚，平时从来不祈祷，我这会儿病了你就祈祷，哪个神灵会保佑你呢？所以我孔丘天天都在反省我自己，天天都在忏悔。这一段是很动人的，可以看出孔子师徒俩感情很深，很能够看出子路对孔子的真心，看得出子路的性格，同时也能看出孔子的情操，随时随地都在反省自己。

子曰："奢则不孙，俭则固。与其不孙也，宁固。"

这个句式在第三篇《八佾》里出现过，"礼，与其奢也，宁俭；丧，与其易也，宁戚"。这一章又出现这种句式。"孙"，同"逊"。"固"，简陋、寒酸。孔子说，一个人过于奢侈就会不谦逊，一个人太节俭了，又会显得寒酸。奢和俭都不中道，一个是过，一个是不及。奢是超过了，俭是达不到。但是这两种行为比起来，是与其奢侈，还不如寒酸一点。就过和不及而言，宁愿不及，也不愿意过。

子曰："君子坦荡荡，小人长戚戚。"

"荡"就是平坦、宽广。"戚"是多忧多虑，患得患失。孔子说君子心胸宽广，随时都见得光明，见得天地日月，所以就是坦坦荡荡；而小人整天眼睛咕碌碌转，心里有鬼，就是愧，因此多忧愁，长戚戚。这是君子与小人的两种不同的精神状态。君子做事皆合天道故不忧，小人行事皆依私欲故多忧戚。

子温而厉，威而不猛，恭而安。

这一句是第七篇的总结，和第一句相照应。孔子是温和而严厉，威严而不凶猛，谦恭而安详。这是孔子身教的核心思想。温和而严厉是孔子的圣人之态，后来子夏说孔子是"君子有三变：望之俨然，即之也温，听其言也厉"。意思是说真正的君子，你看他很严肃的样子，你靠近他就觉得很温和，你听他说话觉得他很严厉，这是真正的君子。孔子是在温和中透着严厉，威严但并不凶猛，谦恭而且安详。这一段最能展现孔子的德行，孔子的圣人气象，也是通过圣人的德行来教育人。

孔子是中国最伟大的教育家，被誉为万世师表，而孔子之所以成为伟大教育家，其核心思想正在这一篇。这一篇从孔子传承学问的思想，到他具体的教学方法、教育步骤、教学内容、教学目的、教学精神都作了详细的阐述。而且言教、身教并举，在阐述思想的同时结合孔子自身的诸种行为及教学实践加以描述，让孔子的教育生动形象地展现出来。第七篇意义重大而深远，当仔细玩味。

泰伯第八

第八篇主要讲儒家学问的传承,既有历代圣王的记录,又有曾子言行的记载。孔子之学,集历代圣王思想学说之大成,曾子又是孔子的传人,因此本篇上述尧舜,下记曾子。孔子是中国文化承前启后的伟大圣人,而这承前与启后的伟大在这第八篇中都有深刻反映。也正由于第八篇上述尧舜,下记曾子,还有曾子临终时列举出的孔子用以说明做人的道理的一些语录,故而时空交错,不太易懂。

子曰:"泰伯,其可谓至德也矣! 三以天下让,民无得而称焉。"

开篇讲先贤泰伯。泰伯是什么人呢? 周文王的祖父古公亶父生了三个儿子,大儿子叫泰伯,二儿子叫仲雍,三儿子叫季历。季历的儿子就是周文王。文王的儿子就是武王和周公。武王的儿子是周成王。在泰伯的时代,商朝就已经开始出现混乱,开始衰败了,古公亶父就想攻打商朝。他的大儿子泰伯不支持他去攻打商朝。因为泰伯认为,你是商朝的臣子,你怎么能去攻打你的国君呢? 当时认为弑君犯上是很有问题的。泰伯的品格和谁很相似呢? 跟伯夷、叔齐他们的品格是一样的,反对做臣子的去攻打国君。由于泰伯不支持父亲去攻打商朝,因此古公亶父不愿意把王位传给泰伯。泰伯不赞成父亲的观点,所以他也推辞接受王位。"三以天下让"的"三"表示多次,泰伯多次把天下让出来,他自己和仲雍逃到了吴国,成为吴国的始祖。由于泰伯的推让,他父亲就把天下传给了季历。季历的儿子就是文王,文王开始伐纣。文王去世后就是武王,建立了周朝。泰伯是古代让天下的一个典型。在《史记》里边——大家一定要注意《史记》的精神——《史记》十二本纪、三十世家、七十列传都是以禅让开篇。十二本纪第一篇《五帝本纪》讲尧舜禅让;三十世家的开篇是《吴太伯世家》,是讲泰伯让国;七十列传的第一篇《伯夷列传》,是讲伯夷、叔齐让国。所以《史记》是弘扬谦让、礼让精神的。泰伯是孔子很赞许的能够禅让的圣人。孔子说,泰伯可谓至德也矣。

至德就是道德的极点。泰伯这个人的道德达到了极致,多次把天下让出来。"无得而称"就是说泰伯非常谦虚内敛,即使有崇高的德行也毫不表露,所以老百姓都找不到可以称赞泰伯的事迹。太好了,简直称赞不出来了。孔子称赞泰伯,称赞伯夷、叔齐,足见孔子的价值取向。

🌀 子曰:"恭而无礼则劳,慎而无礼则葸,勇而无礼则乱,直而无礼则绞。君子笃于亲,则民兴于仁;故旧不遗,则民不偷。"

"葸"读 xǐ,表示畏惧的样子。"绞",表示急切。孔子说,恭敬不以礼来节制就是徒劳;谨慎不以礼来约束人就会变得畏惧,胆小怕事;勇敢的人无礼的话,就会作乱;直率的人如果无礼,就会急躁伤人。这是孔子说人应该有恭慎勇直四德,但又有应该注意的地方。恭敬,你必须要以礼来恭敬,是什么人按什么礼节恭敬。比如,老师对学生过于恭敬了,见了学生就磕头,这样就是恭而无礼,徒劳无功,甚至适得其反。"恭近于礼,远耻辱也。"前面讲过了。你恭敬而不近于礼的话,你会自取其辱。过于谨慎的人就会畏惧,什么都畏惧。一般来说,谨慎是正确的,但是过于谨慎,什么都怕,这就不行了。比如这里叫"开饭了",人家都去吃饭了,你却在这儿谨小慎微,担心这饭有毒没有,能不能吃,这不是庸人自扰吗?有的人过于勇敢,但是无礼就会作乱。一个人率直,什么时候都直爽,就会急躁。所以对恭、慎、勇、直这几种品德必须加以约束才是完美的,才能够达到中和。礼是使人达到中和、中庸的重要手段。接下来"君子笃于亲,则民兴于仁;故旧不遗,则民不偷"。"偷",薄,"不偷"即不薄。这里的君子是指统治者、领导者。在《论语》里"君子"有两种指向,一是指有德行的人,一是指在上者,即领导、统治者。这句话的意思是做领导的人能够诚实地、笃厚地对待自己的亲人,那么老百姓就能兴仁。"兴"就是立,就是树立起一种仁德,建立起一种仁厚的品德。做领导的人能够不忘自己的邻里、故人、老同事、老朋友,百姓就不会刻薄,也就会重恩重德,也会厚道。多年以前的人你都还能够时时忆念他、怀念他而对他好,这就是一种感恩,是内心诚厚的表现,仁德的表现。做领导的能这样,民风也就会仁厚。

以下接连五句都是记曾子的言行。曾子是孔子所有弟子里边年龄最小的一个。孔子死时曾子才二十六岁,孔子的学问是曾子传下来的,曾子最讲孝德。《孝经》就是曾子著的。下面记的这几段已经是曾子晚年的事了。

☯　曾子有疾，召门弟子曰："启予足！启予手！《诗》云：'战战兢兢，如临深渊，如履薄冰。'而今而后，吾知免夫！小子！"

曾子生病了，临终时就把自己的门人弟子召集起来，叫弟子们看自己的手、脚。你们看看我的手，看看我的脚，有没有伤口啊？断了手指头没有啊？断了脚趾没有啊？"予"就是我。"启"即是打开衣服。《诗》云：'战战兢兢，如临深渊，如履薄冰。'"这句话大家一定要好好体会一下，这句出自《诗经·小雅》。战战，表示恐惧。兢兢，表示谨戒。曾子引用这句话说自己一天到晚都小心翼翼的，好像面临深渊，好像踩着薄冰一样。薄冰踩上去，一不留神，冰破了，人就掉进水里边了，所以在薄冰上走路是小心翼翼、战战兢兢的，这是种很警惕的样子。从今以后，我可以免除这种"战战兢兢，如临深渊，如履薄冰"的状态了。说这句话曾子要表达什么呢？《孝经》开篇曰："身体发肤，受之父母，不可毁伤，孝之始也。"你的头发、你的肌肤，你身体的任何部位都是你父母亲给你的，你不要去轻易毁伤你的身体，这就是孝的发端。一个人到死的时候，身体保存得很完好，没有受任何损伤，这很难得，很不容易。曾子为了保护身体不受伤，耗尽了一生的精力，一生都"战战兢兢，如临深渊，如履薄冰"，现在要死了，可以松一口气了。为什么呢？我可以全身而死，所以"而今而后，吾知免夫"。我可以免于这种小心谨慎和恐惧了。小子们，你们知不知道啊，要保存身体，不容易啊。存身尚且不易，存心就更难。要保存自己的身体不受侵害，你就要随时爱惜自己的身体，稍有冷暖变化就要注意加减衣服，这才是"真正的孝"。我曾经在贾平凹先生主编的杂志《美文》上读过一篇散文，叫"我本英雄"，说人到要死的时候，每个人都是英雄，为什么呢？因为一个人能走完一生，太难得了，你要保存你自己是很难的。活着的人不觉得，全手全脚的人不觉得，你走到街上，一不留神出车祸了，被撞翻了，要么断手断脚，要么就丧命。你坐在屋里边不动，你说保护得很好啊，可是天花板掉下来了。在下雨天你打着伞在路上走，一个雷把你打死了。你坐在屋里，门窗都关了，什么都保护得很好，天花板也是好的，不会掉下来，什么都很注意，结果地震，把你震下去了。还有各种各样的疾病，各种各样的意外事件都会对人体造成伤害，所以每个人，只要把自己保存完好，都是英雄。程子曰"君子曰终，小人曰死"，君子的去世叫终，什么叫"终"？就是把你身体保护完好直到终点，这就叫终。这下子我可以免于祸患了，我把我的身体保护好，我这一生的使命算是完结了，可以松一口气了。就像我们保护一件国宝，押镖，从成都押到云南，这一路上是不是"战战兢兢，如临深渊，如履薄冰"啊？生怕宝被人偷了，生怕被人家抢了，现在到了昆明了，把这东西交到人家手里，"吾知免夫"，哎呀，我可以放心了，可以安心了，可以松口气了。所以全身尚且不容易，更不要说全心了。要保全自己的身心,这才是这一段话的深意。大家都要保护好自己的身体,保护好自己的本心,要"如临深渊,如履薄冰"般地对待自己的身心。

🌀 曾子有疾,孟敬子问之。曾子言曰:"鸟之将死,其鸣也哀;人之将死,其言也善。君子所贵乎道者三:动容貌,斯远暴慢矣;正颜色,斯近信矣;出辞气,斯远鄙倍矣。笾豆之事,则有司存。"

曾子生病了,孟敬子是鲁国的大夫仲孙氏,他来探问曾子。曾子就说:"鸟之将死,其鸣也哀;人之将死,其言也善。"这些常用语大家都很熟,其实这些话都是出自《论语》。这是曾子临终的遗言了。鸟儿的叫声是很好听的,各种各样的鸟叫声都不一样。以前我养了一只杜鹃,可爱得很,而且很通人性——杜鹃催春有一个故事,相传古蜀国王杜宇王死后化作杜鹃,年年春天泣血哀鸣,催农民出来耕种。杜鹃的叫声是"布谷谷……布谷谷……",很好听——后来有一天下午,一条蛇从屋檐下爬出来钻进鸟笼子里,把鸟缠死了,死前杜鹃发出悲哀的叫声,确实是"鸟之将死,其鸣也哀",这只杜鹃就这样子死去了,太可怜了。"人之将死,其言也善。"即使是很坏的人,他要死的时候,也会说出善良的话,也会忏悔自己的过去。巴金老人的"激流三部曲"《家》、《春》、《秋》中《家》里边写了一个高老太爷,塑造了一个封建大家庭里的最高权威的形象。他临终时就体现了"人之将死,其言也善"。他的大孙子觉新跟梅表姐相爱,老太爷说不行,硬把他们拆散了。结果梅表姐嫁给一个"肺痨病","肺痨病"很快就死了,梅表姐郁郁寡欢,不久也去世了。二孙子觉民和琴表妹相爱,老太爷也不准,要另外指一门婚事。觉民不像大哥觉新那么软弱,逃婚,跑了。这下子老太爷生病要死了,临死的时候,高老太爷就把三孙子觉慧叫来说,觉慧啊,你给你二哥说,叫他回来吧,爷爷不再管他的婚事了,只要他回来见爷爷一面,爷爷只想临终前能看看孙子,享享天伦之乐。这就是人之将死,其言也善。有些人他活着时候很可恶,可是到临终的时候,也说出很善良的话来。接着,曾子又说"君子所贵乎道者三:动容貌,斯远暴慢矣;正颜色,斯近信矣;出辞气,斯远鄙倍矣"。君子对于大道,最视为珍贵的有三点。他前面说人之将死、鸟之将死的目的是表明他要临终了,现在说的这个话很重要。那么他说的重要的话是什么呢?就是"君子所贵者三",君子所最看重的是哪三点呢?就是"动容貌"、"正颜色"、"出辞气"。不过我认为这只是曾子对孔子思想的理解,不一定是孔子的思想,是曾子理解的孔子思想。"容",就是仪容、外貌。曾子说,君子首先要看他的外貌、气象,这是很重要的。"暴",就是粗暴、放肆。一个人,你过于邋遢,就会显得粗暴、放肆。你只有端正容貌,才会远离粗暴和放肆。"正颜色",颜就是指的容颜,色是指的脸色,就是指的表情。随时都从容、安详、镇定,这样子就接近于诚实守信。一个内心很诚厚的人,他的表情总是很纯正、温和的。随时都挤眉弄眼的那种人,肯定是巧言令色,不会讲诚信。"出辞气",就是排除,君子说话时一定要把语言里边这些内容排除掉,不要在言辞里带着怒气、怨气,带着仇恨,带着不满,夸大其词,要除去这些东西。只有除去这些东西,语言才能远离鄙俗。"倍"通"背",表示违背。"笾豆之事",笾和豆都是指的礼器,祭祀的用具。这里指祭祀或礼仪方面的事情。有司就是有专门的机构。意思是什么呢? 君子要搞好你自己内在的修养、外在的仪表,至于那些礼仪、祭祀之事自有特定的机关来管理。曾子很讲究形式,君子要有端庄的外表,要有庄重的神色,说话要文雅和气,只有这样才能达到外表与内心的和谐。

曾子曰:"以能问于不能,以多问于寡;有若无,实若虚,犯而不校,昔者吾友尝从事于斯矣。"

"校"同"较",是计较的意思。"以能问于不能",自己有能力却去请教那些没有能力的人;"以多问于寡",自己知识学问丰富却向那些知识学问少的人请教;"实若虚",自己有本事却像没有本事的样子,自己知识学问很充实却表现得很谦虚。"犯而不校",即使人家冒犯了你、冤枉了你、委屈了你,也不与之计较。曾子说,这样的品格,曾见于我的朋友。这个朋友指的是颜回,只有颜回才有这样的品格。这是曾子晚年的感叹,此时颜回去世大约有四十余年了。

曾子曰:"可以托六尺之孤,可以寄百里之命,临大节而不可夺也。君子人与? 君子人也。"

"可以托六尺之孤",可以把小孩托付的人。古人说,七尺男儿,或者八尺丈夫,七尺、八尺是指成年男子,六尺是指未成年人。孤,无父之人为孤。"可以寄百里之命",就是可以把国家命运委托给他的人,在《三国演义》里边就有白帝城托孤。刘备把阿斗托付给诸葛亮。诸葛亮这样的人就是可以托六尺之孤的人。可以寄百里之命,把方圆几百里的西蜀托付给诸葛亮。刘备说,可扶则扶之,不可扶则取而代之。刘阿斗能够扶则扶他起来,他扶不起来,你就取而代之。但是诸葛亮鞠躬尽瘁,死而后已。他具有可以托六尺之孤、可以寄百里之命这种气魄、这种胆量和这种忠心。"临大节而不可夺",什么叫大节? 死生之谓大节也,一个人到了生死存亡的关头,还能够不改变他的志向。曾子说,君子就是这种人吗? 君子就是这种人啊。一个"与",一个"也",前者表示疑问,后者表示肯定。自问自答,这是强调君子是什么人:君子是"可以托六尺之孤,可以寄百里之命,临大节而不可夺"的人,这就是君子。所以诸葛亮可以算是君子了:辅佐朝政、运筹帷幄,还是真正有操守的人。

◎ 曾子曰："士不可以不弘毅,任重而道远。仁以为己任,不亦重乎? 死而后已,不亦远乎?"

曾子说,读书人"不可以不弘毅","弘",宽广的胸怀;"毅",坚韧的毅力。读书人必须有宽广的胸怀和坚韧的毅力。有宽广的胸怀就能承载重大的责任;有坚韧的毅力就能不屈不挠地追寻理想。宽广的胸怀可以负重,坚韧的毅力可以至远,从而任重而道远。君子是载道的人,要有宽广的胸怀才可以载道。"仁以为己任,不亦重乎? 死而后已,不亦远乎?"以仁德作为自己的责任,这不是很重的吗? 能够到死才停止,这不是道路很遥远吗? 正因为如此,所以君子必须要胸怀宽广和意志坚毅。弘是你的心胸、气量;毅是你忠贞不贰的志向,守得住,至死不渝的意志。

◎ 子曰:"兴于《诗》,立于礼,成于乐。"

这是孔子很重要的教化思想。诗歌的语言简短,朗朗上口,所要表达的意思在抑扬反复之间就深入人心。诗歌是言情的,以形象言情,人最容易被形象所感动,形象容易引起人的情感。因此诗能使人们向往真善美,净化人的心灵。中国古人对幼儿进行教学,首先是教他读诗,用诗来感染他。兴于《诗》,"兴"就是起,引起人的情感,把那种美好的情感引发出来。"双双瓦雀行书案,点点杨花入砚池。闲坐小窗读《周易》,不知春去几多时。"多美的景象,兴发人的美好情感。"鹅,鹅,鹅,曲项向天歌。白毛浮绿水,红掌拨清波。"你看,清幽幽的溪水中游弋着雪白的鹅群,红红的脚掌在碧绿的水中时隐时现,多美的形象,多美的诗,引发出人们对生活无限的热爱。"立于礼",用礼来使自己立起来。小孩先学诗,再学礼节。所以颜回说孔子"博我以文,约我以礼"。夫子用文来广博我的胸襟,用礼节来约束我,使我的行为有所规范。什么时候该站,什么时候该坐,看到什么人该行什么样的礼。礼其实就是一种形式。礼节可以使人的肌肤、筋骨都有所收束,能够使人坚固起来,知进知退、知收知放、堂堂正正立于世上。"成于乐",孔子很通音乐,他把音乐作为教学工作的最后环节,以音乐来比拟人的最高境界的完成。这里我给大家介绍一下古代的音乐常识。在古代,音乐有五音十二律,这五音是宫、商、角、徵、羽。人们常说某人五音不全就是出自古代音律规范。我们现在的音乐是七音。比照起来看,宫就是 do,商就是 re,角就是 mi,徵就是 so,羽是 la,没有 fa 和 xi。后人又补了两个音:变宫和变徵。变宫就是 xi,变徵就是 fa。十二律是古人用十二根长短不一、粗细不一的竹管,从低到高吹出的十二种音,以此来判定音高。其中阳数的一、三、五、七、九、十一称为律,阴数的二、四、六、八、十、十二称为吕,是故又称为十二律吕。十二律吕的名称分别是:黄钟、大吕、

興於詩

共龢國五十八年暮
春李里繪於天人軒

兴于诗。共和国五十八年暮春李里绘于天人轩。

太蔟、夹钟、姑洗、中吕、蕤宾、林钟、夷则、南吕、无射、应钟。古人讲声、音、乐,有所不同。声,人有喜怒哀乐,故而发出的声音就有清浊高低。当你快乐的时候,发出的声音是清音,比如看到天气很好,发出"啊",是清音。内心很痛苦,很不舒服的时候,发出的是浊音,"唉"。很明快的时候是高音,"哈哈"。声有清浊高低,把各声进行配合,就出现了音。音是声的配合,有节律的声就是乐音,无节律的声就是噪音。有节律的声音,可以唱出来,成为很美的乐曲。乐音可以配上舞蹈,可以配上乐器,就是乐,古人说的成于乐。乐不光是指音乐,还配上歌曲,配上舞蹈,配上乐器,因此乐是指载歌载舞。人最后完成自己,这个最高境界是成于乐,是在音乐里边完成,在这个世界里边去遨游,这个世界就是音乐王国。人在里边自由自在,无拘无束,但是又不违背节律。"兴于诗"就是将人心中的美好情感调动起来,"立于礼"是对调动后的情感进行约束,"成于乐"是情感与约束达到相对的平衡与和谐。音乐的特点就是和谐,乐以发和,故孔子特别重视音乐。孔子用诗、礼、乐来比喻人生的境界,并讲了诗、礼、乐在不同人生阶段的重要作用。

🌀 子曰:"民可使由之,不可使知之。"

你可以让老百姓去做事,但不一定要让他知道为什么要这样去做。这句话的关键在"民"字,"民"是指众生,所有的百姓。百姓就是各种各样的,士农工商,不同的阶层,不同的地位,不同的利益,不同的群体。而统治者在制定政策、方针、制度的时候,作为一个统治者,他必须使各方面达到平衡。也许这些政策对某些人或某一个集团有利,对另一些人或集团就没有利。比如,有些政策对农民有利,对商人的利益就有所抑制。又比如,让一部分人先富起来,再带动大家富起来这个政策,从国家发展来看,从全局来看是好的,但暂时没有富起来的那部分人看,这个政策就是不好的,就有各种各样的问题。百姓一般总是从自己的利益出发来评判政策的好恶,他无法看到全局,他也就不能着眼全局。孔子认为:民,你可以让他们这样去做,但是为什么要这么做,背后深层次的道理,你让他们知道了,反而会让他们徒生烦恼,致使国家不能安定,难以治理。所以,可以告诉他们怎么去做,但是不一定要使他们知道其原因。孔子说:"知我者,其天乎!"真正知道我的大概只有天吧。有些给民众造福的事情,让他们做就是了。孔子这句话实际是从天道中取譬,是推天道以明人道的典型。天生养了万物,安排了四季流转,万物序列,而并不告诉所以生养安排的道理。孔子认识了天地的这个规律,才推导出了为政者"民可使由之,不可使知之"的道理。这也是这句话的深刻性所在。

🌀　子曰："好勇疾贫,乱也。人而不仁,疾之已甚,乱也。"

孔子说好勇而又讨厌贫穷的话,那就会犯上作乱;而对不好仁德的人,逼迫太甚,不给其生存空间,他也会犯上作乱。疾贫是现象,其本质是无德,有德之人不会以贫穷为恶,无德又好勇者则必然会为非作歹。一个人崇尚仁德,即使他还没有做到仁德,他也可以按照仁德来约束自己,按照仁德来做,他再坏也坏不到哪里去。不追求美好道德的人,没有要求的人,他要坏起来就是一落千丈,像希特勒、东条英机、墨索里尼这些人,本来就没有仁德的人,你却用仁德去逼他,他也会作乱。对这种人要慢慢引导他,动之以情,晓之以理,慢慢感化他。这在对差生的教育中尤其重要,差生被逼,反而更差。这两种人都可能犯上作乱,使天下混乱。

🌀　子曰："如有周公之才之美,使骄且吝,其余不足观也已。"

孔子认为,大多数人最容易犯的就是两个毛病——骄和吝,不是骄就是吝,不是吝就是骄。一般有点才华的人,有点钱的人,或者是有点地位的人,有点美貌的人,很轻易就会骄傲自满,自以为是。还有一种就是吝,吝啬,小气。一般心胸狭小,或过于谨慎的人就容易吝。吝之人气量狭小,畏首畏尾,难以担当大事。有周公之德自然不会有骄吝的毛病。但孔子说,假如你有周公这样的美才,但是你却骄傲或者吝啬,那么你其他方面再好,也不值得看了。

🌀　子曰："三年学,不至于谷,不易得也。"

"谷"是指代钱财、功名利禄。孔子说,读了三年书,还不想到功名利禄等问题的人,这是很不容易找到的哦。一般人读书的目的是什么? 大多数人读书,基本上是为了功名利禄、荣华富贵,为了地位,为了名誉。故而孔子说他的三千弟子中只有颜回一个人好学,因为其他那些人的学习动机都不如颜子之纯。孔门七十二个贤人都通六艺,不少是"学而优则仕",出来做官,为社会和国家服务,对此是孔子赞成的,儒家谈修身齐家治国平天下,重视个人对社会的责任;但孔子更赞赏颜回的境界,那是更高层面的。所以他说为学三年还没有这种功利目的的人,那是不容易找到的。这一句和上一句孔子说的是读书人的品行问题,一个是不要骄吝,一个是治学不能只为功利。当然,治学不为功利并不是说完全不要物质,读书人一般只要有学问、有德行,起码的物质生活自然是能保证的。但是你若为了追求功名利禄而读书,那就错了。这段话深刻反映了孔子反对为功利读书的思想。儒家的超功利性又由此可见。今天的学校、学生、老师、家长读这句话,不可不好好反思。为功利读书是不可能培养出真正的君子贤人、真正可以担当起国家、民族大义的人的。

子曰："笃信好学，守死善道。危邦不入，乱邦不居。天下有道则见，无道则隐。邦有道，贫且贱焉，耻也。邦无道，富且贵焉，耻也。"

"笃"就是诚笃，是一种深厚的诚实，厚而有力之谓笃。"笃信"，就是信念很诚厚、很坚定。笃信好学是对你所学的东西有一种坚定的信念。你读儒家的书，就对儒家的精神有一种坚定的信念，这样的信念才能够使你进而好学，你的学才会有一个坚实的基础。"善道"，就是妥善地保存你的道。"守死善道"，就是守住你的道至死。"危邦不入，乱邦不居"，"危邦"指政局不稳定的国家，这种国家你不要去；而混乱的城邦你不要去居住，进入危邦就说明你心术不正，进入乱邦可能是你想发国难财。"天下有道则见，无道则隐。"如果天下是清明的，是政通人和的，你就出来，尽你的才能为国家做事；如果天下是混乱无道的，你就隐藏起来，守住先王之道，以待后之学者，把道传下来。这时虽然你不能出来救苍生，你只有在家里边紧紧地守住你的学问，守住这个道，待到盛世明世的时候，你再把道拿出来为天下之人所用。你能够守住它，就是你的了不起之处。前面讲守死善道，前后是有因果关系的。因为你能笃信好学，你才能守死善道，故而你能危邦不入，乱邦不居。"邦有道，贫且贱焉，耻也。"如果国家有道，你还贫贱，这说明你在清平盛世还完全无所作为，就说明你自己在情操、修养、道德上有问题，这是可耻的。"邦无道，富且贵焉，耻也。"如果在乱世你还既富且贵的话，那你也是可耻的。老舍先生的《四世同堂》里，冠晓荷、大赤包这些人，在抗战期间国家混乱之时，投靠日本人，藉此而升官发财，这种人就是可耻的。自己的国家、民族都面临着亡国灭种的危险了，他还在那里享受荣华富贵，这是可耻的。这段话阐明信念、学问、操守与个人的出处去就，也就是一个人的人生选择的重大关系。

子曰："不在其位，不谋其政。"

这一句主要是从政治上来讲，你不在那个位置上就不要去谋那些政事，不要去干涉别人的工作。这其实也是孔子的正名思想。你有什么名，就做什么事，在什么位，就行什么职责。自然不在这个位就不能行这个职，不然社会秩序就会乱。这是孔子针对当时社会混乱，不在其位也想僭越行其政的社会现象的警告。当然孔子这是说的一般情况，如果在特殊时期又另当别论。比如一个单位突然失火了，公司管这个工作的领导不在，这时我虽不是领导，我也应当带领员工救火，这非但不是不在其位，不谋其政，还是应称赞的大义行为。所以圣人的话也要辩证地看。

子曰：“师挚之始，《关雎》之乱，洋洋乎盈耳哉！”

“师”是乐师，掌管音乐的人。鲁国的乐师名挚，称为师挚。“师挚之始”就是乐师奏音乐的开始。“《关雎》之乱，洋洋乎盈耳哉！”“洋洋”，美盛的意思。“盈耳”，充盈于耳。“乱”指乐曲结尾，多种乐器的合奏。这里表示《关雎》这首诗唱完了，而优美的音乐仍然充盈在耳朵里边，不绝于耳。当“参差荇菜，左右芼之。窈窕淑女，钟鼓乐之”唱完了以后脑子里还萦绕着钟鼓和琴瑟之音，耳朵里面还充盈着美妙的乐音。这是孔子在称赞当时鲁国音乐之美。古代的诗是可以唱的，《诗经》三百零五篇大家都可以唱，唱歌和背诗不一样，背的话就很费力，配上音乐一唱你就记住歌词了，你根本不需要去背，很多歌你一生都不会忘，就是因为它能够歌咏，便于记忆。有韵的东西就可以歌，可以歌的东西就容易记忆。这是孔子在称赞音乐的魅力，也表现出孔子对音乐的热爱，更是孔子乐教思想的情感基础。

子曰：“狂而不直，侗而不愿，悾悾而不信，吾不知之矣。”

“狂而不直”，我们一般认为狂的人可能还比较直爽，因为他是发自内心的狂，而有一种人“狂而不直”，他很狂，但又不直爽，这种人就有问题了。“侗”就是无知，“愿”当诚厚讲，无知而不诚厚。“悾悾”就是无能，无能还不讲信用。如果你无能但讲诚信，还比较好，又无能又不诚信，又狂还不直爽，又无知又不诚，孔子说我简直不知道这些人怎么会这样。这是孔子极其鄙视的人的几种品格：无知、无能、心狂、虚伪。天下万物，各自的禀性是不整齐的，各有各的性。中等以下的人才，他有这种德行就有那种缺陷，利弊是相生的。一般的人，他的优点和缺点、错误是相伴的。比如，动作慢的人，他做工就做得很精细，动作快的人，他又容易马虎粗糙，所以优缺点一般总是相伴的，有是德必有是病。但如果你做得又慢又不好，这就是弃才了。头脑反应比较慢的人一般比较忠厚，他头脑反应又慢又奸诈，对这种人简直就没有办法了。这是孔子用精练短小的语言来概括现实生活中一些问题较严重的人的特点，目的还是在警醒大家，不要做这样的人。

子曰：“学如不及，犹恐失之。”

这是孔子在讲对待学问的态度。学习上一方面怕自己学不完，不能完全掌握要学的东西，一方面又担心自己把已经学到的忘了。我们一般读书，不是一下子能全部掌握的，比如学《论语》二十篇，还没学完的时候，前面学的可能又忘掉不少，这就叫“学如不及，犹恐失之”。后面还没学完，前面的可能又忘了，这就需要谨记。经典的书就要反复读，记忆才深刻。读书人要随时警醒自己，要反复温习。

⊚ 子曰:"巍巍乎! 舜、禹之有天下也,而不与焉。"

"巍巍"就是高大。孔子说,高大啊,舜和禹他们有天下。"不与"表示不相关。舜和禹统治天下是多么的伟大啊,他们自己并不占有天下,他们能够为天下苍生做事,但是他们却一点儿不把天下当自己的财产,只是为天下苍生做事,多么伟大啊。大禹治水是三过家门而不入,大舜自己非常穷,穿着破衣服,还要为天下苍生谋衣食。明末清初的大学者黄宗羲写《原君》这篇文章,说古代的君主人人都不愿意去当,尧舜禅让的时候找不到人,让给谁谁都不愿意,因为当时的国君是真正为天下谋福利,自己苦得不得了,所以当时的人都不愿意做国君。尧都快一百岁了才把舜找到,很费力,找不到接班人。舜也是这样子,找不到接班人,好不容易才找到禹。黄宗羲说,后世的君主是自己享受荣华富贵,让众生去受苦。古代的君主是自己受苦,让天下享乐。所以孔子称赞,舜和禹是多么高大啊。这也让我们知道了尧、舜、禹为什么是圣王的原因。

⊚ 子曰:"大哉尧之为君也! 巍巍乎! 唯天为大,唯尧则之。荡荡乎! 民无能名焉。巍巍乎,其有成功也! 焕乎其有文章!"

孔子说:"大哉尧之为君也!"伟大啊,尧这个国君啊!"唯天为大",天是最大的。"唯尧则之","则"就是法则,能够效法天道来制定人间的法则。天多伟大啊,只有尧能够效法天,效法天的行为来领导众生,效法天的生生不息,效法天的周流无穷,效法天的功成不居,春夏秋冬四季流转,功成身退,效法天的这些美德来治理老百姓,只有尧能做到。"荡荡乎","荡荡"就是广大。"民无能名焉",他的德行广大,老百姓都不知道用什么来称赞他了。"巍巍"和"荡荡"是指天地的品格,天的品格是巍巍,是高远;地的品格是荡荡,就是宽广诚厚。尧具备了天地的品格。天地生万物而不言,四时行焉,百物生焉。天地什么都不说,可是万物生生不息。天地有这种厚德,人们都不知道用什么词语来称赞它们了。尧的品格和天地一样,老百姓简直不知道用什么来称赞尧了。"巍巍乎,其有成功也",他带领百姓建功立业,安居乐业,多么高大啊。"焕乎其有文章","焕"就是灿烂、光明。"文章"就是指礼乐、法度,我们能够看到尧制定的衣冠礼乐制度是多么的美丽光明,而他的那种德行,我们是无法言说的,只能说他像天一样,称赞其高,而不能用具体的语言来称赞尧的这种德行。为什么中国人有复古的情结,从这一段里就深刻地体会出来了。因为中国的盛世出现在尧舜禹时代,那时是最美好的大同世界,那就是中国人的理想。到了清代,康有为他们讲到西方民主时,也说我们中国的民主是在尧舜禹的时代,要实现大同世界,必须要向尧舜禹看齐。这就是复古情结产生的重要原因。

舜有臣五人而天下治。武王曰："予有乱臣十人。"孔子曰："才难,不其然乎？唐、虞之际,于斯为盛。有妇人焉,九人而已。三分天下有其二,以服事殷。周之德,其可谓至德也已矣。"

大舜用五个臣子,天下就得到治理了,这五个人是大禹、后稷、契、皋陶、伯益。禹是夏朝的祖先,后稷是周朝的祖先,契是商朝的祖先,这三个人分别是夏、商、周的祖先,再加上皋陶、伯益,舜有这五个臣子就把天下治理了。"乱"当"治"字讲,"乱臣",就是治臣,乱和治,注意,古代很多反义词都可以互相解释,治就是乱,乱就是治。武王说,我有治理天下的十个大臣,这说的就是周武王手下的十个贤臣:周公旦、召公奭、太公望、毕公、荣公、太颠、闳夭、散宜生、南宫括、邑姜。其中,邑姜是武王之妻。武王手下有十个人,天下就治理了。周公旦就是周公,分封在鲁国;太公望就是姜太公,分封在齐国。这句是孔子讲天下得人才之难,人才的不易得。孔子说,古人说人才难得,不就是这样的吗？人才真是难得啊,只有唐虞那个时候人才是比较兴盛的,唐虞,传说尧在位的时代称唐,舜在位的时代称虞。"于斯",这个"斯"当人才讲,"盛"就是多,只有尧舜禹的时代人才才多啊。"有妇人焉,九人而已。"这句是说周武王有十个臣子,有九个是男的,有一个是女的,女的就是武王之妻。整段话的意思就是说天下人才难得,只有两个时代人才辈出,一个是唐虞之际,一个是周武王的时代。孔子是要说明什么呢？说明周朝的伟大,只有周朝才可以和尧舜时代相比,夏商之际就没有出现什么了不起的人才。所以孔子说只有周朝才可以和尧舜禹时代相比,为什么孔子要恢复周礼,就是这个道理。"三分天下有其二",当时在商朝末年的时候,天下已经三分了,很多诸侯都已经投靠周文王了,他们都响应周文王。大禹治水,天下有九州,有六个州都掌握在周文王手里边,只有三个州——青州、兖州和冀州还在商纣王手里边,青州、兖州地属山东,冀州是河南,其他都在周文王手里边。可是周文王还"以服事殷",就是按照"服数"侍奉天子,一点不起谋逆之心。当时周文王并没有攻打商朝,他想感动商朝统治者,劝谏纣王。他已经掌握了大半个天下了,他都还不去攻打他,这就是"周之德,可谓至德也矣"。周朝的德行可谓是道德的极点,真是了不起啊。有这样大的势力还不去取代商朝。到了周文王末年,他发现纣王实在救不了,实在不可劝谏了,最后才和武王一起讨伐商朝。周朝的德行太了不起了,至德,最高的道德了。这一句话的深意就是说明孔子为什么要恢复周礼,要效法周朝。

⟳ 子曰:"禹,吾无间然矣。菲饮食,而致孝乎鬼神;恶衣服,而致美乎黻冕;卑宫室,而尽力乎沟洫。禹,吾无间然矣!"

孔子又在称赞大禹了,尧、舜、禹他都称赞了。"吾无间然矣","间"本意指缝隙,这里指挑剔。我没有什么可挑剔大禹的,我没有什么话来说大禹的不好,大禹太好了。"菲饮食","菲"就是薄,自己吃着微薄的饮食,"而致孝乎鬼神"。"致"表示致力,"孝"表示孝敬,意思就是致力于孝敬鬼神,也就是拿那些美味的佳肴来祭祀鬼神,祭祀天神。禹的品格,是自己挨饿,还把美食拿来祭祀鬼神。祭祀鬼神是什么意思?就是求鬼神保佑天下的苍生。古代重祭祀之礼。"恶衣服,而致美乎黻冕","恶"这里读 è,表示简朴破旧,自己穿着非常简朴破旧的衣服,"冕"就是帽子,"黻"就是有花纹的衣服,在祭祀的时候却穿戴上美丽的衣冠,为众生求福。自己平时都穿着烂衣服,但是为苍生的事情绝不怠慢。"卑宫室,而尽力乎沟洫。""卑"就是破旧、卑下。卑的象形文字是"𢍔",上面是个甲字,甲下面是只手,以手拿着铠甲就是卑。古人讲,持着铠甲去打仗的人是很卑微的人,士兵是很卑微的,所以以手持甲代表卑。宫室,古代的宫不是指宫殿,是指房子。"卑宫室",自己住着非常破旧的屋子,"而尽力乎沟洫"。"沟洫"就是田地里边的水道,自己住着破房子,而把精力全用去给老百姓开水利、修水道。农村里边修沟洫水利是很重要的,不修水利,天干旱时就无法灌溉,遇到洪灾就无法排水。孔子称赞禹的这种美德,说我简直无法形容他,无法说出他有什么不好的。他的德行天衣无缝,太完美了。孔子称赞的古代圣王都是自己过着最简朴的生活而竭尽全力为众生百姓做事,所谓克己奉公。孔子讲这句话对当时、后来,及至今天的领导者都有极其深刻的教育意义。

第八篇《泰伯》从"泰伯,其可谓至德也已矣",到后面两句"周之德,其可谓至德也已矣"前后照应,盛赞周朝的德行之美。这就是孔子一心要恢复周礼的道理所在。"郁郁乎文哉,吾从周",这句话就对这个问题进行了深刻的解释。为什么中国人要复古,为什么孟子言必称尧舜,儒家学问是如何传承的,读了第八篇,大家也就自然明了了。

子罕第九

　　第九篇是前十篇中最重要的一篇。中国人最重九,因为古人认为一、三、五、七、九是阳数,九更为阳中之阳,故第九篇所记自然格外精要。第九篇中记载的尽是孔子的大道。第八篇是"继往",继承历代圣王的思想,第九篇是"开来",是在继承的基础上创造新的思想。孔子对道的自信,对道的认识,对得道的描述及修道的次第都集中体现在这一篇。要深刻认识、理解孔子,舍此篇很难做到,并且第九篇对当代也有极重要的意义。

子罕言利与命与仁。

　　这句话很关键,历朝历代、各家各派对这句话都有自己的解释。一种讲法是孔子很少说利、命和仁这三个命题。为什么呢? 因为儒家重义轻利,轻视功利;命不可把握,众生本迷信,多讲反使他们沉溺其中,不知如何;仁则是德之全,很难做到,所以孔子少说这几个问题。这符不符合事实呢?《论语》中这几个问题都谈了。孔子说"不知命无以为君子","君子畏天命","小人不知天命而不畏也",是谈命。仁就谈得更多了,"仁者,爱人也","先难后获为仁","智者求仁,仁者安仁",等等。所以按上述那种讲法就不太讲得通。那么这一句的关键在哪里呢? 我认为应该在"言"字,"罕言",直言曰言,论难曰语。直接说的话就叫言,和人家讨论的话就叫语。这就好理解了。"子罕言",就是孔子自己很少说这几个问题,凡是说这些问题都是在和人家交流。人家来问他,他就回答。很多弟子都来问仁,于是孔子作答。命也是如此,利也是如此。"罕言",孔子自己很少说这些问题。人家来问,他才答。为什么孔子自己很少说这些问题呢? 因为对于孔子来讲,仁者安仁,孔子已是仁者,何必时时刻刻都说仁。命,五十而知天命,孔子自己已经知天命了,所以他也不用一天到晚谈命。至于利,孔子更是不愿意谈,所以这句话的关键是孔子自己很少说这些问题,但是和人家交流他还是要谈的。还有另一种讲法,把"与"字当赞许讲,说孔子少谈利——因为儒家轻利,但却赞许命和仁——因为孔子知道天命的重要意义和仁德的伟大。

达巷党人曰:"大哉孔子! 博学而无所成名。"子闻之,谓门弟子曰:"吾何执? 执御乎? 执射乎? 吾执御矣。"

达巷党人,党是一个村落,达巷是这个村的名字。古代以五家为邻,二十五家为里,五百家为一党,一万二千五百家为一乡。党就是人们居住的一个单位,一个村子。达巷这个村的人称赞孔子,"大哉",这是对孔子极高的称赞了,伟大的孔子啊,道大德全。"博学而无所成名",孔子知识渊博,学问广大,但却不是为了成就大名,这也是对他的称赞。古时候一般的人读书是为了功名,书中自有黄金屋,书中自有颜如玉,读书是为了荣华富贵,是为了功名利禄。而孔子有广博的学问,但他之追求学问不是为了成名,而是为了成德、成己、成人,所以伟大。这是一种讲法。还有一种讲法,按朱子的说法,孔子"博学而无所成名",是说孔子没有一艺之名,就是没有一技之长。因为他什么都通,反而显示不出他有什么特长了。孔子听说这个事以后,就对弟子们说:"吾何执? 执御乎? 执射乎? 吾执御矣。""执"本意指拿,这里指专门所长,专门研究,专门掌握一门技能。我专长于什么呢? 长于驾车吗? 长于射箭吗? 我还是驾车吧。御就是驾车,射就是射箭。以前君子、士人要通六艺——礼、乐、射、御、书、数,就是礼仪、音乐、射箭、驾车、书法、数术六种技能。这里孔子说,我到底是通哪一样呢? 我是射箭还是驾车呢? 我还是驾车吧。为什么呢? 因为在古代马夫是很卑下的职位,而孔子愿意驾车,其实就是用驾车来代指为苍生做事,就是今天所说的为人民服务。我愿意为天下人做事,我愿意救苍生于水火。我读书并不是为了荣华富贵,不是为了成名,而是为了能够为苍生做事。这正是孔子崇高的人生境界。鲁迅先生"俯首甘为孺子牛",愿意给人民当牛马,正与孔子的执御一脉相承。

子曰:"麻冕,礼也;今也纯,俭。吾从众。拜下,礼也;今拜乎上,泰也。虽违众,吾从下。"

麻冕,"冕"就是帽子。孔子说,用麻来做帽子,这是古礼。"今也纯",纯是丝,今天用丝来做帽子,这个比用麻做要简朴得多,所以我就跟从今人用丝来做帽子了。这个很不好理解,按我们今天人的观点来理解,麻和丝相比,当然是丝比麻要贵,那为什么丝帽子反而比麻帽子俭省呢? 因为,第一,用麻来做帽子,用料比用丝做帽子要多得多;第二,当时的人都喜用丝帽子以后,物以稀为贵,麻帽子反而变得很昂贵,丝帽子多了反而很便宜,所以孔子说,既然大家都戴丝帽子了,而且批量生产丝帽子也比较便宜,那么我就戴丝帽子吧。"拜下",古代到朝廷里边去见国君,在朝廷外就要跪拜,拜了以后升堂,再拜,堂上拜叫拜上。古代是很重礼的,在下边拜了还要在上边拜。而孔子当时的人,在下边不拜了,直接到堂上拜。"泰",骄傲,有一种骄傲之心。为什么在下边不拜了?就是因为人的骄慢之心生出来了,丧失了原来的那种诚敬之心。礼节的核心就是尊重,连尊重都没有了,那是不行的。今人的礼节只拜上不拜下,孔子说"虽违众,吾从下"。即使是违背众人今天的这种习惯,我也要拜下,我也要在下边拜。这就是孔子对于礼仪的态度。《礼记》里讲了一个问题:礼,时也。礼节是根据时代有所损益的,根据时代的变化而有所变化。在时代变化的过程当中,有些礼仪应该增加,有些礼仪应该减少。但是有不变的,就是义,义是不变的。义就是和谐,礼仪的目的就是维持社会和谐,"礼之用,和为贵",一切礼仪的作用都是为求得和谐。既然是和谐的,又符合道义的,需要变我们就变。但是,如果这个变化不和谐了,不符合道义,我就不遵从。比如关于帽子的问题,我就可以遵从用丝帽子,简便、简朴,我就用;而像拜下、拜上的问题,不符合道义,我就坚决不改。这就是孔子对待礼仪的变与不变的原则。

子绝四:毋意,毋必,毋固,毋我。

圣人说话是温润祥和的,很难得说出一些很决绝的词,很斩钉截铁的词。而这里用了一个"绝"字,杜绝、断绝,孔子杜绝了四种弊端。圣人要坚决断绝的东西,肯定是很有问题的,对于人来讲是最大的弊病。"意",起意,做事的时候喜欢臆测,凭空揣测,没有根据、没有证据地在那里瞎怀疑、瞎猜测。"必",根据自己的瞎猜测,得出一种定见,并对自己这种定见深信不疑。然后,这种定见的观念越来越强,变成固执。一固执就变成我见,一种私我的偏见。这个"我"就是指的自私、偏见。偏见是怎么来的?起意于凭空揣测,或对事物片面的认识与理解。比如,今天早晨我出来讲课,我走的时候才给家里面养的鸡鸭喂了饭,鸭子还很高兴地"嘎嘎嘎"地叫。等我回家以后发现鸭子不见了,我就开始生气了,心想,我走的时候鸭子还好好的,为什么我回来就不在了啊?我在心里揣测,肯定是隔壁王大娘偷了。因为昨天王大娘从我家门口过,我的狗冲她叫了,王大娘很不高兴,吼了它几句,看了我两眼——肯定是王大娘报复我。这样就开始生起对王大娘的不好的想法。越想越觉得是她偷的:今天早上还听她在隔壁叽叽咕咕地说什么,肯定是在说我们,你看她昨天那个样子,肯定是王大娘,必定是王大娘,绝对是王大娘,没错,一定是王大娘偷了我的鸭子。开始还只是怀疑,到后来,就坚信是她偷的了。这就叫"必",必然是她偷的。旁边的邻居来给我说,不是王大娘偷的,今天早上有个收破烂的过来把鸭子吓住了,边走边撵那个鸭子,就不知道撵到哪里去了,你再到处找一找。哼,你不要说了,绝对是王大娘,就是她。这个观念根深蒂固,发展成固执。然后就恨王大娘,以至于一看到王大娘心里就不舒服,固执就产生了。由固执变成偏见,从此以后,凡是王大娘的问题,即使说得有道理也变得没道理。即使对我好，也是在整我：今天王大娘又给我送包白糖来，哼，不知道安的什么心！这白糖放耗子药没有哦，偏见就形成了。人的偏见往往是从起意怀疑开始的。还没有出问题的时候就先猜想，然后反复加深印象，形成定见，到最后就是自私偏见。所以不要起意猜测，不要绝对肯定，不要固执己见，不要自私偏见，这几点对于人来讲太重要了。而人与人之间的误会往往也是这么产生的。生活中很多事情都是这样的，先从怀疑开始，这一句大家好好体会，要杜绝这四种现象。这四种现象的对立面就是圣贤应该有的情怀与品格，逐渐杜绝这四种现象就向圣贤靠近了。

⊛　子畏于匡。曰："文王既没，文不在兹乎？天之将丧斯文也，后死者不得与于斯文也；天之未丧斯文也，匡人其如予何？"

　　这一句是整个《论语》的精华，也是《论语》最精彩的一部分，可以说是第九篇的核心，也可以说是整个儒家文化、整个中华文化的命脉。这一句话活生生地代表了孔子对中华文化的自信。联系当下的情况，在一大批人对我们中华民族缺乏民族自信，尤其是对自己的文化不自信的时候，我们再来看一看圣人是怎么看待这个问题的，就可以有所领悟。

　　孔子在匡地被围困住了，当时匡地的人被鲁国一个叫阳虎的人暴打过，阳虎欺负过匡地人。孔子长得高高大大，有点像阳虎，匡地人就把孔子认成了阳虎，大家把孔子围起来要杀掉他。这时孔子处在危难之中，生死存亡就在此一刻，而孔子从容地说，周文王已经死了，文不是还在这里吗？"兹"当这里讲，文不是仍然在我这里吗？他用周文王来指代先王之道、先王之文。尧、舜、禹、汤、文、武、周公，文化是一代一代相传的。相传到周文王的时候，文已经大成了。既然文王已经去世这么久，那文不是就断绝了吗？可是文没有断绝，传到了我孔子身上，文不是在我们这里吗？老天如果要断绝我们中国文化的话，我们这些后死的人还能够知道中国文化吗？天要断绝中国文化，我们后于文王这么多年的人，还能知道周文王的文化，还能够知道先圣的文化吗？这说明天不断绝中国文化。如果老天不断绝中国文化的话，那么几个匡人又能把我怎么样呢？这句话体现出孔子处于危难之中的镇定、安详。在生死存亡之际，孔子是从容自在的，安详、宁静、镇定，这是第一。第二，在生死存亡之际，孔子所忧的不是个人的性命，而是忧"文"，对中国文化的忧虑，不是忧个人的存亡，而是忧中国文化的生死存亡。第三，孔子对中国文化深深地自信。如果天要断绝中国文化的话，我们这些人还会知道吗？不会知道了。既然天不断绝我们中国文化，那又怕什么呢？又何所畏惧呢？孔子说文，没有说道，没有说"文王既没，道不在兹乎"，说的是文。因为道指的是本体,文指的是形式。文是道的形式。道必须通过文展现出来,这是内容和形式的关系。所以文包含了道,道不一定包含文。而引申开来,文就代指的中国文化。孔子这种认识说明,第一,他对中国文化有深深的自信,为什么会自信? 就是认识到先王之道的完美性和它的生命力。先王之道有完美性、有和谐性、有生命力,所以它才会永放光辉。"先王之道,斯为美",以和谐为美。这种和谐的精神,孔子深信它是有生命力的。用这个精神再来看当代的中国文化,那就很有意义了。今天的人对我们的民族、对我们的文化没有自信。中国人怎么办啊? 中国文化怎么办啊? 西方文化如洪水猛兽一样来到中国,青年都崇信西方文化,我们中国文化就要灭绝了吗? 这时候恰恰要用到这句话。如果天要丧中国文化的话,我们这些人,在座的诸君,我们这些后死的人,还能够坐在这里学《论语》吗? 根本不可能。天要断绝我们中国文化的话,我们还能在这里传承几千年以前的圣贤之道吗? 不可能。所以天不断绝我们中国文化。既然天不断绝我们中国文化,几个洋小鬼我们又怕他们做什么呢? 其又奈我何呢? 我们再纵观历史,几千年泱泱大国,文化代代相传,其他的世界古国断代的断代,灭亡的灭亡,只有中华文化五千年屹立于世界民族之林,所以又何所畏惧? 再看,唐朝的时候,儒家文化基本寂然无声,那时是佛学兴盛,很少有人再倡谈儒学了,只有韩愈和他的弟子李翱还在坚持,大力呼吁复兴儒学,当时儒学差不多要断代了。可是时空一变,到了宋代,儒学又兴盛起来,星星之火,可以燎原了,又开始复兴,再传下来。这是一种文化自信,有了这种文化自信,我们再看我们民族的时候就有一种乐观、积极向上的态度,就不会悲观失望。这一句话是很有深意的。

◎　大宰问于子贡曰:"夫子圣者与? 何其多能也?"子贡曰:"固天纵之将圣,又多能也。"子闻之,曰:"大宰知我乎! 吾少也贱,故多能鄙事。君子多乎哉? 不多也。"牢曰:"子云:'吾不试,故艺。'"

大宰是掌管祭祀这一类事务的官职。大宰问子贡,你们的老师是圣人吗? 既然是圣人,为什么还多才多艺呢? 还能做这么多事情呢? 子贡回答说,我们老师本来是天派到人间将要做圣人的人,"固"就是本来的意思。注意,他用了一个"将"字,这是子贡的见解,他说得比较谦虚,天将要他做圣人,这是儒家的一种谦德,老师本来是天派到人间将要做圣人的人,因而能多才多艺。因为子贡认为圣人无所不通,多才多能只是小菜一碟,本来就应该这样子,没有什么不好理解的啊。孔子听了这个话以后,就来更正说:大宰他知道我吗? 我小时候生活得很贫贱——孔子三岁的时候父亲就去世了,母亲颜氏把他抚养成人,孤儿寡母,生活是很贫苦的——因为生活贫穷,所以什么都要自己亲力亲为,谋衣谋食,这就使孔子必须很能干,鄙事这里是指各种粗活。他可以烧菜煮饭,可以洗衣服,可以做泥水匠,可以做瓦匠,可以做木匠,可以做裁缝,什么都可以做。往往家境贫寒的人什么都会做,因为他必须要靠自己去做。君子是这样多能的吗?不多也,君子并不像这样多能啊。"君子多乎哉,不多也",这里的君子指什么?前面讲过君子指两种人,一为读书有德之人,一为做官或在位之人,这里的君子兼指两者。那些做官的人,或者有道德有学问的人,他们是不是这样多能呢?不多也,他们并不多能。因为当时的读书人,一般都是有钱人,而对很多他们认为卑贱的事情,根本就不会做。从当时的社会状况来看,当时的君子可能很多事情都不会做,而孔子是会做的。后来人就说,百无一用是书生,书生就是没有用,只会读两本书,什么都做不来,叫你去修房子,还没爬上去就跌下来了;叫你去箍桶,桶还没箍好,底就掉了;叫你去裁衣服,衣服还没裁出形状来,就把布给剪错了,剪个袖子,一剪下去,长袖变成短袖了。孔子对此是很不以为然的,所以孔子说君子不器。牢也是孔子的弟子,姓琴,字子开,把琴子开并在这里一起记,也是为了说明孔子多能。琴子开说,老师曾经说过"吾不试,故艺","试"就是用,出来做官,为天下所用。孔子说,因为我不能出来做官为天下所用,所以我只能多才多艺,做各种粗活来养活自己。这段话对当代许多青年都有教育意义。当代许多青年将求道与谋生对立起来,认为谋生就不能求道,求道就不能做谋生之类的低贱的事。孔子就是最好的榜样,他满腹经纶,又有崇高境界,还能做各种卑贱的事。越是在生活的苦难中越是能真正锻炼人的品格,提升人的境界。"多乎哉,不多也"在鲁迅的小说《孔乙己》里边引用过。每次孔乙己吃茴香豆的时候都有小孩子来要他的茴香豆,孔乙己就说:"多乎哉,不多也。"我的茴香豆多吗?不多了。把孔乙己这个读了圣贤之书的人,刻画得很有味道。

◎ 子曰:"吾有知乎哉?无知也。有鄙夫问于我,空空如也,我叩其两端而竭焉。"

孔子说,我有智慧吗?我没有。圣人是很谦虚的。"鄙夫"就是当时的乡野平民,有乡下人来问我问题,我对他们的提问"空空如也","如"当样子讲,空空的样子,就是一点不知道。这时候我怎么办呢?我就抓住问题的前后、正反方面仔细地向他们询问,再结合我了解到的情况尽量地分析和答复他们的问题。这里的"叩"就是叩问、询问。两端,指事物的两头、前后、正反等方面。把这个事情的方方面面搞清楚了,我就能竭尽所能地回答他们的问题。这句话有几层深意,第一层是说孔子虚怀若谷,对任何人都是谦虚诚敬的,并能坦然地承认自己的无知;第二,孔子对任何人都是平等的,哪怕是乡野村民来问他问题,他也能尽其所能地了解情况并竭力回答问题;第三,任何人都不可能将所有的学问都掌握,对所有的问题都能回答,不是所有的人都能天上知一半、地下全知。即使是圣人也可能有不知道的问题,搞不清楚的问题,面对这样的问题,怎么办呢? 这是讲的一个方法了,就是我们对待别人的提问的方法。比如以后你们要去给别人讲课,遇到这种问题的时候该怎么办? 遇到问题,你自身搞不清楚,就问他前因后果,把两端都搞清楚。这个问题的极致是什么,最深深到什么程度,最浅浅到什么程度,最好好到什么程度,最坏坏到什么程度。叩其两端,然后根据询问得来的情况来回答。比如,以前有学生问老师,某某小说的思想性是什么呢? 刚好这个老师没读过这篇小说,老师没读过却要给学生解答,怎么办? 这个时候,老师就问学生,你先来谈一谈嘛,你先把这篇小说的内容谈一谈,再给我说一遍你自己的体会。这个学生就把这篇小说的内容大致讲了。老师一听,大概知道这个小说讲的什么了,再听学生谈了感受与认识后,又受到启发,再根据他讲的来分析。老师具备了综合思考、分析研究问题的能力,虽然老师不一定所有的书都读过,但老师可以根据学生所讲的,再结合自己的思考予以回答,这个问题就解决了,这就是方法。圣人不是什么都能解决,但圣人具备解决各种问题的能力与思想方法。所以具备思想方法与能力比掌握具体的知识更重要。叩其两端实际就是审时度势,认识时空的过程。

子曰:"凤鸟不至,河图不出,吾已矣夫!"

孔子说,凤凰不飞出来了,洛河也不出图了,"吾已矣夫",我这一生已没有什么希望了。因为凤凰出现是天下太平之征兆,而河图出现是天下出现圣君贤主的象征。相传舜帝时有凤凰飞出,文王时又有凤凰鸣于岐山,伏羲时有龙马负图出于黄河。现在是凤凰也没有,河图也不出现了,天下太平盛世的景象是不可能出现的了,我没有办法了啊。这是孔子深层次的感叹。第一,说明孔子对太平世界、理想世界的渴望,反映他的这种向往、这种追求,以及对于这种追求不可能实现的深深的痛苦、哀叹,对天下苍生的忧虑。第二,也说明了孔子的智慧。孔子通过观照当时的状态,就深切地知道,当时的社会要出现太平盛世是不可能的。直到孔子去世后几百年,仍然是逞干戈、尚游说,天下一片混乱。"吾已矣夫",孔子深深地悲叹自己对此没什么可说的了。说到凤,《黄帝内经》里记载,说凤为羽虫之长。我们古人把一切动物都叫做虫。《水浒传》里武松打虎,这只虎叫做吊睛白额大虫。古人又把虫分为五类,按金、木、水、火、土分成了五虫。属木的叫毛虫,凡是长毛的动物就叫毛虫,狮子、豺狼虎豹,都是毛虫。属火的叫羽虫,一切鸟类都是羽虫,可以飞翔的,包括昆虫在内。属土的叫裸虫,就是不长毛的虫,人就是裸虫。属金的叫介虫,长盔甲的,乌龟、甲鱼、鳄鱼等。属水的叫鳞虫,就是长鳞甲的,鱼、虾这一类。每一类里面,有一种统领。毛虫类以麒麟为统领,麟为毛虫之长,羽虫类以凤为统领,凤为羽虫之长,人为裸虫之长,龟为介虫之长,龙为鳞虫之长。中国人的五行划分很有趣味,动物也以金、木、水、火、土五类来划分。这里讲凤鸟不至,用凤鸟来指代天上飞的,河图是指代龙马,龙是鳞虫之长,是水中游的,马是陆上跑的毛虫。用凤和龙马来指代天地。天地都黯然,太平盛世还远得很,这是孔子深层次的哀叹。

◎　子见齐衰者、冕衣裳者与瞽者,见之,虽少必作;过之必趋。

　　"齐"音 zī,"衰"音 cuī,"齐衰者"就是穿着丧服的人。"冕衣裳者"就是穿着衣服、戴着帽子者,指尊贵的人。"瞽"音 gǔ,即瞎子。"少",当"坐"字讲,"作",起立之意。孔子看见了这三种人,他即使是坐在凳子上也会站起来。经过这几种人面前时,他就会弯腰致礼。"趋",朱子的解释是疾走。孔子经过这三种人面前的时候要拜一拜。什么道理呢? 先说冠冕者。冠冕者是什么人? 做官的人。在古代真正做官的人是民之父母,故而见到冠冕者要站起来,经过就要疾走。齐衰者是办丧事的人,是很悲伤的;瞽者是瞎子,残疾人,对待可怜的人、伤心的人、残疾人、身体不健全的人,孔子都是很尊重的。前段时间,我在电视上看到山西省晋县有个农民叫孔贞南,是个五十多岁的妇女。她从小残疾,住在农村里,家里很贫穷,丈夫靠打小零工为生,但是这个人很了不起,很伟大。为什么呢? 她自己是个残疾人,她深知残疾人的痛苦,她就专门收养那些被遗弃了的残疾儿童。见到村里面的弃婴,得了各种病的,抱回家里自己喂养,到现在为止,她收养了十四个残疾儿童,最大的孩子二十几岁,都读大学了。她就靠捡破烂,丈夫打点小零工,自己给人家做点衣服来维持生计,照顾这十四个娃娃。当时我看了非常感动,真是了不起。而且她还靠自己微薄的收入让这些残疾儿童做手术,经过治疗让残疾儿童恢复健康。我把她的名字都记住了,孔贞南,有机会到那里,我一定要去看看她,看能不能帮助她,很了不起的一个人。她带孩子去医院治疗的时候,她哪有那么多钱呢? 她的这种善行,把很多医院的院长、医生都感动了,给那些儿童做手术的时候,能不收钱的就不收钱,能少收的就少收一些。这就是一种圣人情怀,一种朴实而伟大的向善的慈悲心。孔子的悲天悯人之怀由这些小事中随处可见。我们普通人只要能像孔子这样一点一滴去做,就是圣人之行的开始,孔子就是我们今天的榜样。一个残疾人孔贞南尚能如此,何况我们这些健康人,是不是更应该尽一己之力去帮助他人呢? 这才是真正的学圣人之道。

❀　颜渊喟然叹曰："仰之弥高,钻之弥坚;瞻之在前,忽焉在后。夫子循循然善诱人,博我以文,约我以礼。欲罢不能,既竭吾才,如有所立卓尔。虽欲从之,末由也已。"

这一句也是相当关键的,是对孔子的描述里最精到的一句,也是最贴近孔子本质的一句。因为三千弟子七十二贤人里边,孔子最赞赏的是颜回,以为最得自己道的人也是颜回,所以颜回对孔子的描述、称赞是最接近孔子本质的。非颜回不能说出这样一段话,非孔子也不能承当这一句话。颜渊深深长叹说,我抬头看老师,圣人啊,是越往上看就越觉得他高。"弥"就是越的意思。越钻研他,就越觉得他艰深。往前边看,他是在你前边,但一会儿他又在你后边去了。一会儿在前,一会儿在后,一会儿在上,一会儿在下,这是说什么呢? 这是说孔子的道体,得道的状态。怎么显现的呢? 什么叫得道? 所谓得道者,与道合一。道是弥漫于大千世界,弥漫于宇宙之间的,无处不在,万物都是道的体现,所以万物是一体。得道就是人与道同一,人与道同一的时候,人就不显自己的像,就是无我的境界。一般的人都是有我,竺霞法师以前就说,每个人开口说话就是"我"字当头:我要吃饭了,我饿了,我要睡觉了,我要上课,我要读书,我要去会朋友……我字当头。而无我的境界,就是和万物同一,万物化为一体。这个万物一体不是有心的,而在无心之间。你的日用行常,行住坐卧,砍柴烧水都是道。与道同一,达到这种状态的人,和山在一起的时候,给人的感觉就是山;和水在一起的时候,给人的感觉就是水;和树在一起的时候,给人的感觉就是树;和鸟在一起的时候,给人的感觉就是鸟,这就是得道:得了道以后,与万物浑然一体。这个时候,你怎么知道他是在前还是在后呢? 与山在一起就高,与地在一起就深,颜回这就是在描写孔子的道体。这是一般弟子见不到的。一般弟子看到孔子就是孔子,而颜回看见道了。所以颜回看到的孔子像山一样高,像地一样深,一会儿在前,一会儿在后。前半句是讲孔子的道体,后半句讲孔子怎么教育自己。"循循"就是有次第,为学要有次第,有前有后,物有先后,事有始终。夫子是有次第地在教导我、引导我,用礼乐文章来广博我的心胸,增长我的学问。一般的人,学问越多,就越骄傲自满,恃才放旷,觉得自己了不起了:我多有学问啊,你比得过我啊,你们都没有我厉害——就容易滋长骄慢之心。所以夫子"约我以礼",用礼仪来约束我,约束我的行为,约束我的心性。要求我既有学问,又不至于放旷。他用这种方法来教导我,师父引进门,入门以后,我就欲罢不能了。我只要记住孔子引导我的方法,我想停都停不下来。人在孔门,身不由己。一进了孔门,想停都停不下来,我只有学,学了上句,想要下句,永远无法停止。消耗掉我所有的才华,仍然见到老师在我面前卓然挺立。就是说,我耗尽了我的才华,学习好像略有所成了,但是再来看老师的时候,他还是如同高山一样立在我的面前,无法超越。我虽然想超过老师,想去追赶他,但是没有办法,不可能。"由"当门径、路径讲,就是没门儿。要超过老师,没门儿。想要超过他,根本就没有办法。这一段是对孔子深深地赞叹。由此也可以看到孔子的本体和孔子的教育方法。同样是老师教学生,关键是方法。欲罢不能,也可以看出以前的教育是全方位的教育,是人生的教育,不像我们现在,只上两堂课,我想给大家"博以文,约以礼",但是没有办法。教一门课,上完就走了,不是全方位的人生的教育。这就是中国古代圣人教育的一个核心。"博我以文"是开智慧,"约我以礼"是养仁德。这段话非常重要,也是第九篇的关键。读懂了这句话,就既读懂了孔子,也读懂了颜回。

🌀　子疾病,子路使门人为臣。病间,曰:"久矣哉,由之行诈也! 无臣而为有臣,吾谁欺? 欺天乎? 且予与其死于臣之手也,无宁死于二三子之手乎? 且予纵不得大葬,予死于道路乎?"

　　孔子生病了,疾是小病,病是大病,一般没有大病只说疾,有疾。疾病是说孔子开始生小病,后来大病,越来越严重了。最开始,孔子做鲁国司寇的时候,他是大夫,大夫手下有家臣,孔子辞官以后,他就没有家臣了,如果有家臣就不符合礼。子路对老师深情厚谊,忠心耿耿,老师病成这样子了,差不多病入膏肓了,子路就想,要给老师办理丧事,就找了一些门人来给孔子做家臣。可见这个时候孔子已经昏迷,不省人事,搞不清楚了。"病间",病刚刚好一点,孔子知道了,就批评子路:哎哟啊,这个子路长期搞欺诈,我本来是不该有家臣的,给我弄些家臣来,我在欺骗哪一个哟,我是在欺骗天啊,不该有家臣,搞些家臣来。我在欺天哟! 我与其死在这些家臣的手里边,我不如死在两三个学生的手里哦。我纵然得不到好好的安葬,我就会死在路上吗? 说得很急了,这句话很生动,刻画出人在病中很着急的样子。这也反映了孔子即使在生命即将结束的时候也愿自己是以老师的身份离开世界,而不是以官员的身份。这正是孔子的价值观的体现。子路这个人其实还是很可爱的,他总是对老师好,对老师忠心耿耿的,却被老师骂一顿。为什么呢? 因为子路总是以自己的心,自己认为好的来给老师安排。他认为有家臣是好事,所以老师也应该有家臣。这一句和前面一句结合在一起看,同是孔子的弟子,但是对老师的理解程度是不同的。颜回很少表达对老师的好,他表不表达老师都觉得太合他的心了,只要颜回一说话孔子就高兴;而子路了解老师的深度还不够,虽然他们都是对老师好,但是各人的理解不一样,子路以自己认为好的来对待老师,结果差之毫厘就谬以千里。这两段结合在一起,颜回和子路的差异就显现出来了。

◎　子贡曰:"有美玉于斯,韫椟而藏诸? 求善贾而沽诸?"子曰:"沽之哉! 沽之哉! 我待贾者也。"

"韫"音 yùn,藏意。"椟"音 dú,柜子之意。"韫椟"即把东西收藏在柜子里。子贡对老师说,有一块美玉,是藏在柜子里边,还是寻求那些识货的商人把它卖了呢? 是藏它呢还是卖它呢? 子贡为什么要说这个话呢? 因为子贡认为孔子有学问、有境界,可是不愿意出来做官,不愿意为天下所用,所以就打了这个比喻。古代君子佩玉,因此用美玉来形容君子,君子的品格像玉一样温润。孔子就回答说,要卖,要把它卖了啊。我是等待着那些识货的人来,等到那些真正认得美玉的人来买啊。这是很重要的。孔子并不是不愿意出来为天下做事,而是等待时机。要用,但是要有选择的用。不识货的人来问,你这块玻璃怎么卖? 完了,这是块美玉,不识货的人却认作是玻璃。姜太公、伊尹都是贤人,伊尹耕于野,姜太公钓鱼,伊尹遇到商汤,姜太公遇到文王,都遇到善识玉的人了。诸葛亮躬耕于南阳,遇到刘备,就出来为天下做事。孔子则在期待圣王贤君。

◎　子欲居九夷。或曰:"陋,如之何?"子曰:"君子居之,何陋之有?"

按照我们传统的观念,中华在中央,四周少数民族,东夷、西羌、南蛮、北狄,夷是东边的少数民族,九夷就是东边的很多小的少数民族的总称,东边的那些小国。孔子说,我想到九夷那些蛮荒之地去住。这个话并不一定是说孔子真的想去,就像孔子说"道不行,乘桴浮于海",道不行了,我就乘着小船到海上去漂流。这里是孔子的感叹,天下不能行道,凤鸟不至,河图不出,我干脆到少数民族的地方去住算了。有人就说,那些地方多偏僻、多简陋啊。孔子说,再简陋的地方,只要有君子去居住,怎么还会简陋呢? 因为君子可以化民成俗,可以移风易俗。君子去了以后就可以影响那里的风俗,去教化。这就是圣人与众生的区别。我们一般人说,只有人去适应环境,不要想环境去适应你,只有改变你自己。圣人不然,自己有道的时候,他可以去影响他周围的人和他住的地方,可以行其大道,化成天下。

◎　子曰:"吾自卫反鲁,然后乐正,《雅》、《颂》各得其所。"

孔子 从卫国回到鲁国是在鲁哀公十一年冬天,这时已是孔子晚年了。他回到鲁国就准备修诗书、正礼乐、赞易传、著春秋,开始整理这些经典。"乐正",就是指订正音乐,把古代的音乐加以整理、订正。《雅》、《颂》都是指的诗,他把这些诗都配上音乐,古代的诗都是可以和乐而歌,都能唱。"各得其所"就是给它配上相应的音乐,使之能歌。这是孔子做的修诗正乐的事情。孔子讲诗教,讲乐教,这就是他为诗教、乐教做的具体工作。

子曰:"出则事公卿,入则事父兄,丧事不敢不勉,不为酒困,何有于我哉?"

"出"就是出仕,出来做官,要懂得去侍奉公卿,"公"就是诸侯,"卿"就是大夫,懂得怎样和领导相处。"入"指回家,回家要懂得尽孝,懂得侍奉父亲和兄长。这实际上就是指要为国尽忠,为家尽孝。"丧事不敢不勉",丧事一定要努力去办好。因为在古代,丧礼是很重要的。"慎终追远,民德归厚矣"。办丧事是教化民德的,使民风能够淳朴,所以丧事很重要。"不为酒困",不要醉酒,佛家讲盗、杀、淫、妄、酒五戒,其一戒就是酒戒。酒戒一犯,其他的戒都随之而开,因为人喝醉了什么事都干得出来。孔子说这几件事哪一件我都没有做到啊。由此也看出孔子是喜欢喝酒的,第十篇《乡党》里也有记录。孔子认为这些事情很重要,自己必须努力去做。我们也应该如此才对。

子在川上曰:"逝者如斯夫!不舍昼夜。"

这一句话是这一篇的关键之关键。这是孔子对宇宙、对时间的一个深刻的探知。这样庞大的一个课题——时间论——中国圣人只用一句话就表达了。孔子在川上行,"川"就是河流,坐着船在河流上走,发出深深的感叹。他看到河水在不断地流走,"逝者"就是过去的、消逝的时光,"斯"是代词,代指河流,逝去的就像这个啊,逝去的时光就像河流一样,"不舍昼夜",不分白天黑夜地这样流动,不停地往前流去。孔子用诗意的话,对时间的流逝作了深刻的阐述。时间在我们的身边不知不觉地流走,古往今来,每时每刻都不停息,都在流动。我们平时看不到时间的流动,时间是个什么东西呢?但是当看到水的时候,孔子悟到了,时间就像水一样,奔流不息。这就是孔子讲的宇宙之道。宇宙的本体是什么呢?自强不息,随时随地都不停止,"天行健,君子以自强不息"。大道弥漫在宇宙之间,随时都在运动,不停息。一年一度柳青青,大化迁流莫暂停。一年一度,花开花落,大千世界的变化,没有一时一刻的停息。孔子说这句话的深意是人要效法宇宙的这种精神,自强不息,这是圣人的核心精神。能够自强不息,就是得到了宇宙之道,这句话极富有诗意,极富有形象性,在形象与诗意之中展现最本质、最深刻的宇宙之道。

子曰:"吾未见好德如好色者也。"

孔子周游列国来到卫国,卫国的卫灵公好色,娶了一个妃子叫南后。卫灵公

逝者如斯乎，不舍昼夜。里自幼照顾一远亲孤老张祖，昔日祖年七旬，里方童稚，不觉间祖已九十，里亦而立，绘此之时，祖又去世，诚逝者如斯。共和国五十八年三月初二，李里写此图以纪念与张祖共度之时光。于川师东篱居夜灯下。

经常用车子载着南后出来兜风,孔子看见这种招摇过市的情况以后,就说了这样一句话:我没有见过像好色那样好德的人。就是说如果有人用好色之心来好德就对了。看到道德、美德就像看到美色一样喜悦,孔子说这样的人很少见。世间的人也是这样子,对真、善、美的向往,美放在第一,进而才是善,最后才是真。所以好色和好德说起来,德属善,色是美,首先是美,其次才是善,如果好善也能像好美一样那就好了,那就是内容和形式的完美统一了,所以夫子发出这样的感叹。

子曰:"譬如为山,未成一篑,止,吾止也。譬如平地,虽覆一篑,进,吾往也。"

这是孔子在讲修道的恒心,讲道心的坚定。比如要筑一座山,"未成一篑","一篑"就是一筐的意思,还差一筐土就把这座山垒起来了,这时如果停止,那也是我自己停止的。就好比是要在平地上垒山,上边虽然只倒了一筐土,如果要继续前进再往上垒,那也是我自己要前进。一个人要求道,要勇往直前,精进不怠,前进是他自己,半途而废的也是他自己,道坚不坚定都看他自己的心如何。一个人,哪怕是在一处平地上,只要他倒上了第一筐土,逐渐逐渐,一筐、两筐、三筐,锲而不舍以至于无穷,那就可以堆成一座山。有的人已经堆了很高的山了,可是他就差最后一步就不堆了,就是功亏一篑,你的功夫就败在这一筐土上,功亏一篑,这个成语就出自这里。比如有两个人,一个人基础非常好,聪明绝顶,已经读了几十房子的书了,他马上就要得道了,可是他说,哎呀,读了这么久的书都还没得道,不读了,不读了,完了,功败垂成。有的人,从最基础开始,锲而不舍地坚持学习,最后他终于读成了。就是说人只要自强不息,积少成多,他最终会取得成功。所以得道与否,就看你自己的道心坚不坚定,是不是能持之以恒。

子曰:"语之而不惰者,其回也与!"

"语"这里作动词,读 yù,告诉的意思。告诉了他人生大道,而他不懒惰、不懈怠地去履行人生大道,这样的人大概只有颜回一个吧。这句话很有意味,和前面的那句话结合起来看,三千弟子,七十二贤人,孔子只称赞颜回一个人好学。为什么呢?从这里也可以看出,"语之不惰者",只有颜回一个人。第二篇《为政》篇里说"吾与回言终日,不违如愚,退而省其私,亦足以发。回也不愚"。孔子和颜回说了一天的话,颜回一句话也不说,也不违背,好像是个傻子一样,为什么?是颜回在深入地体会孔子所讲的道,"语之而不惰"。因为他能深入地体会,所以他能如法奉持。为什么颜回能真正得道?因为他坚信不疑,第一他有信;第二,因为他信,所以他才能够对孔子讲的道理解得深入,理解得深入他才能够修持得精进。一般的弟子,三千弟子,各式各样的人都有。有聪明的听了一半——我懂了——结果,似懂非懂,听理论都似懂非懂,实践就更打折扣,一层折扣、两层折扣、三层折扣,打下去就不剩下多少了。而颜回不然,如法奉持,一点都不打折扣,老师怎么说,就身体力行怎么去做。"语之而不惰",朱子对这个解释得很好:"颜子闻夫子之言,而心解力行,造次、颠沛未尝违之。如万物得时雨之润,发荣滋长,何有于惰?此群弟子所不及也。"他说颜回听老师的话,认真理解,身体力行,即使在造次、颠沛之间,也没有一丝违背。颜回对于孔子之道的把握,就像万物得到春雨的滋润,草木滋长,你叫它不长都不行。前两天我住的那个小院门口的那块田还是一片荒草,这两天春雨一下,一片青幽幽的了。你给它说,小草你不要长,过两天再长,这两天我不高兴你长,过两天要来客人你再长——不可能,它得了春雨就要长。颜回就是如此,他得了夫子的教诲,他就要去力行,你叫他不行都不可能。他怎么会惰呢?老师讲的道对他来讲太有益了,他就像小草得了雨水一样。因为雨水对小草太有用了,是它的营养,颜回对孔子的道体会得深刻,所以他觉得太受用了,每一句拿来都受益无穷,所以叫他不用都不可能。放着这么好的东西叫我不用,那怎么行呢?那不可能。就好比夏天,热得不得了,给我一杯酸梅汤放在桌上,叫我不喝都不可能,它解我的渴,必须要喝。夫子之道就犹如夏天的这一杯酸梅汤,不喝都不行。

子谓颜渊,曰:"惜乎!吾见其进也,未见其止也。"

"谓"就是说,评论。孔子评论颜渊。为什么要说"惜乎"呢?因为颜回三十二岁就去世了,早逝,孔子感到可惜。我只看到他前进,精进不息,对道、对学习精进不息,一时一刻都不停止,我只看见他勇猛前进,从来没有看见他停止过。正因为如此,对颜回的早逝,孔子感到可惜。因为颜回太好了,孔子才觉得可惜。总是很好的东西,我们才可惜。而颜回早逝或也正由于他只知其进,不知其退,太用功了。故学习与养身二者皆不能偏废,劳逸结合,不然就会过犹不及。

子曰:"苗而不秀者有矣夫!秀而不实者有矣夫!"

这句话的关键在"苗"、"秀"、"实"三个字,"苗"就是指秧苗,"谷之始生曰苗",谷子开始生长了就叫苗,秧苗。"吐华曰秀",秧子开花了就叫秀,"实"就是果实。"苗而不秀","秀而不实",就是说秧子不开花是有的,开了花不结果也是有的。同样是种庄稼,同样是播种,同一个人在种,同样的雨水,同样的阳光,可是有些秧苗就开花了,结果了,有些秧苗连花都不开,有的秧苗开了花也不结果。孔子用这个现象来比喻内因与外因的关系。比如我们同在一个教室里边学习,同样的空气,同样的温度,同是一个老师教,同样是闻道,可就有学得好的,有学得不好的,有最后学出来了的,学得有成就的,也有半途而废的,关键在自己。其他条件都一样,学成与学不成,关键都在你自己用不用功,都在你自己的悟性,你自己的态度。很多事情都是这样,外在条件相同,而内在发挥却完全不同,关键是你的内在。这就是毛主席所说的内因与外因的关系,内因起决定性作用。

🌀 子曰:"后生可畏,焉知来者之不如今也? 四十、五十而无闻焉,斯亦不足畏也已。"

孔子说,后生是很可畏惧的。什么是后生,什么是先生? 先出生的就是先生,后出生的就是后生。孔子说后生是可畏的啊,哪里知道后生今后发展的情况就不如我们今天呢?"来者",就是指后生。只是到了四十、五十岁都还没有听说他的成就,无闻其名,没有听到他的名声,那就不足畏惧了。"斯"当这个讲,这个也就不足畏惧了。四十、五十岁听到什么名呢? 名者,实之宾也,名是实的宾客,实至名归。一个人有了实就有了名,什么实呢? 就是美好的品德。到四五十岁还没养成美好的道德人格的话,他怎么会有贤者的美名呢? 先要有美好的道德人格,后才有贤者的美名。到四五十岁还没有美名,说明他这几十年都白过了,都没有去向善向美。这段话是孔子在提醒我们,虽然青年比老年有潜力,有年龄上的优势,但如果不努力,到四五十岁还没显示出这种优势,那就难以有成了。

🌀 子曰:"法语之言,能无从乎? 改之为贵。巽与之言,能无说乎? 绎之为贵。说而不绎,从而不改,吾末如之何也已矣。"

"法语",就是正言,就是从正面,很严厉地对你说的话,严厉地批评你,你能不听从吗? 但听了后还要改了才可贵。比如老师对你说,同学你要听讲,不要再吃泡泡糖了。严肃地给你指出,你能不听从吗? 你只有不吃了,把糖吐出来。这种严肃的批评你一定敬畏,会认真去改,改了就是可贵的。当然这时你也许口服,不一定心服。"巽"音 xùn,是指委婉的话,委婉的劝谏,"说"通"悦"字,委婉的顺耳的话,谁听了不喜悦呢? 但是"绎之为贵","绎"是梳理的意思。对这种话要分析、梳理,弄清其中真正的意思。很正面、很直接地对你说的话,你听了心里会不舒服,但是委婉地对你说的话,你又不一定领会,你不知道我在说什么。比如,我说,把泡泡糖吐出来,你听懂了,吐出来了,但你心里不舒服,扫了你的面子。我委婉地说,同学们,要注意自己的形象,你们是研究生,什么场合该做什么事,我这样说,你们又听不懂:在说什么哦,照吃不误。"绎之为贵",你要从人家委婉的话里听出人家到底要说什么,这才是可贵的。法语和巽语你要会听,法语严厉,不仅要听从还要改正,要能从巽语中听出人家对你的劝谏。"绎之为贵",你要分析、思考，你要听得懂。你光是喜悦，而听不出味道；你光是听从，又不改正，我简直不知道把这种人怎么办了哟。"也已矣"，加重语气，表示强调，这种人你对他直说，他心里不舒服；你委婉对他说，他听不懂。对这种人怎么办呢？孺子不可教也。孔子说，完了哟，我不知道该怎么办了哟。这就是孔子告诉我们对待别人的意见，应该怎么去听，这个问题很值得注意。

◎　子曰："主忠信，毋友不如己者，过则无惮改。"

这句在第一篇《学而》篇里已经出现过了："君子不重则不威，学则不固。主忠信。无友不如己者。过则勿惮改。"

◎　子曰："三军可夺帅也，匹夫不可夺志也。"

"三军"就是规模很大的军队，我们可以把军队的统帅从马背上掀下来，可以把他活捉了，可以把他俘虏了，但是"匹夫之志不可夺也"。"匹夫"就是指一般的读书人，一般的士人。士人的志向、情操、操守、风骨、气节是不可以夺的，不可以改变的。三军之帅这么了不起的人，他只是帅而已，可以把他俘虏了，可是一个读书人的志在哪里？志在心中，他心中的操守、情操是永远不可以夺的。你改变不了他的气节，你可以抓他，你可以打他，你可以杀他，但是你不可以改变他的信念，改变他的操守，改变他的信仰。因为读书人接受了圣贤的教化，有自己坚定的价值取向，不会随波逐流，人云亦云。我讲一个故事。国学大师、民主人士梁漱溟先生，解放初在几个省做了考察，全国政协大会召开时，他就在会上给毛主席提意见。大意是说解放以前，共产党依靠农民得了天下，现在解放了，农民的生活在九天之下，而工人的生活在九天之上，工农的差距太大了，这个和共产党的总路线有关系。毛主席一听这个话就火了，说梁漱溟在攻击党中央的总路线。周总理也说梁漱溟一向反动，不能让他再讲了。梁漱溟先生就说，我是政协委员，我有权力发言，我就要看看主席有没有这个雅量让我把话说完。下边的人听到主席、总理说话，全部都说，梁漱溟滚下来——全部叫梁漱溟下来。毛主席就说，那这样子吧，梁漱溟，我们来投票吧，举手表决，同意你讲的就举手，不同意讲的就不举手。结果只有毛主席一个人举手。毛主席就笑了，对梁漱溟说，梁漱溟，少数服从多数，多数都不让你说，只有我一个少数，我也没有办法了。周总理就折中，说那就这样子嘛，让你讲十分钟。梁漱溟说不行，我政协委员有我特定的发言时间，是半个小时就必须讲半个小时，要么你让我讲完，要么我就不讲。结果他就说了一句话："三军可夺帅也，匹夫不可夺志也。"我讲这个故事大家就可以理解这句话了。

子曰："衣敝缊袍,与衣狐貉者立而不耻者,其由也与?'不忮不求,何用不臧?'"子路终身诵之。子曰:"是道也,何足以臧?"

这是孔子在称赞子路。"敝"当破旧讲,"缊"就是旧的丝棉袍。"衣"这里作动词,读 yì,穿的意思。"狐貉"指皮衣。穿着破旧的棉袍和那些穿着貂皮大衣的人站在一起而不感到害羞的人,大概只有这个子路吧。子路一听,老师表扬他,当然很高兴了。孔子不仅表扬他,还引用了《诗经》里的一句来表扬他,这就更了不得了,引用诗来表扬,这是最高规格的表扬了。"不忮不求,何用不臧","忮"音 zhì,当"害"字讲,"求"当"贪"字讲,不害怕又不贪求,"臧"当"善"字讲,何用不善,做什么不是善事呢? 做什么都是善事。不害怕,不贪求,一般富人和穷人在一起,有钱人总会趾高气扬,总想欺负穷人,而穷人总想从富人那里有所得,有所贪求。子路对于富人他不怕,对于穷人他不欺,所以做什么事会不善呢? 子路很少得到孔子表扬,突然得到老师的表扬,而且还是很高的表扬,自然非常喜悦。喜悦到什么程度?"子路终身诵之",终身把这句话挂在嘴边,"不忮不求,何用不臧",走到哪里都念这句话。孔子看到他一天到晚念叨这句话,就又批评他了。子曰:"是道也,何足以臧。"意思是,如果这个就是道的话,那还有什么足以称善啊? 如果你一天到晚把这句话念来念去,这还能够称善吗? 朱子家训里就说"善欲人见,不为真善",你做善事是为了让人家看见,就不是真正的善。平时我从来不碰扫把,今天却很积极地扫地,为什么呢? 因为电视台的记者来了,我为了要上电视,就赶快来扫地——这种善不是真正的善,真正的善不是想要别人见的。而子路不然了,天天把善挂在嘴巴上。你看,那种说"我没醉,再来,没醉,再来,喝,喝,没醉,喝,喝……"的人,他肯定是醉了。说"哎呀,我醉了,我不能喝了,我脸都红了,不能喝了,我已经昏了,不能喝了"的人,这种人没醉。醉了的人都说没醉,凡是说自己没醉的人,醉了。一天到晚说自己善良的人,他还善吗? 有些人把善挂在嘴上,我的心最好了,我最喜欢帮人了,我的心最直最善,可是我老是没有得到好处,这种人还善吗? 以后哪个人老说自己善,你就对他说"是道也,何足以臧",你这个都是道的话,那什么还叫善呢? 孔子说这个话的目的是要来警戒子路,以此来激励他,不要止步不前。你本来能够不以荣华富贵为然,是你好的地方,如果你停在这里了,终日诵之,那就完了。孔子的教育方法,该抑的就抑,该扬的就扬,褒贬得当,这就是节之以礼。好的,提出来表扬,但是看到他沾沾自喜了,就要批评、警醒他。

🌀　子曰:"岁寒,然后知松柏之后凋也。"

　　这句也很重要。天气非常寒冷的时候,才知道松树、柏树最后才凋零。"后凋",后于其他树而凋。其实松柏是长青的,但是你在春天、夏天感觉不出松柏的长青,因为这时其他的树也都是青的。只有到了冬天,其他树的叶都掉完了,你才发现只有松树和柏树是长青的。这句话的深意是什么?"时穷节乃现,一一垂丹青",这是文天祥《正气歌》里边说的。只有在危机关头,才能看出一个人的本质。

🌀　子曰:"知者不惑,仁者不忧,勇者不惧。"

　　这就是《中庸》里边讲的天下有三达德,天下有三种最高的道德,就是智、仁、勇。智、仁、勇在儒家看来是天下最高的道德了。什么是智?朱子注解得非常精到:"明足以烛理,故不惑。"你的明理能够使你把道理看得清楚,因为搞不清楚,弄不明白,所以迷惑,什么事情明了以后就不迷惑了,"明"是一个关键。什么事都能想得通的人就是智者。智慧的"智"字,上边是个"知"字,下边是个"日"字,知道太阳、知道光明的人就是智者,"智"就是懂得光明的人。懂得了光明他还会困惑吗?他已经明了,故而不惑了,不会迷惑,不会贪、嗔、痴。

　　"仁者不忧",真正的仁德之人是没有忧愁的,为什么没有忧愁呢?朱子说"理足以胜私,故不忧"。天理能够战胜你的私欲,你就没有忧愁。人的忧愁是怎么产生出来的?都是因为欲望,人有各种各样的欲望,各种各样的私欲、我见,因而产生出忧愁。你的理能够战胜你的私欲,"一日克己复礼,天下归仁焉",一天能够克制自己的私欲而符合天理的话,你就在仁者的境界当中,所以仁者是先难后获。要成为仁者,你要一点一点地约束自己,当你达到那种境界,蓦然回首,"那人却在灯火阑珊处"——你已经为仁者,而不自知。

　　"勇者不惧",勇敢的人是没有畏惧的。"气足以配道义,故不惧",你的气概,什么气,"吾善养吾浩然之气"的那个气,浩然正气。你的气足以配道义,你所养的气所形成的精神境界,足以和道义相配,那么你就没有恐惧,就是"富贵不能淫,贫贱不能移,威武不能屈"。威武不能屈就是勇,富贵不能淫就是智,贫贱不能移就是仁。贫贱的时候不忧愁,富贵的时候不迷惑。一般的人一富贵就迷惑了,声色犬马、花天酒地、纸醉金迷,就是迷。这三句很重要。《中庸》里说"好学近乎智,力行近乎仁,知耻近乎勇",这就是形成智、仁、勇的方法。怎么才能智慧呢?好学你就能够智,所以《论语》开篇就是"学而时习之",就是讲学,学了才能开智慧。你的智慧从哪里来?从学当中来,不学就不能觉,不觉哪能有智呢?"力行近乎仁",身体力行就是仁德,仁就是实践,你要这样去做,这样去要求自己。"知耻近乎勇",你能懂得什么是可耻的,你就能勇于改过,使可耻的事不发生在自己身上,你就勇敢了。比如说,这次我考得太差了,我觉得好可耻啊,我下次一定要考好,我就勇猛精进,争取在下次考好。圣人之道学成了,就能具备智、仁、勇三种德行,也自然不惑、不忧、不惧了。

◎ 子曰:"可与共学,未可与适道;可与适道,未可与立;可与立,未可与权。"

"适"当往讲,"道"当方向讲,"立"当守讲,"权"当变讲。这句的意思就是:有可以共同向学的人,但未必能够知道向学的方向;有知道共同向学方向的人,未必守得住道;有守得住道的人,未必知道随机应变。这是孔子讲的修道的次第,修道从治学开始,治学还要知道学的目的,学的目的是为了成道,知道成道了还要守住道,知守道还要知随机应变。很多人都知道要学习,但目的各不相同,或为谋官,或为谋财,或为荣华富贵,但只有为求人生大道的学才是真正的学。即使明白求道,但在求道的路上,时时会遇到各种诱惑,只有道心坚定才能在各种诱惑前守住自己的本心。光守得住还不行,最后还要懂得根据具体事物的情况来作相应的调整。不知求人生大道的学是世俗功利的学,知求道的学,不能长期坚持固守是半途而废。只知守而不能随机应变是迂腐,只知随机应变不知守是圆滑。故而真正成道的人既有自己的理想和道德操守,还应当活生生地立在天地社会之间,处理好各种社会关系,与时俱进。所以我们可以一起来学习,但是不一定都知道学习了该往哪里去;都知道该往哪里去了,还不知道该往哪里止;都知道止了,还不一定知道在哪里变通。只知道立不知道权的人就是迂腐,只知道变而不知道立的人就是圆滑。知道立又知道权的人就是圆融。一字之差,圆滑、圆融,那是不一样的。

◎ "唐棣之华,偏其反而。岂不尔思?室是远而。"子曰:"未之思也。夫何远之有?"

开头几句话很有趣味,这是出自哪里呢?这是出自逸诗。孔子删诗的时候,把上古的三千首诗删成了三百零五首,那么其他的诗呢?其他的诗就散失了,这四句诗就出自那些散失的诗。"唐棣之华","华"就是花,"唐棣"是郁李,一种植物,相传这种植物的花是两个头并在一起长的。"偏其反而","偏"通翩翩起舞的"翩","反"表示翻,翻动,唐棣的并蒂花,风一吹那两个头就翩翩地动了,花就翩翩地起舞。"岂不尔思","尔"指你,表示难道不思念你吗?"室是远而","室"当实实在在的"实"字讲,哪里是我不思念你啊,实在是因为我们隔得太远了,思念不到啊。这四句诗用了兴的修辞手法。所谓兴就是先言彼物,再由彼物引出相关的此物。这四句诗,前两句是兴,后两句才是正题,由花的飘摇来引起人的思念。孔子不赞同这句话,他说,哪里是因为远啊,是你不思念,你思念的话,再远都不远。你不思念,住得再近都是远。所以近和远在心,真正的思念不管时间、空间如何变换都不成问题。坐在这里我也可以天天思念在江南的故人,我只要思念,空间不是距离。我读到《论语》这本书就想到孔子了,我太思念孔子了,孔子就好像在我面前一样,时间不是距离。我的去世的亲人,已经多少年了,我天天思念他,他就像在我面前。所以近和远在哪里,在你的心。你心中思念就在咫尺,你心中不思念就在天涯。你们两个人虽然坐在一起,但互不思念,像陌生人,形同陌路,而你和你以前的同学尽管隔得很远,几千里路,可是心相通,夜里都要梦到他,就是这个道理。国学大师季羡林先生,他翻译的印度史诗里有一句:"树的影子再长,也离不了它的根;你,不管走出多远,也走不出我的心。"孔子这句话的深意是什么呢? 对于道的求索,哪里是因为距离很远,达不到,关键是你的心思不思念,是你的心想不想学。你心想学,再远也不远;你心不想学,再近都远。所谓"仁远乎哉,我欲仁,斯仁至矣"。

第九篇是很重要的,这一篇是围绕着修道的问题来讲的。"子畏于匡"展现孔子对道的自信、中国文化的自信。"颜渊喟然叹曰"是颜回对孔子得道的精神状态的描述。"子在川上曰"是讲道体。"知者不惑,仁者不忧,勇者不惧"是讲得道的必备条件。"三军可夺帅也,匹夫不可夺志也"、"岁寒,然后知松柏之后凋也"是讲得道者的坚定。"可与共学"是讲修道次第。孔子之道,尽在此篇,大家不可不深玩味。

乡党第十

国学大师钱穆先生说,《论语》的前十篇是孔门弟子第一次把孔子的话进行结集,第一次编辑,后十篇实际上是第二次编辑,是将第一次编辑过程中遗漏的部分再结集起来。在前十篇里,孔子的精神、思想体系基本上都完备了,后十篇很多都是对前十篇的补充,所以"半部《论语》治天下"就是这个道理。两部分的大体思想一致,只不过相互有所补充,有所增减而已。《论语》上卷的第一篇《学而》就把整个《论语》的要义勾勒出来了,而第十篇《乡党》是对孔子精神作的一次形象的描述,具有画龙点睛的意义。

《乡党》这一篇是孔子的圣人之道在日常生活中的具体体现,很有特色。我们一直讲儒家的道是化在生活当中的,不离日用行常外,直到先天未化前,都是拿到生活当中就可以用的。孔子讲了这么多,他悟到的天道人伦是怎么化在生活当中的,在这一篇中有最全面、最集中的体现。其实这一篇写的就是孔子的生活状态。孔子对中国文化最大的两项贡献,其中之一是建立了崇高的人格理想,我们中国人应该按照什么样的标准来做人,就是孔子以他自己的人生实践来制定的。孔子是继天立极,继承天道而立了人极,人极,就是人的最高的标准。也就是以天的规律来做人,把人做到最好。我们说《论语》是一部生活的教科书,在哪里体现?就在这一篇里体现。这一篇讲了孔子穿衣服的问题,讲了孔子吃东西,讲了孔子睡觉,讲了孔子待人接物,讲了孔子在不同时空中角色的转换,等等。在不同的空间,不同的时间,孔子所展现出的精神状态和精神风貌都是不同的。而在不同的时间、空间中都展现出和谐的精神面貌恰恰是中庸精神的体现。知道了这一篇的大要以后,我们来看孔子的生活。前面五句(五个小节)都是讲孔子的行动,在不同的空间当中的行动。

🌀 **孔子于乡党,恂恂如也,似不能言者。其在宗庙朝廷,便便言,唯谨尔。**

乡党就是家族里亲戚所聚集的地方。古代人聚族而居,一个家族生活在一个地方,家族里有老有幼,九世同堂,甚至到十世都有。"子在乡党"就是孔子在家乡族人之间。孔子在乡党之间是一种什么样的精神状态呢？"恂恂如也"，"恂恂"就是诚实笃信，很谦恭的样子，好像话都说不来。注意，这个"似"很重要，不是说他真的不会说话，而是说他好像连话都说不出来了。这是一种什么样的状态呢？对此，现在很多人都不太理解，特别是年轻人。人年轻时一般比较张扬，比较自信，稍稍有点儿成就以后，就喜欢在亲戚、朋友、邻里面前显摆。你们看现在很多人外出打工有钱了的，或者是出去做了官，荣归故里时就会在乡党之间，不管是在长辈还是晚辈面前都显出一副很了不起的样子。而孔子认为在乡党之间，哪怕你地位再高，财富再多，学问再广大，你永远只是这个家族的一个成员，你在长辈面前永远是晚辈，你在晚辈面前则应该是一个长辈的样子，所以要很谨慎。在一个家族里边，聚会的时候，你是名人你就夸夸其谈，实际上只会使大家疏远你，大家心里边不舒服。因为乡党里是以亲情来维系的，在亲人之间就要"恂恂如也"，就要诚实恭敬，乡党里是论亲情，论辈分，而不是论地位、金钱，或者是才学。在一个小家庭里也是这样，在外面你可能很了不起，但在家里你还是父母的儿女，你还是丈夫或者是妻子，或者你还是子女的父母，你没有什么了不起的。你是大明星、大演员，可是在夫妻之间你还是妻子或丈夫，所以"似不能言"。然而当时空转换了，不在乡党了，到了宗庙、朝廷里，孔子就不一样了。宗庙是礼法之所在，朝廷是政事之所出，宗庙是祭祀的地方，朝廷是政昭于天下的地方。孔子在宗庙和朝廷的时候便是"便便（pián）言"，"便便"就是辨，辨明是非。朝廷和宗庙都是天下大义所在，在乡党之间以亲情维系，但是在宗庙朝廷就不然了，那里是是非大义所在之地，这个时候就要辨明，"便便"就是要辨明是非。你辨不明，差之毫厘，将谬以千里。"唯谨尔"，宗庙、朝廷的大事一定要谨慎，不能犯丝毫的错误。一个小小的错误将会对国家、民族造成巨大的灾难和损失。比如像现在的教育改革、医疗改革，关系百姓的切身利益，稍稍有一点失误，对老百姓、对子孙后代造成的影响将不可估量。所以在这些事上一点儿不能含糊、马虎。

🌀　朝，与下大夫言，侃侃如也；与上大夫言，訚訚如也。君在，踧踖如也，与与如也。

"朝"是国君还没有到朝廷的时候。国君还没在的时候，臣子们都要上朝，电视剧里都演了，不是皇帝先出来，是大臣们等皇帝出来。国君还没出来的时候就是大夫之间交谈。同僚中有比我官高的，有比我官低的，下大夫是比我官低的人，上大夫是比我官高的人。孔子与下大夫是"侃侃如也"，"侃侃"就是很率直，谈论问题很率真，而且原则性很强，是就是，非就非。与上大夫是"訚訚（yín）如也"。上大夫是官位比我高的人，所以要尊敬，但尊敬并不是阿谀奉承，不是献媚，是尊敬同时又能表达你的主张，这就叫"訚訚如也"。"訚訚"表示语言柔和，但是内容很刚正，外柔而内刚。"踧踖"（cù jí）就是恭敬的样子，国君在的时候很恭敬,战战兢兢,如临深渊、如履薄冰的样子。"与与"指威仪中适的样子,也就是威严而适中。这两句并在一起意思是,国君在的时候,内心里是战战兢兢,但是面上流露出来的却是威严安详。脸上是很平和的,看不出紧张,但是内心是战战兢兢的。往往人在大场合都会紧张,但这时又要表现出精神状态的安详自如,你紧张又不流露,紧张说明你对这个事情很重视,不流露说明你的修养已经达到一定的高度,你能够从容面对。

◎ 君召使摈,色勃如也,足躩如也。揖所与立,左右手。衣前后,襜如也。趋进,翼如也。宾退,必复命曰:"宾不顾矣。"

时空又转换了,开始是在乡党,在朝廷,这个时候是国君召孔子去为他接待宾客,"摈"读 bìn,表示接待宾客,外交活动,其他国家的使臣要来拜访,国君派孔子去接见使臣。"色"就是指脸色,"勃"就是突然,孔子接到这个任务以后,脸色突然就变了,从平时的状态一下变得很庄重了,"如也"的"如"当样子讲,就是脸色突然变得很庄重的样子。"躩"(jué)表示走路都走不正常了,好像都不知道该迈左脚还是右脚了,说明这个事情非常的重要,必须很严肃很谨慎地对待,所以才做出很重视的样子。这并不表示孔子内心就是这个状态,而是说在这种场合就需要这样。比如国家领导人接见外宾的时候,礼仪上就必须要显出重视的状态。"揖"就是对宾客作揖,"揖所与立",就是指跟和他站在一起的人作揖。这个作揖有两层意思,一是对和他一起去参加仪式的同僚作揖,一是对来的宾客作揖。"左右手",一种讲法说是一会儿用左手,一会儿用右手,一种讲法说是把左手放在右手上作揖。当他作揖的时候,衣服就前后摆动,前摆后摆就叫衣前后,"襜"读 chān,整齐,连衣服的摆动都是整齐的,向前摆,向后摆,摆的幅度都一样大,说明孔子的动作很规范,形象很威严。"趋进"就是急忙往前走,因为接待宾客的时候要显出主人的热情,所以动作要快。古人穿的衣服都是宽袍大袖,一走快了,风一吹,两个袖子一摆动,就像翅膀一样,"翼如也",就像鸟儿的翅膀一样。宾客回去以后,孔子必须回去汇报君王,他任命的工作完成了,说"宾不顾矣","顾"就是回头,宾客不再回头了,就是已经把宾客送走了。这是孔子在接待宾客时候的状态。

◎ 入公门,鞠躬如也,如不容。立不中门,行不履阈。过位,色勃如也,足躩如也,其言似不足者。摄齐升堂,鞠躬如也,屏气似不息者。出,降一等,逞颜色,怡怡如也。没阶,趋进,翼如也。复其位,踧踖如也。

这是孔子进入国君宫室时的状态。"鞠躬"就是弯下身子,进入公门的时候孔子先就要鞠躬。国君宫室的门都很大,可是在孔子看来那个门好像容不下他一样,所以要把身子弯下去,就是说孔子在进入很宽大的门的时候都不会昂首挺胸地走进去,而是弯着身子,好像门小了,他必须弯下去。国君宫室的门都是大门,怎么不容呢?那就是表现他的诚敬,他的敬是化在生活的点滴中的。"立不中门",就是指孔子进入国君宫室绝不立在中门,而是走左右两旁的门。以前那些宫殿,一般的人进门都不能从中门走,中门只有国君才能走。比如文庙中间那条龙路,是天子走的,还有一种人可以走,就是中了状元,状元进了文庙可以从中间那条路走,一般人只能走左右两边。孔子进了王府绝不在中门站立,行走的时候脚也绝不踩在门槛上边,"阈"就是门槛。门槛是不能踩的,第一你把门槛踩脏了,久而久之踩坏了;第二,古时候的衣服都是长衣服,你踩了以后,别人的衣服就要从门槛上扫过,就会把衣服扫脏,这都表现了孔子为他人着想的诚厚。拜见君主的时候必定是要改换容貌的。"过位",就是经过国君的位置时,脸色又变得很庄严,脚步也同样走得很小心、很谨慎,好像话也不能说了。"摄齐升堂","齐"(zī)就是长袍下面开口的地方,穿长袍的时候把长袍提着,就叫"摄齐"。国君总是坐在最高的地方,你要到他那个地方去就要迈台阶升堂,升堂的时候要把衣服提起来,弯下身子像鞠躬一样,而且屏住呼吸好像连气都出不来了。大家都能想到那种状态。比如你要去见一个你很崇拜的人,就是那个样子。见完了出来的时候,从国君坐的地方下来了,舒了一口气,"逞"就是放,放松了。"逞颜色"就是放松自己的表情,也就是解除紧张。"怡怡如也",和悦的样子,从紧张变得轻松。"没阶"就是阶梯下完了,慢慢回到他原来的位置上,小跑步回去,下阶梯的时候,风一吹衣服又展开袖子,又像翅膀一样了。回到他原来的位置上又显出恭敬的样子。这是表现孔子在宫室里的状况。

🌀　执圭,鞠躬如也,如不胜。上如揖,下如授。勃如战色,足蹜蹜,如有循。享礼,有容色。私觌,愉愉如也。

　　"圭"就是上朝的时候臣子手上拿的玉板。孔子拿着这块玉板,弯下腰,战战兢兢的,好像拿不动的样子。"不胜",连一块玉都拿不住的样子,并不是拿不动,而是表现对玉板的尊重。"揖",作揖,拿这块玉板的高度,不高于作揖的位置,不低于递东西给别人的位置,"上下"就是指作揖和给人东西的高度之间。"勃"指突然间变化,"战"就是战战兢兢,脸色突然之间变得战战兢兢。"蹜蹜"表示脚步局促,好像有什么东西让他的脚不能走一样,"循"就是有所遵循,好像给他画了条轨迹,必须遵循这条轨迹。这里"执圭"是说孔子做使臣,到其他国家去。古礼有五种:"礼始于冠,本于婚,终于祭丧,和于乡射,尊于朝聘。"其中一种礼叫朝聘,这是一种大礼节,天子把礼物送给各诸侯王或者诸侯王之间相互送礼叫聘,诸侯王送礼给天子叫朝。孔子执着圭出使其他国家,"享礼"就是献礼的意思,就是我作为鲁国的使臣,把我们国君要送给你们的礼物拿来献给你们国家,献的时候是和颜悦色的,就是有容色。"觌"就是会见,"私觌"就是私下会见。开始是国礼,外交礼仪,自然严肃。下来以后,私下相见,就很和颜悦色的,"愉愉如也",就是很愉快的样子。这一段是记孔子当外交使臣时的情状。

前面五段讲了孔子在乡党、在朝廷、在宫室、在接待外宾和出使他国时的精神状态,核心就是体现一个"敬"字。因为礼仪的核心就是敬。孔子因为真正的诚敬,所以一切礼仪他都做得非常认真到位。外在的行为是内心世界的展现。第六段、第七段是讲孔子穿衣的问题。

🌀 君子不以绀□饰。红紫不以为亵服。当暑,袗□绤,必表而出之。缁衣羔裘,素衣麑裘,黄衣狐裘。亵裘长。短右袂。必有寝衣,长一身有半。狐貉之厚以居。去丧,无所不佩。非帷裳,必杀之。羔裘玄冠不以吊。吉月,必朝服而朝。

这个"君子"还是指孔子。"绀"(gàn)和"□"(zōu)是表示颜色的两个词,这两个字都有绞丝旁,说明这两种颜色是丝的颜色。中国古代造字是由繁到简,以前的马,每一种颜色的马都有一个字,在马旁加一个表示颜色的字,这样的字有一百多个,表示一百多种马,这就是词汇的烦琐。丝也是如此,丝绸有很多颜色,绀和□都是表示不同颜色的丝绸。绀是紫色的丝,□是绛色的丝。古人的衣服领口、袖口上有边,这个就叫饰。孔子不会用紫色、绛色的丝绸做衣服的领边、袖边。为什么不用紫色和绛色的丝来做衣服的边?因为这两种颜色是有特定含意的,紫色是斋戒时穿的衣服的颜色。古人在祭祀祖宗、鬼神之前先要斋戒两天,吃素、禁欲、洗澡,使自己全身清净,才来祭祀,这叫斋。紫色的衣服只能是斋戒时穿。绛是丧服的颜色,紫色和绛色分别是斋戒和丧葬时穿的衣服的颜色。所以孔子不会用这两种颜色的丝来做平时穿的衣服的边。孔子穿衣服都是很慎重的,在不同的场合要穿不同的衣服。"亵"读 xiè,亵服是私下里穿的衣服,就像我们现在人穿的睡衣这一类。"红紫"不是指红色和紫色两种颜色,而是指介于红紫之间的颜色,红紫色不是正色,紫色是红色和蓝色调出来的,是杂色。孔子哪怕是私下穿的睡衣都不会用杂色的布来做,更不要说正式场合的穿着了。古人认为只有五种色是正色,就是金、木、水、火、土五行的颜色,即白、青、黑、红、黄,除此以外都是杂色,都是调出来的色。孔子立于礼,非礼无以立,用礼来塑造人,每一个环节都不能放松,哪怕是服装的颜色都要求是正色,不穿杂色。做人应该是堂堂正正的,不应该搞歪门邪道。

"当暑"就是正当夏天,"袗"读 zhěn,表示单衣,古人穿衣服是冬裘夏葛,冬天穿裘,就是皮衣,夏天穿葛,就是麻。"□"读 chī,是细麻布,"绤"读 xì,是粗麻布,袗□绤就是夏天穿的单衣有两种,有粗麻布做的,有细麻布做的。夏天很热,在家里穿个单的麻布衣服就行了,但是你出门的时候就不行了,必须在麻布衣上穿件罩衫,因为麻纱是透亮的,你穿出去别人全都看见了你的身体,所以叫"表而出之"。穿上罩衣不使人看到你的身体也是一种礼貌,尊重别人。"缁"就是黑色,黑色的外衣,"羔裘"就是黑羊皮做的衣服。还要讲一点,古人穿衣服,冬天穿的皮衣是把毛那一面露在外面,皮子在里面,里边衬了布,如果只穿皮衣,毛在外边会毛茸茸的,因此古人出门的时候,不能直接把皮衣穿在外边,在皮衣外边还要穿一层单衣,把皮衣给罩住。你穿黑羊皮的衣服出门,外边必须配上黑色的罩衫,这样色彩搭配才和谐。"素衣"是白色的,如果是白色的衣服做外衣,里边就穿"麑裘",麑裘就是用白鹿皮做的皮衣。你外边穿黄色的单衣,里边就要穿狐狸皮做的大衣,狐狸皮是黄色的,"狐裘"。这里其实并不是具体描写,而是以一概全,就是说古之圣人君子穿衣服,都要追求至美和谐,所以孔子才是中国最伟大的美学家,最懂得美的人。中华民族对美的强烈追求,在孔子这里是达到了极致。孔子对美有深刻的体悟,十分重视形式之美。一切的礼都是形式,形式有特定的美感,赋予这些具有美感的形式内在的生命,这就是孔子学术思想的一个特点。孔子的一切行为都是先有形式后有内容,因为孔子的时代礼崩乐坏,周公是制礼作乐的人,周朝开国的时候制定了礼乐,到了春秋的时候一切礼的形式都还存在,但是其内容都不复存在了,孔子先把这些已经残破的礼的形式恢复,然后再赋予其更深厚的内在意义,使之与形式相合。这就是孔子讲的美,内容与形式的美,也就是旧瓶装新酒,把周公旧的礼仪完备了,然后补充入新的时代内容,就使这些已经死去的礼复活了。礼就是这个精神的体现。

"亵裘长",亵是私下穿的衣服,裘是皮衣,你私下穿的皮衣要比较长,因为你在屋里边要保暖。"短右袂",袂是指袖子,右手的袖子要短一些,古时候的裁缝制衣服,一般都是右袖短于左袖。古人智慧得很,因为右手是做事的,写字、做事,什么都用右手多,右手要干活,所以右手的衣袖长了不方便,右袖要短。

"必有寝衣",古人有寝衣,寝衣就是睡觉时候穿的衣服,为什么孔子在这里要专门讲一句必有寝衣呢?注意,睡衣是孔子发明的,在孔子以前是没有寝衣的,孔子为什么要发明睡衣呢?这是有道理的,有深刻的思想内涵。孔子以前,周公制礼的时候,其他衣服都很多,但是就没有制睡衣,古人睡觉往往赤身裸体,孔子认为人哪怕是在睡眠的时候都应该有一种谨守。这有两层含义,一层是从形而上、哲学的层面来讲,他认为人在睡眠的时候往往心神涣散,在睡觉的时候穿一件睡衣,能让人心神有所约束。第二层意思,孔子是很懂养生的。张仲景《伤寒论》里讲,人有六经——太阳经、太阴经、少阳经、少阴经、阳明经、阙阴经,从尾椎骨沿着脊椎上到颈椎，直到鼻间，这一线叫做太阳经，是人抵御外来寒气侵略的最主要的经络。人生病往往是从凉了背心开始的，人体阳气不足，不能抵御外边的六邪——风、寒、暑、湿、燥、火对人体的侵略。穿睡衣的目的就是保护人的外阳之气。寝衣，在古文里衣都是指上衣，下衣叫裳，衣和裳是有区别的。寝衣就是上半身穿的，护住人体的阳气。现在许多女青年都不懂这个道理，把背全部露出来，把阳气全都放了，生病了还不知道为什么。"长一身有半"，注意了，古人每个字都有含义的，身，哪里叫身？从颈到臀这一段称为身，"一身有半"就是说比身还要长半截，比身长半截刚好到膝盖。寝衣要做多长呢？孔子明确规定了，做到膝盖这里，就能保护人体不受外寒入侵了，所以要一身有半。圣人做每件事都有深刻的道理。

"狐貉之厚以居"，"居"就是坐的意思，坐垫要用皮来做，狐皮和貉皮，要厚一点，薄了还不行，薄了不保暖。读医书就知道，人体的阳气很重要，保住阳气身体才能健康，保暖是保阳的重要方法，所以要注意保暖。"去丧，无所不佩"，"丧"就是办丧事，"去丧"就是办完了丧事。古时君子要佩玉，因为玉是用来形容君子的品格的，温润、外柔而内刚。但是办丧事的时候就不能佩了，这时候身上的装饰品都要取下来，着素衣来表示心的悲哀。丧事办完了以后要恢复常礼，该戴的玉都要戴上。"非帷裳，必杀之"，"裳"指下衣，"帷"是祭祀时候的下衣。裁缝都知道，做衣服的时候，一块布，可以正着裁，也可以斜着裁。祭祀时候穿的帷裳要一块整布，整块料正着裁，很费布的。但日常穿的下衣，"杀之"就是斜着裁。意思是说，祭祀的服装的布料不能节省，那是和神相通的，要诚敬，该用就用，但平时该节约就要节约，这也是孔子的思想，该用的时候就绝不吝啬，该节约的时候绝不浪费。"羔裘玄冠不以吊"，穿黑色的羊皮衣，戴玄色帽子，不能去吊丧。因为玄是黑里还略略带点红的颜色，不能用于丧事，只能素衣以致哀。"吉月，必朝服而朝"。吉月就是正月，每年的正月，必穿上朝服。有几种讲法，一说吉月是每年的正月初一，还有的说是每个月的第一天，都称为吉月。每年的第一天，每个月的第一天，都是指天道运行达到一个节点，表示新的时光要开始了，人要振作，所以这一天要穿上朝服。而朝，就是说你如果是做官的，吉日这一天就要穿着朝服朝拜君主，曾经做过官的人，则穿着朝服，朝着朝廷的方向拜三拜。这段是讲孔子在不同场景里的服饰情况。

🌀 **齐，必有明衣，布。齐必变食，居必迁坐。**

"齐"表示斋，就是祭祀之前，"明衣"就是浴衣。沐和浴也是不同的，沐是洗头，浴是洗身子。这里的明衣就是浴衣，洗了澡穿的衣服。斋戒的时候穿明衣是为什么呢？因为斋戒之前都要洗澡，要沐浴，如果洗了澡以后直接穿上斋戒的衣服,第一会把衣服搞湿,第二此时身体未擦干容易生病,所以要穿浴衣,浴衣是用粗布做的,不用丝绸,布可吸水,把身上的水、湿气全部吸收了,然后再换斋戒时候穿的衣服。"齐必变食,居必迁坐",斋戒的时候要改变你的饮食习惯,平时你可以吃酒肉,什么都可以吃,斋戒的时候不能吃肉,不能喝酒,不能吃姜蒜。古人有内寝和外寝,内寝室是最私密的,是夫妻同房的地方,外寝就是斋戒时候住的地方。斋戒的时候要迁坐,就是说斋戒的日子就要换睡房,不要夫妻同房。其实这都是在体现孔子的诚敬。不要说孔子好麻烦啊,穿衣服都这么多规矩。孔子讲立于礼,就是要用这些礼仪形式来约束、规范自己,等你把这些礼仪规范都变成习惯的时候,你就能从心所欲不踰矩了。

◉　食不厌精,脍不厌细。食□而□,鱼馁而肉败,不食。色恶,不食。臭恶,不食。失饪,不食。不时,不食。割不正,不食。不得其酱,不食。肉虽多,不使胜食气。惟酒无量,不及乱。沽酒市脯,不食。不撤姜食,不多食。祭于公,不宿肉。祭肉不出三日,出三日,不食之矣。食不语,寝不言。虽疏食菜羹,瓜祭,必齐如也。

这一段是讲孔子吃东西的问题,读这一段对我们养生很有意义。"食不厌精,脍不厌细。""食"就是指米饭,现在我们吃的米是指将谷子的壳去掉以后的部分,可是古人并不知道这样子,是把米连同外壳拿来一起煮着吃的。吃了谷壳往往容易得结石,因为不好消化。"食不厌精"就是你吃的粮食打得越细越好,也就是说谷壳去得越多越好,注意孔子用的一个词,"不厌",不是说必须要精,而是说越精越好,如果没有条件也就算了,有条件就越精越好。"脍"是切细的肉。"脍不厌细"就是肉切得越细越好,因为肉食的东西人体不好消化。人体只有四颗尖牙,其他都是平牙,尖牙是嚼肉食的,平牙是嚼素食的。人体尖牙和平牙的比例是一比七,所以人吃肉与素的比例也应该是一比七,肉占一,素占七。人的肠胃消化起肉来是很困难的,所以要切细,脍不厌细,肉切得越细越好。现在很多疾病就是吃肉吃出来的,为什么会这样? 古时候哪有这么多肉给你吃,现在的肉绝大多数都是饲养场养出来的,满足人们日益增长的欲望。以前肉有多少啊,吃肉叫"打牙祭",用肉来祭祀牙齿,一年就祭那么一两次。要吃肉,不要吃多,要吃细。

"食□而□","□"和"□"是湿而烂、发酵、变味、长霉的东西,这些东西不能吃。用今天的话来说,就是变质的东西不要吃。"鱼馁而肉败","馁"是烂,鱼肉烂了是坚决不能吃的。《华佗传》里就记了一个人吃了烂鱼以后,肚子里生虫,吐出一盆都是虫,这是吃了烂鱼以后肚子里生寄生虫了,最后那个人死了。肉腐败了不能吃,不要为了节约,舍不得,把这些变质了的都吃下去,那会适得其反。"色恶",变了颜色的东西不要吃。"臭(xiǔ)恶",变了味的不要吃。"失饪",烹饪不到火候的不吃,不是说把东西拿来一煮就吃。"不时,不食。"一层意思是指五谷不成、果实未熟的时候不要吃,二是不是正当时令的东西不要吃。今人尤其爱犯这个毛病,现在都吃大棚菜、大棚瓜,这全是违反天道的。每个季节生什么菜,那是天道有循环,有规律的。现在冬天到餐馆里去吃饭,饭后都会给你上一盘西瓜,冬天吃西瓜你就可能生病。不是这个季节出的东西,千万不要吃。不要说现在好了,科学技术发达了,任何时候都可以吃到其他季节的东西,不仅自己买来吃,还以为是珍贵的礼物送给别人。"割不正,不食",东西切得不规整的也不吃。表面看起来这孔子不肯将就,切得不方正的也不吃。其实孔子是寓教于生活,他并不是一个挑剔的人,这是在教育学生,意思是说,我们的心正了以后,做每样事都要正,哪怕是切菜这样的小事都要合乎规范,才能真正看出一个人的心性。一个人的心性是化在日常生活点点滴滴当中的,就像我们说见字如见人,你写的字是歪斜的,犹见你这个人心不正,你写的字都细眉细眼的,足见你这个人心胸很狭窄;你的字写得很粗疏,就足见你这个人粗心大意、马虎,看字就能看出一个人的性格。同样的,什么都能见人,切菜也是,你切菜都切得很规整,说明你这个人很严谨。"不得其酱不食","酱"是指的作料,该放的作料不放也不吃,该放的作料要放齐。这里并不是说孔子很挑剔,这都是孔子在教育学生,你做每一样事情,哪怕是基本的生活小事,你也要严密、要谨慎,不能粗疏,所以我们教娃娃也是如此。从小叫他做家务,同样是培养他,是在生活的点点滴滴中培养他。现在的学生有几个会做家务啊,做出来的饭都是失饪、割不正、不得其酱,把这几点练好了,心性就会有所提高。

"肉虽多,不使胜食气。"肉再多,吃肉的分量也不能超过你吃的粮食,"食气"指饭,肉的分量不能超过你吃的饭,还是刚才说的道理,七比一。不要动不动少吃点儿饭,多吃点儿肉,那是错的。"惟酒无量,不及乱。"吃酒不给你规定限量,但是以不喝醉为底线。不要乱性,喝醉了酒就发酒疯,乱性,那是不行的。"沽酒市脯",就是外边打的酒、市场上买的干肉不吃,说明什么呢?说明酒要自己酿,外面沽来的酒都是掺了水的,在市场上买的干肉、卤菜不要吃,那些东西也有问题。"不撤姜食,不多食。"每天都要吃点儿姜,每顿都要吃点儿姜,但是不能吃多。姜对于人体是非常好的,《神农本草经》里讲姜可通神明,夺造化。姜是种了不起的药,建议诸位每天吃几片姜,切成片嚼着吃。如果煮在汤里吃也行。女同志吃姜尤其好,能够暖自己的身体,治疗痛经。

"祭于公,不宿肉",参加国君助祭的时候,分得的祭肉不过夜就处理掉,绝不放到第二天。祭肉是献给神的,祭祀毕祭肉分给大臣,是将神的恩惠赐给大臣,神的恩惠岂容过夜,过夜即是对神的不敬。分祭肉的风俗到民国都还有,每一年文庙里祭了孔子以后,祭肉要分到各个学校,中小学校长都能分到。以前我的外曾祖母刘怀珍先生当小学校长,每一年都能分到祭肉。分到的祭肉不能放过夜,拿回来就把它吃了,过夜是不行的。"祭肉不出三日,出三日,不食之矣。"注意,刚才的"祭于公"是指公祭,国家的祭祀,这里的"祭"是指家祭,家庭祭祀一般是清晨杀牲口,杀了上午就祭,家祭的祭肉不能存放超过三天,过了三天就不要再吃了。圣人把这些细小的问题都讲明白了。

"食不语,寝不言",这一点我们现在的人做得很不好。"语",大家一起说话叫语,自己一个人说话叫言,吃饭的时候往往很多人在一起,孔子说"食不语",吃饭的时候不要和人家说话,说话会影响你的消化。现在都是在酒桌上说事情、谈生意,说这样说那样,这是最伤身体的。睡觉也不要说话,"寝不言"是指你睡在床上不要说话,睡觉前说话容易使大脑兴奋,影响入睡与睡眠质量。

"虽疏食菜羹,瓜祭,必齐如也。""瓜"当"必"字,"齐"是诚敬的意思。也就是说,即使饮食很差,也必须要祭,而且还要诚敬。以前吃每顿饭的时候,都要把各人吃的菜舀一碗起来,摆在一边,用来祭祀发明饮食的人,时时刻刻感恩。我们今天能有美味佳肴,要感谢发明饮食的人,炎帝尝百谷才让我们有了粮食。以后的圣人发现了火,才知道把食物煮熟。后来的农民世世代代耕作、劳动,才知道怎么种菜。有历代厨师的加工才有了各种各样的菜肴,我们吃饭的时候就要感念那些创造了饮食的人,使我们能吃到美味佳肴。但是到了孔子的时代,人们都说,吃好的才祭,我们平时吃得差,就不祭了,渐渐这种祭祀的礼仪就废弃了。可是孔子不然,不管吃得好吃得差,都要祭,而且是很诚敬的。这段话是从孔子的饮食来看孔子的智慧和精神风貌。

席不正,不坐。

古人是席地而坐,在地上铺席子,席子铺不正也不坐。他这话都是说给学生听的,是教学生的,就是从每一件事情上去养成人的正心。人的正心从哪里养成?从生活点滴,哪怕是摆张凳子,你摆不正,我做老师的也不会来坐。你黑板不擦干净,我做老师的就不讲课,并不是老师摆架子,而是为了教好学生。老师教学生是有方法的,在点点滴滴的小事情上督促你、约束你。

乡人饮酒,杖者出,斯出矣。乡人傩,朝服而立于阼阶。

同乡之人一起喝酒,"杖者"是拄拐棍的人,拐棍不是随便拄的,《礼记》里有规定:"五十杖于家,六十杖于乡,七十杖于庭,八十杖于朝,九十而天子往就见之。"五十岁你可以在家里拄着拐棍,六十岁的时候可以在乡党间拄拐棍了,七十岁就可以在大庭广众之下拄拐棍了,八十岁则可以在朝廷上拄拐棍了。没到八十岁,见了帝王将相要把拐棍丢了,祭礼的时候都要丢拐棍,但是八十岁以后,任何场合都可以拄拐棍,朝廷、祭祀、宗庙都可以。九十岁你根本不需要出门,帝王要来见你。"杖者出,斯出矣",就是说要等拄着拐棍的老人出来了,我才出来,我要跟在老人的后边。也就是说,在乡党饮酒的时候,必须是晚辈跟从长辈,年轻人跟随在老人后边。不要说我有地位,我了不起,我就先出来,不行,再怎么说在乡党之间你是晚辈就是晚辈。"傩"读 nuó,是驱瘟疫的一种活动,在道观里有瘟神殿,供有瘟神,就是能够消除瘟疫的神。瘟疫是很厉害的,那是要置人于死地的。鼠疫来了,一村一村地死,古人都很怕瘟疫,所以要祭祀瘟神,傩就是驱赶病魔、瘟病的仪式。在傩的时候孔子也要穿上朝服,立在家庙的东阶上。为什么呢?因为东边是属木的,木是朝阳的,春主生,是要借春天的阳气来驱散这些病魔。朝服说明重视。从这里我们还可以看到很多古时的乡土民情。这里为什么记录这句话呢?古人驱瘟神有点像后来的跳大神,装神弄鬼的,迷信色彩很浓厚,孔子时代的人认为这种仪式起不到很大作用,祭了半天,瘟病要来还是来,都有点把傩当成儿戏了。但是孔子不然,哪怕人家很轻视,当儿戏,他仍然要穿着朝服慎重地对待,"祭神如神在"。孔子对于所有人们已经解构了的东西,都要把它重新建立。孔子的时代和现在很相似,崇高被解构了,一切神圣的礼仪、祭祀活动都被消解了,都被人们所嘲弄。人们都不相信英雄,都不相信美好,一说到真、善、美、好人好事,人们都嗤之以鼻,对神圣、崇高的东西都报以一种讥讽的态度。越是在人们把崇高都解构了的时候,越要出来重新建立崇高,这就是孔子的伟大之处,这也是"朝服而立于阼阶"的伟大之处。不要以为都是一些小事,从这里可以真正体现圣人的伟大,哪怕是这样的事情他也不苟且,始终保持那颗诚敬之心。孔子就是要构建崇高,把人们已经打乱的秩序重新恢复,在人们心灵中重新构建起真、善、美,重新构建起神圣,引起大家对理想的热爱、向往和追求。

🌀 问人于他邦,再拜而送之。康子馈药,拜而受之。曰:"丘未达,不敢尝。"

孔子有同乡好友在其他地方,现在正好有朋友要到那个地方去,孔子就请这个朋友代问他乡的故人。临行前孔子对这位朋友拜了两拜,一拜是拜这位朋友,二拜就是拜的他乡的那位朋友。这展现了孔子哪怕是托人问候,也是极诚恳的,不只是一个问候的形式,还有真诚的心。康子就是季康子,鲁国的权臣。"馈"就是送,送孔子药——可能孔子生病了,季康子来给他送药——孔子拜谢,接受了这个药,这是孔子的态度。但是他一边表示感谢,一边说我搞不清楚这个药,我没吃过,要对症下药嘛,你连我病都不知道,给我送药来,我怎么敢吃你这个药。"丘未达",我不通晓这个药性,所以不敢吃。别人送给我药,对这分情我很感谢,但是药我不敢吃,分别对待。拜是孔子的仁,不吃药是孔子的智,不能因为感激就乱吃药,也不能因为不敢吃药就谢也不谢。这点生活小事就反映出孔子的大智大仁。且季康子是鲁国最有野心的权臣,"八佾舞于庭"就是他。孔子不吃他送的药,也表明了对他的态度。

🌀　厩焚。子退朝,曰:"伤人乎?"不问马。

　　这一段更有趣味了。"厩"就是马厩。孔子上朝去了,结果家里马圈失火了。孔子回到家里边就听说了,他第一句话就问,伤人没有啊? 不问马。这句话我们要分几层去理解。在世俗社会,看守马圈的人都是下人,一般人对这些人是不看重的,人们更看重的是马。当时的名马比人还贵重,所以一般人是重马而不重人。一般人是问"伤马乎",不问人。孔子不然,第一句话就是伤到人没有啊? 足见孔子悲天悯人之心,他是把人当人的圣人。孔子最关心的就是人,他把人看作生命宇宙的本体,对人进行了全面的关怀,所以孔子问"伤人乎",不问马。这里的马是被当作财产来对待的,后人有人说孔子没有悲心,不慈悲众生,马就不管了,任它烧,不是这样子的。这里是把马当作财产来对待的,是说明孔子重人而不重财,说明孔子的仁者爱人之心,至于孔子的仁爱动物在第七篇《述而》的"不网"、"不射宿"中就反映过了。在现实生活中很多人是重财不重人的。在现代社会人被物化的情况更是严重。

🌀　君赐食,必正席先尝之。君赐腥,必熟而荐之。君赐生,必畜之。侍食于君,君祭,先饭。疾,君视之,东首,加朝服,拖绅。君命召,不俟驾行矣。

　　"君赐食,必正席先尝之。"国君赏赐我食物的时候必须端正地坐好,尝一尝。因为国君赏赐的东西是珍贵的,要正席先尝,不能独享。先尝了,然后再给父母、兄弟姐妹、妻子儿女,所以叫正席而先尝之。"君赐腥,必熟而荐之。""腥"就是生肉之类,国君赏赐的生肉,必须先煮熟了供奉祖先,"荐"就是供奉。先供奉家里的祖先,自己再吃。"君赐生,必畜之。"如果国君赏赐的是活物,活猪、活牛、活羊、活鸡,那就把它养起来,不杀,作为家庭的一种荣耀。"侍食于君",就是陪着国君吃饭,"君祭"就是国君在吃饭之前的祭祀。"先饭"就是在国君祭祀的时候就帮他先尝一尝这个饭,再让国君吃。一来看这个饭有没有问题,二来也表示对国君的尊敬之意。古人和今人对待国君的态度是不一样的。"疾,君视之","疾",孔子生病了,国君来探望。"东首,加朝服,拖绅",要把头朝向东边。哪怕生病在家,睡在床上,但是国君来了都要把头朝向东方。古代房间以西为贵,国君到屋里,背西面东,所以病者把头朝向东方,实际是面向国君。"加朝服",病中不能穿朝服,但国君来了,要把朝服盖在身上。"绅"就是朝服外束在腰上的宽带。"拖绅"就是因病无法束腰,就把带子放在身上。这句写国君来了,孔子即便在病中,也不忘对国君的尊敬之礼。病中是非常之时,非常之时的状态更能看出孔子化到生命中的诚敬与守礼。国君有召书来了,召孔子进宫,"不俟驾行矣","俟",等待,"驾"是驾车,孔子不等驾上车就赶快走了。大夫都是有马车的,都是驾马车去上朝,但是孔子不等车驾好就走,这不是说他走得比车快,车没驾好就走,是表示心情的急迫,也是表现那种诚敬之心。

入太庙,每事问。

这句在《八佾》第三里已经出现过了。诸侯国里祭祀祖宗的庙就叫太庙,进入太庙以后,看到每一样东西孔子都要问,这是什么啊,这是什么啊。有人就嘲讽孔子,哪个说孔子是懂得礼的人呢,到了太庙什么都要问,他还懂礼啊? 其实孔子并不是不懂,问才表示真正的诚敬,哪怕知道也并不表现出来。圣人的谦德是在每一点上流露出来的,他是自然流露,哪怕是知道的,都要谦虚地表示我不知道,何况对不知道的。孔子这样的圣人进入太庙后每事都问,表示他对祖先、对鬼神的诚敬之心。日常生活的所有行动当中都体现了孔子的两个字:谨、敬——谨慎、诚敬。这两个字实际上是孔子通过对动物和天道的觉悟总结出来的。不管那一种动物它随时都要保持高度的警惕,它才能在自然界里生存下去,要不然就有被吃掉的危险。生命都是如此,人为什么要谨慎?你不谨慎休想很好地生存,小则有一般的危险,重则有生命危险。不是说只有人才需要谨慎,自然界的万物都是如此,这是天道。"谨"是对一切生命而言的,而"敬"是禽兽和人的区别,禽兽不懂得敬,但是人懂。人之区别于禽兽就在这个敬字,人之同于禽兽就在这个谨字,大家认识到这一点,就会对谨慎的人生态度有深刻的体会,战战兢兢,如临深渊,如履薄冰。但是这种谨慎,在动物是自发的,不是自觉的,在人则是经过自觉的精神状态。人怎么能得到逍遥和自在呢?怎么获得自得呢?这个才是孔子讲的"从心所欲不踰矩",这个"矩"就是谨,对什么都能谨慎地对待,到了一定的境界以后,这些东西都不会约束你了,因为你早已习惯了这种谨,你就能够活得很自由了。敬是人具有的对天地、对宇宙、对自然的一种敬畏之心,有这种心才能和天地、宇宙、自然以及与人最好地相处。孔子的一切言行都体现着谨、敬二字。

⊚　朋友死，无所归，曰："于我殡。"朋友之馈，虽车马，非祭肉，不拜。

"殡"指收殓，即给死人安葬。孔子的朋友太穷了，死了没有人去给他收尸，将他埋葬。这时孔子说由我来将他埋葬，帮他办丧事。这里足见孔子的仁厚，仁者爱人。第二句是讲孔子对朋友所送的礼物的态度。从这句可以看出孔子所崇敬的是什么。"馈"就是送，朋友送的东西、物品，即使是车、马这样贵重的东西，也不拜。春秋时候车、马算是很重的。哪怕是送我贵重的车、马，送房子，但是只要不是祭肉，我都不拜。感激，但不拜。如果送我的是祭肉，国君祭祀了天地、鬼神、祖先的肉送给我了，那我肯定要拜。从这里可以看出不管朋友是贵还是贱，孔子只拜祭肉，是表达他对于天地、鬼神、祖先的诚敬。这两句是说孔子看重朋友之义。

⊚　寝不尸，居不容。见齐衰者，虽狎，必变。见冕者与瞽者，虽亵，必以貌。凶服者式之。式负版者。有盛馔，必变色而作。迅雷风烈，必变。

"寝不尸"就是睡觉的时候不要像挺尸一样，尸体是怎么躺的，直挺挺地躺在那里，睡觉的时候不要仰躺，要右侧卧。你看人体五脏六腑的分布就知道了，俯睡压迫你的五脏六腑；仰睡五脏六腑处于瘫痪状态，得不到很好的休息；左侧睡压迫心脏，所以右侧睡是最好的。佛经上讲，卧需右侧是吉祥睡。"居不容"有两种讲法。一种讲法说"容"就是客，在自己家里不要像客人那样，就叫居不容。做客是很局促的，你在家里边就不必像做客那样局促了，要放松。另一种讲法认为"容"当仪容，你在家里就不要打扮得那么花枝招展、浓妆艳抹了。"齐（zī）衰（cuī）者"，"齐衰"指孝服，这里指办丧事的人，见到办丧事的人，哪怕是很亲近的人，"狎"就是指平时跟你关系非常好，很亲密的人，你也要变色，改变容色，要庄严，要肃穆。"冕者"就是戴帽子的人，这个"冕"是指的冠冕，是有地位的人，不是说一般戴帽子的人。"瞽"就是眼睛瞎了的人。你见了这两种人，即便是常见的和熟悉的，也要很有礼貌。"亵"当熟悉讲，"貌"当礼貌讲。"凶服"还是指的办丧事的人，"式"是车上的一块横木，古人在车上钉一块木头用于放手，式就是那块木头。如果你在车上遇到路边有办丧事的人，你要身子向前微俯，伏在横木上，以表哀悼。"负版"，版就是地图、户籍这一类的东西。"负"就是背。"负版"就是背负着国家地图、户籍的人，对这种人你在车上也要微倾身体表示尊敬，因为他们背负着江山社稷之重。这些都深刻地反映出孔子对人的高度重视，对弱势群体的关怀，对百姓民众深切的关爱和尊重。爱人和爱民，人本和民本，在这里都体现出来了。而这些小事更让我们真切地感受到孔子那种悲天悯人的儒家情怀。"盛馔"就是指丰盛的大餐。到人家家里边,人家给你做了一顿丰盛的饭,你要知道感激。"变色而作","变色"是指改变脸色,也就是变得很郑重,"作"是站起来,对主人,对请你吃饭的人,你要郑重其事站起来表示感激,对人家的劳动成果表示尊重。别人给你做了一顿饭,你坐下就吃,吃了也没反应,人家就很失望,这是孔子对人心的细腻的洞悉和体察。遇到打雷、刮大风、闪电,这种时候必要站起来,很郑重地向天拜三拜。打雷闪电是天发怒了,这肯定是人做了不好的事触怒了天。这里都体现了一个"敬"字,对人敬,对天敬。

🌀 升车,必正立执绥。车中,不内顾,不疾言,不亲指。

登上马车驾车,"绥"就是车上的绳子,登车要两手拉着绳子才能上去。上车以后要站正了,拉着车上的绳子。哪怕登车这样的小事,孔子都不苟且,要求心之安与正,随时都用礼来培养人。"内顾"就是回头看,坐车的时候不东张西望,要目视前方。"疾"就是快,不快速、高声说话。"不亲指"就是在车上不用手指指点点。在车上也是很端庄的。在任何时候都安详、镇定,用这些礼仪来培养人的精神气质。一个人经过长期训练以后,他的端庄和诚敬就是从内心中透露出来的。当他达到这种境界以后,就从心所欲了。这段是记孔子坐车的状态,可谓细致入微。

🌀 色斯举矣,翔而后集。曰:"山梁雌雉,时哉!时哉!"子路共之,三嗅而作。

这一句是这一篇的点睛之笔,可谓千古妙文,无出其右者。内容、形式都很妙,而且把孔子的核心思想点出来了。中庸,什么是真正的中庸?这句讲得最好。有一天,孔子在路上行走,看到一群母野鸡停在山坡上。"雉"就是野鸡,"雌雉"就是母野鸡。母野鸡本来停在山坡上,看到有人来了,"色"就是指人的脸,"举"就是飞起来。一群野鸡看到来人以后,就飞起来了,这就叫"色斯举矣"。"翔"就是在天空中飞,盘旋了一阵又停下来了,集中停留在山坡上。孔子看到就很高兴地说,这山梁上的母野鸡真是识时务啊,识时务啊。"时哉!时哉",就是识时务啊,识时务啊。什么是"时哉!时哉"? 就是能审时度势啊。野鸡看到有人来的时候,它很恐惧,它看到有危险就赶快飞起来,飞到半空中观察——审时度势,它能根据具体情况,来改变自己的状态。每个人的状态根据时间的不停推移而变化,你在这个时候该做什么事情,那个时候该做什么事情,还要做得中道,这就是中庸的核心精神。要达到中庸,你首先要具备审时度势的能力,你能深刻地、清晰地分析你所处的时空,并对这个时间、空间做出准确的判断,然后根据这

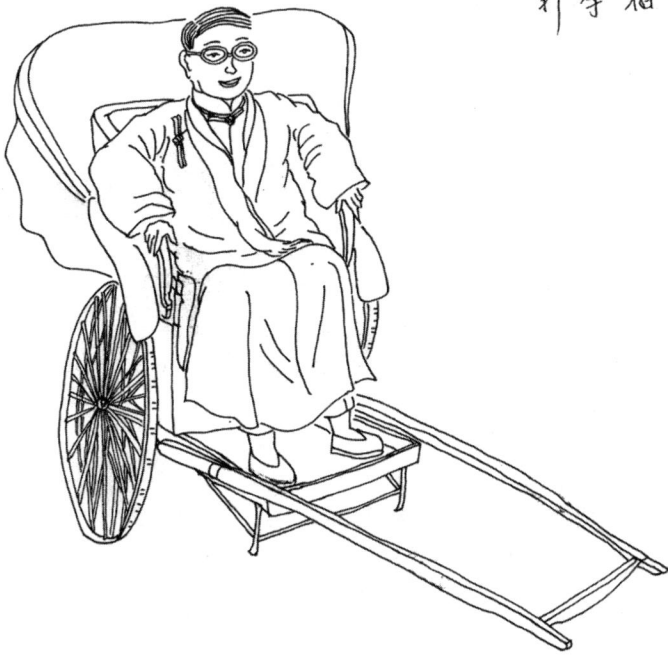

车中，不内顾，不疾言，不亲指。共和国五十八年暮春，李里绘于蓉城川师天人轩。

个判断来选择你应对的方法。而判断的正确与否，则取决于你智慧的高下。智慧越高，判断就越准确，相应地做出的对策也越有效。把各种问题、各种社会关系都处理得恰到好处，就是中庸。故而达到中庸需要极高的智慧与人生境界，所谓"极高明而道中庸"。这山坡上的母野鸡能够准确地把握它所处的时空环境，并做出相应的正确反应，所以孔子这么赞叹这山梁上的母野鸡，表面是称赞鸡，实际是孔子对中庸境界的赞美。而孔子自己就是中庸精神的最好的践行者。

《乡党》篇其实就是对孔子在日常生活的方方面面都能做到恰到好处的精彩描写。孔子不管在乡党、在朝廷，对内政、对外交，对君上、对臣下、对天地、对祖先、对朋友、对弱势群体，还是日常的衣着、睡眠、饮食、行坐都能做到符合时宜。虽然状态各不相同，但都有一个核心不变，就是谨敬。所以中庸既要有与时俱进的智慧，还要有坚定不移的仁德。如果不能与时俱进就是迂腐，难以快乐地生存下去。如果不能守住本心，不停地被光怪陆离的外部世界牵引，就是随波逐流，最后连自己也不知自己是谁了，同样不能快乐地生活下去。第十篇《乡党》最可贵的就是让我们清楚地看到了孔子一以贯之的中庸之德，这种中庸之德如何体现到日常生活之中，更使我们知道圣人之道并不高远，就在点点滴滴的生活中。

"山梁雌雉"这一章，实是用寓言的形式对《乡党》篇的精神作了总结，也是对孔子的精神作了总结。"子路共之，三嗅而作。""共"通"拱"，就是拱手。"嗅"有两种讲法，一种当惊惧讲，一种表示鸟叫之声。"作"表示飞起。"三嗅而作"，表示叫几声就飞起。子路看到夫子这么称赞这群母野鸡，就在那儿拜这群母野鸡。母野鸡看到子路在拜它们，就冲他长叫三声，然后就飞走了。这段文章只有短短的二十五字，却写得很有诗意，很有味道，几句话就把场景勾画出来了，在小小的场景里边又有哲理又有趣味，又有画面又有声音，又有情节又有诗意，最后一句诗意盎然。这里还有深意，山梁上的母野鸡不会因为你对它的称赞而改变自己，正如《华严经》上讲的："亦如莲花不住水，亦如明月不住空。"我不会执著于你对我的称赞，不因为你称赞我两声"圣鸡"我就昏头了，也不会因为你拜我两下，我就执著于你称誉我的境地。这是真正的大智慧，真正的中庸，是仁者安仁的境界。你称赞我也好，你不称赞我也好，长叫三声就飞了，很淡然的，很从容的，很悠远的，空中还弥漫着回音，余音绕梁。又有音乐，又有画面，画出来真是一幅很美丽的图画啊。从这段千古妙文，足见《论语》的精绝，大家当好好玩味。

《论语》上半部从《学而》开始，讲人读书的根本目的，是求人生的大道。学成以后就要从政为天下苍生做事，第二篇就是《为政》。为政的第一步是要找出天下的弊病，第三篇《八佾》就是批判时政。找出问题要对症下药，开出治理天下之方，第四篇《里仁》就是孔子开出的以仁治天下的药方。治天下的根本在得人才，第五篇《公冶长》、第六篇《雍也》就是孔子的人才论。人才的培养靠教育，天下的治理靠教化,第七篇《述而》即是孔子的教育论。教育的思想内容也是历代圣王思想的智慧的结晶,并且有继承、延续性,第八篇《泰伯》就是讲孔子思想学问的承先启后。第九篇《子罕》则是讲孔子在继承历代圣贤思想基础上所形成的自己的思想学说体系,它是其他诸篇的根本,因为思想指导一切。第十篇《乡党》是记录孔子将他的思想用于日常生活的情况,也是用形象来展现孔子的思想与理想,更是孔子实践自身理想的景象。《论语》各篇之间有严密的内在联系,且前十篇已一步一步将孔子的思想全面展示出来。大家仔细读来,便有体会。

先进第十一

上半部《论语》讲完了,从十一篇开始就是下半部了,上半部可以说是整个《论语》的纲目,孔子的基本思想在上半部里几乎全部讲了,下半部只是对上半部思想的补充和发挥。就像我们做雕塑,塑一尊人像,塑好放在那儿就已经是一件成品了,但是我们还可以进一步给它穿上衣服,给它绘彩贴金——不做这些,它是一尊塑像,做了这些,它就是一尊更精美的雕像。《论语》下半部做的就是这个工作。你读了上半部就已经够用了,读下半部是要更深入、更细微、更全面地来认识孔子的思想、儒家的学说。

朱子说"此篇多评弟子贤否",《先进》多是评价弟子的贤和不贤。实际上在上半部里,《公冶长》和《雍也》也是在品评弟子,《先进》这一篇也是,但是这一篇的评点和前两篇是不一样的。前两篇是比较抽象的,这一篇是用比较具体的事情来评点,而且多半是孔子晚年回忆录似的评说,所以其中感情色彩极浓厚。

子曰:"先进于礼乐,野人也;后进于礼乐,君子也。如用之,则吾从先进。"

这一段话很不好理解,大家要先明白一点,明白什么呢?前半句"先进于礼乐,野人也;后进于礼乐,君子也",不是孔子说的,是当时的一句流行语,"如用之,则吾从先进"这一句是孔子说的,是孔子对前半句流行语的评价。"先进"就是指先辈,"后进"就是后辈,那么先辈和后辈具体指代什么呢?这里的先辈指代先民,后进就是指当时的人。这句话应该这样解释,礼乐的状态,在先民的时候是质胜于文,内容是很充分的,只是形式不像现在那么完备,可是到了周朝的时候,形式已经非常完备,当时的人,他们的礼乐的情况是形式大于内容。注意,先民是内容大于形式,而时人是形式大于内容。但时人却认为形式大于内容才是真正的君子,反而把内容大于形式称为野人。孔子曾说:"郁郁乎文哉。"周朝的礼乐、文物制度很兴盛,但实际上形式上有点过了,过度注重形式就会显得浮华——在浮华与朴实之间,孔子一向是宁愿朴实也不愿浮华的。所以孔子说,如果我要用礼乐的话,我还是效法先民,比较朴实,而不学今天这样浮华的。当时的人是把当下的非常当作正常,而把先民的正常当成了非常。比如我穿长衫,中国人穿自己的传统服装,本来是极正常的事,大家却表示惊异,以为非常,这就是把正常当非常,把非常当正常。

◎　子曰:"从我于陈、蔡者,皆不及门也。"德行:颜渊,闵子骞,冉伯牛,仲弓。言语:宰我,子贡。政事:冉有,季路。文学:子游,子夏。

这是孔子晚年的回忆。他回忆说,我周游列国到了陈国、蔡国,那个时候跟随我的弟子现在都不在我身边了。孔子六十岁那年在陈国绝粮,在蔡国遭厄,困顿于陈、蔡。当时跟随孔子的弟子今天都或死或散。说这句话时孔子七十余岁,将到生命的尽头,回忆起来,不无凄怆。当时跟随孔子的弟子有哪些呢?以四科来归纳,德行最好的有四个:颜回、闵损、冉雍、仲弓。能说会道的,口才很好的有两个:宰我和子贡。从政的有两个:冉有和子路。长于文学的有两个:子游和子夏。用德行、言语、政事、文学四科来划分孔门弟子,实是孔子门人记录孔子的言行时所为,是以各人所长来区分,并非孔子自己分了四科来教弟子,也不是说有德行的弟子不通文学,只是在某方面最突出而已。清代大学者俞樾,就是章太炎的老师,俞平伯的曾祖,专门写了一篇《孔门四科考》来论证这个问题。后来孔子这十个弟子,加上有子、子张、朱熹,称为"十二哲"。以前在孔庙里,孔子像的两边供奉四圣,大殿两旁供十二哲。四圣就是颜回、曾子、子思、孟子。其中颜回是复圣,曾子是宗圣,子思为述圣,孟子为亚圣。下面就是孔子对他这些弟子的具体回忆。

◎　子曰:"回也非助我者也,于吾言无所不说。"

《先进》篇中有八条是孔子在回忆、评说他最心爱的弟子颜回的。孔子说,颜回并不是一个能帮助我的人,但是他对我说的话没有不感到喜悦的。"说"通"悦"。为什么说颜回不是一个能帮助我的人?"启予者商也",卜商在文学上还可以启发一下我,颜回是一句话也不说。为什么那些能帮助孔子的人,孔子对他们喜欢的程度反而没有那么高,颜回不能帮助孔子,孔子还那么喜欢他?因为凡是孔子说的话,颜回没有不感到喜悦的。这句话很有趣。什么叫凡是孔子说的话,没有不感到喜悦的呢?"说",内心的喜悦,从这句话就足见颜回对孔子知之深,理解之透,孔子每说一句话他都能从中受益。他深切地理解了孔子说的每一句话的含义。非颜回不能知孔子,他之无所不悦,就是基于对孔子的深切的理解。

颜回虽然没有阐述孔子的学说,把孔子的学说进一步发扬,但是他首先是孔子的知己,他了解孔子的思想,他深刻地认识孔子的思想。从这段话也可以看出孔子评判弟子的价值取向和标准。孔子并不看重弟子对于他的功利方面的意义,而是看重他们对他的道的理解与传承。

🌀 子曰:"孝哉闵子骞!人不间于其父母昆弟之言。"

孔子说,"孝哉",闵子骞真是大孝啊,人们都不怀疑他的父母、兄弟对他的称赞。一般人啊,听到某某的父母称赞其儿女,对这种称赞总是要打点折扣:我这个儿子啊,了不起啊,我这个女儿啊,美若天仙,品学兼优……我们听到这些话会认为是王婆卖瓜——自卖自夸。可是闵子骞呢,他的父母、兄弟对他的称赞是其他人无法挑剔的,只有相信,为什么呢?因为闵子骞是实至名归。闵损的故事被列入《二十四孝》,他是中国历史上有名的孝子。他的生母早死,他父亲娶了一房继室,继室生了两个儿子。闵子骞的后母内心里面并不喜欢闵子骞,但是,她为了讨丈夫的欢心,表面上很贤淑,对三个儿子是同样的态度,没有分别。这一年的冬天,她为了在她丈夫面前表现她的慈爱和贤淑,就给三个儿子缝了三件棉袄——一视同仁,我亲生的儿子穿什么,你闵子骞就穿什么。闵子骞的父亲很高兴,觉得妻子很贤惠。结果一家人在门口赏雪,三个儿子站在一起的时候,后母生的两个儿子很高兴,有说有笑,闵子骞却冷得发抖,话都说不出来了。做父亲的很奇怪:三个儿子都穿了新棉袄,为什么那两个不冷,只有你冷呢?做父亲的很恼火,说闵子骞在装神弄鬼,想要挑拨父亲和后母的关系。他去拉闵子骞,可是轻轻一拉就把衣服扯破了,为什么呢?原来后母生的两个儿子的棉袄都是用新布做的,唯独闵子骞的是用朽布做的,所以一拉就破了。拉开之后,没想到棉袄里面根本不是棉花,全是塞的芦花、杂草。做父亲的就很气愤,要把后母撵出去,说她不但不贤淑,而且还欺骗他,还这样对他的儿子,这个后母要不得,要赶出去。这时候闵子骞跪倒在他父亲面前哭,请求父亲不要休后母,把后母留下。做父亲的不理解,问他为什么。闵子骞说:"母在一子寒,母去三子单。"后母在,只有我一个人受冻,如果你把后母撵出去了,那三个儿子都要受寒受冻。他这样一说就把父亲感动了,没有休他后母。闵子骞有至孝之心。

🌀 南容三复"白圭",孔子以其兄之子妻之。

这个南容在《公冶长》篇里面已经出现过,南容,南宫适。"三"表多次,"复"表反复,多次、反复地念"白圭"这句诗。这句诗出自《诗经·大雅·抑》:"白圭之玷,尚可磨也;斯言之玷,不可为也。"它的意思是,白玉上的污点尚且可以磨去,可是一个人要是说错了话,就没有办法收回了。南容反复吟诵这句诗,说明其体会很深,就是说,南容这个人说话非常之谨慎。一个对自己的语言很谨慎的人,他的行为也就会很严谨。朱子就说,难得有说话不谨慎,而行为很谨慎的人。一个人胡乱说话,做事却很严谨,这样的情况很少见。南容这个人说话都这么谨慎,可见他做事也一定很谨慎,所以孔子就把自己哥哥的女儿嫁给了他。孔子在《公冶长》篇里面说"邦有道,不废;邦无道,免于刑戮",说的就是南宫适,他为什么能够这样呢? 就是因为他很谨慎。古人常说"病从口入,祸从口出",说话之前不加考虑往往容易引起祸患。所以说话要谨慎。

✹ 季康子问:"弟子孰为好学?"孔子对曰:"有颜回者好学,不幸短命死矣! 今也则亡。"

季康子问孔子,你的弟子当中哪一个好学? 注意,这个问题已经出现过,鲁哀公也曾问孔子"弟子孰为好学"。鲁哀公是国君,季康子是大夫,对国君和对大夫,孔子的回答是不一样的,对季康子他的回答是"有颜回者好学",只有一个叫颜回的好学,"不幸短命死矣,今也则亡",颜回只活了三十二岁,他死了以后就没有好学的了。对鲁哀公孔子是怎么回答的呢? "有颜回者好学,不迁怒,不贰过,不幸短命死矣。"孔子回答季康子的时候省略了"不迁怒,不贰过"这两句,为什么呢? 对国君的问话,孔子是知无不言,言无不尽,而对大夫的问话,孔子是你问什么,我回答什么。我不会知无不言,言无不尽。况且季康子是专权僭越的野心家,孔子对他是有看法的。为什么孔子说只有颜回一个好学呢? 这里的关键是学什么的问题。学什么? 学为圣人之道。以前我给大家讲孔颜乐处,孔子和颜回都很快乐,但是快乐并不是他们的最终追求,他们是要学圣人之道。周敦颐说"士希贤,贤希圣,圣希天",士人希望自己成为贤人,贤人希望自己成为圣人,圣人希望自己成为天人,效法天道。孔子和颜回学圣人之道,学圣人可以和宇宙融为一体之道。一个人能把自己和宇宙视为一体,能够认识到自己生命是宇宙生命的一部分,这时候他就懂得了圣人之道。天地有好生之德,万物都有生命,人是万物之一,佛家讲同体大悲,就是这么来的:视自己与宇宙为一体。所以,学圣人之道就是学和宇宙同一之道。学圣人之道的副产品是什么呢? 是快乐。学圣人之道,人就会快乐,单纯为快乐而去学快乐的人,他永远得不到快乐,因为为学快乐而快乐就是自私,你自私的时候就不能和宇宙同一,因此你就不能快乐。孔子说"有颜回者好学",因为颜回学的是真正的圣人之道,学的是和宇宙同一之道,这是颜回和其他弟子不一样的地方。其他人的学习或多或少都带有功利目的:或求学为政,或求学为商,或求学为处事。然而殊不知,求学圣人之道,这些问题便迎刃而解。虽说大家在一起都读书,也许态度也一样,都勤奋好学,但决定问题的关键是求学的目的。大家都读书,目的各不相同,或为办公司,或为当官,或为去办学,这么多人里只有颜回真正好学,因为只有他的目的是为了学圣人之道。现在国学复兴,这么多人都在学国学,这么多人都在读《论语》,是不是圣人之道就能弘兴了? 不一定,原因就是人们的目的不同,不一定是为了成圣。

🌀 **颜渊死,颜路请子之车以为之椁。子曰:"才不才,亦各言其子也。鲤也死,有棺而无椁。吾不徒行以为之椁。以吾从大夫之后,不可徒行也。"**

颜回死了以后,他的父亲颜路请孔子把车卖了给颜回买一口外棺。古人的棺材,内棺为棺,外棺为椁,即分内外两层,贴身的为内棺,内棺外边还要套一层大的,叫椁。大家想一想,一般来说,有学生死了,学生的家长会不会要求老师出钱,叫老师把房子卖了,给学生买一口棺材? 这可不可能呢? 一般是不可能的,除非是有亲戚关系,而且还是比较亲一点的亲戚才有这种可能。孔子的母亲姓颜,所以我推测,颜路和孔子可能有点亲戚关系。颜路请孔子把车卖了给颜回买外棺,可见颜路这个人是不太懂礼的。孔子六十九岁这一年,他的儿子孔鲤死了,孔鲤比颜回早死两年,孔鲤死了也只有棺而没有椁,所以孔子说,不管有才还是无才,都是儿子,是我们各人的儿子。尽管颜回很有才,而孔子的儿子孔鲤不及颜回有才,但有没有才华都是儿子,我的儿子孔鲤死了,没有用外棺,为什么你的儿子死了,你要叫我卖了车给你的儿子买一个外棺呢? 这段话是对很生活化的一个场景的记录。孔子当时任大夫,做大夫就配有车。就像现在,比如处长坐什么样的车,局长坐什么样的车,厅长坐什么样的车,都是有规定的,是礼仪中的一种。做大夫就不能徒步。"吾不徒行以为之椁",我不能自己徒步,把车卖了来给他买椁。"从大夫之后",是谦称,就是说我是大夫行列中的一员,既然如此,我就必须坐车,这样才符合规定。但是这话听起来很奇怪,会让人觉得孔子吝啬,连给自己最喜欢的弟子买个外棺都不愿意。但这段话的深意其实是:第一,车是公家配的,孔子不可能把公家给他配的车卖了,去给私人买棺材。公家配给你的车,你可以坐,但你没有权力把它卖了。第二,孔子是重礼的。大夫要坐车,不能徒步,这只是表面的现象。事实上,孔子认为,颜路这种人只懂世俗那一套,所以只有用世俗的一套来回答他。其实真正的理由并不在这里,孔子并不吝惜那个车,而是他知道颜回的父亲很世俗,尽管颜回的境界很高,可他父亲根本不能体会儿子所达到的精神境界,如果孔子按照颜路要求的去做了,就真的对不起颜回了,颜回在九泉之下都不会瞑目。颜回活着的时候,他会让老师把车卖了,去给自己买东西吗? 这不可能。《为政》篇里也讲了:"生,事之以礼;死,葬之以礼,祭之以礼。"做什么都要符合礼,用不用外棺是有规定的,什么样的人可以用外棺,什么样的人不能用外棺,这都是有规定的。不该用的人用了,就是违礼。违礼恰恰是颜回不愿意做的。但是这些道理对颜路是说不通的,颜路连自己的儿子都不理解,当然更理解不了儿子的老师了。所以孔子没有给他解释这么多,只说不能把国家的车卖了走路,就这么简单。

🌀　颜渊死。子曰:"噫! 天丧予! 天丧予!"

颜回死了以后,孔子说,哎呀,老天爷要断送我啊,老天爷要断送我! 老天爷要断绝我的什么呢? 天要断绝我的道啊。孔子一直把颜回当作他的道的传承人,因为颜回是学圣人之道的,颜回的死,让孔子以为真是天要断绝他啊。孔子一生周游列国,道不见行,唯一的希望就是还有颜回能继承他的道,可是现在颜回也死了,白发人送黑发人:真是天要断绝大道吗? 这是孔子情感的自然流露,为道之不传而惋惜,深深地惋惜,从这里也看得出孔子暮年心境的悲怆与无奈。

🌀　颜渊死,子哭之恸。从者曰:"子恸矣。"曰:"有恸乎? 非夫人之为恸而谁为?"

"恸",异常悲伤叫恸,颜回去世了,孔子哭得异常悲伤。跟随孔子的弟子就说,老师啊,你哭得太过分了,和平时讲的不一样啊,你平时教我们要中庸,喜怒哀乐都要中节。孔子说,我哭得很伤心吗? 我除了为这个人哭得这么伤心,还会为谁这样呢? 孔子为什么不觉得自己哭得伤心呢? 因为他认为对颜回之死应该这样哭,只有这样悲痛的哭才是中道。颜回是传孔子道的人,传道的人都死了,还表现得很平静,那就不是中道,是不及。如果对一般人死也这样恸,那就是过。过犹不及,皆失其中,所以孔子才说,除了颜回,谁还能当得起这种悲痛的哭呢? 孔子对颜回之死感到深沉的悲痛,于情于理他都必然会这样哭:于理,孔子哭道之不传,道之不传则百姓还要在黑暗、痛苦中挣扎,不得见光明;于情,颜回是孔子最喜爱的弟子,最喜爱的人去世了,而且这么年轻,白发人送黑发人,自然是异常悲痛。从这段话既能够看出圣人的至情至性,又能够看出圣人的中庸。圣人至情至性,当哭则哭,当笑则笑,然而又是发乎情、止乎礼,合乎中庸之道的:不是什么时候都哭成这样,而是在特定的场合如此。不及高明就不能达中庸,你没有那种高明的人生境界,你就不能体会圣人的情怀。我们一般人在听圣人之道时,总是以己心来揣测圣人之心,这样往往会失之千里。

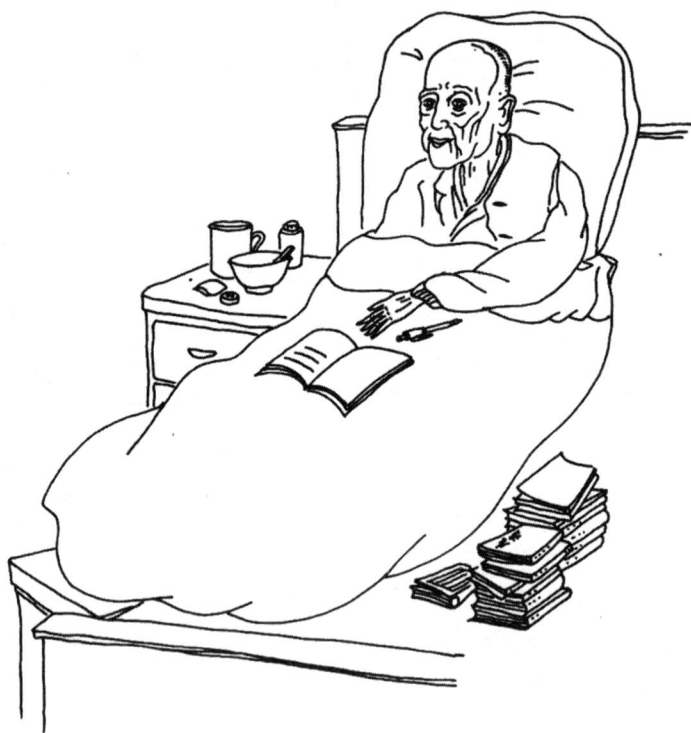

非夫人之恸而谁为？共和国四十九年，外祖父愁卧病榻，半年后去世。里自幼与外祖父情深，外祖父去世，里悲哭三月，两年之间，夜夜梦外祖父，今绘此图，以兹纪念。五十八年暮春时节，李里于蓉城。

○ 颜渊死,门人欲厚葬之,子曰:"不可。"门人厚葬之。子曰:"回也视予犹父也,予不得视犹子也。非我也,夫二三子也。"

这段话就更有趣味了,把人与人之间的隔膜和不可沟通展现得很深刻。颜回死了,同门想厚葬他。孔子说,不可以。按人之常情,自己最喜欢的弟子去世了,其他弟子们想要厚葬,孔子应感到高兴才是,为什么他反而不同意呢?因为他主张葬之以礼。孔子讲,丧葬应该称家之有无,就是根据死者的家庭经济状况来办理葬仪。颜回活着的时候是贫困的,死了却厚葬,这不合礼,所以孔子反对。但弟子们不听,还是厚葬了颜回。他们认为,厚葬才能符合老师的哭之恸,才能符合老师对颜回的称道与喜爱。殊不知这样既不符合老师的心,也不符合颜回的心。孔子说,颜回把我当作父亲一样对待,我却不能像对儿子一样对待他。颜回啊,你不要怪我啊,我没有办法啊,我不同意他们厚葬你,他们偏要这样做啊。孔子的儿子孔鲤死的时候是薄葬,颜回是把老师当作父亲一样对待的,老师自己的儿子是薄葬,那么,颜回也应该薄葬,可是事实却恰恰相反,所以孔子说自己没能像对待儿子一样对颜回。从这段话展开联想,其实人世间的很多事情都是这样。我们总是以我们自以为好的方式来对待别人,殊不知很多时候事与愿违,因为自以为好的不见得别人也以为好。其原因就在于人与人之间的差异,所以真正要对别人好,要以别人觉得好的方式。

○ 季路问事鬼神。子曰:"未能事人,焉能事鬼?"曰:"敢问死。"曰:"未知生,焉知死?"

子路问孔子,怎么侍奉鬼神呢?"事鬼神",就是侍奉鬼神、祭祀鬼神。孔子怎么回答的呢?"未能事人,焉能事鬼?"孔子没有正面回答,他用了一句反问:你还不懂得侍奉人,怎么懂得侍奉鬼神呢?子路又说,我斗胆请问,什么叫死呢?孔子说:"未知生,焉知死?"你尚且不懂得生,怎么懂得死呢?这两句话很精彩,是孔子宇宙观的展现。孔子对宇宙的认识是很深刻的,什么叫"未能事人,焉能事鬼","未知生,焉知死"?因为人与鬼,生与死,是一理而二象,是一种状态的两个侧面,人与鬼、生与死,皆一也。怎么讲呢?这要通过阴阳来解释。人活着为人,人死为鬼。生和死并不是各自独立的两件事,而是一体,就像阴与阳是一件事一样。阳,太阳,太阳光照得到的地方。什么是阴呢?阴是不是一种客观的实体存在呢?不是。什么是阴?阳的背面就是阴,太阳光照不到的地方就是阴。比如说日和月,二者都会发光,但太阳光是本体在发光,月亮光是反射的太阳之光。阴阳是一体,阴是反映阳的,是反映阳的一面镜子,并不是一种实体的存在。很多人讥笑孔子说不出生死、人鬼之理,其实他的认识是很深刻的,理解得透彻,所以说得很简单。分析道理分析得越简单的人,往往说明他自己理解得很透彻。既然生死人鬼是一理,那么深刻地认识、理解了生,自然就懂得死。懂得对待人的根本是诚敬之心,那么侍奉鬼亦然,关键也是一颗诚敬的心。佛家讲"欲知前世因,今生受者是;欲知后世果,今生做者是",就是这个道理。

閔子侍侧,闇闇如也。子路,行行如也。冉有、子贡,侃侃如也。子乐:"若由也,不得其死然。"

"闇(yín)闇",就是和颜悦色。"如也",……的样子。闵子骞侍奉在孔子身旁,和颜悦色。"行(hàng)行",刚强之貌,就是做金刚怒目状,怒目圆睁,"行行如也"。子路侍奉在孔子身边则是很刚强的样子。"侃侃如也",就是很刚直爽朗的样子。冉有、子贡侍奉在孔子身边,是刚直爽朗的样子。孔子很高兴、很快乐,为什么呢?因为得天下英才而教授之,乃人生一大乐也。我们都说遇到好老师不容易,其实好老师遇到好学生也不容易。孔子把立在身旁的弟子看了看,很高兴,可是又说,像子路这样刚强的样子,将来恐怕不得好死吧。由就是子路,"不得其死然"就是不得好死。孔子在半开玩笑中暗含训诫之意,因为儒家讲究温柔敦厚,不主张过于刚强。而子路后来的结局确实不幸被孔子言中:战死卫国,而且死得很惨,身首异处。这里,孔子从弟子的性格推断弟子的命运,同时讲出来以行教戒。

鲁人为长府。闵子骞曰:"仍旧贯,如之何? 何必改作?"子曰:"夫人不言,言必有中。"

"鲁人",指鲁国的当权派。"为",就是改建。"长府",指装财货的仓库,实为鲁国库名。"仍旧贯","仍",就是因袭;"旧",以前;"贯"就是习惯。鲁国当权派要改建国库,闵损说:还是按旧例吧,何必改建呢? 为什么不主张改建国库呢?事情是这样的:鲁昭公曾以长府为据点攻打过季氏,季氏将鲁昭公赶走以后,就想改建长府,以防止鲁国公室反攻。所以改建国库这一举动实际暗藏了季氏犯上作乱的野心。闵子骞说不必改建国库,其实是对季氏的批判。另外,改建国库势必劳民伤财。孔子说,像闵子骞这样的人,一般是不轻易发表评论的,他说的话都是从心中发出来的。"中"是指心中。这段话既展现了孔子对闵损的称赞,也从侧面反映了孔子对季氏的批评态度。

🌀　子曰："由之瑟，奚为于丘之门？"门人不敬子路。子曰："由也升堂矣，未入于室也。"

　　"由"，子路。瑟是琴的一种，七弦为琴，二十五弦为瑟。"奚"当为什么讲，"为"，这里指弹奏。孔子说，子路弹琴，为什么跑到我孔丘门前来弹呢？孔子的意思并不是责备子路弹琴，孔子在子路琴声里面听出了杀伐之声，而不合于中和之旨，所以他才说出这样的话。弟子们听到老师批评子路，就不尊敬子路了。于是孔子又说：子路是已经登堂了，只不过还没有入室而已。"堂"就是正厅，"室"是内室。孔子是用堂与室来比喻学问、德行的层次。他说子路已进入儒家的大殿了，已懂得了儒家阳刚正大之理，但还没有进入儒家的内室，通晓儒家精深的义理，也就是说子路已至广大，但还没有尽精微。这段话一方面让我们知道子路在学问上的造诣，也让我们知道要正确评价一个人，不能因为他的一点不是就对他全盘否定。另外，"升堂入室"这个成语我们至今还在使用。

🌀　子贡问："师与商也孰贤？"子曰："师也过，商也不及。"曰："然则师愈与？"子曰："过犹不及。"

　　师，颛孙师，字子张。商，卜商，字子夏。"师与商"就是子张和子夏。子贡问，子张和子夏，哪个更贤德？孔子说，子张过，子夏不及。子张这个人，好高骛远，比较张扬，而子夏很拘谨、内敛，很笃信。一个是放，一个是收；一个是狂，一个是狷。孔子说，这两个人啊，一个太过，一个不及。听了这个话，子贡就认为"过"比"不及"好，多总比少好，就问：这么说来子张要更好一点吗？孔子说，过犹不及，超过了和没达到一样，皆不中道。就和吃饭一样，吃到肚子胀和没吃饱，哪个好一些啊？其实都不好。孔子认为"过"也不好，过，接近于狂了，孔子是很讨厌狂的。这段话既让我们看到子张和子夏性格的差异，又让我们更进一步认识中庸的重要性。"过犹不及"也是我们今天的常用词，现代汉语里有许多常用词都出自经典，足见经典对我们民族的重要影响。

🌀　季氏富于周公，而求也为之聚敛而附益之。子曰："非吾徒也。小子鸣鼓而攻之可也！"

　　孔子一一评说弟子，这里是在评说政事科里的冉有了。季氏的富有居然超过了周公。周公是天子之臣，季氏是诸侯之臣，诸侯之臣比天子之臣还富有，肯定有问题。季氏瓜分鲁国，聚敛财富，当时冉有是季氏家臣，冉有还去帮他搜刮钱财，为他增加财富，孔子对此很气愤。他说："非吾徒也。"表示和冉有断绝关系:这不是我的徒弟,我没有这样的徒弟。弟子们,对这样的人,你们敲着鼓去攻击他都是可以的。这句话有两层意思,一方面,孔子要表达他对冉有行为的愤怒,另一方面又不愿冉有如此,还是希望能改变他。孔子说"非吾徒"、"鸣鼓攻之",都是表示他对冉有行为的愤怒。但他叫弟子"鸣鼓攻之",实际也是让弟子们去劝导冉有,不要让冉有进一步堕落下去。所以在严厉的言辞背后是孔子对弟子的深深关爱。

◎ 柴也愚,参也鲁,师也辟,由也喭。

这是孔子在评说四位弟子的偏性。"柴"就是高柴,字子羔,这个人有点愚笨,智慧不足但诚厚有余,做事时只懂得坚持原则性,而缺少灵活性。"参"就是曾参,曾参这个人有点鲁钝,但是传孔子之学的人恰恰是曾子,可证其诚笃和朴实,因为笃厚才能够如实领会圣贤之道。"师"就是颛孙师,子张。子张有点偏激,好高骛远,流于形式。"由"就是仲由,子路。子路有点"喭"(yàn),喭就是莽撞、鲁莽,子路性格刚直。孔子这四句话是因材施教,指出弟子的偏颇,所谓纠偏以知正。实际上愚鲁近于狷,辟喭近于狂,要有所改正,则愚须补以学问,鲁须补以变通,辟须补以忠信,喭须补以礼乐。其实人皆有偏性,要纠偏归正并非易事,那就相当于今天所说的超越自我。能超越自我的人才能入圣趋贤,否则就被偏性左右。超越自我的关键是明道与践行。

◎ 子曰:"回也其庶乎! 屡空。赐不受命,而货殖焉,亿则屡中。"

"庶"表示几乎、差不多,"屡"表示常常,"空"意为贫困,"亿"表示猜测、估计,"货殖"表示做生意。孔子说,这么多弟子中,只有颜回的境界、学问几乎接近于大道了。但是他的生活却长久贫困,居陋巷而箪食瓢饮。子贡不听天命,去做生意,往往屡测屡中。就像现在人去买股票,猜测得很准。这是孔子在对颜回境界高而生活差的深深惋惜,其实也是对社会混乱、大道不行的哀叹。正因为大道不行,才有贤者反而生活困穷之状。孔子并非责备子贡,只是以子贡的例子作为一种现象的代表与颜回构成对比。因为子贡不听天命,猜测屡中也只是他青年时候的事,他随孔子求学时间日久,就并非如此了。另一方面也看出子贡确实聪明、智慧。这段话表面是孔子评说弟子,实则他在哀叹世道不公。

◎ 子张问善人之道。子曰:"不践迹,亦不入于室。"

子张问,怎样才能做一个善人呢? 孔子说,不遵循前人的脚印走,也难于升堂入室,进入圣人之列。践迹就是踩前人的脚印。善人是本质好的人,这种人的好是天生的、自发的,不是由学习而得到的。但是不学习就不知道按前人讲的方法做,所以即使是善人,不学习也难以进入圣人之列,也就是难以在学问上达到精深之境。

子曰:"论笃是与,君子者乎? 色庄者乎?"

"论笃"就是言论诚恳,"是与"表示赞许,"色"指脸色,"色庄"即装出庄严的脸色。孔子说,我赞许说话诚恳的人,但是那些说话很恳切的人真的是君子,还是不过装出一副很严肃、很庄严的神色? 孔子其实是说不能以现象判别人,而要看其本质。不能仅听一个人的言辞,表面上说要怎么怎么样,是怎么怎么样,还要看他所为,才能看出到底他是真君子还是伪君子,是确实好还是道貌岸然。我们看人不能被表象迷惑,不能以貌取人。

子路问:"闻斯行诸?"子曰:"有父兄在,如之何其闻斯行之?"冉有问:"闻斯行诸?"子曰:"闻斯行之。"公西华曰:"由也问'闻斯行诸',子曰'有父兄在';求也问'闻斯行诸',子曰'闻斯行之'。赤也惑,敢问。"子曰:"求也退,故进之;由也兼人,故退之。"

"闻斯行诸",就是听到了就行动起来。子路问,闻斯行诸可以吗? 孔子就说,父亲和哥哥都还活着的时候,你怎么能闻斯行诸呢? 意思就是父兄在的时候,你要先请示父兄的意见,然后才能去行动,而不是一听到就去做。因为子路好勇,急性子,听到什么就立刻去做,往往忽略了和人商量,前面所说"子路有闻,未之能行,唯恐有闻"就是对子路这种性格的描述。所以孔子用这个话来启发他。冉有也来问孔子,闻斯行诸可以吗? 孔子说,听了就去做。你看,孔子对子路和冉有说的完全不一样,对冉有说听了就做;对子路说,你父兄都还活着,你怎么能听了就做呢? 公西华就纳闷了,问老师,子路问闻斯行诸,冉有也问闻斯行诸,一样的问题,你怎么回答得不一样呢? 孔子就说,冉求这个人,他畏首畏尾,行动跟不上,今年听的,可能后年还没去做;而子路这个人,好勇过人,好勇过人就是"兼人",子路太勇于行动了。所以对冉有要鼓励他前进,让他去做;对子路要抑制他前进,让他知退。这是孔子的因材施教。对性情鲁莽的人,孔子叫他要慢慢做;对性子本身就比较慢的人,就叫他快一点做。圣人的一进一退都是要匡人以中正,使人进入中正之道。过犹不及,太进的、太退的都要匡正,使之符合中庸之道。孔子的伟大之处正在于他总是从每个活生生的个体生命出发去引导人,而不是古板教条地一刀切。这也看出孔子对人的充分尊重与关注。孔子的学问就是生命的学问,孔子的教育就是人的教育。

🌀 子畏于匡,颜渊后。子曰:"吾以女为死矣。"曰:"子在,回何敢死?"

孔子在匡地被包围,师徒失散,颜回最后赶到。孔子说,我以为你死了。颜回说,老师在,我颜回怎么敢死呢? 这是一段真实生活场景的记录。混乱之中,孔子担心颜回死了——颜回是孔子最关心的弟子,他这种担心是人之常情。颜回经过离乱再见到老师,当然异常高兴。所以他说老师在,我颜回怎么敢死呢? 这段话既记录了孔子与颜回之间的师徒深情,又表现了颜回对孔子的深深的信仰,在生死离乱之际,颜回的全部信念都来自孔子,只要有孔子在,再大的困难都不是困难。孔子已变成了颜回的精神支柱,支撑着颜回的生命。然而不幸的是颜回终于还是死在了孔子前面,宁不悲夫。真是一语成谶。

🌀 季子然问:"仲由、冉求可谓大臣与?"子曰:"吾以子为异之问,曾由与求之问! 所谓大臣者:以道事君,不可则止。今由与求也,可谓具臣矣。"曰:"然则从之者与?"子曰:"弑父与君,亦不从也。"

季子然是鲁国权臣季氏的子弟。季子然问孔子,你的两个徒弟子路和冉有可以称得上大臣吗? 孔子说,我以为你是问谁哟,结果是问的子路和冉有。"曾"相当于"乃"。孔子是故意这么说的,表达一种轻视的语气:我以为你有什么奇异的问题,结果你是问这个。因为季氏是当时的乱臣,而孔子的学生冉有和子路又去给季氏做家臣,孔子对此是很不满的,所以他用一种轻视的语气表达不满。孔子接着说,所谓大臣就是要"以道事君",能够以大道来侍奉国君,来匡正国君的人。如果不能这样,就辞职不干。子路和冉有啊,"可谓具臣矣"。什么是"具臣"? 充数的,只是充数的臣子而已,并不是真正的大臣。季子然听说冉有、子路只是充数之臣,又问,那他们会一切听从季氏吗? ——既然他们不能起到匡正的作用,那是不是国君说什么他们就做什么呢? 孔子说也不是,他们做季氏家臣,虽然不能起到匡正季氏的作用,但是你要他们去杀父,去弑君犯上的话,他们也不会做的。孔子这段话是有深意的,因为当时季氏想篡权,篡权就相当于杀父弑君。冉有和子路是不会跟随季氏犯上作乱的,对这一点,孔子是很有自信的。一方面他对他的弟子有不满,但是另一方面,也相信杀父弑君这种事情他们是不会做的。另外这也是暗示季氏不要去做大逆不道的事,做这种事是没有谁支持的。

🌀　子路使子羔为费宰。子曰："贼夫人之子。"子路曰："有民人焉，有社稷焉。何必读书，然后为学?"子曰："是故恶夫佞者。"

这又是孔子在评说子路了。子羔也是孔子的弟子，就是前面所说的高柴，年龄比较小，还没有严格地读书受学。子路当时是季氏的家臣，他让子羔做费城的地方官，"宰"就是主宰之官，一个地方的首长。孔子就说，你简直是在害人家的孩子，误人子弟。"贼"就是害之意。为什么这么说呢?因为子羔虽然资质很聪明，但是他还没有读书求学，还没有真正闻道、得道，就让他去做官，你这是害他。子路说，有人民，有国家，何必要读书才是学习呢?意思是说，老百姓啊，社会事务啊，就是社会大学，让他去做官，就是让他在社会大学里去学习，何必非要坐下来在学堂里读了书才去做官呢?就让他边做官，边在社会大学里锻炼自己吧。比如说，你出来打工了，然后你就把你叔叔的儿子也带出来打工，他才十三四岁，初中都没读完。我就说，你是误人子弟啊，人家这么小，初中都还没读完，就出来打工，让他把书读完了再出来做事嘛。你说，何必让他读书呢，在社会上不是一样在学吗，学到的还更多。孔子说，所以说，我最讨厌你这种花言巧语、诡辩的人了。他这是在骂子路。孔子认为子路明知自己错了，还在那儿诡辩。因为要做好官，要为民之父母，那是很不容易的事情，要先学习，读书明理，正心修身，才能治国平天下。一个人，书都还没读好，还没有形成明确、清晰的价值观，你就让他出来做事，在这种声色犬马的环境里边，很容易就被社会吞噬了。你说我们现在在社会上也是可以学习的，可是他自己还没有正知正见，还没有形成正确的人生观、世界观、价值观，你就让他到社会当中去混，他自己根本无法辨别是非善恶，利弊美丑，他如何自立于社会?所以现实当中，没有读书就出来做事的人，不被污染，不被大染缸染坏，还能够固守气节、固守本心的人是很少很少的。一般即使不学坏，也是随波逐流。孔子这句话很有道理，为什么要先读书才出来做事呢?其实读书的过程，使人了解圣人之道，知道圣人之心，借此引导以树立一套正确的人生观、价值观、世界观，有了辨别美丑善恶的标准、尺度，然后再出来做事，他才知道哪些事能够做，哪些事不能做，哪些是有利于国家民族、有利于社会的，哪些是有害于国家民族、害人害己的。这样就不会唯利是图，见利忘义。社会当中虽然也有学问，但是毕竟更多的是功利之学。

🌀　　子路、曾皙、冉有、公西华侍坐。子曰："以吾一日长乎尔,毋吾以也。居则曰:'不吾知也!'如或知尔,则何以哉?"子路率尔而对曰:"千乘之国,摄乎大国之间,加之以师旅,因之以饥馑;由也为之,比及三年,可使有勇,且知方也。"夫子哂之。"求! 尔何如?"对曰:"方六七十,如五六十,求也为之,比及三年,可使足民。如其礼乐,以俟君子。""赤! 尔何如?"对曰:"非曰能之,愿学焉。宗庙之事,如会同,端章甫,愿为小相焉。""点! 尔何如?"鼓瑟希,铿尔,舍瑟而作。对曰:"异乎三子者之撰。"子曰:"何伤乎? 亦各言其志也。"曰:"莫春者,春服既成。冠者五六人,童子六七人,浴乎沂,风乎舞雩,咏而归。"夫子喟然叹曰:"吾与点也!"三子者出,曾皙后。曾皙曰:"夫三子者之言何如?"子曰:"亦各言其志也已矣。"曰:"夫子何哂由也?"曰:"为国以礼,其言不让,是故哂之。""唯求则非邦也与?""安见方六七十如五六十而非邦也者?""唯赤则非邦也与?""宗庙会同,非诸侯而何? 赤也为之小,孰能为之大?"

　　这是本篇的最后一章,也是《论语》中最长的一章,共三百一十五字。这一章很重要,历朝历代有许多种讲法。子路、曾皙、冉有、公西华四个人陪孔子坐着。孔子说,不要以为我比你们大几岁,你们就什么都不敢说了。你们就当我不在场一样,随意地说吧。孔子和学生们一起交流,其和蔼谦逊由此可见。孔子说,你们平时常常说没有人知道你们的才华,不用你们,假如有人认识你们的价值要用你们,你们将要怎么样啊? 子路很急躁,第一个就发言了。这里先解释一下这段话中几个不好懂的字词。"率"表示轻率。"摄"表示夹。"饥",粮荒;"馑",菜荒,合起来指灾荒。"比及",等到。"方"指礼仪。子路说:一个有千辆车子的国家,夹在大诸侯国之间,又时常受到别国军队的侵略,再加上灾荒,如果让我子路来治理的话,只用三年的时间,我就可以使老百姓都勇敢善战,并让他们懂得遵守礼仪。孔子听了,不置可否,只笑了一下。"哂"读 shěn,微笑的意思。孔子又问,冉求,你怎么样啊? 冉求就说,一个六七十里见方,或者五六十里见方的小国家,我冉求来治理,用三年的时间,就可以使老百姓很富足,至于说礼乐之事,那只有等待君子来实行了。这里冉求是谦虚,因为这四个弟子中,公西华是最擅长礼乐的,所以他说等待君子。孔子没表态,又说,公西华,你怎么样啊?公西华就更谦虚了,他说,我不敢说我能够怎么怎么样,但是我愿意学着去做,像宗庙祭祀、外交活动等,我可以穿上礼服,戴上礼帽,去做个赞礼的人。这段话中的"会同"指外交;"端章甫","端"指古代的礼服,"章甫"指古代的礼帽;"相"指赞礼的人。公西华说在这些场合我会去做个赞礼的人,对此,孔子也没表态。孔子又问曾点,曾点就是曾皙,曾参的父亲。孔子问,曾点啊,你要怎么样啊?其他三个弟子说话的时候,曾点一个人在那儿弹琴。当孔子问他时,"鼓瑟希",琴声逐渐静下来,"铿尔",戛然而止。曾点把琴放到一边,站起来回答说,我和他们三个都不一样啊。"撰"表示具有。"异乎三子者之撰",也就是不同于其他三位所具有的志向。孔子说,无妨,无妨,这有什么关系呢,大家都是各人说各人的志向嘛。曾点说,我的志向是在暮春时节,换上春衣,带上五六个成年人,六七个儿童,一起到沂水去洗澡。"冠者"指成年人,古人以二十岁为弱冠,戴上帽子以示成年。据古代地志记载,沂水附近有温泉,所以曾点说去沂水洗澡。泡完温泉以后又到舞雩台下去吹吹风。"舞雩(yú)"是祭祀的地方,祭天祷雨之处,在今山东曲阜。"咏而归(kuì)","咏"就是唱歌;"归",指扫洒应对进退之事,实际指礼乐之道。曾点说,在舞雩台下,春风拂面,我一边教他们唱歌,一边教他们礼乐。实际就是暮春三月,带着弟子们到大自然中,去陶冶性情、去学习,在自然之中受教化。这就是曾点的志向。孔子听后仰天长叹,我赞同曾点的主张,我赞同曾点的志向啊。过了一会儿,其他三个学生走了,曾点在最后,还没走。曾点问:老师,他们三个说得怎么样啊?孔子说,也没什么好与不好的,只是各人说各人的志向罢了。曾点刨根问底,问老师,你为什么要嘲笑子路呢?孔子说,治理国家要以礼,可是子路说话一点儿都不谦让,一叫他们谈志向,他马上就开始说,一点儿不知道礼让,是故我嘲笑他。孔子并不是认为子路的志向不对,他还是对的,能够使一个面临战乱、灾荒的国家由乱到治,这是很好的。孔子只是不满意子路的态度,不知道礼让,抢着说。所以大家要注意,说话不要抢着说。大家发言,你抢着说,你说得再好,人家听了也是"哼哼哼",因为你不知谦让。这表现了我们中国文化里边的谦让、礼让精神。曾点又说了,难道冉求就不是治理国家了吗?孔子说,哪里能够说五六十里、六七十里见方的就不是国家呢?这里孔子也没有贬责冉求的志向,他是肯定的。曾点又说,难道说公西赤就不是在治理国家了吗?孔子说,至于宗庙祭祀、会同外交这样的大事,这不是诸侯国的事情又是什么呢?公西赤说他做个小相,如果他只能做一个小相,又有哪一个能做大相呢?这是责备公西赤太过谦虚,谦虚得过分了。

这段话中孔子所以赞曾点而没有赞其他三人,是有深意的。子路、冉有、公西华三人的志向未尝不好,体现了孔子的庶矣、富矣、教矣思想,即安民、富民、教民的思想。这里孔子没有称赞他们三人,并不就是否定他们,而是包含着对自己人生的一种深深的失望与无奈。三人的理想其实就是孔子的追求。但孔子一生周游列国,栖栖遑遑不见用,终未能实现这些理想,所以当曾点讲出自己的志向时,孔子喟然长叹,这长叹中既有孔子的无限感慨,又有对曾点回答的认同。曾点性格狂放不羁,弟子们都在恭敬对答,他一个人在旁边弹琴。其实他未必就最了解孔子的心意,不过是他的回答正好合了孔子的心;而且他以形象诗意的语言描绘了一幅天下大治的画面——只有天下大治才能有师徒游学春水间的景象,而这正是孔子“老者安之,少者怀之,朋友信之”的志向的具体体现。真正的天下太平,就是万物各顺其性,各得其所,要实现这种蓝图,必须通过教化。曾点的图画中既有天下太平的景象,又有使其实现的方法,即教育,所以孔子听了尤为高兴。从中我们也可看出孔子的理想。孔子的理想就是教育。他的教育是天人合一的教育,让人在和谐的大自然里接受情感的熏陶,在大自然中受教化,培养人格,陶冶情操。治国平天下的核心在哪里呢?孔子认为在教人,在教化,如果人人能得而教之,人人都能沐浴教化,每个人都能完成自己,净化自己,那天下就是不治而大治了。

颜渊第十二

《颜渊》篇是孔子和弟子一起谈仁论政,多是一问一答的形式,针对性很强。孔子对仁政最精深的论述即在这一篇中。

孔子的政治理想是仁,"一日克己复礼,天下归仁焉"。而实现仁政的根本就是统治者完成自己的净化,只有统治者自己做到克己复礼,天下才会归顺,才会安宁。所谓"子率以正,孰敢不正"。统治者的模范表率作用,孔子认为是为政之关键的关键。虽然通篇是讲仁政,但由于发问的弟子资质各不相同,所以孔子的回答也大不相同,各有侧重,结合起来就全面地展示了孔子的仁政理想。

颜渊问仁。子曰:"克己复礼为仁。一日克己复礼,天下归仁焉。为仁由己,而由人乎哉?"颜渊曰:"请问其目。"子曰:"非礼勿视,非礼勿听,非礼勿言,非礼勿动。"颜渊曰:"回虽不敏,请事斯语矣。"

孔子最赞赏颜回,所以颜回问仁的时候,孔子讲了他对仁德的最高诠释。颜回问仁,孔子说,"克己复礼"就叫仁。"克己",克制住自己的私欲偏性;"复"当"返"讲,即返回的意思。这句话最重要的就是这个"礼"字。礼者,理也,礼就是天理、天道。礼制是用来规范人的行为,使之符合天道的,所以天道是内容,礼制是形式。比如春、夏、秋、冬四季的服装,服装只是形式,其所反映的内容是四季温度的变化。四季变化为天道,服装变化则为礼制。"克己复礼"就是要人克制住自己的私欲偏性,使人心返回到符合天道的礼制、道路上,能够如此,那就叫仁德了。孔子接着又说,人们做事一旦能克制私欲,符合天道,那么天下就进入仁德之境了。"为仁由己,而由人乎哉",为仁是靠自己,哪能靠别人呢?因为要战胜自己的私心和偏性都必须靠自己,战胜自己是最难的。颜回又"请问其目",实行仁德的条目。颜回是深深膺服孔子说的道理的,所以他根本没有问克己复礼是怎么一回事,只问要怎么样才能克己复礼,实现仁德。孔子说,不符合礼的,你不要看;不符合礼的,你不要听;不符合礼的,你不要说;不符合礼的,你不要做。

颜回说,我虽然不聪敏,但我要好好地身体力行这几句话。"事斯语",身体力行这几句话,也就是孔子讲的克己复礼的四条纲目。

孔子的整个学说是以仁为本体,以礼为功用,如果每一件事情都能按照礼节去做,也就是按照天道去做,那就是仁德了。不符合礼节的就不做,那么不做的和做了的都是合礼的,合礼的就是仁德的。礼是用来约束人以达到仁德的一种方法和途径。在朱子集注里对这一段的注释中有一段程子的四箴,"箴"就是格言,四段关于视听言动的格言。这四箴非常好,所以我把这四箴给大家讲解,以帮助大家进一步理解孔子的仁德。

《视箴》曰:"心兮本虚,应物无迹。操之有要,视为之则。蔽交于前,其中则迁。制之于外,以安其内。克己复礼,久而诚矣。"就是说,一个人的心本来是很虚无的,就像一面镜子,镜子自己并不能造像,必须有对应物体才能产生影像。心对事物的反映也是如此,心中并没有物体,心中有月,心中有水,心中有人,那都是心反映的水、月与人的像,而不是心自己造的。心中的像从哪里来的呢?是从看开始的,所以守住本心的要领以"视为之则",就是以看为原则。如果一开始就看不清楚的话,内心就要迁移,本心就会受蒙蔽。所以要使自己的心安,首先要从约束外部的看开始。不该看的看了,本心就要受到诱惑。开始的时候从外边用功,目的是以安其内,该看什么,不该看什么,这都是为了安自己的心。一个人要克制住自己的欲望、私心,从哪里开始呢?就从看开始。不合礼的不看,久而久之养成习惯,以后叫你看你都不会看了,心也就安了。

《听箴》曰:"人有秉彝,本乎天性。知诱物化,遂亡其正。卓彼先觉,知止有定。闲邪存诚,非礼勿听。"人有一种美好的禀性,人的美好禀性从哪里来呢?是从天性当中来的,天赋予了人这些善良的本性。可是人的本性往往容易被外物所诱惑,从而销蚀了它原本正直的禀性。那些卓越的、先觉悟了的圣人,他们知止有定,他们知道应该在哪里停止,于是就在哪里定下来。抛去那些邪念、杂念,保持住诚心,不该听的就不要听,不合礼的就不要听。比如某某又在说某某的坏话了,你不要听;某某又在对学校表示不满了,你不要听;某某又在对国家、政府表示不满了,你也不要听。凡是不合礼的都不要去听。君子成人之美,小人成人之恶。这是听的标准。

《言箴》曰:"人心之动,因言以宣。发禁躁妄,内斯静专。矧是枢机,兴戎出好。吉凶荣辱,惟其所召。伤易则诞,伤烦则支。己肆物忤,出悖来违。非法不道,钦哉训辞!"人心的发动是从语言开始的,能够平息躁动和妄念,内心就可以专注和宁静。说话是关键,一句话没说好,就要引起战争,这就叫"兴荣出好"。语言能够引起战争,也能带来和平。一个人的吉凶荣辱,往往是从他说的话开始的。一句话没说对,杀身之祸就招来了。一句话说好了,说不定就能得到荣华富贵。《朱子家训》里边就说，"病从口入，祸从口出"。说话过于简单，很荒诞，别人听不懂你在说什么；说得过于繁杂，又显得支离破碎，使别人半天不得要领。说话太放肆多半与事理相违背。你说出一些违背天道的话，应对你的往往也是一些违背天道的话。比如，我骂你一句，换回来你骂我一句——发出什么，就得到什么，所谓"出悖来违"。不符合天道，不符合礼的话，就不要去说。接下来，《言箴》更是重要，《视箴》和《听箴》主要是影响人的本心，而《言箴》除了针对人的本心，还会牵连到祸患——很多事情都从语言而起。

《动箴》曰："哲人知几，诚之于思。志士励行，守之于为。顺理则裕，从欲惟危。造次克念，战兢自持。习与性成，圣贤同归。"哲人都知道那些很玄妙的、很精妙的、很精深的道理，这就叫"知几"。哲人为什么能知道这些道理呢？因为他们有缜密的、深刻的思考。"志士"就是有志之士；"励行"，砥励自己的行为、磨砺自己的品行。以什么为要呢？以守为原则。要守得住自己，不妄动，顺理去做，就会得到好处。如果依从私欲，就会使自己面临危险。要能够"造次克念"，造次必于是，颠沛必于是，在颠沛流离之际，都能保持一份善念，做每一件事情的时候，都能把持住自己，能够战战兢兢，如临深渊，如履薄冰，那么在行为上，就能严格要求自己。习惯和性情是慢慢养成的，你慢慢这样做，习惯了，你的品性就养成了。到了这个时候，习惯成自然，就可以步入圣贤的境界了。

以上是程子的四箴。我讲这一段就是要帮助大家进一步理解孔子的"非礼勿视，非礼勿听，非礼勿言，非礼勿动"。

这一段话里孔子说出了仁的最高境界：克己复礼。为什么克己复礼是仁的最高境界呢？因为孔子说了，一日克己复礼，天下就可以归仁——你可以想一想，这种境界之高。一旦每个人都能克己复礼，那么我们就进入了大同世界，而大同世界正是儒家的最高理想。有的人就问了，圣人说得这么好，为什么这种天下归仁的局面从来没有出现呢？大家注意了，圣贤讲道理，就像我们在实验室里做实验一样，在实验室里很多实验是可以做出来的，可是放到现实生活中，有些实验就做不成，因为实验室是封闭的小环境，可以保证实验不受外界各种各样的偶然因素的影响。大千世界包罗万有，任何一个很偶然的、很微小的事件都会对实验有影响。圣贤讲的道理是实验室里进行的实验，也就是说是排除了一切外在偶然因素的绝对的道理，又称为共相。我们在圣贤书里读到的是共相，不是殊相，共相是从殊相里抽象出来的。而在大千世界里，只有殊相，没有共相。我们说的人性都是抽象的人性，可是具体落实在每个人那里，人性都是各不相同的。比如我们说这朵花，"花"是所有花的共相，而"这"是这朵花的殊相。"这"是专指这一朵。如果没有花这个共相，我们连这是什么都说不清楚；如果没有"这"这个殊相，别人就不知道你指的究竟是哪一朵花，因为每一朵花都不一样，没有哪两朵花是一样的,这就是共殊之别。魏晋南北朝的时候讲玄学,冯友兰先生讲,整个玄学讲的就是共相和殊相的问题。很多人以共相在现实中不能够实现,来否定圣贤的道理。但是圣人的道理是共相,是在特定环境当中才可以达到的,放到大千世界中来,就必须考虑到它要受各种各样因素的制约。我们不能以大千世界的殊相否定圣人讲的大道。另外,儒家的永恒价值正在给人类指引光明。只要有光明在,人类就永远有希望,有希望,人生就有意义。没有了光明与希望,人类就会坠入黑暗与绝望。

🌀　仲弓问仁。子曰:"出门如见大宾,使民如承大祭。己所不欲,勿施于人。在邦无怨,在家无怨。"仲弓曰:"雍虽不敏,请事斯语矣。"

本篇基本上是在谈关于仁的问题,是对仁的深入探讨和反复对比。第一章颜渊问仁,孔子讲"克己复礼"为仁。第二章仲弓问仁。仲弓就是冉雍。仲弓问,什么叫仁?孔子说,第一,你出门办事要像去接待贵宾一样,意思就是要有诚敬之心;第二,你使用百姓要像做祭祀活动一样,就是说要战兢自持,因为祭祀必须是很谨慎、虔诚的;第三,你自己不愿意做的事情不要强加给人家。"邦"指诸侯国,"家"指大夫统治的地方。在诸侯国、在大夫家都不要使人家有所怨恨。仲弓说,我虽然不敏捷,但我一定身体力行老师说的话。

这一段讲的一个是"敬"字,一个是"恕"字。"出门如见大宾,使民如承大祭"是讲敬;"己所不欲,勿施于人",是讲恕,就是将心比心,推己及人。能以敬来要求自己,以恕来对待别人,自然就不会招来怨恨。"在邦无怨,在家无怨"是敬恕的功效,能够如此,仁就在其中了。孔子对颜回主要是从宏观上讲仁,对仲弓则是从微观上入手,因为仲弓有治国之才,所以孔子就教他怎么实现仁德。

🌀　司马牛问仁。子曰:"仁者,其言也讱。"曰:"其言也讱,斯谓之仁已乎?"子曰:"为之难,言之得无讱乎?"

司马牛是孔子的弟子,名犁,字子牛。他也问仁,孔子是怎么回答的呢?孔子说:"其言也讱。"注意孔子的因材施教,他是根据不同人的特点来阐发仁的内涵。司马牛这个人话比较多,又比较急躁,所以孔子说"仁者,其言也讱"。"讱",读 rèn,形容话难以出口之状,引申为说话谨慎。实际上孔子的意思是说真正的仁者是不轻易说话的,他每说出一句话来,都好像很困难的。为什么呢?因为仁者每说一句话都经过深思熟虑,都要能够身体力行。司马牛有点不以为然,他说,一个人说话能讱,这就叫仁者了吗?孔子说,一个人能切实践行自己的话是不太容易的,既然说出的话不容易做到,那么话就不要那样轻易地说出来。实践起来很困难,表达出来能够轻松吗?一个夸夸其谈的人,一定不是仁者,离仁者很远。真正的仁者是讷于言而敏于行的,说一句话就一定要做到。这一段是针对司马牛而发的,因为人的性格不同,德行不同,回答就不一样。关于仁,孔子可以说出很多道理来,可以做一篇《仁论》,但是如果不切实用,不针对每个人的具体问题,就是无益的。比如,这个人很懒惰,他问仁,孔子必会说,仁,勤也,要勤奋才能仁,因为不勤奋根本无法行仁。如果对懒人也空讲仁义大道,讲了半天他还是不去做。对一个夸夸其谈的人,就告诉他,仁者要少说话,慎说话,他就知道从这里入手去努力。孔子施教能从关键处入手,对症下药,这正是圣人的伟大之处。

◎　司马牛问君子。子曰:"君子不忧不惧。"曰:"不忧不惧,斯谓之君子已乎?"子曰:"内省不疚,夫何忧何惧?"

司马牛又问了,什么才叫君子呢?孔子说,君子是不忧不惧的人,没有忧愁,没有恐惧,恐惧和忧愁离君子都是很远的。第一,君子坦荡荡,故不忧;第二,君子不卑不亢,故不惧。仁者不忧,勇者不惧,君子具有仁者和勇者的情怀,所以君子是对成德之人的称呼。司马牛又说了,不忧不惧,就叫君子了吗?从这里也可以看出司马牛说话是很快的,老师说了上句他就接下句。老师说仁者也切,他马上就说,切就叫仁者吗?老师说,不忧不惧是君子,他马上说,不忧不惧就叫君子吗?他的问题在哪里?太爱说话,不加思考。一个人语言太快,就说明他根本不加思考就说话。孔子说,你反省自己,觉得自己没有一点内疚,那你还有什么忧愁,还有什么恐惧呢?你仰不愧于天,俯不怍于地,也就不忧不惧了。不忧不惧并不是有了忧愁、恐惧以后排遣它,而是根本就没有。这要达到很高境界以后才能做到。不是说有了忧愁、恐惧,你去解决了,然后你就没有忧愁、恐惧了。忧愁、恐惧是延绵不断的,此起彼伏,你把这个阶段的忧愁、恐惧解决了,下一阶段的新的忧愁、恐惧又生出来了。要从根本上去解决,必须做到内省不疚,内心中没有一点愧疚。要实现内心没有愧疚,必须行事符合天道。这不就是克己复礼吗?所以要成为君子不是一件容易的事。古人云:"一生不做亏心事,便是人间活神仙。"这可能就是内省不疚的境界吧。

◎　司马牛忧曰:"人皆有兄弟,我独亡。"子夏曰:"商闻之矣:死生有命,富贵在天。君子敬而无失,与人恭而有礼,四海之内,皆兄弟也。君子何患乎无兄弟也?"

司马牛忧愁地说,人们都有兄弟,只有我一个人没有。"亡",通"无"。据史载,司马牛不是没有兄弟,他的兄长作恶多端,随时可能会因叛乱而死去,这是司马牛在同学当中说的话。子夏听后就说,我曾经听老师说过,死生有命,富贵在天。意思是宽慰司马牛,不要因兄弟的遭遇难过,各人有各人的命。人的命有两种,一种是你可以主宰的,一个是你不可以主宰的。你不可以主宰的,像死生、富贵、出身等,对此就只有顺应。可以主宰的是你自己的德行。怎么主宰呢? 君子尊敬他人,不出差错;对人恭敬而有礼貌。其实,"恭而有礼"是"敬而不失"的外在表现,一个是内容,一个是形式,你心中敬了,行为上就会恭而有礼;你心中不敬,行动上就不会恭而有礼。你做到了敬而不失,恭而有礼,那么四海之内都是你的兄弟,又何必担心没有兄弟呢? 其实人生就是这样,我们一边听天命,一边要尽人事,听天命才能无怨,尽人事才能无悔。天命不能改变,只有改变我们自己。

🌀 **子张问明。子曰:"浸润之谮,肤受之愬,不行焉,可谓明也已矣。浸润之谮,肤受之愬,不行焉,可谓远也已矣。"**

子张来问明,明是和无明相对的,开了智慧就见到光明,没有开智慧就是痴,就是迷,除迷断惑谓之明。孔子说,"浸润之谮"。"谮"音 zèn,谗言。偶然的一句两句坏话,是不容易使人相信的。但是"浸润",像水一样慢慢地渗透,不知不觉地,一天说两句,一天说两句,慢慢就自然而然地让人相信了,这就叫"浸润之谮"。"肤"就是肌肤,"愬"音 sù,表示诬陷。"肤受之愬"就是直接遭受的有切肤之痛的诬陷。我们一般遭受了有切肤之痛的诬陷必定会发怒。对像水一样慢慢渗透的谗言,你不信,对有切肤之痛的直接诬告,你不发怒,就可以算是明智了。不仅是明,还是远,明和远,明是结果,远是原因。远,才能够明。"不识庐山真面目,只缘身在此山中",看不清庐山的原因是因为你离庐山太近了,近了人就容易迷惑,离得远了,跳出这个圈子,再来看的时候,一下就明白了。不然为什么说当局者昧,旁观者清呢? 因此,为了明,你就必须远,怎么使自己远呢? 你要时时让自己跳出所在的圈子来看待事物——生活在其间,又不被其所牵制。比如,我虽然遭到别人的误解、冤枉,我仍然能从这件事中跳出来思考,想一想如果是别人会怎么处理这件事,这就是远,如此才能明。人们总有很多困惑,多半是因距离太近而造成的。为什么夫妻之间有这么多矛盾呢? 你想一想,矛和盾是两个东西,矛和盾要彼此针对,才会产生矛盾。如果矛和盾分别放在两边,矛看不见盾,盾也看不见矛,就没有了矛盾,什么原因? 远。近了就会有矛盾,近了以后人就迷惑,一拉开距离,人就不迷也不惑了,所以距离是相当重要的。距离产生美感就这么来的。跳出来看问题,问题就清楚了。你老是拘泥于"我",你就永远不明,你跳出来,一切就明了了。

子贡问政。子曰:"足食,足兵,民信之矣。"子贡曰:"必不得已而去,于斯三者何先?"曰:"去兵。"子贡曰:"必不得已而去,于斯二者何先?"曰:"去食。自古皆有死,民无信不立。"

子贡问怎么为政。孔子说,为政之道有三个要素,第一是足食,使老百姓都能吃饱;第二是足兵,使国防军事得到保证;第三使老百姓信任执政者。先有吃的,再有军事,还使老百姓能够相信政府。子贡说,如果迫不得已,必须在这三样里去掉一项,那么先去哪一项呢? 孔子说,如果这三项非要去掉一项,那就是兵,因为老百姓有吃的、对政府有信任的话,就可以团结,团结就是力量。子贡说,如果在民信和足食这两项里还要去一项,去哪个呢? 孔子说,"去食"。为什么温饱问题都可以去掉呢? 孔子说自古以来人都是要死的,但是如果老百姓对政府不信任了,国家就面临崩溃,所以执政者绝不可失信于民,这一点是很重要的。老百姓虽然粮食很少,但信任这个政府,再大的困难都可以同心同力去克服。我们国家五十年代就创造了这个奇迹。那个时候新中国很穷,粮食供应紧张,军队装备也不强,但是举国上下团结一心,所以能打赢美帝国主义,保家卫国,取得抗美援朝的胜利。凭的什么呢? 一种信念。这段话深刻地反映了孔子政治思想中最重要的其实就是民心。得民心者得天下,也就成了我们民族重要的价值观。不过"去食"、"去兵"都是在非常情况下,在正常情况下,对百姓的温饱、国家的安全孔子还是非常看重的。

棘子成曰:"君子质而已矣,何以文为?"子贡曰:"惜乎!夫子之说君子也。驷不及舌。文犹质也,质犹文也。虎豹之鞟犹犬羊之鞟。"

棘子成是卫国的大夫,棘子成认为周朝末年,形式主义的风气太盛,因此提出这样的问题,说君子有了美好的品质就可以了,何必还要那些外在的礼节形式呢? 这里的"质"指本质,"文"指形式。子贡听到他这个话,就予以回答。注意,不是孔子回答的,是子贡回答的。这是子贡的认识,离圣人的认识还有一定差距。子贡就说,很可惜啊,棘子成你这样说君子。一言既出,驷马难追。拉一辆车的四匹马叫驷,舌指说出的话。"驷不及舌",就是四匹马都追不上你说的话,追不上你对于君子的错误议论。子贡说,形式就像内容一样重要,内容也像形式一样重要。他在这里没有把内容和形式区别开来,形式是内容的体现,有什么样的内容才有什么样的形式,子贡忽略了它们的差异,没有认识到内容和形式本质上的差别。"鞟"音 kuò,就是去了毛的皮。他说,把老虎皮、豹皮和狗皮、羊皮拿来,把毛剃掉以后,都是一张皮子,你怎么区别得出虎皮、豹皮、狗皮、羊皮呢?去掉毛都成了一样的皮。子贡这句话比喻得很巧妙,而且也有一定的道理,他批驳了棘子成不要形式的观点,他认识到了形式的重要性,这是对的。但是他又忽略了内容和形式的差异,简单地把它们等同。老虎皮和狗皮,本质上是不同的。冬天树叶掉光了的时候,你不大好辨别是什么树,一长出叶子了,哦,这是银杏树,那是桉树。你能说掉了叶子的银杏树和掉了叶的桉树是一样的树吗?

🌀 哀公问于有若曰:"年饥,用不足,如之何?"有若对曰:"盍彻乎?"曰:"二,吾犹不足,如之何其彻也?"对曰:"百姓足,君孰与不足?百姓不足,君孰与足?"

这是鲁哀公问关于国家税收的问题。鲁哀公问孔子的弟子有若,如果在灾荒年,国家的财政困难,该怎么办?有若就回答说,何不用"彻"的方法呢?"彻"是周朝的税收方法,也就是收十分之一的税。鲁哀公说我现在收十分之二的税还觉得国家的用度不足,你叫我收十分之一,我该怎么办?有若回答说,老百姓都富足了的话,你国君还会不富足吗?如果百姓都不富足的话,国君又怎么富足得起来呢?这是有若对哀公说的治国之道,一个国家真正富有是她的民众富有。老百姓很穷,国君很富,那就要亡国。这就是儒家的政治思想,国君应与民众同忧苦方可为民之父母。

🌀 子张问崇德、辩惑。子曰:"主忠信,徙义,崇德也。爱之欲其生,恶之欲其死;既欲其生,又欲其死:是惑也。'诚不以富,亦祗以异。'"

子张问,什么是崇德?什么是辩惑?"崇德",就是提高道德;"辩惑",就是辨别迷惑。孔子说,"主忠信,徙义"就是崇德。"主忠信"就是以忠信为人生的主导,"徙义"就是向义迁徙,向义靠拢。以忠信为人生之主导,又能向义靠拢,就能提高道德。什么是辩惑呢?孔子说,爱一个人的时候爱得死去活来,爱的时候希望他不朽,不爱的时候恨之入骨,巴不得他马上死,越快越好,这就是迷惑。喜欢一个人的时候看他觉得满身是优点,讨厌一个人的时候看他满身是缺点,全凭感情用事,不能理性地、正确地认识人事,这不是迷惑又是什么呢?"诚不以富,亦祗以异",这是《诗经·小雅·我行其野》里的一句诗。"诚"表示确实,"富"表示财富,这里引为智慧。"诚不以富"就是确实不能增加你的智慧。"异"表示怪异,这里引为糊涂。"亦祗以异"就是说也只有增加你的糊涂。这句诗引用在这里意思是说,你不能正确客观分析人事,不仅对你自己没有好处,而且只能说明你的糊涂。子张这人务外好大,感情用事,所以孔子告诉他只有以忠信仁义为主导,并有理性客观之头脑才能够崇德辩惑。

🌀 齐景公问政于孔子。孔子对曰:"君君,臣臣,父父,子子。"公曰:"善哉!信如君不君,臣不臣,父不父,子不子,虽有粟,吾得而食诸?"

孔子周游列国到达齐国时,正遇到齐国的大夫陈恒想专权,所以齐景公向孔子问治国之道。孔子回答说,君要有国君的样子,臣要有臣子的样子,做父亲的要有父亲的样子,做儿子的要有儿子的样子。什么人就应该有什么样子——归纳起来就是两个字——人人,人要有人的样子。你是人吗?是人就要有人的标准,有恻隐之心,有羞耻之心,有礼让之心,有是非之心,这才是人。推而广之,师师、生生,老师要有老师的样子,学生要有学生的样子。老师不像老师,抹个大花脸,头上扎个小辫,走进来就开始跳,像个唱戏的,这能行吗?是什么人就应该有什么样子,你的一切都要符合你的身份。身份就是名,你是老师,你的一切行为都要符合老师的身份;你是学生,你的一切行为都要符合学生的身份,只有这样社会才能稳定有序。齐景公听了孔子的话很有感触。齐景公说,确实是如此啊,如果国君不像国君,臣子不像臣子,就会出现国君不理政事,臣子可以杀国君的情况,这样天下就会大乱。现在一切都是那么混乱无序,就是名实不相符。如果君不君,臣不臣,父不父,子不子,天下大乱了的话,即使我有很多的粮食,我能吃得到吗?因为当臣子的就先把粮食夺过去了。后来陈氏果然灭齐。这段话体现了孔子的一个很重要的思想,即儒家正名的思想。正名的核心就是要人人都安于自己的本分,做好自己的本职工作。只有这样社会才能安定有序,和谐发展。而当时社会的混乱正是由于名实不符,诸侯想做天子,大夫想做诸侯,所以出现臣弑君、子杀父的现象。说到本质上那就是人不像人,人没有了人应该具备的品格、德行。孔子的工作就是要通过教化,让人回复到真正的人,具有人所应有的品质、道德。只有人像人了,君君、臣臣、父父、子子,才能使社会由乱到治,进而达到和谐。

🌀 子曰:"片言可以折狱者,其由也与?"子路无宿诺。

孔子说,凭一两句话就能判案的人,大概只有子路吧。"折狱",即判案。这是称赞子路很忠信。因为他的忠信,所以他说的话大家都信服,他说一两句话就能把案子断了。子路这个人忠信到什么程度?他的诺言绝不过夜。"宿诺","宿"是一夜的意思,子路从不将诺言拖过一夜。今天答应的事,绝不会明天来兑现。孔子称赞子路忠信的这一面,但是从中也看出子路这个人很急躁,急于践言,不留余地。一方面讲了子路为什么能取信于人,一方面也含蓄地指出了子路的急躁。

◎ 子曰："听讼,吾犹人也。必也使无讼乎!"

这一句话是接着上一句话说的,孔子说,断案子我和其他人也没有什么区别,子路怎么断我也怎么断。只不过我和别人不同的是,我要使天下根本没有案件发生。子路虽然片言可以折狱,但是不知礼让为国,最终不能使天下归于清明。而孔子的理想是天下根本不要有案子发生,孔子对法律是不太喜欢的。早期中国社会是以礼治贵族,以刑治平民。法家则是把法律从平民推广到贵族,使人人都受法律约束,这实际上是降低了整个国民素质。而儒家是把治贵族的礼用于治平民,使老百姓人人都知礼,老百姓人人都知礼了就不会犯法。因为法律是底线,底线你都触犯了,足见你有多坏。一个真正有德行的人,他会犯法吗?他会去偷、去杀、去抢吗?他的境界不知超出法律底线有多远,法律对他已没有约束意义了。以前那些学者就说,我们根本不需要学法律,因为我们的道德远远超出法律对我们的约束,怎么会犯法呢?所以儒家是要提高整个民众的素质,使人人都知礼而不会犯法。这是法家和儒家最大的区别,儒家是以相信人的善良为基础的。孔子在鲁国做司寇的时候,司寇就是掌管刑法的官,那些强盗、小偷、坏人纷纷逃离鲁国,都说鲁国不是我们的土壤了,没有偷的土壤,没有使坏的土壤。比如说,孔子来治理我们这个集体,有人老在中间说别人的坏话,孔子一治理,大家心就诚敬了,都说别人的好话,绝不说坏话,这时来了一个专门说坏话的人,他说了半天,每个人都不理他,不管他说什么根本没有人听,这个人只好走了。"必也使无讼乎"就是使鲁国根本没有能发生案子的土壤。这是孔子一以贯之的重教化思想的体现。

◎ 子张问政。子曰："居之无倦,行之以忠。"

子张又来问为政之道。孔子说,为政者的心要始终如一,毫不倦怠,推行政事也一定要竭尽全力。当政者确实只有自己始终保持一颗全心全意为人民服务的心,才能竭尽全力为人民办事。子张少仁,爱民之心不足,所以孔子用这句话来告诫他。

◎ 子曰："博学于文,约之以礼,亦可以弗畔矣夫!"

这句话在第六篇《雍也》中已讲过。孔子说,用学问来广博自己,用礼仪来约束自己,那就不会做出违背仁义道德、违背人的品格的事情来。一个人如果只是学问好,只是博学而不用礼仪来规范自己,提高自己的品行修养,那么他学问越多,就越容易狂傲,以为自己了不起,自以为是,目中无人。所以有了学问还必须用礼来加以约束。

◎ 子曰:"君子成人之美,不成人之恶。小人反是。"

孔子说,君子成全人家的好事、美事,成全别人的美德,因为君子愿人皆善。君子在人家做坏事的时候则要劝谏阻止,而不去助长。小人就相反,小人专搞破坏,人家要做什么事,就在后面拆台,他也不喜欢别人有美德,别人不做坏事他会怏悒,别人做坏事他更会推波助澜。

◎ 季康子问政于孔子。孔子对曰:"政者,正也。子帅以正,孰敢不正?"

鲁国的大夫季康子问孔子从政之道。孔子说,什么是政? 正就是政,使天下之人皆归于正,那就是政治。政的象形文字是"政",左边的"正"就是上边一个"一"字,下边一个"止"字,意思是止于一。右边的"攵"下面是个"手"字,上面是手中拿的鞭子。一只手拿了鞭子教天下人皆能够正,这就是政。政治,以政来治民。因为老百姓有时候不自觉,你就要敲打敲打他,教他把不正的东西归于正,这就叫政治。自己正了,使他人正。你做领导的人能以身作则,把正气立起来,哪个还敢不正呢? 你上面都是歪着、斜着的,下面也会跟着你歪着、斜着。上梁不正下梁歪,这也是儒家一贯的理念。要把天下治理好,首先统治者自己要把自己治理好。自己治理好了,天下自然会效法。

◎ 季康子患盗,问于孔子。孔子对曰:"苟子之不欲,虽赏之不窃。"

季康子担忧偷盗的现象,就问孔子怎么办。"欲"是贪欲的意思。孔子回答说,如果你自己不贪图财利,以一种清廉的风气去影响百姓,那么即使你给奖赏让百姓去偷窃他也不会去。统治者好利,老百姓也必然会兴起好利的风气,竞相争利,若得不到利就铤而走险,沦为盗贼。这还是与上一句同样的道理。统治者很清廉,老百姓自然也会效法。

◎ 季康子问政于孔子曰:"如杀无道,以就有道,何如?"孔子对曰:"子为政,焉用杀? 子欲善,而民善矣。君子之德风,小人之德草。草上之风,必偃。"

季康子又问从政的问题。他说,杀掉无道的人,亲近有道的人,是不是就可以使为政做得很好啊? 孔子说,你真正要为政哪里用得着杀人呢? 你希望推广善良美好的东西,老百姓自然就向往善良美好。国家提倡什么,老百姓就向往什么。比如说,以前国家提倡孝,以孝治天下,老百姓争当孝子,争立孝子牌坊。这是一个导向的问题。君子的德行像风一样,小人的德行像草,风往哪边吹,草就往哪边倒。这里的君子和小人指的是统治者和百姓。统治者的风朝哪边吹,百姓的草就往哪边偏。"偃"是倒的意思。民众一般容易随波逐流,时风往哪边吹就往哪边倒。国家提倡读经,民众马上就去读经;国家提倡学外语,大家都去学外语了。既然民众多随波逐流,那么统治者的引导作用就相当重要。就像大人对小孩的引导一样,小孩最爱模仿大人,大人是什么样,小孩就模仿什么样。大人天天打牌,小孩也学着打牌;大人好吃懒做,小孩也学着好吃懒做。所以必须大人自己做好了,小孩子才跟着学好。引导的作用,说得小是家庭教育,说得大就是国家政令。所以重视宣传教育、重视舆论导向是为政十分重要的一个环节。

子张问:"士何如斯可谓之达矣?"子曰:"何哉,尔所谓达者?"子张对曰:"在邦必闻,在家必闻。"子曰:"是闻也,非达也。夫达也者,质直而好义,察言而观色,虑以下人。在邦必达,在家必达。夫闻也者,色取仁而行违,居之不疑。在邦必闻,在家必闻。"

子张问,士人怎么样才可以叫做通达呢?"达"的本义是指德行能够使人信服。但是子张问的这个"达"不是这个意思,所以孔子就反问他,什么才是你所谓的达呢?子张说,在诸侯国能够声名远播,在大夫之家能声名远播,这就是达。孔子说,你讲的那个是有名而不是达。我所讲的这个达应该是品质正直而崇尚道义,能够揣摩别人的语言,观察别人的脸色,谦恭地和人交往。"虑以下人",就是自己能够处卑下地、谦恭待人。真正的通达是完成自己,在国以德服人,在大夫之家也以德服人。而有名的人他可以表面上做得很仁德,做得很善良,但是私底下他的行为却完全相反,自己还没有一点惭愧。这样的人他也能在国家、在大夫家里边都有所闻名。子张好名,以为有名就是达。孔子告诉子张名与达是不同的。好名的人伪装出一副仁德的样子同样可以得到名,而真正的达是名实相符,既有内在的德行,也有外在的名望。名者,实之宾也,名是实的宾客,有了实,自然有名。如果为求名而读书治学,一开始就已经离德很远。真正成德之人是不追求名利的,如果他有了名利,名利也只是德行的副产品,并非为名利而名利。这虽是孔子对子张讲的,但对急功近利的今人仍然很有教育意义。

◎　樊迟从游于舞雩之下,曰:"敢问崇德、修慝、辨惑?"子曰:"善哉问! 先事后得,非崇德与? 攻其恶,无攻人之恶,非修慝与? 一朝之忿,忘其身以及其亲,非惑与?"

　　樊迟陪着孔子在舞雩台下散步,舞雩是祭祀祈雨之台。樊迟说,我斗胆地问一下关于崇德、修慝、辨惑应该怎么做。"崇德"就是提高自己的品德。"慝"读tè,表示邪念。"修慝"就是改正自己的邪念。"辨惑"就是辨别迷惑。孔子说,你问得好啊!"先事后得",就是先要严格要求自己,然后才能有所收获。这不就是提高自己的品德吗?"攻其恶",就是要多检讨自己的缺点、错误,"无攻人之恶",不要老是攻击人家的缺点、错误,这不就是改掉自己的邪念吗?"一朝之忿",就是一时的气愤,"忘其身以及其亲",就是由于一时的愤怒就忘掉了自身的安危,以至于连累自己的亲人,这不就是迷惑吗? 樊迟问的三个问题,其实也是我们日常生活中常遇到的问题。我们在平常的生活中能严格要求自己,随时以圣贤为楷模来砥砺自己的品格,久而久之,我们的德行就在不知不觉间养成,这就是我们提高自己德行的最佳途径。这也告诉我们,人的品德是在日常点滴小事中修炼出来的。人们往往容易犯攻击别人的缺点、错误而原谅自己缺点、错误的毛病。能做到多批评自己,少攻击别人,确实能去除掉我们心中的许多邪念。这样更能"见贤思齐,见不贤而内自省"。因为一时冲动而酿成大错,连累亲人的情况屡见不鲜,都是因为我们被情绪蒙蔽,丧失理智。有什么比亲人更重要呢? 如果我们心中随时想到亲人,任何让人愤怒的事都是小事,都不会让我们做出不理智的举动。

◎　樊迟问仁,子曰:"爱人。"问知,子曰:"知人。"樊迟未达。子曰:"举直错诸枉,能使枉者直。"樊迟退,见子夏曰:"乡也吾见于夫子而问知,子曰:'举直错诸枉,能使枉者直',何谓也?"子夏曰:"富哉言乎! 舜有天下,选于众,举皋陶,不仁者远矣。汤有天下,选于众,举伊尹,不仁者远矣。"

　　樊迟问,什么是仁? 孔子说爱人就是仁。樊迟又问,什么是知? 孔子说知人就是智慧,能够识别人就是智。樊迟"未达",没搞懂,没明白老师说的是什么意思。因为爱人没有分别,知人又有分别,那怎么能同时做到知与仁呢? 孔子又说,选拔正直的人,罢黜邪恶的人,这样就能使邪恶的人归于正直了。选拔正直的人,罢黜那些邪恶的人,叫举直错诸枉;能使邪恶的人归于正直,这就叫能使枉者直。樊迟退下来,见到了子夏,就对子夏说,刚才我见到夫子,"乡",刚才。刚才我见到夫子并向他问知，夫子说"举直错诸枉，能使枉者直"，这是什么意思呢？子夏就说："富哉言乎！"意思就是说这个话说得太深刻了。子夏领悟到了孔子的意思。他说，舜得了天下以后，在众人当中选出了皋陶来辅佐他，不仁的人就自然被疏远了。商汤有了天下以后，从众人当中挑出了伊尹来做宰相，不仁的人也自然被疏远了。这是什么意思呢？这段是子夏以历史故事来解释孔子所说的爱人与知人的关系。舜和商汤能从众人中选出皋陶、伊尹，这就是知人，这就是智。什么是智？智就是能辨别是非善恶，所以孟子说："是非之心，智之端也。"辨别是非是智慧的发端。正由于舜与商汤有智慧，他们才能识别人，才能选出仁德的皋陶与伊尹。但选出皋陶、伊尹并不是目的，选出他们的目的是要以他们为榜样去教化那些不仁德的人，使他们都能改过向善。使不善之人都能向善，这才是仁，是仁者爱人。所以爱人是以知人为前提，仁是以智为基础，这正是樊迟所不解的地方。为政者要真正爱他的百姓，就要善于给百姓树立榜样，榜样的力量是无穷的。雷锋、焦裕禄、孔繁森这些榜样都感染、教育了无数的民众，使民众向仁、向善。

◎ 子贡问友。子曰："忠告而善道之，不可则止，毋自辱焉。"

子贡问怎么交朋友。孔子说对朋友要忠告，进行善意的引导，若他不能接受那就终止友情，而不再和他交朋友，以免自取其辱。对于朋友我们要忠告他，要善于引导他。忠告指的是态度，善于引导指的是方法。我们既要尽到朋友之谊，竭尽全力地去劝导他，但也要注意劝导的方法，不能直来直去，一定要考虑对方能否接受。"道"当引导的"导"字讲。但是如果这样做了而他不听就算了，不要勉强，勉强反而自取其辱。这可以结合第四篇《里仁》中的"事君数，斯辱矣；朋友数，斯疏矣"参看。都是讲交友之道，对大家应该很有帮助。

◎ 曾子曰："君子以文会友，以友辅仁。"

曾子说，君子通过诗、书、礼、乐、文化来结交朋友，通过朋友来培养自己的仁德。这段话里曾子讲了交友的途径与朋友的作用。朋友应是在文化的共识、心灵的共鸣中结交的，绝不是以酒肉利益相交。真正的朋友可以辅佐自己，帮助自己德行的养成。因为见贤思齐，向朋友的长处学习，自然能提高自己。绝不能把朋友当作相互利用的工具，那样既不会有正直的朋友，也丧失了交朋友的真正意义。这句话对中国读书人的影响是深远的。所以读书人都把朋友当成精神道义之交，当成人格学问辅益之源。

君子以文会友，以友辅仁。共和国五十八年暮春，李里绘于天人轩。

子路第十三

《颜渊》第十二主要是讲为政的精神内涵,此篇则主要是讲为政的具体方法、步骤及为政须注意的一些问题。

🌀 子路问政。子曰:"先之劳之。"请益。曰:"无倦。"

子路问为政之道。孔子回答说,你要身先士卒,要求别人怎么做,自己就先要怎么做。要别人劳动自己就率先劳动。"请益",子路再请老师告诉他还要怎么做。孔子说,持之以恒地身先士卒,以身作则,无所倦怠,这就是为政之道。子路好勇,好勇的人往往勇于实践而不能持久,所以孔子告诉子路要"无倦"。这仍然是孔子关于为政的一贯思想,就是为政者的模范带头作用的重要性。

🌀 仲弓为季氏宰,问政。子曰:"先有司,赦小过,举贤才。"曰:"焉知贤才而举之?"曰:"举尔所知,尔所不知,人其舍诸?"

仲弓做了季氏的家臣,他也问为政之道。孔子说,先要设立好管理各种事务的机构,"有司"即管理机构,定出相应的制度法规。要赦免下属的小过,选拔有德有能的人。赦免下属的小过错,刑法就不滥用,不滥用刑,大家就拥戴你。有人才才好办事。仲弓说:我怎么知道哪个是贤才,举用哪个呢?孔子说,你就举用你所知道的人,你不知道的,难道大家就将他放弃了吗?只要你举用了贤才,大家自然会将你不知道的贤才推荐给你。孔子对子路说的是为政的情怀,对仲弓则是说的为政的方法。一个从道德上讲,一个从方法上讲。为政不先有司,则为政者手忙脚乱,不知所措;不赦小过,则无法找到人才,因为人无完人;不举贤才,则小人庸人当道。有这三条不仅可当家臣,治天下亦不过如此。

🌀　子路曰:"卫君待子而为政,子将奚先?"子曰:"必也正名乎!"子路曰:"有是哉? 子之迂也! 奚其正?"子曰:"野哉!由也。君子于其所不知,盖阙如也。名不正,则言不顺;言不顺,则事不成;事不成,则礼乐不兴;礼乐不兴,则刑罚不中;刑罚不中,则民无所措手足。故君子名之必可言也,言之必可行也。君子于其言,无所苟而已矣。"

这一段讲的是孔子整个为政的核心,也就是正名的思想。子路说,卫国的国君要用你来治国,你把哪样事情放在第一位来做啊?"奚"就是何。孔子说,那我第一是要正名。什么叫正名? 就是要使事物名实相合。在周朝末年春秋时候,天下是名实混乱,君不君,臣不臣,父不父,子不子。臣弑君,子弑父,比比皆是。卫国更是混乱,所以孔子首先要正名。子路说,有这个必要吗? 哎呀,老师你太迂腐啦!"奚其正",为什么要正名呢? 孔子说,你这个子路,太粗野了。君子对他所不知道的事情大都会空缺在那里。"阙如",就是空缺的样子,不知为不知,宁可让它空缺在那里也不会不懂装懂,这是孔子批评子路不知正名的意义。孔子又说,"名不正,则言不顺",名不正讲起话来则不顺当。言不顺则事不成,言语都不顺当的话,事情就办不成。事情办不成,就不可能兴起礼乐制度来。礼乐制度兴不起来,刑法的执行就不会妥当。刑法不得当,老百姓就不知道怎么办好。比如当学生的去说本该由老师说的话,这就叫名不正。学生说该由老师来说的话自然就不顺当,其他学生也不听你的,要达到的目的也就达不到,这就叫言不顺而事不成。事情办不成则本该有的秩序和和睦也就建立不起来。因为礼是维持秩序的,乐是来维持和睦的,这就叫事不成则礼乐不兴。秩序与和睦都没有,制度的执行也不会恰当。因为制度的执行要秩序来维护,要以和睦为目的,这就叫礼乐不兴则刑法不中。制度的执行都不恰当,当然学生们不知怎么办,手足都无所适从了,这就叫刑法不中则民无所措手足。"措"当摆放讲。君子说的话必须和自己的身份相合,这样你说的话自然行得通,因此君子对自己说的话从来不马虎。孔子说这段话是针对卫国当时的具体情况来讲的。卫国卫灵公的儿子叫蒯聩。卫灵公好色,娶了南子。蒯聩想杀掉南子,结果得罪了他的父亲卫灵公,卫灵公就把他流放了。流放以后,卫灵公想立另外一个儿子公子郢为王。公子郢不愿意接受。卫灵公死后,蒯聩的儿子辄继承了王位。蒯聩流放了,儿子做了王。南后想用儿子来牵制父亲,儿子做了王以后,就不会让他父亲回来做王了。后来蒯聩又回来与儿子争王位,一切都是混乱的。正由于卫国君臣父子都是混乱的,所以孔子说如果卫国要用他,首先就是要正名。这里孔子深刻地阐述了正名的重要意义。这一章可与上一章"齐景公问政"参看。最后子路就是因这件事而死去的。蒯聩杀回来跟儿子争王位，当时子路正在卫国做官，子路认为既然食其禄就应为其效忠，结果在斗争中惨死。子路临死还不忘把帽子戴好，说"君子死而冠而不免"，可谓悲壮。但子路不知在卫国这种父子相争的情况下，他为谁效忠都是名不正，言不顺，即使战死，也是不得其死然——孔子曾说子路不得其死然。

樊迟请学稼。子曰："吾不如老农。"请学为圃。曰："吾不如老圃。"樊迟出。子曰："小人哉！樊须也。上好礼，则民莫敢不敬；上好义，则民莫敢不服；上好信，则民莫敢不用情。夫如是，则四方之民，襁负其子而至矣，焉用稼？"

樊迟向孔子请教种粮食。孔子说，要说种粮食，我不如老农。樊迟又请教种蔬菜。孔子说，要说种蔬菜，我不如老圃。种粮食叫稼，种蔬菜叫圃。樊迟知道孔子有学问，什么都会，所以就请教孔子种庄稼的事情。可是孔子没有回答他。樊迟离开以后，孔子才说："小人哉！樊须也。"注意，这个"小人"并不是指的品德上有问题，而是指樊迟的问题问得小。孔子是从大处着眼，所以他说如果为政者好礼仪，老百姓没有不尊敬为政者的；为政者好义，百姓没有不服从他的；为政者重视诚信，老百姓没有不诚实的，这就是上行下效的道理。如果为政者能做到以上三点，四方的老百姓都会背着小孩来归顺你。"襁"就是背婴儿的背带。"襁负其子"就是用背带背着小孩。注意，孔子讲这段话的意思是要说明学习首先应学大道，把大道掌握了，其他的小技自然就明白了。道是本，技是末，有本自然就有末，只研究小技，那么就只能学一样会一样，不能一通百通，举一反三。道学好了，再学具体技术就非常容易了。治国之道都懂了，种庄稼之道也就在其中了。大道理套小道理，你把大道理弄明白了，小道理自然也就明白了。

子曰："诵《诗》三百，授之以政，不达，使于四方，不能专对，虽多，亦奚以为？"

这句话是孔子讲不能读死书的道理。孔子说，你把《诗经》三百篇都读熟了，但是交给你国家的政事你处理不了，让你出使到四方去做使臣，你却不能独立应答。"专"当"独"字讲。你诗读得再多，又有什么用呢？你《诗经》读得再多、再熟，读了后一点都不会用，话都不会说，有什么意义呢？诗本来是"本人情，该物理，可以验风俗之盛衰，见政治之得失"。可以通过观诗来看国家政治、经济各方面的情况。所以商周时候有采诗之制，通过诗来考察政治的得失。你把诗读了，却不能够了解政事，不能够致用，那你读得再多也是白读。所以学了诗是要能够真正地用。从这一句里面还可以看出一个深意，那就是《诗经》不只是文学，更重要的是经学,是经学因此可以解决社会生活中方方面面的问题,是可以用来治国平天下,可以经世致用的。

🌀 子曰:"其身正,不令而行;其身不正,虽令不从。"

孔子说,你的身心正了,你自己修炼好了,你自己道德完善了,你不发命令,大家都会像你这样做。比如说,校长在这里拖地板了,大家自然就会跟着拖。你自己身心不正,再怎么发命令,大家也正不了。比如说,省长说要遵守交通规则,不要闯红灯,可是省长开着车带头横冲直撞,那么谁还遵守交通规则呢?孔子反复谈这个要正人先正己的道理,足见其重要。

🌀 子曰:"鲁卫之政,兄弟也。"

周天子建立周王朝以后,分封了七十二个诸侯,其中五十六个诸侯都姓姬,是周天子的弟兄、乡党、族人。鲁国、卫国的祖先都是周天子姬氏家族的弟兄,所以说"鲁卫之政,兄弟也"。因为鲁国是周公之后,而卫国是周公的兄弟康叔之后,两个国家也是弟兄,是同祖同宗的。孔子在卫国周游时,发现卫国的混乱也跟鲁国差不多了,所以发出深沉的感叹,叹两国曾经都是圣人教化的礼仪之邦,可现在又都衰乱不堪。鲁国是君不君,臣不臣,卫国是父不父,子不子,多么相似,感叹中流露了孔子的无奈与惋惜。这是孔子真实情感的记录,从中可以看出孔子的忧道忧国之心。

🌀 子谓卫公子荆:"善居室,始有,曰:'苟合矣。'少有,曰:'苟完矣。'富有,曰:'苟美矣。'"

孔子说卫国的公子荆很善于治理家庭,刚刚有一点财产就说差不多了够了。"苟"表示差不多的意思。"少有",稍稍富有的时候就说差不多完备了。"富有",富有的时候就说差不多很完美了。这就是知足常乐。卫公子荆能够知足常乐,所以孔子很称赞,用了个"善"字,说他"善居室"。孔子也是用卫公子荆来对比当时卿大夫的奢侈之风。其实一切物质财产都是身外之物,能知足就能得到快乐,不知足反而心灵被外物所累,物欲反而成为人痛苦的根源。现代人被物质异化,人性泯灭,何谈快乐?如果人人皆能知足常乐,那么国家自然就安定和谐了。如果都说这不够那不够,互相争利,则正如孟子所说"上下交争利而国危矣"——大家都争权夺利,天下就危险了。

⊛ 子适卫,冉有仆。子曰:"庶矣哉!"冉有曰:"既庶矣,又何加焉?"曰:"富之。"曰:"既富矣,又何加焉?"曰:"教之。"

孔子到了卫国,冉有给孔子驾车。"庶"就是众多。孔子叹说,卫国人真多啊! 冉有说,既然人多了,那该怎么办呢? 孔子说,那就让他们致富。冉有又说,如果他们已经富了,又该怎么样呢? 孔子说,那就教化他们。这是讲的先王为政之道。古代一个国家的大小跟人口的多少有很大的关系,所以古人很看重人口,人口多就说明国家政通人和、国泰民安,老百姓愿意来归顺。但光是人口多还不行,还必须让大家都致富。人多了,富有了,也还只是治国的基础,最重要的是要教化民众,使民众都沐浴文化的光辉、得到礼乐的润泽,这样天下才会真正的安宁祥和。对民众的教化向来是儒家重要的思想,影响了中国千百年。

⊛ 子曰:"苟有用我者,期月而已可也,三年有成。"

"期月"当一年讲。孔子说:如果有要用我的国君,只要一年,我就能使这个国家基本上树立规模,三年我就能使这个国家治理成功,国富民强,教化大行。这是孔子由庶矣、富矣、教矣联想到没人用自己,如果有人用,一定能够推行自己的主张,治国有成。对于治国,孔子是胸有成竹,他既有治国之道又有治国之术,在鲁国执政四年,百姓安居乐业,路不拾遗,夜不闭户,足见孔子的才能,也足见孔子此言不虚。但这也更叫人感到孔子理想不能实现的悲哀。

⊛ 子曰:"'善人为邦百年,亦可以胜残去杀矣。'诚哉! 是言也。"

孔子感叹说,古人讲如果用善良的人来治理国家,花上一百年时间也能够教化残暴之人,而不用杀伐之刑,这个话确实说得对呀。"胜残"即战胜残暴,也就是化残暴于无形。"去杀"即去掉杀伐之刑,也就是百姓向善,而刑罚不施。善人是本质善良的人,但还没有自觉的道德学问修养,所以善人治国要相续百年才能有成。这是孔子因天下诸侯纷争,杀伐不断而发出的慨叹。意思是虽然得不到圣人治国,但若有善人治国,使人民能免于水深火热,即使时间久一点也是大好事。

⊛ 子曰:"如有王者,必世而后仁。"

孔子说如果有王者出现,三十年以后天下必归于仁德。"世"即三十年,三十年为一世,三十年恰好一代人。王者就是有崇高道德,又受天命为人间之王的人。王者治国行教化,施礼乐,一代人为德教所化,仁风遂开,并逐渐推行,最后使天下都达到仁德。与一上句比较,由此也可看出圣王治天下与善人治天下效果的不同。

🌀　子曰:"苟正其身矣,于从政乎何有? 不能正其身,如正人何?"

孔子说,如果能使自己的身正起来,去从政有什么困难呢? 如果你自己都不能正,你能正人家吗? 老师上课都不专心,一会儿看看飞机,一会儿看看鸟,却对同学们说,你们要专心啊! 同学们能专心吗? 这还是在讲要正人先正己的道理。

🌀　冉子退朝。子曰:"何晏也?"对曰:"有政。"子曰:"其事也。如有政,虽不吾以,吾其与闻之。"

冉有给季氏做家臣,从季氏的私宅中退出来,孔子就问:你怎么回来得这么晚啊?"晏"当"晚"讲。冉有说有政事。孔子就说,你那哪里是政事啊? 你那些只是一般事务。如果是政事的话,虽不用我,我也应知道。本来鲁国的朝政应该在鲁国的朝廷上议,季氏不在朝廷上议,却在自己家里议,在自己家议的,自然是家事,不是国政,所以孔子就不承认季氏所议是政事。"虽不吾以,吾其与闻之",意思是说即使朝廷现在没有让我做事,但我仍是大夫,大夫就有资格知道国政,不管在不在位。"吾以"表示用我,"以"当"用"讲。这段话是孔子对季氏不臣的野心的委婉批评,也是对冉有给季氏做家臣的警示。

🌀　定公问:"一言而可以兴邦,有诸?"孔子对曰:"言不可以若是其几也。人之言曰:'为君难,为臣不易。'如知为君之难也,不几乎一言而兴邦乎?"曰:"一言而丧邦,有诸?"孔子对曰:"言不可以若是其几也。人之言曰:'予无乐乎为君,唯其言而莫予违也。'如其善而莫之违也,不亦善乎? 如不善而莫之违也,不几乎一言而丧邦乎?"

鲁定公问孔子,一句话可以使国家兴盛,有没有这个事情啊? 孔子说,话不可以说得这么绝对啊!"几"当"期"讲,意思就是不能对一句话有这样的期望。但是孔子又说,有人说做国君很难,做臣子也不容易。如果知道做国君很难,那不就是一句话可以兴邦吗? 做国君的人知道做国君很难,他就会小心谨慎、战战兢兢,如临深渊、如履薄冰,能够事必躬亲、身体力行、细大不捐,那么国家必定会兴盛,这不就是"一言可以兴邦"吗? 鲁定公又问,一句话可以使国家丧乱,有这样的事吗? 孔子说,话还是不能说得这么绝对。但是有人说,我做国君没什么快乐的,我最快乐的唯有我说的话别人不违背。孔子说如果做国君做到任何人都不对你说一个"不"字,显然你是暴君。如果你做的每样事,说的每句话都是善的、都是好的,别人不违背你那是好事;如果你做不好的事都没有人来反对你的话,那不就是一句话可以丧邦吗? 你说什么别人都不敢反对,那就说明你霸道、专横,像商纣王,那你是死期将近了。孔子这段对答很有味道,确实是治国的大经大法,如果能将兴丧两句好好加以体会,则治国不难。当然也不是说这两句话就可以马上兴邦或丧国,但这两句话却是兴邦与丧邦的分水岭。

🌀 叶公问政。子曰:"近者悦,远者来。"

楚国大夫叶公也问怎样为政。孔子说,能够使近处的人感到喜悦,能够使远处的人纷纷来归顺,这就是为政。为政达到这一步就了不起了。做老师也同样,使听了课的学生感到喜悦,使没听课的学生都想来听,这就叫"近者悦,远者来"。"近者悦,远者来"是为政的效果,但"远者来"必以"近者悦"为前提。我们的大唐盛世不是"近者悦,远者来"吗? 百姓和乐,万国来朝,真是孔子理想的实现啊。

🌀 子夏为莒父宰,问政。子曰:"无欲速,无见小利。欲速则不达,见小利则大事不成。"

子夏做了莒父的总管,他也来问政。"莒"读 jǔ,"父"读 fǔ,莒父是鲁国的一个地名。孔子就说,不要求快,你越想快越达不到目的。任何事情都有自己的发展规律,不按规律办事,只为求快,一定办不成。不要贪求小利,贪求小利,则做不成大事。国民党的元老于右任先生给蒋经国作了一副对联:"记利当记天下利,求名应求万世名。"就是说为政者不能贪图小利,要为天下人谋利。孔子这段话提出的这两条,不仅为政要注意,做任何事都应注意,不因求快而违背规律,不因追逐小利而影响大道。

🌀 叶公语孔子曰:"吾党有直躬者,其父攘羊,而子证之。"孔子曰:"吾党之直者异于是:父为子隐,子为父隐,直在其中矣。"

叶公对孔子说,我们那个乡里有个正直的人,他的父亲偷了羊,他就出来告发。"攘"读 rǎng,当"偷"字讲,"证"当告发讲。孔子说:我们乡里跟你们乡风气不同,我们乡里正直的人和你们所说的正直的人也不同。在我们乡里,父亲要为儿子隐恶,儿子要为父亲隐恶,不会去互相揭发。为什么? 因为君子隐恶扬善,更何况父子之间。父子相隐,直自然就在其中了。这怎么讲呢? 父亲来揭发儿子,儿子揭发父亲,弟弟揭发哥哥,哥哥揭发弟弟,丈夫揭发妻子,妻子揭发丈夫,你想,到了这样一种境地,人人自危,哪里还有什么亲情、友情、正直可言? 一切都是混乱的。什么时候出现过这样的状况？"文革"时。父子之间，首先是亲情，即使任何一方有了错误了，也应该是互相批评、劝勉，而不是告发，不劝勉而去告发就是不直。亲人之间都没有信任和安全，那家庭还有什么意义？社会还有什么稳定、和谐？家庭如此，社会亦如此，这种情况下，即使正直也只是幌子，是谋取个人利益的借口。一个连父母都要告发的人，你还希望他对谁真诚？

　　樊迟问仁。子曰："居处恭、执事敬、与人忠，虽之夷狄，不可弃也。"

　　樊迟又来问仁了，这是樊迟第三次问仁。在《雍也》篇里孔子回答仁者"先难后获"，在《颜渊》篇里孔子回答"仁者爱人"，这次孔子回答"居处恭"，你平时生活的时候要恭敬；"执事敬"，做事的时候要有一颗诚敬之心；"与人忠"，对人要竭尽全力。你有这种品格，即使你身在蛮夷之邦，这些品格也不应该被抛弃，这就是仁德。这一句其实是对"先难后获"的"难"的补充，"先难"于什么，就要在这三点上下工夫，将这三点做好了，自然有大收获。这三点也就是对人、对事、对己的态度，对自己要严格要求，对事要有敬业精神，对人要忠诚。

　　子贡问曰："何如斯可谓之士矣？"子曰："行己有耻，使于四方，不辱君命，可谓士矣。"曰："敢问其次？"曰："宗族称孝焉，乡党称悌焉。"曰："敢问其次？"曰："言必信，行必果，硁硁然小人哉！抑亦可以为次矣。"曰："今之从政者何如？"子曰："噫，斗筲之人，何足算也？"

　　子贡问孔子：怎样才能称为士人呢？孔子说，做人做事要有羞耻心，出使四方诸侯国能够不辜负君主的委托，这就可以称为士了。这是说士人要有德有才，"行己有耻"是德，"使于四方"是才。子贡又问：那次一等的标准是什么呢？孔子说，宗族亲人都称赞你孝顺父母，乡党邻里都称赞你尊敬兄长。这是说士人如果无才也必须有德。子贡又问：再次一等的标准是什么？孔子说，说话必定算数，行动一定坚决，像石头一样老老实实的百姓，或许可以说是最次一等的士人了。"硁"读 kēng，表示石头坚实的样子。这是说士人如果无自觉的道德修养，那么最起码也要有朴实的品德。这里的"小人"不是指品德有问题，而是指百姓。子贡又问：那当今的为政者怎么样呢？孔子说，哼，这些器量狭小的人，算得了什么呢？"斗"，量器，能装十升。"筲"，竹器，装一斗二升，都是容量不大的小器皿，以此指器量狭小。这是孔子对当时那些充满野心、不守礼法的士大夫的描述，其实子贡问这段话的目的就在询问孔子对当时士大夫的看法，但又不好直言，故先问士,然后层层递减,直到最后始得出答案。也就是说当时那些所谓的士大夫连"言必信,行必果"的小老百姓都不如,也足见春秋末年天下的混乱,斗筲之人当道,孔子这样的圣人当然也就不得其位而不能行其政了。子贡聪颖,所以问问题总是含蓄而巧妙。

◎ 子曰:"不得中行而与之,必也狂狷乎!狂者进取,狷者有所不为也。"

孔子说,不能与得到中道的人交往,那就只有狂狷的人了。"中行"的"行"当"道"讲。中道即不过不及。"狂"和"狷"是孔子讲的两种不能得中道的偏颇之行。狂,就是只知进不知退;狷,则是只知退不知进。一般的人不能得中道,不是狂就是狷,不是过分地骄傲自大就是过分地自暴自弃。

◎ 子曰:"南人有言曰:'人而无恒,不可以作巫医。'善夫!""不恒其德,或承之羞。"子曰:"不占而已矣。"

孔子说,南方的人曾经说,人没有恒心就不可以做巫医。中国古代巫、医是不分的,巫、医是一家,巫主人之命,医主人之病,命和病是相连的,什么样的命就可能生什么样的病。朱子说:"巫,所以交鬼神;医,所以寄生死。"巫是用来和鬼神相交流,医生可以掌握人的生死。《黄帝内经》里面有很多章节巫和医是并讲的,命和病是同看的。孔子说一个人没有恒心就连巫和医都不能做,这句话说得对啊。在孔子看来,巫医百工都是技,而不是道。如果没有恒心,连巫、医这种技术活都不能够去做的话,何况于修道呢?"不恒其德,或承之羞",这是引用《易经》里恒卦第三爻的爻辞来说明这个道理,如果一个人不能恒守他的德行的话,必定招致羞辱,"承"就是遭受。孔子说一个没有恒心的人,用不着去占卜了,占不占都知道他不会成功的,因为没有恒心什么事都做不成。这是孔子讲恒的道理,人要有恒心,恒就是常,人要有一颗恒常之心。这是《论语》中第二次出现有关《易经》的言词,第一次是在《述而》篇中"加我数年,五十以学易"。

◎ 子曰:"君子和而不同,小人同而不和。"

"和而不同"是儒家所追求的一种兼收并容的很高的精神境界,"和"是求和睦、和谐,但是怎样才能达到真正的和谐呢?"不同",对每个人都允许他个性的存在;对每个民族都允许其民族性存在,要相互理解,互相尊重,在相互理解、互相尊重的情况下达到兼收并容,达到和谐。如果要求大家都一样,你必须和我一样,我必须和你一样,抹杀个性,只会谁也不服谁,那势必形成对抗,而不会有真正的和谐。中国儒家思想讲辩证,而且也讲得很深刻,只有真正的尊重、理解,求

人而无恒，不能为巫医。共和国五十一年，里从成都双流应天寺八十五岁老尼仁学
法师习中医，及今已七年矣。七年之间，漂泊浪迹，师父圆寂。又从成都名老中医温如秀
习医理，虽略有得，终未能升堂入室。始深悟人而无恒不可以作巫医之理。今绘此图，以
纪念师父殷殷海教之恩。共和国五十八年暮春时节，李里绘并记于川师东篱居中。

大同,存小异,才会有真正的和谐。互相尊重,既求大原则的相同,又允许差异的存在,就是君子的和而不同。小人却是只有表面上的相同,这两天,我们两个要好,什么都同,穿一样的,吃一样的,说一样的话,都讨厌同一个人,这样就交上朋友了。过两天,两人反目,什么都不一样了。小人追求的是利益上的相同,而不是达成谅解上的和谐,只有大义是恒久不变的,利益则可能随时变化,所以小人没有长久的朋友。小人尚利,安得和?君子尚义,求大义上的相和,不求小利上的相同,所以君子有长久的朋友。和而不同的真谛其实就是遵循宇宙的规律,只有万物各得其所、各顺其性的时候世界才能达到真正的和谐。

子贡问曰:"乡人皆好之,何如?"子曰:"未可也。""乡人皆恶之,何如?"子曰:"未可也。不如乡人之善者好之,其不善者恶之。"

子贡问,同乡的人都喜欢、都称道这个人或这件事,或者同乡的人都讨厌、厌恶这个人或这件事,对此,你怎么看啊?孔子说,这不一定要得,大家都称赞的,不一定真好,大家都厌恶的,不一定真坏。儒家很智慧,因为世上总是善恶并存,美丑同在,任何地方都有善人,有恶人。一个乡里有这么多人,必定有好人、有坏人、有善人、有恶人,善人说他好,而恶人也说他好,这个人未必就好。善人、恶人都说他好,这本身就有问题。好人喜欢他说明他真好,坏人喜欢他就有问题了,说明他总是给了你什么利益,诱惑你,你才说他好。小人是见利的,君子是见道的,所以总是有什么利益的诱惑,故而才称赞。乡人皆讨厌他——好人讨厌他可以理解,他有问题,但坏人也讨厌他,或者,坏人讨厌他可以理解,那为什么好人也讨厌他呢?所以孔子说,同乡之中善良的人喜欢他,不善的人讨厌他,说明这个人才是真好,这是对人的品评,孔子讲得很深刻。不要大家都说他坏就跟着说他坏,大家说他坏的时候就要想一下,为什么大家都说他坏呢,是什么道理呢?因为每个人的价值标准是不一样的。

子曰:"君子易事而难说也:说之不以道,不说也;及其使人也,器之。小人难事而易说也:说之虽不以道,说也;及其使人也,求备焉。"

孔子说,君子你很容易和他相处,为他办事很容易,因为君子他不苛求,他很宽容,所以你很容易和他相处,很容易与之共事,但却不容易取悦于他。你给他小恩小惠,君子是会不高兴的,你不以正道取悦他,给他小恩小惠,请他大吃大喝,只会让他不高兴,你想走歪门邪道让他高兴,那不行。这里的"说"字,通喜悦的"悦"字。君子使用人时,总是按其才能来使用,是个什么器皿就给他派什么用场,是个杯子就让它装水,根据他的才能来给他安排工作,这叫"器之"。君子用人是因其材而用。小人难以侍奉,因为小人是很苛刻的,他自己不好,但他对别人要求极严格。小人使用人的时候求全责备,他看你全身都是问题。小人苛刻、心胸狭窄,对人异常尖酸,但是很容易取悦他,你只要去拍马屁、献媚、说好话,给他恩惠,就能让他高兴。所以凡是小人当领导的,后面都有一群拍马屁的,拍得屁颠儿屁颠儿的。这段话说得太生动、太贴切、太深刻了,放到今天的现实中也的确如此,这也可以看出圣人对生活的体察入微与概括的精练准确。

⊚ 子曰:"君子泰而不骄,小人骄而不泰。"

孔子说,"君子泰而不骄","泰"是一种内心的安详、和平、自在,一点不骄傲、不骄矜。小人往往骄横跋扈,你看他的样子很傲慢,趾高气扬的,可是内心是恐惧、紧张的,一点儿不安详、不自在。君子是坦荡荡的,内心安详,外表平和。外表的平和是内心安详的流露。往往外表很骄傲的人,其实内心很渺小,内心很不安。

⊚ 子曰:"刚、毅、木、讷,近仁。"

孔子说,刚毅木讷的形象就近于仁德了。注意,"近"很关键,不是说刚、毅、木、讷就是仁者了,而是接近于仁者,"近"是孔子很考究的用字。"刚"就是不屈于物;"毅"就是坚韧,刚强坚韧。"木、讷","木"就是质朴;"讷"就是迟钝,言语不轻易出口。既质朴讷于言,又刚强坚忍,这种人近于仁者,但还不完全是仁者。因为仁者是很温润的,此时刚毅木讷还只是仁者之质,还未得仁者的全貌,真正达到仁者以后有一股温润之气,此时刚毅木讷的状态已被化于无形了。

⊚ 子路问曰:"何如斯可谓之士矣?"子曰:"切切、偲偲,怡怡如也,可谓士矣。朋友切切、偲偲,兄弟怡怡。"

子路问,怎么样可以称为士呢?"切切"是诚恳,"偲偲"是勉励,"怡怡"就是和悦的样子,有这几种品格就可以称为士了。士人是很诚恳的,是能相互勉励的,是很安详快乐的。对朋友诚恳,要互相勉励,对兄弟和颜悦色,这就可以叫做士人了。孔子讲士人讲了很多方面,都因人而异,这里所针对的可能是子路的不足。

⊚ 子曰:"善人教民七年,亦可以即戎矣。"

孔子说,有善德的人教老百姓七年,也可以让老百姓做士兵。"教民"就是使老百姓懂得孝悌忠信,接着务农讲武,"即戎"就是去参战,意思是老百姓就懂得去保家卫国了。战争胜败的关键是参加战争的人讲不讲孝悌忠信,有没有保家卫国的信念。被抓壮丁的人,都是被抓去的,被迫去打仗,所以被打得落花流水——他们根本不想打仗,都是被迫的,他们怎么可能去舍生取义呢? 不可能。

子曰:"以不教民战,是谓弃之。"

孔子说,不教育就使民去参战,这就是弃民。老百姓你不训练他、不教导他,就让他去打仗,这就是放弃老百姓,让他白白去送死,这是为政者对百姓不负责的表现。所以即使战争也离不开教育,这更显出教育的重要意义。

宪问第十四

《宪问》篇主要是评点当时的社会风气,评点当时的人、当时的事,记录了对现实政治的评论和由评论引发的一些感叹与训诫。这一章和《八佾》篇有相似之处。

🌀　宪问耻。子曰:"邦有道,谷;邦无道,谷,耻也。"

宪是孔子的弟子,叫原宪,字子思。原宪问孔子,什么叫可耻。孔子说,国家清明的时候不知有所作为,国家混乱的时候不能独善其身,只知食俸禄、拿工资,都是可耻的事。"谷"指做官的俸禄,即工资。个人的俸禄、工资、财富应与国家大义相连。国家清明之时,应为国出力;国家混乱之时,则应替国家分忧。

🌀　"克、伐、怨、欲不行焉,可以为仁矣?"子曰:"可以为难矣,仁则吾不知也。"

这句也是原宪在问。"克"是好胜,"伐"是自夸,"怨"是怨恨,"欲"是贪欲。好胜就会引起争夺,自夸就会骄傲,怨恨就会烦恼,有贪欲就会使心混乱,四者都是不善的根源。原宪问,好胜、自夸、怨恨、贪欲都克制住了,可以称为仁德吗?孔子说,做到这样可以说是难能可贵了,至于说这算不算仁德,我就不敢讲,不知道了。一般孔子说不知道的,就说明他不认同。没有这四点就叫仁德了?不尽然。没有这四点只是一个人起码应该做到的,仁者却是不止于此。另外,"不行"表示有意克制,而仁者是心中根本没有需要克制的东西。所以在有意克制自己的阶段还不能称仁者。仁者是"从心所欲,不踰矩",毋需任何克制,而没有一点不善之心。

🌀　子曰:"士而怀居,不足以为士矣。"

孔子说,一个读书人老是想着安逸舒适的生活,就不足以称为读书人了。"怀"就是思念、留恋,"居"就是安逸、舒适的生活。传统的读书人称为士人,士人是国家、民族的脊梁,我们中华民族巍巍然五千年屹立于世界民族之林就是因为有这种士人的精神,士人所追求的是大道,而不是个人的享乐。如果读书人老是想着安逸的生活,就不叫读书人了。现在的很多读书人都不能称为士人,哪怕读到硕士、博士都还在"怀居",都在想荣华富贵、小车洋房、娇妻美妾,想舒适安逸的生活。现在的读书人叫知识分子,有许多知识,但知识和人格并不发生关系,知识只是换取名利的资本。就像卖货郎一样,百货背了一身,可是百货和他自己并不发生关系,百货是百货,他自己不占有这些百货。而士人必须是真正将学问转化为人格的人。

⊛ 子曰:"邦有道,危言危行;邦无道,危行言孙。"

"危"当"高"字讲。"孙"同"逊"。孔子说,一个人在国家清明的时候,语言和行为都应该是崇高的。但国家如果混乱了,他的行为应该保持崇高,语言则一定要谦逊——语言谦逊是为了避免祸害。现在我们这个社会就是缺乏崇高,崇高被消解了,都是讲求个人的安逸、享乐。商品经济、市场经济时代,利益取向取代了传统社会里崇高的价值取向,这是很令人心痛的。一个君子,赤心不可变,节操不能变,即使在乱世也要保住自己的节操。但由于是乱世,为了免遭祸害,说话的时候应该尽量谦虚、柔顺,所谓智圆行方,智慧可以是圆通的,行为应该是方正的。

⊛ 子曰:"有德者必有言,有言者不必有德。仁者必有勇,勇者不必有仁。"

孔子说,有道德的人,必然就有话能够说,而能够说的人,不一定有道德。有些人夸夸其谈,说个没完没了,说得唾液四溅,这种人或许是巧言令色。而有道德的人,他肯定是能够说的,这就叫"气盛言溢"。一个有德行的人,自然有一股正气,气足了语言就从气里发出来,从德行中流露出来。语言是内在德行的外化,绝不是为说话而说话。有仁德的人必定勇敢,但是有勇的人不一定仁德。仁德之人必定能见义勇为,他知道什么事情该做。勇敢生于血气,很多血气方刚的人都勇敢,但那绝不代表有德行。罪犯勇不勇猛?那些来侵略中国的小日本,勇不勇猛?也勇,但是没有仁德。这两句话是很辩证的,讲明了德和言、仁和勇的关系。有德行的人说出来的话是能服人的,而且也是有力度的,有分量的,没有德行的人说的话像过眼云烟一样;仁者之勇是大勇,血气之勇是瞎勇。

🌀　南宫适问于孔子曰："羿善射，奡荡舟，俱不得其死然；禹稷躬稼，而有天下。"夫子不答。南宫适出。子曰："君子哉，若人！尚德哉，若人！"

南宫适，孔子的弟子。孔子把他哥哥的女儿嫁给了南宫适，《公冶长》篇里有记载。羿是夏朝有穷国的国君，善于射箭，他篡了夏朝的权位，自己称王，后来又被杀掉了。"奡"，读 ào，是夏朝力气很大的一个人。"荡舟"就是善于水中作战，而且可以在陆地上行舟，奡也是弑君篡位，后来也被杀了。"俱不得其死然"，意思是他们都不得好死，都是被人杀掉的。这两个弑君犯上的人都被杀掉了。禹是夏朝的开国之君，稷是周朝的祖先。禹是治水之功臣，稷是教老百姓种植庄稼的功臣，这两个人"躬稼"，"躬"就是亲自，"躬稼"就是亲自耕种，禹和稷亲自耕种而得天下。这段话的意思是说，羿和奡这两个人用武力来篡夺天下，最终都死不得其所，不得好死；而大禹和后稷，以自己的德行，给老百姓施了仁惠而得到天下。这里价值评判就出来了，以武力篡夺得天下的，不得好死；为老百姓做事的，最终得天下。南宫适以这个问题问孔子。孔子听了这个话以后没有回答，为什么孔子不回答呢？因为南宫适说这个话是有深意的，南宫适是以羿和奡来代指当时那些称霸的诸侯国君，而禹、稷是代指孔子的，就是说孔子最终能得到天下，因为他有德行。这句话本身是在赞美孔子，孔子自然不好回答。但是在南宫适出去以后孔子说，君子就应该像这个人，崇尚道德的人也应该像这个人。孔子称赞南宫适说话是对的，称赞南宫适是一个君子，一个崇尚道德的人。这段话也深刻反映了儒家尚德的价值追求。儒家自来是崇尚以德服人的王道，反对以力服人的霸道，后来王霸之争成了《孟子》一书的主题之一。

🌀　子曰："君子而不仁者有矣夫，未有小人而仁者也。"

孔子说，君子不仁德的情况是有的，但是小人却是没有仁德的。因为君子身体力行仁德，在追求仁德的过程中有时难免也会犯点儿错误；小人虽然有做对的时候，但即使他做得对，也不是在行仁德，而是为了利益。小人有时候也会做点儿好事，那是对他自己有利他才做。比如说，一个坏人他去周济别人，帮助别人，他的目的是为了当官，或者是为了奖赏，他总是有利可图。君子哪怕犯了一点儿小错误，也是行仁德中的错误，两者出发点是不一样的。出发点不同，结果自然全然不同。小人求利，君子求义。

🌀　子曰："爱之，能勿劳乎？忠焉，能勿诲乎？"

这是孔子在讲教养儿女之道，教子之道。孔子说，你爱你的儿女，你能让他不劳动吗？对他忠诚，你能不教诲他吗？真正爱你的儿女，就要让他劳动，你让他什么都不做，像皇帝一样把他供起来，那你是在害他，而不是爱。这会使他什么都不会做，四体不勤，五谷不分。勤劳是一个人的重要品行，而且是其他诸多品行的基础，一个懒惰的人你很难指望他成为一个优秀的人，更不用说仁者了。你对他忠心，你能不教育他吗？你能不劝导他吗？你能不教诲他吗？"诲"字很有意思，一个言字旁，一个"每"字，每天都说就叫诲，教诲是不间断的，潜移默化，持之以恒的。诲人不倦，是每天都要说，每天都要劝谏。苏东坡说，"爱而勿劳，禽、犊之爱也。忠而勿诲，妇、寺之忠也。爱而知劳之，则其为爱也深矣；忠而知诲之，则其为忠也大矣"。爱他而不让他劳动，是禽兽之爱；对他忠心而不教诲，就是妇人、寺人之爱。寺人就是太监、宦官，太监也是很忠诚的，但他是皇上说什么就是什么，绝不劝导，这是太监的忠诚。爱他，又能让他劳动，才是深爱；忠于他，又能教诲他，才是大忠。对于现在的独生子女教育，这一条有重要指导意义。

🌀 子曰："为命：裨谌草创之，世叔讨论之，行人子羽修饰之，东里子产润色之。"

"为命"，是指写作外交辞令，这是说的郑国的事情。当时郑国是处在晋国和楚国之间的一个小国，晋国、楚国都是大国，是春秋五霸之列，春秋五霸是齐桓公、晋文公、秦穆公、宋襄公、楚庄王。郑国在晋国和楚国之间，由于会搞外交，所以得以生存。其关键就在于外交辞令很从容平和，能够巧妙协调周边的关系。外交搞得好是因为他们起草的外交辞令经过了四个人之手，这四个人是裨谌（bì chén）、世叔、子羽、子产，都是郑国的大夫。"草创"就是打草稿；"讨论"是研究提出自己的意见；"行人"是外交官名，"修饰"指增加或减少；"东里"是地名，是子产的故乡，"润色"就是增加文采。郑国的外交辞令是经由裨谌打草稿，世叔研究提意见，子羽修改删减，子产润色文采而完成。朱子说"郑国之为辞命，必更此四贤之手而成，详审精密，各尽所长。是以应对诸侯，鲜有败事"。郑国的外交很少有失败的，因为他们的外交辞令出自四个贤人之手，非常详密、周到。国学大师杜道生先生讲新文化运动时，他正在北大文学系读书，北大的文史哲系都对孔子展开了批判。胡适之先生在讲课的时候却一边批儒家一边要大家熟读四书。胡适专门举了这一句为例子。他说，"草创"、"讨论"、"修饰"、"润色"，都是活在现代汉语里的常用词汇，不把这些语汇读懂、记牢，你连中国的语言都不会用。所以胡适之先生说，熟读、记诵四书可以使我们对中国语言文字有深入体会、了解。我们中国的传统语文多是用齐鲁语的语法、词汇，四书就是齐鲁语系的代表。现代汉语有很多词汇出自四书五经。批判孔子是认识问题，属于思想的层面，熟读四书则是打下传承中国文化的基础。

◎ 或问子产。子曰:"惠人也。"问子西。曰:"彼哉！彼哉!"问管仲。曰:"人也。夺伯氏骈邑三百,饭疏食,没齿,无怨言。"

有人向孔子请教,子产这个人怎么样？孔子说子产这个人能给人以恩惠。因为子产在郑国推行改革,给老百姓带来了生活上的实利,所以孔子说子产这个人能给老百姓恩惠。子西是楚国的公子申,人又问,子西这个人怎么样？孔子说,那个人啊,那个人啊。"彼"当那个人讲。这个话一听就知道有问题了,一听就知道有微词,不值一提。因为子西这个人是楚国的公子,孔子很讲正名,名不正则言不顺。楚国在周朝是封了爵位的,公、侯、伯、子、男五等爵位,楚国的爵位是子爵,到了春秋时候,楚国自己僭称为王,公子申子西不仅不能革除僭越称王之号,而且楚昭王要用孔子的时候,他还阻止,所以孔子知道他是不能行正道之人。有的人又问,管仲这个人如何啊？孔子说管仲这个人确实是有才能的人。"人"就是指的有才能之人。伯氏是齐国大夫,骈邑是地名,"三百"指三百户人口的封地。齐桓公因伯氏有罪而夺走他的封地给了管仲。伯氏因心服管仲的功绩,土地被夺以后,虽然吃着粗茶淡饭,但到老死都没有怨言。"没齿"指终生。管仲有才能,他把人家的土地夺了,人家还没有怨言。孔子说这个话的深意是,子产这个人德大于才,管仲这个人是才大于德。

◎ 子曰:"贫而无怨难,富而无骄易。"

孔子说一个人贫困而没有怨言,那是很难做到的;一个人很富足,但是不骄奢、不骄傲,这要容易做到一些。古汉语里"贫"和"穷"是不一样的,贫是指没有财富,穷是指仕途上不得意,贫和富相对,穷和达相对。一个人在贫困的时候,很容易怨天尤人。富人不骄傲,相对于穷人不埋怨来说稍微容易一点儿。孔子的意思是说处贫难,处富易,这是人之常情,但是应该勉其难,不可忽其易。真正要做到贫而不怨,富而不骄,必须乐天知命,只有知命才能安贫乐道。

◎ 子曰:"孟公绰为赵魏老则优,不可以为滕薛大夫。"

孟公绰是鲁国大夫,"老"是指大夫的家臣,"优"是有余的意思。滕国和薛国是鲁国旁边的小诸侯国。孔子说,孟公绰这个人,给晋国赵氏、魏氏的大夫做家臣,他的才能是绰绰有余的,但是他不能做滕国和薛国的大夫。孔子这句话的深意是,做大夫和做家臣所需要的才干是不一样的,家臣责任不大,大夫掌管政事,责任重大。哪怕是滕、薛这样的小国,也是麻雀虽小,五脏俱全,大夫的责任同样重大。而孟公绰这个人德有余而才不足,做大国大夫的家臣可以,做小国的大夫却不行。孟公绰当时正在鲁国做大夫,所以孔子这个话是有批判意义的,连滕、薛这样的小诸侯国的大夫都不能做,何况做鲁国的大夫呢? 不过孔子说得很委婉,孔子很重视人尽其才,才当其位。才不当位,孔子认为是浪费人才。

🌀 子路问成人。子曰:"若臧武仲之知,公绰之不欲,卞庄子之勇,冉求之艺,文之以礼乐,亦可以为成人矣。"曰:"今之成人者何必然? 见利思义,见危授命,久要不忘平生之言,亦可以为成人矣。"

"成人",成为一个完美的人就叫成人。儒家讲成人,人者,仁也,成人也就是成仁。子路问怎么才能成为一个完美的人呢? 孔子说具备了鲁国四个人的长处,把这四个人的长处全部集中起来,融合在一起,再用礼乐来修饰,那他就可以叫成人了。臧武仲、孟公绰、卞庄子、冉求这四个人都是鲁国有名的人。臧武仲这个人很有智慧,臧武仲在齐国,齐庄公给他封地,他料到齐庄公的统治不能长久,辞而未受,后齐庄公被杀,他没受到牵累,于是人们都说他智慧。孟公绰这个人很能克制,"不欲"就是能克己寡欲。卞庄子这个人十分勇猛,相传他能徒手打虎。冉求这个人很有才艺。有了这四种德性,再用礼和乐来修饰,就可以算一个完美的人了。程子说:"兼此四子之长,则知足以穷理,廉足以养心,勇足以力行,艺足以泛应。而又节之以礼,和之以乐,使德成于内而文见乎外,则材全德备,浑然不见一善成名之迹。"就是说有这四子之长,那么有智慧就能穷尽道理,廉洁就能培养心性,勇敢就敢于行动,有才艺就能广泛地应对各种情况,再以礼乐来修饰,使自己内在有德,外在有文采——这个"文采"就是指举手投足中有文气——内外浑然一体,这就是理想人格了。但针对子路的提问,孔子又说,今天的成人也不一定必须要这个样子。只要你看到利的时候能想到义;国家有危难的时候,能够献出自己的生命;久处贫穷,困顿而不忘记诺言,这种人也可以算是成人了啊。"要"字通"约",这里是指贫穷、困顿。孔子说,在今天要成仁你不一定要具备前面四种人的品格,只要能够见利思义,做到"不义而富且贵,于我如浮云";能够"时穷节乃现",关键时候舍生取义;能够虽长久失意落魄还不忘记自己的理想,这就是成仁了。虽然这个成人不及前面讲的成人那么完美,但这个成人也不简单,也很不容易。真正做到后者,那也是一个近于完美的人了,特别是在春秋这样的乱世之时。

㊉　子问公叔文子于公明贾曰："信乎,夫子不言、不笑、不取乎?"公明贾对曰："以告者过也。夫子时然后言,人不厌其言;乐然后笑,人不厌其笑;义然后取,人不厌其取。"子曰："其然,岂其然乎?"

孔子问公明贾,公叔文子这个人怎么样。他说:我听说公叔文子这个人不说话、不笑,也不取财,有没有这个事啊? 公明贾、公叔文子都是卫国大夫。孔子周游列国,走到每一个国家都听到这个国家贤人的情况,所以孔子就问一问这些人的情况。公明贾回答说:你听到的传闻是不准确的。公叔文子哪里是不言、不笑、不取呢? 该他说话的时候,他就说话,说得很贴切,说得很准确,说得很恰如其分,所以人们不讨厌他说话;该他笑的时候,他就笑,笑得很真诚,所以人们不讨厌他笑;该他取财的时候,他就按道义取,所以人们也不讨厌他的取。孔子说,是这个样子,难道是这个样子吗? 孔子有疑问,不过虽然孔子对公叔文子是否真能做到这样有疑问,但这几句话却总结出了一种圣人的精神状态,即中庸,任何事都做得恰到好处。

㊉　子曰："臧武仲以防求为后于鲁,虽曰不要君,吾不信也。"

"要",读 yāo,表示要挟。臧武仲这个人犯了罪,在出逃前,他以他的封地防要挟鲁君,请求立他的子弟为大夫,如果不立,他就要以防城叛乱。不过臧武仲的文辞很谦逊,当时有人就认为他不是"要君"。孔子说,虽然有人说他不是在要挟国君,但我是不相信的。意思是臧武仲就是在要挟国君。

㊉　子曰："晋文公谲而不正,齐桓公正而不谲。"

"谲",读 jué,就是诡诈,玩弄手段。孔子说晋文公这个人诡诈,玩弄手段,不正派,齐桓公这个人正派而不玩弄手段。齐桓公和晋文公都是春秋五霸之一,孔子内心深处对这些霸主都是不赞成的,因为这些霸主都是不听命周天子,而以力称霸的。但对齐桓公和晋文公,孔子的态度是有不同的。齐桓公虽然称霸,但他在九合诸侯的时候,打的是尊王攘夷的旗号,尊王就是尊周天子,攘夷就是排除夷狄。他以这样的口号来统领诸侯,所以孔子认为他还是比较符合正道的。而晋文公称霸后还召见周天子,对此孔子就很气愤,"是可忍,孰不可忍",一个诸侯还召见天子,这在孔子看来是名不正言不顺,大不合礼的。

⊙ 子路曰："桓公杀公子纠,召忽死之,管仲不死。"曰："未仁乎?"子曰："桓公九合诸侯,不以兵车,管仲之力也。如其仁!如其仁!"

子路说,齐桓公把公子纠给杀了,召忽死难,而管仲不死,管仲应该是不仁德的吧。这里要了解一个史实。齐桓公姓姜,名小白,他和公子纠都是齐襄公的弟弟。齐襄公无道,齐国很混乱。两个弟弟为了免受牵连,就分别出逃了。齐桓公逃到了莒国,鲍叔牙辅佐齐桓公,而公子纠逃到了鲁国,管仲和召忽辅佐公子纠。后来齐襄公被杀,齐桓公率先回到齐国,夺取了朝政,并逼迫鲁国杀掉了公子纠,辅佐公子纠的召忽也自杀以殉主。管仲本来是辅佐公子纠的,管仲非但没有死,居然还投靠了齐桓公,所以子路就说,这个人算得上仁德吗?孔子的回答是,齐桓公多次会合诸侯,不以战争而能称霸诸侯,这都是因为管仲的智慧,管仲的力量和才能。所以孔子说,谁能够像管仲这样仁德啊!齐桓公会合诸侯十一次,"九"表示多,并非特指。这里孔子是对政治家个人的人品和他的功绩分开来评说的。孔子是从政绩上肯定管仲。虽然管仲算不上一个仁德的人,但是他有仁德之功,他能使天下的老百姓免于涂炭,免遭杀戮,不受战争之苦,使齐国称霸诸侯,这是管仲的仁功,从这一点来说谁能比他更仁德呢?

⊙ 子贡曰："管仲非仁者与?桓公杀公子纠,不能死,又相之。"子曰："管仲相桓公,霸诸侯,一匡天下,民到于今受其赐。微管仲,吾其被发左衽矣。岂若匹夫匹妇之为谅也,自经于沟渎而莫之知也。"

子贡听了子路和老师两个谈论管仲这个事情,子贡也有疑惑了。他说,我觉得管仲不算个仁者吧,齐桓公杀了公子纠,管仲非但没有殉主,还去辅佐他主人的仇人。孔子说,管仲辅佐齐桓公,统领诸侯,匡正天下,老百姓到今天都还受到管仲的恩赐。"微"当没有讲。"被"通"披","被发"即披头散发的意思。"衽"是衣襟,"左衽"即衣服向左边扣。我们汉族人的习俗是把头发盘起来,少数民族则披头散发;汉族人的衣服是向右边扣,少数民族的衣服向左边扣——"被发左衽"就是指夷狄之俗。如果没有管仲辅佐齐桓公尊王攘夷的话,我们这些人现在可能都还像蛮夷一样披发左衽,所以孔子是很称赞管仲的功业的。孔子说,管仲难道也要像那些匹夫匹妇那样只讲小的信用,自杀在山沟里都没有人知道(才算仁者)吗?"谅"当小信用讲,也就是拘于小节,"自经"就是自杀。管仲哪里是可以用普通人的道德标准来约束、衡量的呢?这里也体现出孔子评判政治家的标准,对政治家主要看他对于江山社稷、对于人民的业绩,而不要纠缠于一般的小节去苛责他。事事拘小节也就成不了大事。有时为了成就大事，不得不舍弃小节。程子说，孔子这样评价管仲，还有深层次的原因，不明白这个原因就不能全面认识孔子对管仲的评价。为什么孔子并不反感管仲投靠齐桓公呢？因为齐桓公是哥哥，公子纠是弟弟，弟弟和哥哥争天下，是弟弟的不对，这首先就是公子纠不义。公子纠不义，管仲去侍奉他，管仲就更不义了。公子纠死了，管仲不为他去死，不为不义的人赴死，而去投靠齐桓公，那说明他是弃暗投明。如果换一个位置，公子纠是哥哥，齐桓公是弟弟，公子纠死了，管仲去投靠齐桓公的话，管仲就是大不义了。

🌀　**公叔文子之臣大夫僎与文子同升诸公。子闻之曰："可以为文矣。"**

公叔文子是卫国的大夫，他有一个家臣叫僎，"僎"读 xùn。公叔文子把他推举出来，让他和自己一样做大夫，和自己平起平坐，这是要很有境界的人才能做到的。比如说，我是省长，他本来是我手下的一个公务员，我把他推荐到其他省做省长，他以前是我的部下，现在和我平起平坐了，而且是我推荐的。孔子听说这个事情以后就说，公叔文子可以担当文的谥号了，他可以说是实至名归啊。他有这种胸怀境界就确实配得上文的谥号。谥号是人死以后国家根据这个人的品德、成就给他追封的名号。孔子称道公叔文子，说他第一能够识人、知人；第二能够大公无私；第三能够忠君，能够为国家推举人才。

🌀　**子言卫灵公之无道也，康子曰："夫如是，奚而不丧？"孔子曰："仲叔圉治宾客，祝□治宗庙，王孙贾治军旅。夫如是，奚其丧？"**

孔子说到卫灵公无道的时候，季康子说，如果卫灵公像你说的这样无道，他怎么没有丧失国君的地位呢？孔子说，因为他手下有仲叔圉帮他应对宾客搞外交；有祝□帮他掌管宗庙祭祀；有王孙贾帮他掌管军事，他怎么会丧失国君的位子呢？仲叔圉、祝□、王孙贾都是卫国的大夫。这句话的深意是，即使一个昏君、无道之君，只要他能够识人，能够合理地运用手下的人才，他也可以保住国家而不失位；如果是一个圣主明君，能用天下之贤才，那么就可以天下大治了，这也说明了得人才的重要。

🌀　**子曰："其言之不怍，则为之也难。"**

"怍"读 zuò，表示惭愧。孔子说，一个人大言不惭，他要实现他的话是很难的。我说我明天就要上月球了，后天就可以把地球吃了，这些都兑现不了，这就叫大言不惭,实现不了。大言不惭的人一般都没有羞耻心,因为他根本不以话说出来不能实现而羞耻,所以才会毫不惭愧地说大话。

◎ 　陈成子弑简公。孔子沐浴而朝,告于哀公曰:"陈恒弑其君,请讨之。"公曰:"告夫三子!"孔子曰:"以吾从大夫之后,不敢不告也。君曰'告夫三子'者。"之三子告,不可。孔子曰:"以吾从大夫之后,不敢不告也。"

陈成子是齐国的大夫,叫陈恒,他把齐国的齐简公给杀了,臣子杀国君,这叫弑君犯上。孔子这时已告老还乡,他认为这是一件弑君犯上的大事,所以很郑重地沐浴更衣,上朝把这件事告诉了鲁哀公,请鲁国讨伐他。因为一个人弑君犯上,天下得而诛之,齐国和鲁国又是邻国,更是责无旁贷。鲁哀公听后就说,去告诉季孙、孟孙、叔孙三家大夫。在春秋末年,诸侯国一片混乱,齐国国君被杀,鲁国国君虽在位,但朝政操纵在季孙氏、孟孙氏、叔孙氏三家大夫的手里,鲁哀公只相当于一个木偶、傀儡。所以鲁哀公对此没有办法,只好说,你去给三家大夫说吧。孔子听后自言自语说:"以吾从大夫之后,不敢不告也。君曰'告夫三子'者。"意思是我做过大夫,不敢不把这件事告诉国君,国君却让我去告诉三家大夫。"从大夫之后"是做过大夫的一种谦虚的说法。孔子只好去告诉三家大夫。"之三子告"的"之"表示去的意思。三家大夫没有同意讨伐齐国,因为三家大夫和陈恒是一类人,他们怎么会讨伐自己的同类呢?讨伐同类也就是讨伐自己,三家大夫肯定是不同意的。孔子希望讨伐乱臣,他到国君那里,可是国君说你去给大夫讲,到了大夫那里,大夫说不可以,所以孔子无可奈何。给国君讲,国君没有掌握实权;给大夫讲,大夫虽然掌握了实权,但是他们和那些弑君犯上的人是一丘之貉,孔子只有仰天长叹,"吾从大夫之后,不敢不告"。这一段话虽然只是在陈述,但实际上已是寓褒贬、别善恶了。

◎ 　子路问事君。子曰:"勿欺也,而犯之。"

子路问怎么侍奉国君。正如上一章所言,春秋末年的诸侯国君大都是傀儡,孔子针对这个情况回答说,第一是"勿欺也",你不要去欺负国君。本来这个话是不该讲的,国君怎么会受欺负呢?可是当时的现实就是国君备受大夫欺压,被大夫操纵。所以孔子第一句话就是不要欺凌国君。子路是一个刚直的人,直谏对于子路来讲不难,所以第二句再说"犯之"。"犯"就是犯颜直谏,冒犯国君而直接给他提意见。孔子对子路的回答在春秋末年是很有针对性的,并非泛泛而谈。

◎ 子曰："君子上达，小人下达。"

"上达"就是上依天道的意思，君子上依天道，所以其道德、人格越来越完美。"下达"即下依私欲，小人下依私欲，所以人品就一天一天堕落。上依天道就可以一步步地提升自己的境界。能约束自己的人就日进于高明，放纵自己欲望的人就会越来越下流。学好很难，至少三年五载，学坏很容易，很快就滑下去了。而君子小人之别正在于向上还是向下。

◎ 子曰："古之学者为己，今之学者为人。"

古代的学者是为了完成自己，注意，这个"为己"不是为自己利益的那个为己，而是指的完成自己。古代的学者、读书人读书的目的是为了完成自己，提高自己的人生境界，修炼自己的人格。一个人要完成自己进而完成别人，不是一件容易的事情。古之学者读书是为了完成自己，今天的人读书是为了得到人家的重视，得到人家的欣赏，得到人家的称赞，得到名利。今人为了名利读书，古人为了成德读书，古人读书是为了完成自己，而不是为了荣华富贵，不是为了功名利禄。这句话对我们今天的人尤有重大的教育意义。

◎ 蘧伯玉使人于孔子。孔子与之坐而问焉，曰："夫子何为?"对曰："夫子欲寡其过而未能也。"使者出。子曰："使乎!使乎!"

"蘧"读 qú。蘧伯玉是卫国的大夫，很贤德。孔子周游列国，来到卫国的时候，曾经在蘧伯玉家中住过。孔子走后，蘧伯玉就派了个使者去拜访孔子。孔子因为尊重蘧伯玉，所以也尊重蘧伯玉派来的使者，他就与使者并肩而坐，问使者，蘧伯玉老先生一天都做些什么啊？这里的"夫子"指的是蘧伯玉。使者就说，我们夫子一天到晚总想少犯错误，但做不到。这个话说得很有味道，合乎中庸，既称赞了主人，又很恰如其分。想寡过又未能做到，想寡过，说明他是一个品德高尚的人，未能做到则表现出一种谦虚。使者离开以后，孔子就很称道，说这个使者真是一个好使者啊，他能把他的主人说得这么好，他越是说得谦虚，就越看出他很理解他主人，而且这也把他主人的德行表现出来了。比如，有人问你你的老师怎么样啊，你一上来就夸耀，我们老师天下第一，人家会想什么样的老师教出什么弟子，这样狂妄。如果你说，我们老师希望成人成己，他现在正在努力去做，人家一听，这个老师确实不错，教出的弟子都是如此谦虚。所以说话要恰如其分，不卑不亢。蘧伯玉这个人也确实很不错，庄子说他年五十而知四十九之非，说明他确实是不断改过求善的人。

◎　子曰："不在其位,不谋其政。"

这句第八篇《秦伯》已经讲过了,你不在这个位置上,就不要过问这方面的事情。

◎　曾子曰："君子思不出其位。"

这是《易经》艮卦里的象辞,是解释艮卦的卦象的。艮指山,山的特点就是岿然不动,安于本分。曾子说,君子考虑事情从不会超出自己的本分。意思就是真正的君子要安守自己的本分,做学生的就要安于学生的本分,做老师的就要尽心尽职做好老师的工作。君子要安、要戒、要定。如果人人都安于自己的本分,那社会自然就安定了。

◎　子曰："君子耻其言而过其行。"

君子以什么为耻?以言过其行而耻。就是言语的巨人,行动的矮子,说得太多,做得太少,讲得好,行得少。君子就以这种行为为可耻。

◎　子曰："君子道者三,我无能焉:仁者不忧,知者不惑,勇者不惧。"子贡曰:"夫子自道也。"

孔子说,君子之道有三,我却是没有做到啊。哪三种道呢?仁德的人不忧愁,智慧的人不困惑,勇敢的人不恐惧。孔子很谦虚,说自己达不到这几种境界。但是子贡说,"夫子自道也"。子贡认为这几句话就是孔子自己的写照。这里表现了子贡对老师的理解,对老师的敬重。智、仁、勇,在《中庸》里称为三达德,天下最高的三种道德就是智、仁、勇。智慧的人能洞察幽微,能够见微知著,能够审时度势,能够究天人之际,通古今之变,所以没有困惑;而仁者能够胸怀天下,无所不包,无所不容,仁者能够爱人,能够同体大悲,所以没有忧愁;勇者能养浩然之气,"富贵不能淫,贫贱不能移,威武不能屈",所以能够无所畏惧。这是天下的三达德,孔子说,我做不到啊,我没有做到啊。朱子说孔子这是在自责以勉人,责备自己而勉励他人。

◎　子贡方人。子曰:"赐也贤乎哉? 夫我则不暇。"

"方"就是比较,子贡爱比较人,评论人,爱拿别人和自己比较。子路怎么样啊,子游怎么样,闵子骞怎么样啊,这个怎么样啊,那个怎么样啊。孔子说,赐啊,你是很贤德的吗? 我就没有时间来比较这个,比较那个。孔子说这个话是寓

勇者不惧

美术史论家林木先生，睿智雄辩，刚正不阿，勇者也。共和国五十八年立夏后一日，李里绘于川师。

贬于褒,很有味道。他一边说我的弟子可能是贤慧吧,但一边接着又说我就没有时间来评点。子贡聪慧,所以响鼓不用重锤,话虽委婉,但很到位。现在很多人都喜欢批判别人,国学大师陈寅恪先生说,你与其花那么多时间去批判别人,不如好好建树你自己。

🌀 子曰:"不患人之不己知,患其不能也。"

孔子说,不怕别人不知道我,只怕我自己没有能力。这个话,同样的意思出现过很多次,"不患人之不己知,患不知人也","不患人之不己知,患所以立"都是同样的意思,都是说不要怕别人不知道自己,就怕自己无才、无德、无能。所以人最重要的就是完成自己。

🌀 子曰:"不逆诈,不亿不信。抑亦先觉者,是贤乎!"

"逆"就是事先猜度,"诈"就是欺骗,"亿"当臆测讲,"不信"就是不诚实。孔子说,不要事先怀疑别人在欺骗你,不要臆测人家不诚实。一般的人在与人交往中老是怀疑,他是不是在骗我哟,他这个人是不是不老实哟——把简单的人际关系复杂化。但是不预测、不猜疑,又能及早觉察可能发生的事,这种人就是贤人吧。孔子认为,不通过怀疑、猜测的方法而能认识事物的本质,认识事物发展规律的人就是贤者。真正的贤者并不是说他先知先觉,而是他有智慧,他的智足以使他明道,明了事物的发展规律,能够认识历史的规律,所以圣人能够预知未来,但不是通过猜测。《增广贤文》里就讲"害人之心不可有,防人之心不可无",世俗的人都喜欢防人,圣人之道不是这样子的。儒家讲理想主义,首先是对人有一种相信,有诚信,对人要相信,疑人不用,用人不疑,要以一种信任的心态去对待人家,这才是真正的贤者,自己有诚心,则能明了事物。《中庸》上讲"诚则明",有诚心自然能开智慧,能明察世事。先觉是以智慧认识事物,逆亿是以私见揣度事物。

🌀 微生亩谓孔子曰:"丘何为是栖栖者与?无乃为佞乎?"孔子曰:"非敢为佞也,疾固也。"

微生亩是鲁国的隐者。在《论语》里从未有人称孔子为丘,只有孔子自称,这里微生亩称孔子丘,可见微生亩是比孔子年长的隐士。"栖栖",不安的样子,无所依傍,四处流离。微生亩说孔子,你怎么一天到晚四处流离,无所依傍的样子,到处去游说,这是不是花言巧语哦?孔子说,我不是花言巧语,我是讨厌那些固执的人。"疾"当讨厌讲,"固"当固执讲。孔子说我讨厌那些诸侯国的国君,只知道自己的利益,而不知道天下,只知道固执己见,听不进意见。正由于天下的固陋,孔子才周游行道,欲教之化之。

子曰:"骥不称其力,称其德也。"

"骥"就是好马,良马为骥。孔子说,好马并不是对它力量的称赞,而是针对它的品德。良马是以德而论的,而不是以力而论的。千里马常有,跑得快的马还是很多的,但是跑得快的马不一定就是良马。跑得快的马多数是不好驯服的马,性情很躁,人一骑上去,它就乱跳,把人给摔下来。这种马虽然能跑,但不是良马。真正的良马是对主人很驯服,对主人很忠心,而且又能跑的马。《三国演义》里边写刘备马跃檀溪。刘备被追,后边全是追兵,前边是深渊,对面是一座高山,刘备想,这下完了,天要绝我,走投无路了,走上绝路了。可是没想到刘备的那匹的卢马,突然从溪边跃起,跃到对面的山坡上去了。马跃檀溪,刘备吓出一身冷汗,死里逃生,全靠这匹良马,所以马以德称。古人讲马和狗是最忠诚的动物,古代的战马对战士是有深情厚谊的,主人被杀以后,马会跪在地上哭,对主人相当忠诚。有些主人战死了,马还要把主人的尸体拉回去。这句话的深意是,看人首先要看他的德行,而不是只看他的才能,光是有才而没有德行也是没有用的。如果无德,他掌握的知识技能越高,越可以做坏事;有才又有德,他的才华才真正能够服务于社会。我们常常说有才无德是小人,无才有德是好人,无才无德是坏人,有才有德是君子。儒家对人的评价,对德行的重视远远超过才能。

或曰:"以德报怨,何如?"子曰:"何以报德? 以直报怨,以德报德。"

有的人问,以恩德来回报人家对我的怨恨,怎么样啊? 孔子就说,如果你以恩来报怨的话,那你又用什么来报恩德呢? 对怨你的人,你都用恩来回报,对你有恩的人,你又用什么来报答他呢? 圣人心地是很通透的。对你有怨恨的人,以什么回报他? 以公平正直来报答他。不因为他对你有怨,你就借机公报私仇,或者就对他区别对待。以公平正直,一视同仁地对待他,久而久之他就会发现你是怎样的一个人。而对你有德的人,有恩的人,那你必定要以恩来报答他,就是古人说的滴水之恩,当涌泉相报。佛家讲,对是非以不辩为解脱,是一个道理。

子曰:"莫我知也夫!"子贡曰:"何为其莫知子也?"子曰:"不怨天,不尤人。下学而上达。知我者,其天乎!"

这一句是最有深意的。孔子感叹,没有人真正知道我啊。圣人的境界是与天相通的,儒家最高的境界是天地的境界,与天地同一,对此一般人是理解不了的——众生都能理解圣人的境界,众生也就成了圣人了。孔子说,没有一个人真正知道我啊。子贡就说,什么叫没有人知道你呢? 子贡并没有真正理解孔子说这个话的含义是什么——子贡是很聪慧的,是颜回之后最能理解孔子的人,但是连子贡都没有理解到"莫我知也"这句话的深意——所以他说,怎么会没有人知道你呢? 孔子说,"不怨天,不尤人","尤"当责怪讲,不埋怨天为什么不让自己见用,不责怪别人为什么不用自己。怨天尤人其实是责人而不责己,只看到别人的问题,而没有看到自己的问题。不怨天,不尤人,就是一个自我修炼的过程。因为你自己的精神境界只有你自己知道,而你境界越高,真正能理解你的人就越少,就是所谓的曲高和寡。所谓下学而上达,就是下学人事,上达天道,从人事中悟到的人道其实都是符合天道的,所以参悟了人道也就觉解了天道。人事有泰否,天道有穷通,参悟了人事就能不尤人,觉解了天道就能不怨天,所以,真正知道我的境界的恐怕只有天吧。能知道圣人之心的,只有天,因为圣人的境界是和天地同一的。如黑格尔所说,只有智慧才能认识智慧,只有思想才能认识思想。

◎ 公伯寮愬子路于季孙。子服景伯以告,曰:"夫子固有惑志于公伯寮,吾力犹能肆诸市朝。"子曰:"道之将行也欤? 命也。道之将废也欤? 命也。公伯寮其如命何!"

公伯寮是一个鲁国人。"愬"同"诉",就是告发、诬陷之义。公伯寮在鲁国的权臣季孙氏那里诬陷子路,鲁国的大夫子服景伯就把这个事告诉了孔子。子服景伯说的"夫子"是指鲁国的大夫季孙氏,他说如果季孙氏确实被公伯寮的话迷惑了,我有能力把公伯寮的尸体摆到市场上边,让大家来看。"肆"表示陈列尸体,"市朝"指集市或朝廷,古人有将罪犯尸体陈列市朝示众的习俗。这段话的意思是,如果有人去诬陷子路,而季孙氏又被这个人迷惑了的话,我子服景伯有能力把这个人制造的假象戳穿,然后把他杀了,把他的尸体挂在城门上。孔子听了以后就说,如果我的主张得到推行,这是天命,如果得不到推行,这也是天命,公伯寮他能把天命怎么样呢? 一个公伯寮就能改变天命吗? 这句话是说给三个人听的,说给子路、公伯寮、子服景伯听的,对子路是宽慰他、安慰他,一个人好别人诬告得了你吗? 对公伯寮,警告他不要乱诬陷,有天命在管着。第三,说给子服景伯听,让他明白,天下之道自有天命决定,不是哪个人一句话就能改变的。

◎ 子曰:"贤者辟世,其次辟地,其次辟色,其次辟言。"子曰:"作者七人矣。"

"辟"通"避"。孔子说,真正的大贤者首先能"辟世",辟世就是天下无道之时避乱做隐士。"其次辟地",辟地就是离开混乱的地方到太平的地方去。天下有混乱的国家,有太平的国家,贤人能避开动乱的国家,到太平的国家去。再次"辟色"，辟色就是避开民风不好、礼仪衰败的地方。再次"辟言"，辟言就是要避开言语是非。这四者虽按次第排列，但并没有优劣差别，能够辟世、辟地、辟色、辟言，就是不错的，各有各的因缘。不是说辟世的就是最好的，辟言就差一些，而是各人根据自己具体的境遇而作出的选择。下一句话是接着上句话来的，孔子说能够做到辟世、辟地、辟色、辟言的有七个人，是哪七个人呢？在《微子》十八篇里把这七个人的名字都列出来了，他们是伯夷、叔齐、虞仲、夷逸、朱张、柳下惠、少连，都是隐士高人。

🌀　子路宿于石门。晨门曰："奚自？"子路曰："自孔氏。"曰："是知其不可而为之者与？"

石门是鲁国都城的外门。这几句是讲鲁哀公十一年冬，孔子从魏国返回鲁国，子路先行，在石门住了一夜。晨门，即早上看守城门的人。第二天早上子路进城时，看守城门的人问他从哪里来，子路说从孔子那儿来。看守城门的人说，就是那个明知行不通却硬要去行的人吗？从这里可以看出，孔子是一个伟大的理想主义者，他为人类画出了光明的蓝图，指明了通往光明的道路。虽然要实现这一理想是十分困难的，但为了这个伟大的理想孔子和他的追随者们在通往理想的道路上披荆斩棘，勇往直前。所以当时的人们说孔子是知其不可为而为之者。

🌀　子击磬于卫。有荷蒉而过孔氏之门者，曰："有心哉！击磬乎！"既而曰："鄙哉！硁硁乎！莫己知也，斯己而已矣。深则厉，浅则揭。"子曰："果哉！末之难矣。"

孔子有一次在卫国击磬，正好被一个从门前经过的担着草筐的人听见了。磬是一种打击乐器。"荷"是担的意思，"蒉"读 kuì，就是草筐。担草筐的人就说，这个击磬的人有心事啊。这个担草筐的人肯定是个隐士高人，不然怎么能从击磬声中听出孔子有心事呢。武侠小说里经常写一些稀奇古怪的高人，穿着破破烂烂，表面上不起眼，其实武艺高强，就像这个担草筐的人。硁，指击磬的声音，这声音含有狭小、鄙贱的意味。"莫己知"，没有人知道自己。过了一会儿，担草筐的人又说，可耻呀，那鄙俗狭隘的击磬声好像是说没有人知道他，没有人知道就算了嘛。然后又引用了《诗经》里的话："深则厉，浅则揭。"就是说一个人过河时，水深就把裤子挽高一点，水浅就不需要挽那么高。这是一个比喻，水深比喻社会非常黑暗，只能听之任之；水浅比喻黑暗的程度不深，还可以撩起衣裳，使自己不受沾染。意思是一个人要审时度势，有人知道你，你就出来做事，没有人知道你，就算了，何必埋怨。孔子听了这个话以后就说，说得好啊，果真能够忘怀的话,人生就没有什么艰难的了。孔子周游列国的时候,不见用,忧心忡忡,大道不能行之于天下,不能救苍生于水火之中,所以孔子在幽怨之时击磬,磬中包含了这种幽怨之声,一般的人听不懂,高山流水往往难遇知音。哪知道来了一个高人,表面上看着不起眼,挑个草筐子,却能听懂孔子击磬声里的微义。这样的事情不光是孔子遇到,后来的屈原也遇到了。《楚辞》里有一篇文章叫"渔父",写屈原行吟泽畔,颜色憔悴,形容枯槁,渔父见而问之曰:"子非三闾大夫欤!何故至于斯?"渔父看到屈原披头散发,颜色憔悴,形容枯槁,在江边走,渔父也像荷蒉的人一样,说,这不是三闾大夫屈原吗?怎么会落到这步田地呢?屈原就说:"举世皆浊而我独清,众人皆醉而我独醒。"渔父说:"世人皆浊,何不淈其泥而扬其波?众人皆醉,何不铺其糟而歠其醨?"屈原说:"新沐者必弹冠,新浴者必振衣。安能以身之察察,受物之汶汶者乎!"屈原的意思是,我怎么能让我这具洗得干干净净的身体去受世俗尘埃的污染呢?渔父说,世间污浊,你何不把脚伸到污水里去搅两下,把世间搅得更昏;大家吃醉酒了,你何不泡到酒糟里去吃,比众人吃得更醉,同流合污有什么困难呢?屈原说,要真像这样子,还有什么事是困难的呢?可是不能像这样子啊。孔子也是这个意思。在《微子》十八篇里,很多这样的隐士高人出来批评孔子,这些人为什么要来批评孔子呢?因为这些人是知其不可为则不为,所以他们讥讽孔子的救世之心。孔子为什么这样忧虑呢?因为当时天下纷乱,逞干戈,尚游说,在天下混乱时,圣人能不为苍生的苦难忧虑吗?圣人之忧并不是为个人的得失,而是为天下的苍生。

子张曰:"书云:'高宗谅阴,三年不言。'何谓也?"子曰:"何必高宗,古之人皆然。君薨,百官总己以听于冢宰,三年。"

子张问孔子,《尚书》里边说"高宗谅阴"——"谅阴"是天子守丧的说法,高宗指商朝的殷高宗——殷高宗守孝三年不言,不言不是不说话——一个人如果三年不说话,憋都憋死了——这里的不言是指不问朝政,三年不问朝政。子张就不明白了,三年不问朝政,天下会不会混乱呢?孔子回答说,哪里只有殷高宗才是如此呢,古代的帝王都是这样子。上一任君主死了,继位的君主都三年不问朝政,文武百官都听命于冢宰,冢宰相当于后世的丞相,政事交给丞相去掌管。这就是儒家讲的无为而无不为,以德治天下,以孝治天下。帝王能守孝三年,文武百官都被他的孝行所感动,天下苍生也被他的这种德行所感动,所以是不治而治。孔子的意思是,古代帝王就是完成自己,修炼德行,你自己这样做了,上行下效,天下苍生被你的德行所感动,都来效法你的德行,你自己虽然没有治天下,可是你却达到不治而治的效果。

🌀　子曰："上好礼，则民易使也。"

　　这一句是紧接着上一句来说的，国君能够尊崇道义、崇尚礼仪的话，老百姓就容易被使用。这怎么讲呢？一个国君能够真正完成自己，能够依理行事，天下的百姓都会纷纷效法，那么要用他们，要调动他们的积极性，要他们来为天下做事，那就是很容易的事了。因为大家都有一种积极向上的心态，你国君不说，大家都会争着做。

🌀　子路问君子。子曰："修己以敬。"曰："如斯而已乎?"曰："修己以安人。"曰："如斯而已乎?"曰："修己以安百姓。修己以安百姓，尧舜其犹病诸!"

　　这段话讲自觉觉他，觉行圆满。子路问什么是君子，孔子说，修炼自己，以养成诚敬的人格，这就是君子。子路不解，说，仅仅如此而已吗？孔子说，哪里仅仅如此，你除了自己觉悟，还要使他人觉悟，就是"安人"。自己完成了，还要使他人都安乐。子路又问，仅像这样子就行了吗？孔子说，自己修炼，还要使天下的苍生都觉悟安乐，这件事谈何容易，连尧舜这样的圣人都没有完全做到。实际上孔子是用这句话来警醒子路，真正要行仁，要成为君子就是要从你自己做起，从你身边做起。首先你自己要做好，你不要自己还没做好，就想把众生普度。首先把你自己完成好，然后再去救人、帮人、安人。《雍也》篇的结尾，子贡曰："如有博施于民而能济众，何如？可谓仁乎？"子曰："何事于仁，必也圣乎！尧舜其犹病诸！夫仁者，己欲立而立人，己欲达而达人。能近取譬，可谓仁之方也已。"与此句颇有异曲同工之妙，大家细细体味，自有所得。

🌀　原壤夷俟。子曰："幼而不孙弟，长而无述焉，老而不死，是为贼!"以杖叩其胫。

　　这句话很有趣味。原壤是和孔子一起长大的老朋友，这个人来看孔子，"夷"就是把脚张开坐着，"俟"，等待，很放肆地脚张开地坐着等孔子。因为是老朋友了，孔子说话也很随便，就说，你这个人从小就不谦逊、不讲孝悌，几十岁了都没做一点善事，"无述"就是无可称述，没有做一点能够让人称道的事，老了还不死。从小就不做好事，到现在还是这样子，不给子弟做个榜样，一来就又开腿在这儿坐着，简直是个害人精。孔子边说还边拿着拐杖去敲他的腿，叫他把腿放好，不要这么叉开。胫指小腿。这一段描写很有趣味，孔子一般说话是很庄重、很礼敬的，只有跟老朋友说话才这么随便，才会数落人。原壤为什么能和孔子做朋友呢？毕竟他有过人的智慧才能和孔子相交，只是他行的是道家之道，不是儒家之道，他不修边幅，旷达不羁，是个逍遥派。逍遥派是不讲礼法的，孔子是要讲礼法的，所以孔子一边教育他，一边用杖敲他的腿。这段话是寓教化于讥讽之中，也生动地表现了故人相见的生活化场面。

阙党童子将命。或问之曰："益者欤？"子曰："吾见其居于位也，见其与先生并行也。非求益者也，欲速成者也。"

阙党是鲁国的地名，在孔子的家乡。孔子派阙村的一个童子去送信，传达孔子的话，有人就觉得孔子很器重这个童子，就问孔子，他是不是一个很求上进的童子呢？孔子说我看见这个小孩一来就坐在长者的位子上，还和大人长者走在一起——一般小孩子是跟随在大人之后，可是他和大人走在一起——他并不是一个求上进的人，他是一个想速成、急功近利的人，想通过大人的地位、大人的名望来抬高自己的人。孔子派他去送信，其实是暗中在教育他，让他在传书送信中学习礼仪，学会礼让，学会谦逊。

卫灵公第十五

《卫灵公》这一篇多是些名言警句,这些名言警句很多是对日常生活或君子、小人发出的感慨、体悟与思考,言简意赅,发人深省,很有教育意义,大家熟读记诵,时常可用。

🌀　卫灵公问陈于孔子。孔子对曰:"俎豆之事,则尝闻之矣;军旅之事,未之学也。"明日遂行。

"卫灵公问陈于孔子","陈"同"阵",指打仗布阵,也就是问孔子关于打仗布阵的事情。"俎豆",俎和豆都是礼器,盛礼品的礼器。孔子说,关于礼仪的事情,我倒是曾经听说过,至于说行军打仗的事,我没有学过。孔子态度很鲜明。因为卫灵公是一个无道之君,还问杀戮、杀伐之事,所以孔子说,如果你要兴礼乐,那我倒是曾经听说过,如果你要说打仗,那我没办法,我没学过,我不懂。"明日遂行",第二天就离开了卫国。注意,这段话很有典型性,孔子用十四年的时间周游列国,都不被诸侯国的国君所用,为什么呢? 看这一句话就明白了。因为诸侯国的国君问孔子的都是关于打仗、强兵、富国的事,而孔子是要用礼乐来匡正天下,这与诸侯国国君想法不合,不被用。这段话集中说明了孔子不被用的重要原因。

🌀　在陈绝粮,从者病,莫能兴。子路愠见曰:"君子亦有穷乎?"子曰:"君子固穷,小人穷斯滥矣。"

孔子走到陈国的时候粮食断绝了,没有吃的了,跟从孔子的弟子也都"病"了。这个"病"是指没有粮食吃了,大家晕的晕,病的病,泄气的泄气,沮丧的沮丧,几乎都走不动了。"子路愠",子路稍稍遇到一点困难就愠怒了,开始恼怒。子路本来是急性子,一看到这种情况,师兄弟们都蔫巴巴的,没有生气了,大家都很困窘,就跑来问孔子:君子也有困顿的时候吗? 孔子说君子是能守得住穷的,守得住困穷,小人困穷就流于泛滥,肆无忌惮。小人一穷,那些坏事,偷鸡摸狗,厚颜无耻的事都做得出来,君子虽困顿却能守住自己的本心不变。君子为什么能固穷呢？因为君子有道，有道则人不管在什么境遇下都能坦然面对，从容应付，不会因境遇的变化去改变操守、人格。在绝粮这种关键时候，老师与弟子精神境界的不同就显现出来了。这句话很重要，真正的君子都能守得住困穷，不会改变自己的风骨气节。国学大师陈寅恪先生说："每当社会风气递嬗变革之际，士之沉浮即大受影响，其奸者巧者诈者，往往投机取巧，致身通显，其贤者拙者，往往固守气节，沉沦不遇。"意思是每当改朝换代、社会风气发生变化时，读书人的沉浮就大受其影响。那些没有道心的人往往就要投机取巧，以求富贵显赫。每到社会变革的时候往往能看出人的操守，哪些人是属于投机取巧，追求荣华富贵的，哪些是真正能守住自己本心的。

✺ 子曰："赐也，女以予为多学而识之者与？"对曰："然，非与？"曰："非也，予一以贯之。"

孔子对子贡说，你以为我是一个因为多学而能认识世界的人吗？子贡说，是啊，难道不是这样吗？孔子说，不是这样子的啊，我并不是因为学得多而能认识世界，我是有一以贯之之道。什么叫"一以贯之"呢？就是用一来贯穿。什么"一"？一种思想，用一种思想来贯穿所有的学问。只有用一种思想来贯穿的学问才是有体系、有价值的学问，也才是可以拿来认识世界、批判事物的学问，不然学问再多也是一盘散沙。很多人读了不少书，也有许多学问，但是没有思想，所以学问再多头脑也是混乱的、糊涂的。而孔子用来统率他的学问、指导他的认识的思想是什么呢？就是儒家思想，就是从三皇五帝，历代圣王那里一以贯之传下来的圣贤思想。在这一段话里孔子告诉子贡读书治学的重要方法，在《里仁》篇里他告诉曾子做人的核心思想——忠恕，对这两条大家要好好对比、理解，不可混为一谈。

✺ 子曰："由！知德者鲜矣。"

孔子对子路说，真正懂得道德的人是很少的啊。因为有德之人才能知德，有德的人才能与有德的人心心相印，互相认识，并理解对方的德。如果我是一个无德之人，你是有德的人，我会说，你怎么这么傻呢，别人打了你，你还在笑，打了你左脸，你还要把右脸伸过来。有德的人会说，这个人的德行太高了，别人打他左脸，他还把右边脸伸过来，这不是圣人的境界吗？可是无德的人就体会不到他的德。韩愈说"博爱之谓仁，行而宜之之谓义，由是而之焉之谓道，足乎己无待余外之谓德"。孔子说，道之得于心谓之德，把道真正装到心里边就叫德。比如，老师说在地上不要乱吐痰，这就是道理。你听了这个道理以后，从此不随地吐痰了，你就得到这个道了，这就是你的品德。你要把道化到心里边才叫德，知道和得道是不一样的。老师给你说不要随地吐痰，你懂得这个道理，你还给人家讲得头头是道，结果自己却做不到，这就是你知道而没有得道，身体力行道才是德。真正有德的人才能体会到德的滋味、妙处，也才能体会到其他有德的人的境界，无德的人，你给他说德，说了半天他也体会不了。

子曰："无为而治者，其舜也与？夫何为哉，恭己正南面而已矣。"

孔子说，无为而治的人大概只有大舜吧。为什么这样讲呢？舜是怎么做的呢？怎样做到无为而治呢？"恭己"就是自己很谦恭，恭恭敬敬、端端正正地向着南方坐着，这是一个比喻。古代的帝王坐北朝南，孔子这里用面对南方表示居中于王位。也就是说，舜端正地坐在王位上，好像并没有做什么，只是自己完成自己。但他是以自己的行为表率来面对天下，于是天下的人都向他学习，这就是儒家的无为而无不为。无为而治就是完成自己从而感召天下。就像钱穆先生说的，吴道子的画，唐伯虎的画，颜真卿的字，赵孟□的字，你不用敲锣打鼓，叫嚷"快来看哦，快来学哦"，只要把他们的字画挂在这里，人们便全都挤过来了，这就叫"桃李不言，下自成蹊"，"酒香不怕巷子深"。你的酒好，自然有人来吃，哪怕你巷子再深，桃树、李树不说话，大家也争着来摘果实。完成自己，把你自己搞好，天下也就自然太平了。

子张问行。子曰："言忠信，行笃敬，虽蛮貊之邦行矣；言不忠信，行不笃敬，虽州里行乎哉？立，则见其参于前也；在舆，则见其倚于衡也。夫然后行。"子张书诸绅。

子张问，做人做事怎么样才能行得通呢？孔子就说，言辞忠信，行为笃实诚敬，即使在东夷、西羌、南蛮、北狄这些少数民族地区，你都能够行得通，你都能通行无碍。只要有这种品德，在没有开化的蛮貊之地也行得通。"貊"读 mò。如果你言不忠信，行不笃敬，即使在文明开化的地方你也行不通。你站立时，仿佛"言忠信，行笃敬"这句话就显现在你面前；你坐在车上也如同这句话刻在你的车前面的横木上，如果能这样，你在哪里都行得通。于是子张就把孔子讲的"言忠信，行笃敬"写在腰带上，随时提醒自己不要忘记。

子曰："直哉史鱼！邦有道，如矢；邦无道，如矢。君子哉蘧伯玉！邦有道，则仕；邦无道，则可卷而怀之。"

史鱼，卫国的大夫，这个人很直率。"矢"就是箭，有的放矢就是有目标地放箭。孔子说史鱼在国家太平的时候，像箭一样有针对地提意见，国家无道时他也这样——管你有道无道都直率。正直,史鱼死了还尸谏。据史载,史鱼临死前对他的家人讲,我把我的建议写在这里,我死以后你们把建议连同我的尸体一起抬到国君那里:他不仅死谏还要尸谏。孔子把史鱼放在这里是有对比目的的,他说蘧伯玉这个人才是真正的君子,因为国家有道的时候他出来做官,国家无道的时候他就辞官,把自己的主张保留在心里。"卷"当"收"讲,表示辞官。"怀"当"藏"讲,表示保留自己的意见。孔子认为蘧伯玉能够应时而动,所以他更符合君子之道。

子曰:"可与言而不与之言,失人;不可与言而与之言,失言。知者不失人,亦不失言。"

孔子讲,可以和他说话的人,你不对他说,就会失掉朋友;不可以和他说话的人你给他说,就是说错了话。真正智慧的人,不会失人,也不会失言,因为智者能够辨别你是君子还是小人,辨别清楚了,自然知道说与不说,说多说少。知人才是关键。所以孔子常说"不患人之不己知,患不知人也"。

子曰:"志士仁人,无求生以害仁,有杀身以成仁。"

志士,什么是志士? 有志之士。仁人,成德之人。有什么志? 成什么德? 有做圣贤之志,要成圣贤之德。这种人具有什么样的精神境界和状态呢? 他们"无求生以害仁",不会因为求生就去损害仁德;"有杀身以成仁",却能够舍掉自己的生命来成全仁德,这就是志士仁人身上最可贵的品格。但是,儒家的学说是非常看重生命的,看重生命的本体。《易经》里讲"天地之德曰生",天地最大的美德就是生养万物。所以儒家强调要热爱生命,那么在什么情况下生又不重要了呢? 那就是在成仁的时候,"无求生以害仁",我们虽然重生,但是我们不能因为过于爱惜生命就放弃仁德。我们要用生命来成全仁德。如果你放弃了仁德来保全你的生命,那就是行尸走肉。所谓"杀身以成仁",如果最终要舍去你的生命来成全仁德,此时你也愿意,因为生的最高意义就是成仁。这个对中国读书人的影响相当深远。很多古代圣贤就是用死来延续了他们的生,屈原就是这样子的。他自沉汨罗江了,他的死是什么? 是对真正的生的捍卫,从而他的生就是永生。他在死的那一瞬间就得到了永生:他的精神长存。如果你求生而害仁,那么在你的生命得以延续的那一刹那,你的灵魂就死了。我给大家讲个故事,抗战爆发,北平沦陷后,很多读书人都内迁,不愿在日本鬼子的铁蹄下忍辱偷生。当时有很多文人逃到四川宜宾,在宜宾李庄这个地方避难。著名的建筑学家梁思成和他的夫人林徽因也逃到这里。当时他们的女儿梁再冰和儿子梁从诫还很小,有一次梁从诫就问妈妈,日本人要是打过来了怎么办呢? 林徽因说,门口还有一条河嘛。

小娃娃当然理解不了门口有条河是什么意思,这跟日本人来了有什么关系。后来梁从诫写文章回忆他母亲林徽因的时候,就深深感叹,自己写到这里的时候泪水长流。他说,我当时的心灵哪里能理解门口有条河是什么意思呢,然而现在我恍然大悟了,门口那条河是读书人的最后一条退路。退到哪里去? 投江,投江自尽。如果日本人真的来了,读书人退到没有退路的时候,我可以舍生取义,我可以杀身成仁。即使舍去我的生命,我也不会投降日本人。都说读书人柔弱,手无缚鸡之力,但他们又是有力量的人,他们的力量是什么? 就是他们的志,他们的灵魂,他们的精神境界,那是不可侵犯的。"三军可夺帅也,匹夫不可夺志也。"三军的统帅可以拉下马,但是志士仁人的志气,那种精神境界和操守,你无法夺掉。日本人来了,再凶残,有洋枪洋炮,我可以以死来与你相抗争。梁从诫写到这里的时候泪流满面,当时我读到这一篇的时候也是泪流满面。这就是中国读书人的崇高人生境界。

🌀　子贡问为仁。子曰:"工欲善其事,必先利其器。居是邦也,事其大夫之贤者,友其士之仁者。"

子贡这里是问行仁的方法,而不是问仁的本体,不是问仁是什么东西,而是讲怎么样才能成为仁者。孔子说,工匠要把他的事做好,必须要先把他的工具弄好。做家具的人,你要把家具做好,首先要把你的锯子、斧子磨砺好。你要想成为仁者,那么在一个国家里,你就要去侍奉那些贤德的大夫,与有仁德的读书人为友。贤是从才上讲,仁是从德行上讲,贤是通过做事情体现出来的,仁是通过品德体现出来的。你要想成为仁者,你就要去和贤者、仁者相处、交流、学习,通过切磋、琢磨、砥砺以成为仁者。亲近贤者、仁者就像"利其器"一样。

🌀　颜渊问为邦。子曰:"行夏之时,乘殷之辂,服周之冕,乐则韶舞。放郑声,远佞人。郑声淫,佞人殆。"

关于为邦的问题就是治理国家的问题,这个问题很多弟子都问过,颜回是孔子最得意的弟子,颜回问为邦和其他人问为邦是不一样的,所以孔子的回答也是不一样的。这次可以说是孔子在治国问题上最完备、最深刻的回答。"行夏之时","乘殷之辂","服周之冕"是讲天时、地利、人文这三个问题。首先是天时,"行夏之时"就是讲天时的问题,讲夏、商、周三代的历法。要治理一个国家,在孔子看来首先是制订历法的问题。历法不正则国不正,夏、商、周三代的历法是不一样的。古人把一年的第一个月叫做建首。我们现在是以一月一日元旦为岁首,古人就不同了,夏朝以寅月(一月)为岁首,商朝以丑月(十二月)为岁首,周朝以子月(十一月)为岁首。现在我们行的就是夏历,以一月为一年的开始。为什

工欲善其事，必先利其器。共和国五十八年暮春，李里绘于蓉城川师东园天人轩。

么要行夏之时呢？因为行夏历，一年的月份时令和气候配合得起来，适宜农业耕作，否则时令和耕作配合不起来，就给人民生活带来诸多不便，所以孔子说要行夏之时。第二是地利。"乘殷之辂"，"辂"读lù，就是车，交通工具要用商朝的。商朝人用木料来做车子，木车最质朴，孔子是崇尚质朴而不崇尚华贵的。周朝人造车子，在车子上镶金玉，车是很华贵了，但是镶上金玉以后车子的重量增加，使用的寿命就缩短，又奢侈又不实用，所以孔子说要乘殷之辂。历法是时间，交通是空间，时空都谈到了。第三个是人文，穿衣戴帽。"冕"本来指带珠玉的帽子，后来代指所有的帽子。孔子认为服饰就要用周朝的。古人说的衣冠，都属于礼制。孔子说过"郁郁乎文哉，吾从周"。周代的礼乐文物是最兴盛的，所以孔子要从周代的礼乐。孔子讲要治理国家，第一就要正时令，第二要正器用，第三要正礼制。行夏时是取其历法的方便易行，乘殷辂是取其质朴实用，服周之冕是取其礼制的完备。有了这三点以后，孔子再谈教化。孔子最看重诗教、乐教。他认为教化民众就用《韶》乐、《舞》乐。《舞》乐即《武》乐。《韶》尽善也，尽美也。《韶》乐是尽善尽美的音乐，要把郑国的音乐放逐掉，因为郑国的音乐是很淫荡的。要远离那些奸佞小人，奸佞小人能使国家败亡。"殆"当危险讲。后来诸葛亮也讲，亲贤臣而远小人。至此，对夏、商、周三代制度如何斟酌损益的原则都在其中了。颜回闻一知十，孔子只告诉他一个大的原则，他可以推演孔子的整个治国宏图。这一段就是孔子给颜回讲的一套安邦治国的根本大法。

子曰："人无远虑，必有近忧。"

一个人没有长远的考虑，必有眼前的忧虑。其实这个长远的思考就是指人的理想与追求。一个人如果没有远大的理想，那么他就会时刻为眼下的小事烦恼忧愁，哪怕是一点很小的问题都会引发很大的愁闷。当一个人有自己的理想追求时，他的整个生命都用来考虑怎么追求理想，至于身边的小问题就都是可以克服的了。他就不会因为吵两句嘴跳楼，不会因为失恋去自杀。颜回求人生大道，所以眼前的陋巷瓢饮都不会使他忧愁。至于说为了避免忧愁去对以后每样事作周密考虑，那只是功利之说，而非圣贤之道了。何况那也办不到，因为人不可能预料到以后的所有事。所虑的只是你做事是否符合天道，若符合就可以无忧了。

子曰："已矣乎！吾未见好德如好色者也。"

孔子说，哎哟喂，我从来没有见到像好色那样好德的人。好色多普遍，见到漂亮的就喜欢，好德就不然了。漂亮是外在，德是内在的东西，外在的东西容易看到，内在的东西不容易看得到。

◉ 子曰:"臧文仲其窃位者与? 知柳下惠之贤,而不与立也。"

臧文仲是鲁国大夫,在《公冶长》篇里有:"臧文仲居蔡,山节藻棁,何如其知也?"人家说臧文仲智慧,孔子不以为然。这里孔子又发表了对臧文仲的意见。孔子认为臧文仲是一个才德与官位不相符的人,所以说,他不是一个窃位的人吗? 柳下惠这个人很贤德,但是臧文仲不给他官位。"与立"就是臧文仲不与柳下惠同立于朝,不同立于朝也就是不给他官位。柳下惠是鲁国的贤人,名展获,字禽,他的封邑在柳下,死了以后谥惠,故而叫柳下惠。这句话有两层意思。作为当官的,不知道下面的人有才华而不用,这是你的不明,是你的失职,这是一层过错;知道他的才华还不用他,这叫蔽明,把光明给遮住了,这是第二个过错。孔子认为蔽明比不明更严重。不知道他有才华而没用他,还情有可原;知道他有才华却不用他,故意把人给遮盖起来,孔子认为这是一个大问题。戊戌变法的时候光绪皇帝就问丞相翁同龢——翁同龢既是他的老师又是他的股肱之臣——你知不知道有个读书人叫康有为,翁同龢开始的时候说他不知道,光绪皇帝就很生气地说,贤人在野,宰相之过,意思是说使贤人在朝廷之外,不能为国家所用,不能为江山社稷所用,那就是宰相的过错,因为宰相没有及时把贤人推荐给朝廷,推荐给国家。这句话说得翁同龢马上跪下去,战战兢兢。不能用人才这个问题在古今都是很严重的。

◉ 子曰:"躬自厚而薄责于人,则远怨矣。"

孔子说,对自己要厚责,"躬"就是自己。"自厚"后省略了"责"字,就是对自己要多责备,而对别人的责备要薄、要少。也就是说宽以待人,严于律己,这样自然就能够远离怨恨。这一句话非常重要,你把这句话实践好了,走到哪里都行得通。

◉ 子曰:"不曰'如之何如之何'者,吾末如之何也已矣。"

孔子说,不说"如之何如之何",就是对不说"怎么办怎么办"的人,我也不知道该怎么办。说"怎么办怎么办"的人就是能够对问题有深入思考,能随时发现问题,深忧远虑的人。如果是连"怎么办"都不说的人,圣人也拿他没有办法,"末"当不讲。民国时候有一位大师做了一副对联,很有趣味,就用了《论语》中这句话:"佛说不可说不可说,子曰如之何如之何。"这副对联很有深意。大道不可说,大道不可言。很多东西都是存在在那里的,不是用语言可以把它说清楚的。释迦牟尼佛不立一切语言文字相,说了的都否定掉。禅宗的祖师就是这样子,把道理给你讲完了又告诉你对他说的话你都不要信——让你不要被语言概念所束缚。

子曰:"群居终日,言不及义,好行小慧,难矣哉!"

"群居终日"就是一群人从早上到晚上都住在一起。孔子说,一群人从早到晚厮混在一起,说话做事不管仁义道德,讲一些东家长西家短,是是非非的话,好玩小聪明,这种人难以成德而且还将有祸患。好行小慧就是喜欢玩小聪明。孔子讲的是"君子以文会友,以友辅仁"。朋友间应该互相以仁德相辅,在一起而无助于自己的人品学问的修习,只是饱食终日,无所用心,只说些乱七八糟的话,这种情况太糟糕了。

子曰:"君子义以为质,礼以行之,孙以出之,信以成之。君子哉!"

孔子说,君子以道义作为做人的根本,用礼节匡正自己的行为,"孙"通谦逊的"逊",用谦逊的语言把它表现出来,以忠信的态度来完成它,这就是君子啊。在内有仁义的本质,在外有符合礼仪的行为,这就是孔子描述的君子的状况。

子曰:"君子病无能焉,不病人之不己知也。"

"病"当怕讲。"不己知"就是别人不知道自己。孔子说,君子只怕自己无能,不怕别人不知道自己。你有能力、有才华、有德行了,还怕别人不知道吗? 是金子总会闪光。这是孔子反复谈的一个问题,《学而》篇里孔子说了"不患人之不己知,患不知人也"。《里仁》篇里说了:"不患无位,患所以立,不患莫己知,求为可知也。"《宪问》篇里孔子又说了:"不患人之不己知,患其不能也。"对这几句大家可以好好比较、体会。

子曰:"君子疾没世而名不称焉。"

"没世"就是死了,"疾"就是痛恨,"名"指善名。孔子说,君子痛恨的是到死了善名还没有彰显出来。这里并不是好这个"名",而是好"善"这个根本。荀子讲"名者,实之宾也"。有实了,自然就会来名,有主人了才会来客人。古人讲实至名归,你有善良之实,自然就有善良之美名。这句话孔子主要是说,如果到死都还没有善德,那这个人就完了。君子有此警戒,就能督促自己抓紧时间,努力为善。

子曰:"君子求诸己,小人求诸人。"

"诸"字的读音是"之于"的合音。孔子说,君子是求之于自己,小人是求之于别人。君子成己,君子读书是为了完成自己,所以君子向自己去求,向自己的内在去求,小人则向外求,向别人求。君子想要求善名是好的,但最终还是要向你自己的心里边去求,求你的善行善德,要经常反省自己,看自己哪里没做好。而小人只会埋怨"我满腹经纶,别人却不知道我,不重用我,对我不好,老坏我的事"。小人是求之于人。古人讲求学之道,要从自己本心上去求,才有所得。比如,我把《论语》给大家讲了一遍,最后你们自己能得多少,那是你们自己求诸自己本心的事。老师讲完,把书一合,你来默写,看《论语》里的句子你能默写出多少来,能讲出多少来。又能够默写出来,又能够讲出来,那说明你是学通了,求诸你自己了。你自己不学到一定的程度,不思考,老师再解释也没有用。就像我的族兄,八十五岁的李炽昌老先生做的一副对联:"当头棒喝,是必大彻大悟;醍醐灌顶,即知非色非空。"在你没有学到一定程度的时候,打你一棒,你还要瞪着我,凭什么打我。当头棒喝是要在你自己修习到一定程度的时候,老师点拨一下,于是豁然贯通。君子求诸己是很重要的,不论道德、学问、名声都是从自己内心中求来的。

子曰:"君子矜而不争,群而不党。"

庄重地修持自己就叫"矜"。君子是庄重矜持而与世无争,君子可以合群但是不会结党。党的繁体字是"黨",下边一个"黑",上边一个"尚",崇尚黑就是党。以利益相交则为党。君子是以道义相交,所以君子之交,其淡如水。弘一大师临终前做了一个偈语:"君子之交,其淡如水,执象而求,咫尺千里,问余何适,廓尔忘言,花枝春满,天心月圆。"君子追求道义,所以不会争利,而气质自然庄重,不争利益则不会结党,君子宽容,所以可以合群。

子曰:"君子不以言举人,不以人废言。"

君子不因为哪个人说了某一句不错的话,就推举他、赞许他,也不因为哪个人有缺点,就连他说得对的话也不用。一个人的语言不能完全说明问题。虽然语言能够表达一定的思想,但是也不完全。人难免说错话,不能因为他说错一句话就把这个人全部否定了,也不能因为他说好哪句话就把这个人完全肯定,语言有时候是思想智慧的流露,有时候与德行有关,有时候与德行无关。语言是说不清楚的,要长期观察。"文革"的时候就是这样子,哪怕你开玩笑说了一句话,也要给你上纲上线,你就是右派反革命,把你这个人就给否定了,我们不能这样子来看待人。好人也会说出错误的话,坏人也能说出正确的话。

◎ 子贡问曰:"有一言而可以终身行之者乎?"子曰:"其恕乎! 己所不欲,勿施于人。"

子贡问老师,有没有一句话能够终身都奉行呢? 问题要问在要害上,子贡这句话就问得好。从一个人所提的问题就看得出这个人水平的高低。哪一句话能够终身奉行呢? 孔子说那就是恕道。恕就是宽恕,如心之为恕,推己及人,也就是将心比心。你自己不想要的,也不要强加给人家。你不想人家骂你,你也不要骂人家;你不想人家误会你,你也不要误会人家。这句话是可以终身奉行的。

◎ 子曰:"吾之于人也,谁毁谁誉? 如有所誉者,其有所试矣。斯民也,三代之所以直道而行也。"

孔子说,我对于人,诋毁过谁,褒誉过谁啊? 什么叫毁,什么叫誉? 朱子讲得太好了,"称人之恶而损其真"叫毁,"扬人之善而过其实"叫誉。批评人家的缺点已经超过他的本来面目就是毁,过于称赞就叫誉。孔子说如果我褒奖过谁,必定是经过长期考验的,"试"当考验讲。必须经过长期考验我才会称赞他好。"斯"就是这,"民"就是人。这些人就是这样的。哪些人? 三代之人,夏商周三代的人都是直道而行。什么是直道而行? 走正道,绝不过誉谁,绝不过毁谁。要称赞也是经过长期考验的。孔子说夏商周三代的人就是这样做的。冯友兰先生给张岱年先生做了一副对联,"好学深思心知其意,刚毅木讷直道而行",就是集的《论语》里的句子。

◎ 子曰:"吾犹及史之阙文也,有马者借人乘之。今亡矣夫!"

"阙"同缺少的"缺"字,"阙文"指残缺的文字。孔子说我还看到过史书中有空缺的地方,看到过有马的人借马给别人骑,今天这样的事是没有了。"矣夫",两个虚词连用表示强调。这是什么意思呢? 见到借马给人家骑也要说一下。其实孔子是借这样一些小事情来说世风的变化。古代史官严谨,凡是有文字残缺的地方,就让它残缺以存其真。史之阙文没有了,有马也不借给别人骑了,这是说明世风日下,人心不古,是孔子对世风日下的感叹,并不仅仅指阙文、借马的问题,孔子借这样一些小事情来抒发他的感慨。

◎ 子曰:"巧言乱德,小不忍则乱大谋。"

"小不忍则乱大谋",这已经成了老百姓日常说的话了。孔子说,花言巧语,会乱了自己的德行,小事情不忍耐,就要乱大事。什么是"小不忍则乱大谋"呢?

历史上的兴衰成败,有许多都是因为小事上不能忍耐而误了大事。圣人总结的话,总是非常精到的。

◎ 子曰:"众恶之,必察焉;众好之,必察焉。"

孔子说,对大家都讨厌的人,必须要好好考察一下;对大家都喜欢的人,你也要好好考察一下。为什么会出现"众好之"、"众恶之"呢?好人说你好,那为什么坏人也说你好啊?坏人说你好肯定就有问题了。所以大家都说一个人好的时候必须要考察,每个人都说好,这是不可能的事情,因为众生本来根器就不一样,善恶并存,美丑同在。每个人都说坏也是同样的,所以不要人云亦云,要好好地辨别。

◎ 子曰:"人能弘道,非道弘人。"

孔子说人能够弘扬大道,道是经过一代代人薪火相传,弘扬开来的。不是用道来弘人,有些人学了道以后,就以此自炫,把道德、学问作为炫耀的资本。孔子一生周游列国,游说诸侯,设坛讲学,教授弟子,修订群经,就是人能弘道的典范。

◎ 子曰:"过而不改,是谓过矣。"

人都会犯错误,哪个人不犯错误呢?犯了错误,改了就好了。可是如果你犯了错误,还屡犯不改,这就是真正的过错。孔子说颜回是"不迁怒,不贰过",就是说颜回不犯同样的错误。一个人屡犯同样的错误,那就是真正的过错了。这些都很好理解,但是要深入体会,融入生活之中。

◎ 子曰:"吾尝终日不食,终夜不寝,以思,无益,不如学也。"

孔子说,我曾经一天不吃东西,一夜不睡觉来思考问题,但是却没有什么益处。最后发现我不如好好地回过头来学习。很多问题在学习中自然就解决了。个人的能力有限,学习则是吸收前人的智慧。孔子说"思而不学则殆",你光是思考而不学习,你就没有思考的资本,你用什么来思考呢?我们说智者不惑,智者能想通,因为他储备了大量可以帮他解决问题的资源。我用儒家的道理想不通了,我用道家的道理来想;用道家的道理想不通了,我用佛家的道理来想;佛家的道理想不通了,我用医家的道理来想:我总要把它想通,学习是你思考的资本。

🌀 子曰:"君子谋道不谋食。耕也,馁在其中矣;学也,禄在其中矣。君子忧道不忧贫。"

孔子说,君子谋求衣食耕田还是会挨饿,读书治学,官禄就在其中。君子忧虑道不行,不忧虑贫穷。"馁"当饥饿讲。君子读书治学的目的是为了求道,读书治学也能做官,不过读书治学的目的不是为了升官发财,而是为了行道。只为谋衣食去耕田,但这样也难免挨饿。读书求学也可能挨饿,但君子是为行道并不是为升官发财,所以哪怕挨饿,君子也不担忧。这段话深刻地展现了君子所应具有的精神境界,对我们当代人读书求学只为谋利禄的价值取向可以说是一种很好的警示。

🌀 子曰:"知及之,仁不能守之,虽得之,必失之。知及之,仁能守之,不庄以莅之,则民不敬。知及之,仁能守之,庄以莅之,动之不以礼,未善也。"

孔子说,你的智慧能达到很高的高度,但是你的仁德不能守住你的智慧,那么你的智慧也会失去。因为智慧主要是在求知的过程当中得到的。一般的人,只要聪明一些,又能够好学的话,他都能开一些智慧,但是他能不能身体力行,按照他所知道的大道去做,这对于他能不能守住智慧就很重要了。能够去做才能守得住他的智慧,如果你的仁德、德行赶不上你的智慧,即使你有智慧,最后智慧也会失掉,因为你本都没有了,末怎么长得起来,大树把根都给挖了,你还指望它长枝叶,这是不可能的。现在的学生都聪明,大学生,研究生,聪明的多得很,很多青年俊杰都有智慧,可是他能不能守得住自己的本心,有没有德行来守住他的智慧,这就难说了。智慧能达到,仁德又能守得住,又有智又有德,但是没有庄严的外表,没有一种庄严的气象来对待别人的话,别人也不会尊重他。"莅"读 lì,面对。又有智慧,又有仁德,又有庄重的态度,但是行动不符合礼仪,还是没有达到尽善尽美。智慧通过学习可以得到,仁德通过修炼可以得到,庄严从哪里来? 它是你智慧和德行的外化,是从内在流出来的。只有内心和谐了,才有外表的庄重。礼是你行动的规范,在什么时候、什么场合都有与之相适应的礼节。只有礼才能将个人的智、仁、庄与外界时空调整到和谐。这个做不好就不算尽善尽美。

🌀 子曰:"君子不可小知,而可大受也;小人不可大受,而可小知也。"

这句话很有味道。孔子说,君子可以承担重大的任务,可以治国平天下,但是他不可以"小知"。什么叫"小知"呢? 比如说,一个单位里有多少派,每一派有多少人,里边闹了哪些矛盾,哪个又说了谁的坏话等,知道这一类的事就叫小知。君子当然不会想要知道这些事。小人不可以承担大事,但对这类小事却津津乐道,有时候你要治理好学校,还不得不去请教这些小人,因为他最清楚这些事。君子和小人之别就在这里。小人往往是掌握一些小的情报,支离破碎的事情,大事他是不能胜任的。君子能够任重,任重的人是不会关注这些事情的,也许对这些事根本就不屑一顾。你要问东家长西家短,问君子是问不出来的。君子之心是光明正大的,是坦荡荡的,他不会在这些他认为根本不是事的小事上去花心思。小人没有大道,专门在小事上花工夫。商鞅的《商君书》里边专门谈到这个问题。他说治国既要用君子,也要用小人,还要用恶人。君子光明正大,不知道小人在背后给他捏造些什么,君子又说不清楚,他更不知道怎么去辨说,莫名其妙地就被捅一刀,所以君子怕小人。但光是用小人也不行,小人要亡国,所以还必须要一些恶人。恶人不像君子那样,恶人专门对付小人,两下给你打出去,羞辱你。小人稍有得志,恶人就把他收拾一下。但是有了恶人还不行,还要用君子限制恶人,恶人怕君子,恶人虽然很恶,可是他讲道理。从商鞅开始,中国的政治就是君子、小人、恶人并用,取相生相克之道。

◎ 子曰:"民之于仁也,甚于水火。水火,吾见蹈而死者矣,未见蹈仁而死者也。"

孔子说,仁德对于老百姓比水火还重要。水、火当然对老百姓很重要,《易经》上篇三十卦,开篇是"乾"、"坤",结尾是"坎"、"离",坎、离就是水、火。哪个离得开火啊? 光明,离不开。水也很重要,哪个离得开水啊? 但水、火所关系的是人的生活,而仁德关系的是人的心,人不能一日无心,况且水、火一泛滥、蔓延就引起水灾、火灾,没有听说过"仁灾",仁义道德不会成灾的,只会越多越好。孔子说,我见水火都有伤人,可是没见过仁德伤人的。我没有见过哪个人是因仁德而死了的。仁德只会爱人,而不会伤人,水火虽然能够爱人,但也会伤人,这是孔子在强调仁的重要性。

◎ 子曰:"当仁,不让于师。"

孔子说,做仁德的事情,哪怕是对老师也不必谦让。因为以仁为己任,仁德是自己内心所需求的东西,你在行仁德的时候,不必去谦让,哪怕是老师在你面前。比如有个小孩掉进井里了,你说,老师,我把这个机会让给你,让你去行仁德——这是不对的。救人是仁德的事,你该救就去救,不要谦让。仁是自己的本心。而对于行仁德而得到的美名,应该要谦虚,要推让,而行仁德的事情却一点儿也不要让。孔子讲得很分明,要让的是荣誉,而不是仁德本身,但是仁德本身和荣誉是相关联的,你有了仁德以后往往就有荣誉,所以荣誉要让,而仁德不能让,哪怕是老师、父母在你面前都不要让。

子曰:"君子贞而不谅。"

孔子说,君子固守正道而不会不讲原则地守信用。"贞"就是坚贞,《易经》里常讲贞德,儒家是很看重贞德的,能够守得住就叫贞。"谅"本来是守信用,这里是说无原则的守信用。比如《桃花扇》里反清复明的李香君,她与侯方域相爱之时,山盟海誓,但当侯方域卖身求荣投靠满清时,李香君毅然离开他,不守从前的信誓。李香君是既守得住自己的正心,又不拘泥于曾经信誓的人,这就是贞而不谅。

子曰:"事君,敬其事而后其食。"

孔子说,侍奉国君,先认真办事,把领俸禄的事放到后面。"事君",就是侍奉君主,推而广之,就是对待所有的工作、所有的事情都应该有敬业精神。对你的事业、工作,首先你要去敬它,好好地做它,才讲你做这个事应该得到的收获。现在的人就多是先其食后其事,先谈好一个月给我多少钱,年薪多少,少了就不来。先做好你该做的事,才讲你所应得到的收获,不要还没来就讲条件。

子曰:"有教无类。"

孔子说,教育是不分种类的,"类"是指贵的、贱的、穷的、富的、善的、恶的、好的、坏的、美的、丑的等,教育不分哪一类人都要教。如果你分类的话,比如穷的、贱的你不教,你这个教育就是不平等的。恶人你不教,有坏习气的人不教,那么你这个教育就是失败的教育。好人需要你教育吗?你不教他自己都会学,需要教的人恰恰是那些不好的人,这些人才更需要去教化。有教无类是儒家教育思想里很伟大的理论,教育平等,孔子是将教育从贵族推广到民间的第一人,让所有人都可以受到教育,都可以受到文教的熏陶,孔子教育的伟大由此可见。

子曰:"道不同,不相为谋。"

孔子说,道路不同就不要一起谋划事情。这句话的表面意思很好理解,说一下它的深意。"道不同,不相为谋"的根本是"道"字,要都是求道的人才能相互称道。都是求道的人,为什么道又不同呢?认识不一样,体悟不一样,方法不一样。"不相为谋"是不一起做事,不是说不能交友。同道中人相交,称为道友,但是道友不一定就能在一起办事,不一定能够共事。蔡元培、马一浮,都是了不起的人物。可是蔡先生聘请马先生到北大去做事,马先生说,我只会读书不会做官,拂袖而去。都是有道之人,但是对事物的看法不一样,处事的方法不一样。马一浮先生在乐山办复兴书院,请熊十力先生到那儿教书,熊十力是新儒家,马一浮也是新儒家,都是有道之人,但是不能共事,熊教了一年的书,两人就不合了。办学方针不一样,所以不能相合。梁漱溟先生在重庆办勉仁书院,梁漱溟是大学者,熊十力也是大学者,可是熊十力在那儿教了半年,两个人处不来,又闹分裂了,不能共事。除了有共同的理想外,还要在具体事情上有一致的认识。

◎ 子曰:"辞达而已矣。"

孔子说,言辞能够表达内容就行了。这是写文章最大的标准,"辞"就是文辞、语言,"达"就是把你要说的事情说清楚。语言的作用就是把你所要表达的意思表达清楚,把它说清楚就叫辞达。不在于文采有多华丽,过犹不及,你没有达到和超过了都不行。比如我今天病了,不能来上课,我写一张请假条,可是我写得太过,本来说明生了病,不能来上课就行了,可是一渲染,我的病被渲染得严重至极,以至别人一看我这个条子觉得我马上要死了,结果大家都来看我,更有甚者以为要给我送终了,这就叫过。反过来,如果写的条子连请假的原因也未表述清楚,那就叫辞不达。

◎ 师冕见,及阶,子曰:"阶也。"及席,子曰:"席也。"皆坐,子告之曰:"某在斯,某在斯。"师冕出。子张问曰:"与师言之道与?"子曰:"然。固相师之道也。"

"师"是乐师,"冕"是这个乐师的名字。乐师冕去拜见孔子,快走到台阶的时候,孔子说,这里有台阶。古人席地而坐,走到席子前,孔子就说,到席子了,可以坐了。乐师坐下来了,孔子就说,某人坐在这里,某人坐在那里,给他一个个说了。等乐师走了以后,子张就问孔子,这就是与乐师交谈的方式吗?孔子说,确实是这样子啊,这就是"相师之道"。"相"就是向导、引导,因为瞎子是看不见的,需要有人来引导他,那怎么引导呢? 前面有坡、有坎,给他讲;前面有坑,告诉他绕开走;他进门了,告诉他往前边走多少,左拐、右拐,方可坐下——这就叫相师之道。从这里可以再一次看出,孔子对任何人都那么恭敬,那么谦恭,那么有仁爱之心。

季氏第十六

《季氏》这一篇主要讲君子在乱世所应谨守的一些戒条,从"季氏将伐颛臾"开始,讲春秋之际天下的混乱,后面讲君子应注意的三友、三乐、三愆、三戒、三畏、九思等问题,又从不同角度丰富了君子的内涵。

☯　季氏将伐颛臾。冉有、季路见于孔子曰:"季氏将有事于颛臾。"孔子曰:"求!无乃尔是过与?夫颛臾,昔者先王以为东蒙主,且在邦域之中矣,是社稷之臣也。何以伐为?"冉有曰:"夫子欲之,吾二臣者皆不欲也。"孔子曰:"求!周任有言曰:'陈力就列,不能者止。'危而不持,颠而不扶,则将焉用彼相矣?且尔言过矣。虎兕出于柙,龟玉毁于椟中,是谁之过与?"冉有曰:"今夫颛臾,固而近于费。今不取,后世必为子孙忧。"孔子曰:"求!君子疾夫舍曰欲之,而必为之辞。丘也闻有国有家者,不患寡而患不均,不患贫而患不安。盖均无贫,和无寡,安无倾。夫如是,故远人不服,则修文德以来之。既来之,则安之。今由与求也,相夫子,远人不服而不能来也,邦分崩离析而不能守也,而谋动干戈于邦内。吾恐季孙之忧,不在颛臾,而在萧墙之内也。"

这是一篇相对完整的驳论文,共二百七十字,篇幅仅次于《先进》篇的"侍坐"章。颛臾(zhuān yú),是鲁国的一个附属国。春秋后期,鲁国的七百里江山被分为四份,其中有两份被季孙氏掌握了,剩下的一部分被孟孙氏掌控,一部分被叔孙氏掌控,这三家大夫控制了鲁国,季孙氏的疆域是最大的。颛臾是鲁国的公臣,是向鲁国称臣的,并不向三家大夫称臣,所以季孙氏想攻打颛臾,把颛臾纳入自己的势力范围。当时孔子的弟子子路、冉有都做了季氏的家臣,辅佐季氏,所以季氏要去攻打颛臾这个事情,子路和冉有都知道。他们就向孔子汇报了这件事,孔子就对这个事情谈了他自己的看法。孔子的这番言论就就阻止了一场战争,孔子是怎么阻止的,我们来看一看。

季氏将要伐颛臾,"事"当战事、军事讲,季氏将对颛臾开战。孔子说:"求!无乃尔是过与?""无乃",不就是。冉有啊,这不就是你们做臣子的过错吗?接着孔子先说了颛臾不能打的三条理由。第一,"昔者先王以为东蒙主","昔"就是过去。"先王"是指周天子。以前周天子把颛臾封在鲁国的东蒙山,让他做东蒙山的祭主,主持东蒙山的祭祀活动。这里用东蒙山的祭主来指代颛臾是周天子的臣子。颛臾既然是周天子分封的,季氏就没有资格去讨伐他,只有周天子有这个资格。第二,"且在邦域中",颛臾一个小国,又在鲁国的疆域之中,是个附属国,他本身又没造反,没有理由去讨伐他。第三,"是社稷之臣也"。这里用"社稷"代指鲁国。颛臾是鲁国的臣子,季氏是鲁国的大夫,没有权力、没有资格去讨伐鲁国的臣子。冉有回答说,"夫子欲之",这里的"夫子"指季氏,这是季氏他想做的事情,我们两个做臣子的都不愿意,可是没有办法啊。孔子就说,冉有啊,"周任有言曰",周任是古代的一个大臣,周任说过一句话,"陈力就列,不能者止"。"陈"是铺陈,"陈力"就是把你的力量展示出来,把你的才华摆出来,"就列",去靠近你的位置。你有什么才华就做什么工作,如果你的才华不胜任这个工作,你就赶快停止,就不要做了。孔子说这个话的意思是,你既然做了季氏的家臣,你就有责任辅佐季氏,劝谏他不去讨伐颛臾,你不能辅佐他,你又做他的家臣做什么呢?"危而不持,颠而不扶,则将焉用彼相矣?且尔言过矣。"危险的时候你不能去撑持他,跌倒的时候你不能去扶助他,那么用你来做什么呢?你不能起到向导的作用,拿你这个向导来做什么呢?而且你说的这个话不对,有错。"虎兕出于柙,龟玉毁于椟中,是谁之过与?""虎"是老虎,"兕"读 sì,指犀牛,"柙"读 xiá,指笼子,"椟"是柜子。老虎、犀牛从笼子中跑出来了,龟壳玉器毁坏在柜子里边,是谁的过错啊?动物园的毒蛇全部跑出来了,这是谁的过错?这是不是管理员的过错啊?你既然担当这个职务,就有责任去掌管这个事情。你明明是动物园的管理员,动物跑出来了,不找你找谁?你既然在向导季氏,你不能教导季氏,那是谁的责任呢?这是孔子在反驳冉有的话。

冉有又说,"今夫颛臾,固而近于费。今不取,后世必为子孙忧。"今天的颛臾,它的城墙很坚固,而且靠近费城,费是季孙氏的封地。如果今天不夺取颛臾的话,将来它一定要成为季孙氏子孙的忧患。将来它发达了,必定要来攻打我们。这是什么理论呢?好比某个强国说,今天非要把中国干掉,如果今天还不干掉中国,将来中国强大了,必定要威胁咱们了。就是这种理论,强盗理论。这是冉有为季孙氏开脱,孔子又反驳他。孔子说:"君子疾夫舍曰欲之,而必为之辞。"

"疾",痛恨,君子最痛恨不说自己想要,而找出一个很好的借口来为自己掩饰(这种行径)。比如,你有一本书,我很想要,但我不说我想要,却说,同学你这本是什么书啊,错误百出,一句话,五个字错了三个,一段话,三句就掉了两句,你不能再读这个书了,你再读这个书就被这个书害了。你一听,老师都说这本书这么差,不能读了,就要把书扔了。我说扔了太可惜了,我拿去卖废纸算了,我就把这本书拿走了。这就叫"舍曰欲之,而必为之辞"。不表达自己的本心,好像是为别人好,其实是你有私欲,却说些冠冕堂皇的话。孔子的意思是说,冉有,你不要说些冠冕堂皇的话,什么今天不讨伐颛臾,它将来要成为忧患,你就是想扩张势力,你不要说得冠冕堂皇的。美国打这里打那里,理由都很好啊——维护世界和平,这就叫"舍曰欲之,而必为之辞"。其实是想称霸世界,说得那么好听,什么维护和平,就是想扩张势力嘛,想称霸嘛。

"丘也闻有国有家者,不患寡而患不均,不患贫而患不安。盖均无贫,和无寡,安无倾。"我孔子听说,诸侯国,大夫之家的统治者,不怕人口少,而怕财富分配不均匀。"寡"指人口少。不怕贫穷,就怕不安定。什么道理啊?如果分配都平均了,哪来什么贫富之别呢?大家都和谐了就无所谓人多人少了。当时人口多少是诸侯之间相互争斗的重要的实力基础。大家都安于自己的本分了,就不会相互倾轧。怕的就是不均,一部分人太有钱,一部分人太穷,穷人就会对有钱人产生愤恨之情,就会产生社会动荡。"夫如是,故远人不服,则修文德以来之。既来之,则安之。"如果做到均无贫,和无寡,安无倾,远方的人还不服你,那你就实行礼乐文教,以德治国,使远方的人听闻你清明的政治而来归顺。比如说隔壁班的学生,一天到晚不好好学习,打架闹事,纪律很差。可是我们这个教室里气氛又和谐又安详,欢声笑语不断,隔壁班上的学生对我们班充满了向往,悄悄跑到我们班上,在后边坐了一排。我们班好了,其他班向往,自然就来了。"既来之,则安之","既"就是已经,他们既然已经来了,就要把他们留下来,给他们很好的待遇,把他们安顿好。这样远方的人纷纷来归顺,已经归顺的人又乐不思蜀,哪里还用得着去攻打谁呢?孔子不但讲了不要伐颛臾的理由,也讲了治国与使人归顺的方法。这里还体现了孔子重要的外交思想,不用征战而用感召,不用武力征服而使人自然归顺,不是以力服人,而是以德服人。"今由与求也,相夫子,远人不服而不能来也,邦分崩离析而不能守也,而谋动干戈于邦内。吾恐季孙之忧,不在颛臾,而在萧墙之内也。"子路和冉有,今天你们两个辅佐季氏,远方的人不服你们,你们不能够使他们归顺,国家四分五裂,你们不仅不能保全,还要谋动战争。我恐怕季氏的忧患不在颛臾,而是在萧墙之内。萧墙原指国君的屏风,这里的萧墙指季氏的家里。恐怕季孙氏的忧患不是在颛臾以后会攻打它,而是自己的家里会因不均和不安而发生内乱。

　　这一章逻辑很严密,分析议论,层层递进。首先讲了颛臾不能讨伐的三条理由,然后批评了子路、冉有相季氏而不能劝止季氏的过错,接着又讲了治国之道,最后指出季氏如果不以大道治国,野心不止,势必导致内乱。历史上并没有季氏伐颛臾这件事的记载,这说明季氏曾经有那个想法,可能子路、冉有两个弟子经过老师的教化,回去以后把这些观点陈述给了季氏,终于阻止了伐颛臾这件事情。这就是孔子为王者师,虽然他没有亲自执政,但他能通过他的言行阻止战争,阻止天下混乱。另外,这一章中孔子提出了儒家很重要的一个治国思想:"不患寡而患不均,不患贫而患不安"。这个思想对我们当前构建和谐社会也有重大意义。足见孔子的伟大呀!

　　⊙　孔子曰:"天下有道,则礼乐征伐自天子出;天下无道,则礼乐征伐自诸侯出。自诸侯出,盖十世希不失矣;自大夫出,五世希不失矣;陪臣执国命,三世希不失矣。天下有道,则政不在大夫。天下有道,则庶人不议。"

　　这是孔子针对季氏将伐颛臾这件事情所发的议论,注意,这一章很关键,是对前一章的总结。这段话的核心就在"礼乐征伐自天子出",这也是孔子的王道理想。天下是有道的时候,那么制礼作乐、征战讨伐,那应该是天子的事情。到了春秋的时候,诸侯国各自为政,都不听令于天子了,天下无道。天下无道,诸侯就擅自制礼作乐,征战讨伐。诸侯制礼作乐、征战讨伐的话,一般不超过十代,国家就要灭亡,"希不失矣",很少有不亡国的。诸侯称霸,不出十代就要亡国,这一点,孔子是有历史依据的。齐国自齐桓公称霸,到齐简公被大夫杀掉,刚好十世。晋国也是如此。到了春秋中期,就是大夫们不听诸侯的了,各自为政,诸侯也丧失了权力,大夫掌权,孔子说,大夫掌权,不出五代就要垮台。大夫手下是家臣,就是陪臣,到了春秋末年,家臣掌权,而大夫没有权力了。到这时国家已经乱到极点,这种情况一般不出三代,没有不垮台的。就是说天下越混乱,掌权者在位的时间越短。孔子说,天下有道的时候,政不在大夫手里边。天下有道,歌舞升平,老百姓就不会有不好的议论。天下太平了,老百姓只有感恩戴德的,哪里会去非议统治者呢? 只有天下无道,老百姓才会发表各种各样的议论,所以往往国家混乱的时候,老百姓就把统治者编进顺口溜来唱,来挖苦。这既是孔子对春秋时期混乱状况的总结,也是对王道不行的哀叹。

　　⊙　孔子曰:"禄之去公室,五世矣;政逮于大夫,四世矣;故夫三桓之子孙,微矣。"

　　上一段是孔子对天下混乱发表的议论,这一段是孔子针对鲁国内政发出的议论。"禄"就是俸禄,这里指权力。孔子说鲁国的国君丧失鲁国的统治权已有五代了,朝政落到大夫季氏手里边已有四代了。"三桓之子孙"指鲁桓公的后代季孙氏、叔孙氏、孟孙氏的子孙。季氏掌朝政四代以后,鲁国朝政又落到陪臣手里,所以说三桓的子孙也衰弱了。这句话其实是说鲁国国君的子孙都已经很微弱了,江山都不在他们手里了。这是讲当时社会混乱达到怎样一种情况了。

以下段落是孔子讲的在这样一种混乱的局面下,人应该守住哪些戒条才能保全自己的德行。

孔子曰:"益者三友,损者三友。友直,友谅,友多闻,益矣。友便辟,友善柔,友便佞,损矣。"

孔子说,有益的朋友有三种,有害的朋友有三种。哪三种朋友有益,哪三种朋友有害啊?那些正直的朋友,"直"当正直讲,忠诚的朋友,"谅"当忠诚讲,那些多见多闻的人,是对自己有益的。正直的朋友可以辅你以直,忠诚的朋友可以辅你以诚,多见多闻的朋友可以使你明理。"便辟",就是专门走歪门邪道,"便"读pián。"善柔",就是阿谀奉承,"便佞"就是花言巧语。有害的朋友,就是专门走歪门邪道,只会花言巧语、阿谀奉承的人。这三种人对我们是有害的。交友要以此为戒。

孔子曰:"益者三乐,损者三乐。乐节礼乐,乐道人之善,乐多贤友,益矣。乐骄乐,乐佚游,乐宴乐,损矣。"

孔子说,对人有益的快乐有三种,对人有害的快乐有三种。哪三种快乐对人有益呢?以礼乐节制自己为乐,以称道人家的优点为乐,以有很多贤德的朋友为乐,这三种快乐对人是有益的。哪三种快乐对人有害呢?以骄奢为快乐,以游手好闲为快乐——"佚"表示游手好闲,以吃喝玩乐为乐——"宴"表示吃喝玩乐,这些快乐对人是有害的。骄奢淫逸、游手好闲、吃喝玩乐,这几种快乐对人是有损害的,使人放逸猖狂,使人不能守住本心,使人的本心狂乱。益者之乐为君子之乐,损者之乐为小人之乐,于此不可不深戒。

孔子曰:"侍于君子有三愆:言未及之而言谓之躁,言及之而不言谓之隐,未见颜色而言谓之瞽。"

孔子说,侍奉领导有三种过错,这里的"君子"指领导。哪三种呢?不该你说话的时候你抢着说,这叫浮躁;该说的时候你不说,这叫隐瞒;不看脸色就去说,就叫瞽,瞽就是瞎,不能察言观色。《增广贤文》上讲:出门看天色,进门看脸色。时然后言,人不厌其言,该你说的时候你才说,人家才不会讨厌。不该说的时候,你在那儿说,就是轻浮不稳重。该你说的时候,你隐瞒,说明你这个人有心计,不

血氣方剛戒之在鬥
共龢國五十八年莫春
李里繪於川師東園

血气方刚，戒之在斗。共和国五十八年暮春，李里绘于川师东园。

诚厚。不看情况就说，其实是没有智慧。这是讲的和领导相处应注意的问题。

🌀　孔子曰："君子有三戒：少之时，血气未定，戒之在色；及其壮也，血气方刚，戒之在斗；及其老也，血气既衰，戒之在得。"

孔子说，君子有三条戒律：人年少的时候，由于性冲动的作用，容易对异性产生好奇，所以"戒之在色"，这个"色"就是指美色，不要让美色扰乱了自己的本心。人到了壮年，血气正盛，又正是为事业奋斗之时，就容易与人争斗，所以"戒之在斗"，不要去争斗。到了老年，血气衰了，身体差了，往往就贪多务得，贪恋已得之功名利禄，患得患失，所以"戒之在得"，不要贪得无厌。血气未定、血气方刚、血气既衰，这是血气，生命规律，圣人与凡人的相同之处。但是圣人能戒色、戒斗、戒得，这是圣人与凡人的不同之处。凡人就不能这样子，凡人年轻时就容易春心荡漾，中年时容易争名夺利，老年时容易贪得无厌。可是圣人就不同了，他能够用志气去调节血气，所以年轻的时候他能戒色，中年的时候能戒斗，晚年的时候能够戒得。读书求学的目的就在转变气质，完善人格，将自然人变为理想人。这三戒是将人的德行与人的生理特点联系起来进行考察而提出的，让人进一步认识到正德就是要完成身心的超越。

🌀　孔子曰："君子有三畏：畏天命，畏大人，畏圣人之言。小人不知天命而不畏也，狎大人，侮圣人之言。"

孔子说，君子有三种畏惧：一畏惧天命，二畏惧大人，三畏惧圣人之言。天命是人力所不能主宰却能决定人的生死存亡、美丑贫富的力量，所以对天命必须敬畏；大人指统治者，统治者是受天命为民之父母的人，所以对他们要敬畏；圣人之言，圣人说的话是对天道规律、人生大道的揭示，所以对此也要敬畏。"畏"主要指敬畏，是君子的基本品格，不知敬畏就会肆无忌惮。小人不知道天命，自以为是，好为眼前小利，所以不懂敬畏。对统治者，他们不是发自内心去敬重，而是逢迎献媚去取悦，以实现自己的各种私利。对阐述大道的圣人之言，他们总是不齿，因为他们的思想、言行都是违背圣人之言的。孔子是很讲知命的，最后一篇《尧曰》的最后一句，孔子说"不知命无以为君子"，不知天命的人根本无法成为君子。关于天命的问题，到最后一章，我们还要详细阐述。

🌀　孔子曰："生而知之者，上也；学而知之者，次也；困而学之，又其次也；困而不学，民斯为下矣。"

孔子说，一生下来什么都知道的人，就是有上等智慧的人。为什么能一出生就什么都知道？因为是天派他到人间来成圣、成王、救众生，所以他一生下来就什么都知道。按佛家的讲法,因为他前世把书都读完了,今世只是来温习的,所以他一生下来什么都知道。国学大师马一浮先生把《四库全书》读完了。弘一大师说,马一浮先生,假设他一出生就开始读书,每天读五本,读到他死,还读不完他所读完的书的五分之一,什么道理? 那或许就是生而知之者吧。通过学习然后什么都知道的人有次等智慧。遇到困难才学习的人,那就是更次的人了。还有一种人,是遇到困难都不学习,反正我就不学,债多不愁,虱多不痒,这就是那种最下等的小民吧。君子以学为贵,不管哪种学,只要学就好,不学就是下等。《论语》开篇就是"学而时习之",一开始就要人学,要学人生的大道。

孔子曰:"君子有九思:视思明,听思聪,色思温,貌思恭,言思忠,事思敬,疑思问,忿思难,见得思义。"

"思"当反思讲。孔子说,君子有九个值得反思的问题。吾日三省吾身,每天要多次反省自己,反省什么呢? 就从这九个方面来反省,这是反省的条目。反省哪些? 看东西是不是看明白了,是不是以偏概全了,是不是看到现象没有看到本质而被迷惑了,这就叫视思明。听的方面要反思是不是听明白了,是不是只听了一家之言、一面之词,看你是不是道听途说,听得是不是充分,是不是清楚,是不是全面,这就叫听思聪。要反思你的脸色是不是温和,这很重要。儒家也好,佛家也好,都讲这个"色思温",相貌要温和,要慈悲。真正有道有德的圣人是老人、小孩都愿亲近,而不是一看他就吓住了。温和脸色从哪里来? 从你的内心,你的脸色就是你的心的显现,你内心和谐了、慈悲了,你的脸色才温和。如果你的心里边充满了憎恨的话,你的脸色永远不可能温和。相随心变,相和心是相连的。貌是指的体貌,你的整个体态,要反省是不是恭敬的,有没有傲慢,有没有轻蔑,这叫貌思恭。还要反思你的语言是不是忠诚,是不是一天到晚都是说假话、打妄语,这叫言思忠。对你做的每一样事情,要反思是不是怀着一颗诚敬之心在做。听课,是不是以诚敬之心在听? 读书,是不是以诚敬之心在读? 吃饭,是不是以诚敬之心在吃? 吃饭也很重要,你是怀着诚敬之心在吃,还是怀着傲慢之心在吃,你吃了以后的效果就不一样。为什么有些人再怎么吃身体也不好,他就是怀着傲慢之心在吃。而有的人吃了身体就很好,因为他是怀着诚敬之心在吃,这叫事思敬。有疑难的时候你要反思是否去请教问题,是去问明白呢,还是不懂装懂,这叫疑思问。有怨愤的时候要反思后果,人一愤恨的时候就要骂,就要闹,怒火中烧,怒发冲冠,暴跳如雷,结果产生极不好的后果。发怒的时候想想后果,就会理智,这叫忿思难。得到东西以后要反思这个东西该不该得。义,义者,宜也,宜就是应该。你应不应该得。今天一个人突然给你送20万来,你就要反思了,你应该不应该得这么多钱,他是什么意思。什么叫无功不受禄?今天某人突然来送我一幢房子,我就要想了,这个该不该得,这就是见得思义。这就是君子时常应反思的九个问题。从外表到心灵,从一般状态到非常状态,几乎各个方面都涉及了。如果真正身体力行,日日九思,那你离君子就不会远了。

◎　孔子曰:"见善如不及,见不善如探汤。吾见其人矣,吾闻其语矣。隐居以求其志,行义以达其道。吾闻其语矣,未见其人也。"

孔子说,见到好的行为,就怕自己赶不上。"汤"是开水,"探汤"是把手放到开水里去试探,结果自然是手一碰到开水就立刻缩回来。看到不好的行为,就像把手伸到开水里一样急忙避开。我见到过这种人,也听说过这种话。但还有一种情况,隐居起来以守住自己的志向,做事完全按道义以求实现理想。我听到过这种话,但没见到过这种人。真正的隐士根本没有人知道,一个人有隐身术别人还看得见他吗?看得见那说明他并没有隐身。其实这两种人的境界都不容易达到,第一种是关注个人的道德修养,只要自己境界、品行达到了就行;第二种人则除了个人品行的修习,还关系到社会环境、机遇。隐居以守住自己的志向还可以,但要按照大道来治国平天下,这绝不是凭你个人的德行与意愿就能办到的。孔子有德有学,也不见用于世,不能按照大道来实现自己的理想,更何况他人。所以孔子说没有见到过这种人。

◎　齐景公有马千驷,死之日,民无德而称焉。伯夷叔齐饿于首阳之下,民到于今称之。其斯之谓与?

齐景公有四千匹马。到他死的时候老百姓没有什么可称赞他的。伯夷、叔齐饿死在首阳山下,可是老百姓到了今天还在称赞他们。孔子说这句话的意思是,对一个人的评判,标准并不在于你官位有多高、财富有多少,而在于你的德行,特别是你死以后人们对你的评判。你活着的时候你有财富有权势,可以压人,逼迫别人说你的好话,可是你死以后,老百姓不怕你了,这个时候该怎么说你就怎么说你。你有德,老百姓怎么都要称赞你,而那些作威作福的人,死了不遭人骂都算好的了,更不要说称赞。伯夷、叔齐在首阳山下采薇吃,最后饿死了,可是到今天老百姓都在称赞他们的气节风骨。"其斯之谓与"的意思是,说的是这个意思吗?但与前文语义不相衔接,中间或许有脱漏的地方。

🌀　陈亢问于伯鱼曰:"子亦有异闻乎?"对曰:"未也。尝独立,鲤趋而过庭。曰:'学诗乎?'对曰:'未也。''不学诗,无以言。'鲤退而学诗。他日又独立,鲤趋而过庭。曰:'学礼乎?'对曰:'未也。''不学礼,无以立。'鲤退而学礼。闻斯二者。"陈亢退而喜曰:"问一得三,闻诗,闻礼,又闻君子之远其子也。"

陈亢是孔子的弟子,"亢"读 gāng。孔子的儿子叫孔鲤,孔鲤出生的时候,鲁国国君送了一条鲤鱼表示祝贺,孔子就给他儿子取名为孔鲤,字伯鱼。陈亢就去问孔子的儿子,你在你父亲那里听到了什么不同的教诲吗? 意思是夫子有没有给你开过小灶? 伯鱼就说,我没有听到什么和你们不同的教诲。父亲曾经一个人站在那里,我快步从庭院走过,父亲就问我,你学《诗经》了吗? 我回答说,我没有学。父亲说,"不学诗无以言",你不学诗话都不会说。我就退下去学诗。这是孔子讲《诗经》的重要性,不学诗话都说不出来,诗是能使人言之有文的,"言之不文,行之不远",说话没有文采就不能流传得很远。孔鲤接着说,过了几天父亲又站在庭院里边,我从他身边经过,他又问我,你学了礼没有啊? 我说,我没有学。父亲就说,不学礼,无以立,你不学礼就无以立身,我又退下去学礼。诗可以让人说话有文采,礼则让人学会行为规范,懂得该怎么行住坐卧。陈亢听后很高兴,私下说,我问了一个问题,得到了三个答案,太有收获了。我听到了孔子讲诗歌的重要,又听到孔子讲礼的重要,而且我还知道了君子教育他的儿子同教育门人一样,并无偏袒。这又是一段有情有境、有画面、有趣味的妙文。

🌀　邦君之妻,君称之曰夫人,夫人自称曰小童;邦人称之曰君夫人,称诸异邦曰寡小君;异邦人称之亦曰君夫人。

邦君之妻,国君的妻子,国君就称她为夫人,夫者,辅也,辅佐国君的人就叫夫人。夫人自己称自己为小童,老百姓就称国君的夫人为君夫人。对异邦的外国人就称她寡小君,异邦的外国人也称她君夫人。这里为什么要有这样一段话呢? 朱子注解也不知所云,不知道为什么这里要插一段。我认为其实这里可以和前面"季氏将伐颛臾"章对照起来,是一段正名的话,名正则言顺,要正名才能名实相符。国君的夫人辅佐国君,对于一个国家来讲是相当重要的。将国君夫人的各种称谓讲清楚了,君夫人能按各种称谓的内涵来要求自己,那么君夫人就是真正名副其实的君夫人了。君夫人自己正了,才能更好地辅佐国君,所以历史上的圣主明君多有贤德的皇后辅佐。

阳货第十七

《阳货》这一章主要是讲乱世中道德的败坏与混乱，并通过辨别使人明白真道德与伪道德的区别。

🌀　阳货欲见孔子，孔子不见，归孔子豚。孔子时其亡也，而往拜之，遇诸涂。谓孔子曰："来！予与尔言。"曰："怀其宝而迷其邦，可谓仁乎？"曰："不可。""好从事而亟失时，可谓知乎？"曰："不可。""日月逝矣，岁不我与。"孔子曰："诺。吾将仕矣。"

　　春秋末年，大夫手下家臣的势力越来越大，阳货又叫阳虎，鲁国大夫季氏的家臣，他掌权后，想消灭季氏，所以想请孔子出来帮他做事，于是来拜见孔子。而孔子不想去给阳货为虎作伥，不见阳货。"归"读 kùi，表示馈赠。豚，蒸熟的小猪。按当时的礼节，地位高的人给地位低的人送礼，地位低的人如果没有当面接受，就必须回拜。阳货使了个计策，既然你孔子不见我，我就先给你送礼，送了礼，你总要礼尚往来，要来给我回礼。阳货知道孔子是守礼的人，所以就先给他送头小猪再说。阳货虽然用了计策，孔子也不傻，"时"当"伺"讲，伺机，即乘他不在家时去回访。我按礼来回拜，你不在家，就不怪我了。"亡"读 wú，表示不在家。哪知道天意不然，孔子虽然探定阳货不在家的时候去回拜，可是却在路上碰见了。"涂"同"途"，表示道路。阳货看到孔子以后很不客气地说，来，过来，我有话给你说。阳货很傲慢，这从语气里就听得出。阳货说孔子你装了一大堆宝贝，而使国家迷乱。"宝"是指孔子满肚子的学问和仁义道德，意思是孔老夫子你满肚子仁义道德，可是你听凭国家混乱，这叫仁德吗？可能不叫吧。阳货又说，你老想出来为国家做事，而又多次失掉机会，这叫智慧吗？可能不叫吧。"亟"当屡次讲，"知"同"智"。因为智慧的人可以审时度势，老是错掉机会就是不智慧。阳货又说，时光荏苒，光阴流逝，岁月不等人啊。孔子回答说，是啊是啊，我还是出来做官吧。因为阳货想他出来做官,而孔子是不会出来给他这个奸臣做官的,所以孔子就顺水推舟,反正你说什么就答应你,不违背你,敷衍一下。这段话从几方面说孔子不仁不智,实际上表现了孔子的大仁大智。第一阳货要见孔子,孔子不见,表明他立场很坚定,不愿与奸臣为伍。第二,阳货送了礼,孔子必须回访,却选择他不在的时间去拜访,表现了孔子的智慧。第三,途中遇见,表现了孔子的从容,虽然不想见,但是见了又怎样?有的人不想见,见到了就扭扭捏捏,鬼鬼祟祟,六神无主,好像心虚。孔子不心虚,见了就见了,你说什么我就应,随顺就是了,你说我不对就不对,你说我对就对,你说要我做官,我就做官,反正把你敷衍过去。这是体现了孔子的大仁大勇,无所畏惧。从这段话也看出孔子在乱世是怎样和这些权奸小人周旋应对的。

子曰:"性相近也,习相远也。"

孔子说,人生下来的时候天性都相近,因生活环境的不同渐渐发生变化。这句话后来收在《三字经》里边:"人之初,性本善。性相近,习相远。"所以一个人的生活环境对一个人的成长影响相当大。为人父母者应尽可能地给子女一个好的成长环境,这个好的环境,主要是指精神文化环境而言。如家庭的和睦,父母良好的生活习惯,家庭的文化氛围等。只有物质的优越往往对子女的成长不利,而父母的不和或离婚对子女的伤害就更大。

子曰:"唯上知与下愚不移。"

"唯"当"只"讲,"移"当改变讲,孔子说只有两种人是不可以改变的,哪两种人不可以改变呢?只有上等智慧的人和下等愚蠢的人不能改变。上等智慧的人是生而知之者,下等愚蠢的人是白痴。生而知之者是极少的,连孔子也自言自己不是生而知之者。白痴是天生智力有障碍,这种人也很少。这句话的关键是"唯"字,孔子的意思是只有这两种人不可改变,其他的人都是能够通过教化改变的。这里孔子还是在强调教育、教化的重要性。成都双流应天寺百岁方丈佛智法师讲,世界上只有两种人不做梦,这两种人就是圣人和白痴。这句话很有意思,可以从另一角度帮助我们理解孔子这句话。上智的圣人已得道,有极高的精神境界,所以不会受世俗外在的影响,不会与世沉浮,故不移。白痴没有智识,反而心灵洁净,什么都不知,所以也不会受外界的影响,自然不会有什么改变。其余的人都会因外界的影响或多或少改变自己。圣人和白痴从现象上看是相似的,但本质上却大不相同。俄国作家陀斯妥耶夫斯基的小说《白痴》中就描写了一个在世俗眼中不谙世事的白痴,反而是更可爱纯洁的人。在现实社会中往往白痴比世俗的人要可爱多了。

◎ 子之武城,闻弦歌之声。夫子莞尔而笑,曰:"割鸡焉用牛刀?"子游对曰:"昔者偃也闻诸夫子曰:'君子学道则爱人,小人学道则易使也。'"子曰:"二三子! 偃之言是也。前言戏之耳。"

孔子来到武城这个地方,听到弦歌之声,弦歌之声是用礼乐来治理城市的象征。子游就是言偃,当时做鲁国一个小城武城的地方官。孔子听到弦歌之声很高兴,他的弟子能够用礼乐来治理城邦,所以莞尔而笑——莞尔是一种微笑,从内心流露出的,很不经意的微笑——并说,杀鸡用得着牛刀吗? 这句话是反问,反问当时那些诸侯国君治理国家都不用礼乐,而子游却在一个小小的武城里面用礼乐来治理。大国都没用礼乐,你这个小城还用得上吗? 子游就很认真地给老师说,以前我听老师您讲过,君子学了礼乐道理以后就能够爱人,小人学了礼乐道理以后就容易被派遣去做他应该做的事。这里的君子、小人分别指在上位者与在下位者。孔子听了子游说的话以后就说,二三子,二三子是指当时在孔子身边的弟子,子游的话是对的啊,我说的那个话是玩笑话而已。这一段话表现出孔子看到弟子用礼乐来治理城邦时那种内心的欣慰和抑制不住的喜悦。"割鸡焉用牛刀"这句比喻体现出孔子的欢悦和对子游不能治大国以施展其礼乐之治的惋惜。一句"偃之言是也,前言戏之耳"也可以看出孔子对言偃深深的肯定。

◎ 公山弗扰以费畔,召,子欲往。子路不说,曰:"末之也已,何必公山氏之之也。"子曰:"夫召我者而岂徒哉? 如有用我者,吾其为东周乎?"

公山弗扰是季氏家臣,也是乱臣贼子,跟阳货是同类人。公山弗扰占据鲁国的费城叛乱,想召孔子前往。孔子想去,子路听到后很不高兴,说没有地方去就算了,"末"当没有讲,又何必到公山氏那里去呢? 这句两个"之"字,第一个"之"字是虚词,当"的"讲,第二个"之"字是动词,当"去"讲,"也已"是强调语气。孔子就说,要召我的人,难道会白白召我去吗? "徒"当白白讲。如果有人用我,我就要在东方复兴周道。"为东周",指兴周道于东方,就是要把周天子的王道推行于东方,体现了孔子欲推行他治国理想的决心。哪怕是乱臣贼子召他去,他也要去,不是去给乱臣贼子效力,而是要去教化他们,把乱臣贼子教化成为圣君贤相,最终使这个地方变成像周公治理的样子。

◎ 　子张问仁于孔子。孔子曰："能行五者于天下,为仁矣。"请问之。曰："恭、宽、信、敏、惠。恭则不侮,宽则得众,信则人任焉,敏则有功,惠则足以使人。"

　　子张问孔子怎么做才是仁。孔子是因材施教,这里的回答是特别针对子张而言。这个话既有普遍性,又有针对性。孔子回答说,能在天下实行五种品德便是仁了。子张问,是哪五种品德呢? 孔子说是恭、宽、信、敏、惠。"恭"就是对人恭敬,自己谦虚才能对人恭敬。"宽"就是宽厚,要宽以待人。"信"就是和人交往要守信用。"敏",做事要敏捷、勤快。"惠"就是对人要有恩惠。你对人家很恭敬就不会受到侮辱,因为你对人家恭敬,人家也对你恭敬,你对人家轻佻怠慢,人家也对你轻佻怠慢。你能够宽以待人,那么众人都爱你。你能够守信用,别人就信任你。你做事勤敏,则会有功劳。你对人有恩惠,那么你请人家做事,人家就很愿意给你做。

◎ 　佛肸召,子欲往。子路曰："昔者由也闻诸夫子曰:'亲于其身为不善者,君子不入也。'佛肸以中牟畔,子之往也,如之何!"子曰："然。有是言也。不曰坚乎,磨而不磷;不曰白乎,涅而不缁。吾岂匏瓜也哉? 焉能系而不食?"

　　佛肸是晋国大夫赵氏的家臣,读 bì xī。佛肸召孔子,孔子又想去。注意,"欲"字用在这里很有意义,"欲"表示孔子想去而终归没有去,公山弗扰召他如此,佛肸召他也如此,都是欲往而终归没有成行。孔子想去,子路又出来反对。他说,我以前听老师您讲,做坏事的人那里,君子是不会去的,君子不与这种人交往。佛肸这种乱臣贼子在中牟这个地方叛乱,老师你要去是什么用意,是什么意思啊? 一般的学生都不敢提意见,而子路敢于发出不同的声音,这也显出子路性格的可爱。因为在他心目中老师是圣人,凡是不符合圣人行为的,他都要提出异议。孔子说,子路你说得对啊,我是曾经说过这样的话。然而孔子又说了,不是说很坚硬的东西即使磨了也磨不薄吗? 洁白的东西怎么染它也染不黑吗? "磷"当"薄"讲。"涅"当"染"讲。"缁"当"黑"讲。意思就是说,子路,你太小看我了啊,你以为我去了就会同流合污吗? 就会被染黑,就会被磨坏吗? 弟子不能深刻地理解老师,孔子是不会为世俗所动的,他有他自己的认识,而弟子往往不知,所以孔子说"知我者其天乎"。孔子又说了,我难道是个葫芦吗? 怎能只悬挂着不给人吃呢? 匏瓜就是葫芦。孔子的意思是,我难道是个中看不中用的葫芦,只会讲大道理,说得好听却不能身体力行? 难道我只是你表面看到的那种说得好听,而一到现实生活当中就被世俗所污染的人吗? 这一段话也很能体现出圣人之不可移,不会受世俗影响。如果是这种人,我还是孔夫子吗? 孔子有坚定的理想,首先他自己不会动摇,同时他还要去推行他的理想,哪怕是再恶劣的环境,只要给他机会,他都能够去施展他的抱负,所以孔子才说这样的话。先说他不会被污染,再说他的志向,我哪里是个中看不中用,只会谈理论不会真正实践的人啊?

🌀　子曰:"由也,女闻六言六蔽矣乎?"对曰:"未也。""居! 吾语女。好仁不好学,其蔽也愚;好知不好学,其蔽也荡;好信不好学,其蔽也贼;好直不好学,其蔽也绞;好勇不好学,其蔽也乱;好刚不好学,其蔽也狂。"

　　孔子对子路说,你听过六种好的品德带来的六种弊病吗? 子路说,我没听说过。孔子说,来,坐坐坐,我告诉你吧。"居"当"坐"讲。古礼,老师问问题,学生要起身回答,所以孔子要叫子路坐。只知道好仁德,而不学习,它的弊病就是容易被愚弄。只好仁德,这个仁德就没有基础,仁必须经过智才能完成,智都没有经过,怎么能进入仁呢? 学都不学又怎么开智慧呢? 不开智慧又怎么进入仁的境界呢? 无非是个善良的东郭先生而已,将受狼的欺骗。只好聪明而不好学习,那么它的弊病就是狂荡。因为学而后知不足,不学却只好聪明就会自以为是,目中无人,盲目自大,从而显得狂荡。只好诚实而不好学习,它的弊病就是容易被自己伤害。"贼"当伤害讲。不学就不能明辨是非真伪,盲目守信,结果可能被无原则的信用伤害。只好直率不好学习,它的弊病就是说话尖刻。"绞"当说话尖刻讲。不学习,就不懂礼,不知怎么说话,自以为直率,结果是尖刻。很多人就是把尖刻当直率,不管人家受不受得了。只好勇敢而不好学,它的弊病就是捣乱闯祸。因为不学就不知道什么是真正的勇,以为打得赢就是勇,不懂得无所畏惧才是勇,结果往往到处逞强,闯下乱子。只好刚强不好学习,它的弊病就是狂野,不学习则不知何时该刚,何时该止,结果逞刚斗强,放肆无忌,成为狂野的人。这段话的核心精神是什么呢? 一切的德是以学为基础的,学而后有德,你不学,连道理都不明白,你怎么养得成德啊? 学以明道,得了道才会有德,道之得于心谓之德,要把你学到的道化在你的生活当中才是你的品德。所以德离不开学,学习后才能开智慧,开了智慧你才能悟道,悟了道以后才能把这些道理用在生活当中,这样才是德。你片面地追求德,这个德是没有基础的,是空虚空泛的。孔子这么有德的人也是从"学"字开始,"学而时习之",第一句话就是学。

🌀　子曰:"小子! 何莫学夫《诗》?《诗》,可以兴,可以观,可以群,可以怨。迩之事父,远之事君。多识于鸟兽草木之名。"

　　这是孔子讲的《诗经》的重要功能。"小子"泛指孔子的学生,孔子说,同学们啊,你们何不学习诗歌呢?诗的用处太大了。"可以兴",就是可以用诗歌来引发人们内心的生机,把人们内心真、善、美的情感调动起来,把人们心中的志向、情怀通过诗引发出来。因为诗歌形象生动、感情充沛,最能打动人心。为什么那些谈情说爱的人爱写情诗呢?就是要用诗歌来打动你的心,把你心中的情给你燃烧起来。西方哲学家柏拉图的理想是要建立一个"理想国",他说理想国的国王应该是哲学家,因为哲学家是最理性的,而诗人和艺术家则要戴上桂冠被赶出理想国。诗人、艺术家了不起,所以要给他们戴上桂冠。但他们又能掀动人的情感,而人的情感一旦被兴发,就会扰乱人的理性,所以理想国里不允许有艺术家和诗人。柏拉图这个思想也反衬出诗歌兴的作用。柏拉图是将情和理对立起来,为了保证理性就排斥情感。而孔子是讲发乎情,止乎礼,讲情、理的和谐,所以很重视诗歌兴发人情感的作用。"可以观",就是可以通过诗歌来观察民风,考察政治的得失,老百姓对当政者的毁誉往往通过诗歌就表现出来了,所以古人有采诗观风之制。"可以群",就是可以用诗歌来交朋友,以文会友,可以通过诗歌来结交和你志趣相同的人,并彼此切磋琢磨。"可以怨",可以通过诗歌来发牢骚,抒发心中的愁怨。屈原的《离骚》,太史公解释为"离者,罹也",遭受之意,骚者,牢骚也。自古以来诗人是不平则鸣,心中有不平、有怨愤的时候就发而为诗。诗人为什么称为骚客呢?因为诗人多有满腹的牢骚哀怨。我外祖父去世前愁卧病榻,心中充满了对生的渴望和对亲人的无比眷恋,他就用诗来排遣他心中的愁怨,做了很多诗。临终那天早上,他眼睛看不见了,耳朵也听不见了,话也说不出来了,他用最后的力气将外婆紧紧拥抱,然后用歪歪斜斜、几不能辨的字迹写完了他一生的最后一首诗。这首诗是回忆他和外婆相识相知的一生。外公十八岁,外婆十五岁,他们分别以第一、第二名考入四川的遂宁师范学堂。在一次秋游时,外婆唱歌,外公拍手叫好,两人从而相识。外婆叫应萱,后来他们都做了一辈子的老师,这首诗是这样的:

> 青天高,秋阳照,云儿渺,风儿飘。
>
> 我和同学去逍遥,
>
> 前面红旗飘。
>
> 蒙师后面育新苗。
>
> 青天高高,太阳照照,
>
> 应萱唱,我和好,
>
> 好似遂师楼前第一遭。
>
> 五十载伴侣乐陶陶。
>
> 八十光阴瞬间过,
>
> 人生如同梦一道。

　　但愿婵娟久,与此共终朝。

　　"迩"当"近"讲,你把诗学好了,说得近可以懂得侍奉父母的孝道,说得远可以去侍奉国君。诗小的用处可以教你懂得人伦道德,大的用处可以治国平天下。所以到了汉代,士人把《诗经》当谏书来读,用《诗经》给国君进谏。最后,学了诗歌还可以认识很多鸟兽草木的名字,因为《诗经》里记载了几百种动植物,清朝人著了一本《诗经动植物名目考》,专门考证《诗经》里记载的植物、动物。这段话孔子可谓将《诗经》的作用都讲透了。《诗经》有感染教化作用,有批判认识作用,有伦理熏陶作用。而兴观群怨说更成为中国重要的文艺理论,影响深远。朱子在注解这段话时讲"学诗之法,此章尽之"。

　　🌀　子谓伯鱼曰:"女为《周南》、《召南》矣乎? 人而不为《周南》、《召南》,其犹正墙面而立也与?"

　　伯鱼就是孔子的儿子孔鲤。"为"当"学"讲。孔子对儿子伯鱼说,你学了《周南》、《召南》吗? 一个人要是不读《周南》、《召南》,就像正对着墙壁而不能行走一样——正对着墙壁就寸步难行。《诗经》里有十五国风,国风开篇就是《周南》、《召南》两风,一共二十六首诗,《周南》、《召南》被称作正风,后面的十三国风称为变风。所谓正风就是被周天子王道所化的诗歌,变风就是周天子的王道不行之后的诗歌。《周南》、《召南》是《诗经》的精华,所讲多为男女之事,夫妇之道,儒家教人修道是在夫妇之道中去修,将夫妇之道修好了,则可与天地大道相通。故齐家是修身、治国、平天下的重要的中间环节,修身修得如何,要在齐家中去检验,治国、平天下则要以齐家为基础。夫妇之道处不好,则其他人际关系都成问题。所以不学二南在社会中就行不通。另外《周南》、《召南》里寄寓了孔子的王道理想,学二南也是认识先王思想的基础。

　　🌀　子曰:"礼云礼云,玉帛云乎哉? 乐云乐云,钟鼓云乎哉?"

　　孔子说,礼呀,礼呀,难道就是说的那些玉器、绫罗绸缎吗? 礼应该包括三个部分,第一是礼义,讲所有礼的精神意义;第二是礼节,有了礼的精神理论,还有礼的行为方式,因为礼是教人的行为,比如站、坐、穿衣、吃饭的礼节;第三是礼器,像玉啊、帛啊都是礼器。难道说玉帛等礼器就能代表全部的礼吗? 孔子的意思是礼器容易找,容易得,把这些礼器摆在桌子上,搞形式是容易的,但是礼器背后的精神,岂是这点形式可以代表的? 孔子又说,乐呀,乐呀,难道只是钟鼓之类的乐器吗? 钟鼓可以奏出乐声,但钟鼓并不是乐的全部。礼乐的精神是什么呢? 礼的精神是序,乐的精神是和;礼的精神是维护整个社会的秩序,乐的精神是使社会调和;礼是用来维护秩序的,乐是用来调和大家的。比如说上课的时候,为什么我们能上课呢?是因为我和诸位同学都讲礼,老师和学生都有秩序,井井有条,这个课才能上得下去。但是我们光有序还不行,只有序则大家生分,不亲近,所以必须用乐来亲和大家。过节的时候,开联欢会,老师同学一起载歌载舞,大家一下就亲近了,所以乐以发和。故孔子说,礼和乐哪里就是一点儿礼器和钟鼓能够代表的呢?

🌀　子曰:"色厉而内荏,譬诸小人,其犹穿窬之盗也与?"

"厉"就是严厉、威严,"色"是脸色外表。"荏"读 rěn,柔弱之意,"内荏"就是内心非常柔弱。色厉而内荏,即外表装出一副很严厉的样子,内心却很空虚、怯弱。"穿"就是穿壁,"窬"读 yú,就是逾墙,穿壁翻墙。孔子说外表严厉而内心虚弱的人,就譬如那些小人,那些挖洞翻墙的小偷。这些人内心恐惧虚弱,随时担心被人发现。而内心虚弱的人就像小偷一样,没有真正的庄严,总怕别人看出来,装出一副严厉的外表。往往内在越空虚怯弱的人,就越怕别人看出其空虚怯弱,越要做出一副严厉强大的样子。这也就是自卑的灵魂总以自尊的面貌出现的原因。

🌀　子曰:"乡原,德之贼也。"

"乡原"指言行不符,伪善欺世。"原"同"愿"。"贼"当败坏讲。孔子说言行不符,伪善欺世,表面好像有德,其实是败坏道德的行为。这里孔子就是说的那些在乡里随波逐流、媚俗世间、左右逢源、貌似有德的人,这种人往往为世俗所尊重,并被当作楷模和标准,其实是败坏了道德,所以孔子很讨厌乡原。乡原实际就是一种世俗化了的道德标准,它是以功利得失为标准,打着道德的旗号,行非道德的事,而真正的圣贤之道正是被这种乡原所歪曲。这种情况长期存在,新文化运动时所批判的传统道德,其实就是这种打着圣贤之名的世俗道德,而并非真正的圣贤之道。乡原的流毒是让大道不彰。

🌀　子曰:"道听而涂说,德之弃也。"

"涂"即"途"。道和途是有区别的,脚下的路叫道,前面的路叫途。现在刚刚听到别人给我说的事,走到前边就给人家说了,就叫道听途说。孔子说这种情况是道德的废弃,因为养德需要深入潜藏。在这里听到的,走几步路就给人家说,说明这个人什么事情不加思考,耳进而口出,没经过大脑,更没有经过内心的涵养。其实道听途说只是一种比喻,比喻人轻浮,不能厚重养德,也就是说像道听途说这种轻浮的行为是应该被抛弃的。后来这句话就成了常用语,引申指听了一半就开始乱说,没有把事情搞清楚。

🌀　子曰:"鄙夫可与事君也与哉?其未得之也,患得之;既得之,患失之。苟患失之,无所不至矣。"

鄙夫,就是鄙贱的人。孔子说,鄙贱庸俗的人难道可以和他一起侍奉君主吗?为什么鄙贱的人就不能一起侍奉君主呢?因为这种人患得患失。"其未得之也,患得之",当他没得到名利的时候就怕自己得不到,当他得到名利的时候又怕失去了。"苟患失之,无所不至矣",如果怕自己失去名利,这种人就什么都做得出来。小人得志则肆无忌惮,为了保住既得利益什么都做得出来。朱子说这种人可以吮痈舐痔,人家的痔疮他可以去舔,人家身上的脓疮他可以去吸出来,只要保住自己的利益,可以奴颜媚骨,什么都不要,这还是往小了说,往大了说,杀父弑君都可以去干。鄙夫没有道德底线,也就没有了约束,为了利益,他可以无所不为。这种人如果用来为国家做事,必定祸国殃民。

🌀　子曰:"古者民有三疾,今也或是之亡也。古之狂也肆,今之狂也荡;古之矜也廉,今之矜也忿戾;古之愚也直,今之愚也诈而已矣。"

孔子说,古代的老百姓有三种毛病,可是今天的人连这三种毛病都做不像了,可见今天的人更差,每况愈下,人心不古,世风日下。古代的人狂,无非有点放肆而已,"狂"是志高,"肆"是不拘小节,"荡"则是肆无忌惮,任意妄为。比如在以前,某个同学上课睡着了,我过去提醒他,他说,哼,哪个要你来管我嘛,吃多了撑的。这就是狂也肆。今天有同学上课睡着了,我去叫他,啪,一个耳光给我打过来,这就叫狂也荡,已超过了不拘小节的极限了。"矜"是持守严谨,"廉"是有棱有角,不易靠近。"忿戾"是多怒好事,凶恶蛮横。古代的人,严谨自守无非是有棱有角,不易接近,今天的人,严谨自守则凶神恶煞。古时的人严守不易接近,但他不会招惹人家;今天的人不仅不易接近,还看你不顺眼,看他不顺眼,还要辱骂你,羞辱你,有攻击性。古代的人愚笨但很直爽,今天的人既愚笨又狡诈——这个问题就严重了,又愚蠢又狡诈,简直没有办法了。其实这个"愚也诈"就是装出愚笨的样子来骗人,并非真正的愚,所以也谈不上正直了。这是孔子深叹世风日下,深叹春秋末年礼崩乐坏的混乱社会风气给人带来的不良影响。

🌀　子曰:"巧言令色,鲜矣仁。"

这句是重出,现代文学史上著名作家废名的文章中就写到,以前小孩子读到这一句就觉得捡了便宜,读过的话又来了一句。

◎ 子曰:"恶紫之夺朱也,恶郑声之乱雅乐也,恶利口之覆邦家者。"

"恶"就是厌恶,在古代有五种色是正色,其他的色都是杂色。朱字在象形文字里是这样的"米","米"这是一个木字,在木字里加一横就是朱,朱指红色。因为把树皮剥开,树的中间是红的,所以以木字中间加一横表示树中间的红色,即朱。红色、黄色、青色、白色、黑色,这五种色古人称为正色,除此以外的色都是杂色。紫色是红色与蓝色调出来的颜色,要红不红。孔子说厌恶紫色这个要红不红的颜色,把真正的大红色给扰乱了。郑国、卫国民风淫乱,所以郑、卫两国的民间音乐也淫乱。"雅"当"正"字讲,雅乐就是指的有中和之美的正统音乐。孔子说,厌恶淫乱的音乐把真正的音乐给扰乱了。"覆邦家"就是使国家倾覆。表面的意思很简单,深层次的意思是说什么呢?到了春秋末年,价值观混乱,原有的价值观被乱七八糟的东西所冲击,人们已经辨不出是非善恶,"以是为非,以非为是",也就是把正常当非常,把非常当正常,这就是价值观混乱带来的严重后果。胡锦涛主席最近提出了"八荣八耻",为什么提出呢?他专门讲了这个问题。因为现在许多事情都以社会多元为借口,连起码的是非标准、道德标准都没有了。而价值观的混乱势必导致社会的混乱,社会无序,无标准,就会出现紫之夺朱,郑声之乱雅乐,利口之覆邦家。比如你走到书店里去,现在的图书品种是极大地丰富,铺天盖地,但里面良莠不齐、鱼龙混杂,经典和粗劣并存,没有一点辨别能力的人简直不知道选什么书,这就很容易出现紫之夺朱、郑声之乱雅乐的情况。生活当中类似的现象还有很多,假的东西把真的东西给掩盖了,坏的东西把好的东西掩盖了。比如说,这个人做事很能吃亏,很正直、很善良,做事时时为他人着想,人家反而说这个人多傻呀,这个人白痴,该要不要。做官的很清廉,不与世俗同流,别人就要说这个人不入时。标准混乱,就出现这样的问题,人们没有正确的价值评判标准,这是孔子所深恶痛绝的。

◎ 子曰:"予欲无言。"子贡曰:"子如不言,则小子何述焉?"子曰:"天何言哉?四时行焉,百物生焉,天何言哉?"

这一句孔子描述了宇宙的大道。孔子说,我想不说话了。无言,我是无话可说了。子贡不理解孔子这个话,就问,老师你不说话,我们传承什么呢?"述"就是传承,传承文化。子贡以为文化必须从语言中传承,不知语言只是对大道的描述,无语言大道仍在。孔子说,天说了什么呀,天什么也没有说,可是春夏秋冬四季流转,大地上各种花草树木、鸟兽虫鱼,一切的生命,一切的生灵,各自都生生不息地生长,天说了什么呢?天地什么都没说,可是万物自然生长这就是宇宙的本体。它不需要用语言来表达，它就这样生生不息，运动流转。圣人之道与天地之道相通，圣人觉解了天地之道，故而圣人像天地一样无言。释迦牟尼佛说不立一切语言文字相，语言文字都不要，语言文字写出来的都是第二义，第一义是宇宙的本体，用语言表达出来的是第二义、第三义、第四义、第五义。圣人不想说话，孔子是予欲无言，释迦牟尼是不立一切语言文字相，都是这个道理。宇宙的本体不因为你不说它就不在，它随时都在运行流转，就如孔子所说的"逝者如斯夫，不舍昼夜"。这一段太精妙了。圣人之道曲高和寡，孔子说的这段话，聪明如子贡都不能体会，孔子说完"天何言哉"后就没有记载子贡的反应了，没有子贡诺、子贡谲然、子贡莞尔一笑之类的记录。其实孔子说这个话只是自言自语说给自己听而已，所以后来孔子说"知我者，其天乎"，知道我的大概只有天吧。

◎　孺悲欲见孔子，孔子辞以疾。将命者出户，取瑟而歌，使之闻之。

这两句话放在一起很有味道，对圣人不理解那是常事，哪怕是一个小问题。一个叫孺悲的鲁国人想去见孔子，据《礼记》记载这个人曾经跟孔子学过礼，孔子以自己有病来推辞他，不见他。"将命者"就是传话的人。传话的人去告诉孺悲孔子不想见他，刚走到门口，孔子就弹起琴来，而且还边弹边唱，使他听到。两个"之"都是代词，一个代孺悲，一个代音乐，使孺悲听到音乐。孔子不见他，还要让他知道是故意不见。好比来了个人敲门，咚咚咚，问屋里有人吗？我说，屋里没人。就是这个道理，屋里没人还答应什么呢？就是要让你知道故意不见你，什么意思呢？这就是圣人的不教而教。不教而教谓之深教也。让你知道故意不见，你就要去想为什么不见，是自己什么做得不对，当你反思的时候，孔子表面没教诲你，其实已经在教诲你了，这就是不教之教，也是孔子的重要教育方法。圣人做事"无适也，无莫也"，没有固定的教育方法，都是因材施教。

◎　宰我问："三年之丧，期已久矣。君子三年不为礼，礼必坏；三年不为乐，乐必崩。旧谷既没，新谷既升，钻燧改火，期可已矣。"子曰："食夫稻，衣夫锦，于女安乎？"曰："安。""女安则为之！夫君子之居丧，食旨不甘，闻乐不乐，居处不安，故不为也。今女安，则为之！"宰我出。子曰："予之不仁也！子生三年，然后免于父母之怀。夫三年之丧，天下之通丧也。予也，有三年之爱于其父母乎？"

宰我是孔子弟子里比较调皮的一个，按今天的话讲就是有点个性，观点不一样,要讲点自己的见解。他问老师,古人给父母亲守孝三年是不是太长,一年我都觉得久了。"期"读jī,指一年。君子要是三年不去研究礼仪的话,礼仪就败坏了,三年不去演奏音乐,音乐就荒废了,守孝期什么都不能做,那么三年不能治礼乐,礼乐不都坏废了吗?去年打的谷子吃完了,新的谷子又种出来了。"钻燧改火",燧是取火的木料,古人通过钻木头来取火,春夏秋冬用的木料是不一样的,四季用不同的木料来取火,一年也就轮了一遍,自然界的万物都是以一年为期限。孔子说,你守孝期吃好的,穿好的,内心安适吗?古时水稻种植很少,锦是绫罗绸缎,都很珍贵。当时守孝只能喝粥,只能穿粗麻布衣服,没有吃稻穿锦的道理。宰我就说,安啊,怎么不安,我心安得很。孔子就说,你觉得心安你就这样做吧。君子守孝期间吃甜的东西感受不到它的甜味,听到音乐感受不到快乐,住在家里感到不安(古时守孝期间必须住在临时搭建的棚里),如果你觉得安心你就这样做吧。宰我离开了,孔子说,这个宰子真是不仁德啊,小孩子出生,三岁之前都是父母抱在怀里,所以给父母亲守孝三年是天下通行的做法。宰予也有三年时间被他父母爱过,被他父母抱过吗?意思是难道宰我没有被他父母亲爱过抱过,竟会提出这样的问题。孔子以这种反问来强调守孝三年的天经地义。本来对父母亲的情哪是守三年孝就报得了的呢?思念是永远的,制定三年的孝期只是圣人折中而已。连三年的孝都不守,足见其寡恩。孔子说后面这几句话是责备宰我寡恩薄情,希望他听了这个话以后能够去改正自己。孔子说礼都是从情中生出来的,无情则无礼,合情才合礼。为什么要守孝三年,那是人之常情啊,是人对父母亲的深深思念,没有三年不足以寄托这种哀思。

🌀 子曰:"饱食终日,无所用心,难矣哉!不有博弈者乎,为之,犹贤乎已。"

孔子说,一个人一天到晚吃得很饱,什么都不做,什么都不想,这种人真难办。不是还有下围棋吗,都比饱食终日、无所用心好一些。"博"是古代的一种棋局,"弈"即指下围棋,"贤"指胜过,"已"指什么都不干。这里孔子并不是说下棋就好,而是强调饱食终日、无所用心不好。因为人之所以能与天、地并称为三才,三才指三种能量,就是因为人有一颗能觉解万物的心,如果连这颗心都不用,那还叫人吗?那就与禽兽无异了。所以孔子这么反对饱食终日、无所用心。

🌀 子路曰:"君子尚勇乎?"子曰:"君子义以为上。君子有勇而无义为乱,小人有勇而无义为盗。"

子路问,君子崇尚勇敢吗?因为子路好勇,所以他问这种问题,希望得到老

子生三年然後免於父母之懷
共和國五十八年暮春寫於
蓉城川師東籬居 李里

子生三年，然后免于父母之怀。共和国五十八年暮春，写于蓉城川师东篱居，李里。

师的表扬。孔子就说,君子崇尚道义,以义为标准。君子光有勇敢而没有道义,没有道义来约束这个勇敢,那就会犯上作乱。小人光有勇敢而没有道义的话,那就会变为强盗。他练了一身武艺,飞檐走壁,那就可以当强盗了,可以偷,可以抢。勇必须要有义来对它进行约束和限制,不然这种勇就会流于狂弊。

✿ 子贡曰:"君子亦有恶乎?"子曰:"有恶:恶称人之恶者,恶居下流而讪上者,恶勇而无礼者,恶果敢而窒者。"曰:"赐也亦有恶乎?""恶徼以为知者,恶不孙以为勇者,恶讦以为直者。"

子贡问老师,你也有讨厌的人吗?"恶"读 wù,表示讨厌。孔子说,有。我讨厌一天到晚去说人家坏处的人,哪个人没有缺点呢,老去说人家这里坏那里坏,说明你内心就有问题,君子乐道人之善。讨厌处在卑下的地位而诽谤他上面人的人,"讪"表示诽谤。下级诽谤上级就是没有诚敬之心,君子有三畏,其一即畏大人长者,当然因妒忌而诽谤则性质更恶劣。讨厌那种勇敢而无礼的人。讨厌那种果敢而顽固的人,"窒"当顽固讲。有勇无礼的人,走到人家屋里来,门也不敲,啪,打烂就进去了,多勇敢啊,进门都不敲门了,可是没有一点礼节。果敢而顽固的人,不听意见,不明事理,一意孤行。这四种人都讨厌。说完后孔子也问,子贡你也有讨厌的人吗?子贡说我也有,讨厌抄袭别人东西来冒充聪明的人。"徼"读 jiǎo,抄袭的意思。以剽窃别人的成果装聪明,现在这种人太多了,写文章作论文都在网上去剽窃,冒充自己很聪明。讨厌那些把不谦逊当作勇敢的人。"孙"同"逊"。讨厌把揭发攻击别人短处当正直的人,"讦"就是专门揭发攻击人家隐私、短处。孔子与子贡所讨厌的这些行为在现实生活中是极普遍的,儒家讲仁者爱人,但所爱的必须是真正的人,儒家对于人是有严格的是非标准的,像孔子与子贡所讨厌的人离真正的人差得很远,所以自然就不在爱的范围内了。

✿ 子曰:"唯女子与小人为难养也,近之则不孙,远之则怨。"

这一句话被很多人用来责难孔夫子,我出来讲学,很多人都针对这句话提出疑问。你说孔子这么伟大,这么了不起,可是却歧视女性,很多女同胞对这句话都很不以为然。其实那是没有正确理解这句话。这句话里的女子指婢妾,小人指仆人,女子与小人是特指家中的仆妾,只有仆妾才称"养",一般女性及人则不用"养"。婢妾与仆人就是这样,你对他亲近,他就任意撒娇,随便,不恭逊,"孙"同"逊"。你疏远他,他就埋怨。如果是泛指,这句话就更深刻。近之不逊,远之怨,从现象上看女性与小人是相同的,但本质则大不相同。女性有近之不逊、远之怨的特点,那是由男女间的性别差异产生的,属于女性特有的心理特征,无褒贬可言,就像男性也有男性特别的心理特点一样。但如果男性有近之不逊、远之怨则属于道德问题,非君子所应有的品行,自然是小人行为。而男子中真正能成为君子的人实际也是很少的。日本著名作家渡边淳一的《男人这东西》这部书可以从性别的角度帮我们更好地理解孔子这句话的深刻性。

🌀　子曰:"年四十而见恶焉,其终也已。"

孔子说,一个人到了四十岁——四十岁是成德之时了——还被人家讨厌,这个人就完了。三十而立,三十岁时立于礼,三十岁的时候被人讨厌还说得过去,你学礼还没有学完全。但是四十岁已经到了不惑之年,智者不惑,四十岁应该是个智者了,做事还被人讨厌,那说明这个人大概再也没有什么大的造化了,到四十岁了还被大家讨厌,说明他根本就不觉悟。四十岁还不觉悟的话,剩下的时光也不多了。因为古代是人生七十古来稀,古人大概五六十岁就去世了,四十岁还不觉悟,只剩下十多年,大致这一生也就完了。孔子说这个话是在勉励我们一般的人要及时发奋努力以完成自己。

微子第十八

　　《微子》篇和前面的《八佾》篇有点儿相似,都是评点当时社会的,但又各有不同,《八佾》是直接批判当时的礼崩乐坏,《微子》篇则是评点古今贤人隐士,通过评点古今贤人隐士来批评当时社会的混乱。因为从贤者在一个时代的遭遇就可以看出这个时代的情况,如果贤人都得志,那么这个社会就清明、稳定,如果贤者都落难,遭殃,被杀戮,逃亡、流亡,那就说明这个时代很混乱。广东雷州西湖畔的十贤祠内有文天祥做的一篇《十贤祠碑记》,这篇文章就论述了天下兴衰与贤人境遇的关系,他说宋朝十位贤相君子都流放贬官雷州,足见宋朝的昏败。

　　🌀　微子去之,箕子为之奴,比干谏而死。孔子曰:"殷有三仁焉。"

　　微子是商纣王的哥哥,他们是亲兄弟,但是商纣王的母亲在生微子的时候还只是妃子,在生商纣王的时候才从妃子升为了皇后。当时商纣王的父亲本想立微子做太子,但是臣子们反对说,只有皇后的儿子才能立为太子,所以纣王后来被立为太子,最终做了王。箕子是商纣王的叔叔,因直谏批评纣王而被囚,成为奴隶。后来箕子看到纣王无可救药,就率领了一支族人离开商朝,再向东北走,到了现在的朝鲜半岛,并在那里开邦建国,现在的朝鲜国的祖先就是箕子。现在朝鲜跟我们争中华文化之正统,根本就不用争,他本来就是中华文化的一个分支。朝鲜为什么能历经几千年独立成为一个国家?因为箕子很了不起,只有圣贤才能开邦立国,任何一个国家的开国祖先都是了不起的圣人。朝鲜半岛这么小一个地方,可以几千年和我们大汉族并立,一直到现在,就因为他们的祖先是圣贤。后来商王朝被消灭了,而箕子这位商朝人却建立了古朝鲜国。比干也是商纣王的叔叔,对纣王忠心耿耿,常劝谏纣王。纣王对此不满,就对比干说,相传圣贤的心里边都有七窍,我要剖开你的心来看一看到底有没有。比干因此被挖心而死。针对这三件事,孔子就说,商朝有三个仁人啊。微子、箕子、比干都是纣王的至亲,如果他们不离开,不苦谏纣王,就有不可动摇的荣华富贵,但他们并没有因此而苟活，而是忠义直行，不惜舍生取义。所以孔子赞叹商朝的三个仁人，在乱世之中还能保全自己的德行。文天祥讲："时穷节乃见，一一垂丹青。"要到关键时候才能真正辨别一个人的气节，在大是大非、真正的艰难困苦面前，这个人是铁骨铮铮，还是软骨头，是有道还是无道，是有节还是无节，只有在大事面前才辨别得出来。在一般的小问题上，不足以证明大节，"殷有三仁焉"，是从历史的考验中看出来的。戊戌变法，谭嗣同以身殉难，1912 年梁启超做司法部部长时，在谭嗣同的家乡湖南浏阳为他建了谭烈士专祠，并题写了"民国先觉"匾悬于其上以为纪念。谭嗣同就是这样的人，在大义面前，选择一死，以死来感召民众，来唤起民众的觉悟。谭嗣同有两句很有名的话：无死者无以召后来，无生者无以继前贤。大是大非面前才能真正显现出一个人的精神风骨。

◎ 柳下惠为士师，三黜。人曰："子未可以去乎？"曰："直道而事人，焉往而不三黜？枉道而事人，何必去父母之邦。"

士师就是掌管刑法的官。柳下惠是鲁国的贤人，孟子说柳下惠是圣之和者也，圣人中最能致中和的人。柳下惠做了掌管刑法的官，又多次被罢官，三黜就是多次被罢官。有人就讥讽柳下惠，既然你多次被罢官，还不如离开这里到别处去做官。柳下惠就说，如果我直道行事，做什么都正直不阿，到哪里我都会多次被罢官。如果我投机取巧，搞歪门邪道，不正直行事，那我何必离开呢？我何必离开生养我的国家呢？这是孔子在称赞柳下惠之贤。

◎ 齐景公待孔子，曰："若季氏则吾不能，以季、孟之间待之。"曰："吾老矣，不能用也。"孔子行。

孔子到齐国去，齐景公在谈到接待孔子的规格时说，如果用对待季孙氏的礼节来对待孔子，我不能够。我可以用接待季孙氏和孟孙氏之间的规格来接待他。因为当时鲁国掌权的有季孙氏、叔孙氏和孟孙氏，权力最大的是季孙氏。季孙氏如果到了齐国的话，齐国将用很高规格来接待季孙氏，对孟孙氏则是较低的规格。齐景公又说我老了，不能用孔子了。孔子听说了齐景公的话就离开了齐国。齐景公用季孟之间的规格来接待孔子，已经是非常隆重，但孔子离开并非在乎以什么礼节来接待他，而是因不能用他，他不能施展他的抱负。齐景公说自己老了，只是托词而已，这也可见孔子当时周游列国不见用的情形。

◎ 齐人归女乐，季桓子受之，三日不朝。孔子行。

孔子在鲁国做司寇兼宰相，那时鲁国三个月就大顺，国泰民安。这使齐国很紧张,怕鲁国强大了威胁到齐国。齐国就想怎么搞垮鲁国啊,最好的办法是送他女人。齐国就"归女乐","归"读 kuì,通馈赠的"馈",表示赠送。女乐是通音律的女子,相当于乐伎,齐国就把乐伎送给鲁国的当权派。鲁国的当权派季桓子接受了这些女乐,接受以后就三天不上朝了。孔子一看,算了,见了几个女乐都守不住,弄得三天不上朝,我给这样的当权者办事终归是无益的,所以孔子就离开了鲁国。孔子周游列国,并不是我们一般意义上的去旅游,他是用生命在体验人生的苦难,是在生死当中来完成他的理想与使命。他周游列国,没有好吃好喝的,和那些弟子常常穷途潦倒,有时候是饥饿,有时候是追杀,一会儿畏于匡,一会儿畏于桓魋,几次差点被杀死了,是怎样的不易呀。如果没有内心坚定的信念,这是万万不可能的。这不同样是微子、箕子、比干、柳下惠的圣贤情操吗?

🌀　楚狂接舆歌而过孔子曰:"凤兮,凤兮! 何德之衰? 往者不可谏,来者犹可追。已而,已而! 今之从政者殆而!"孔子下,欲与之言。趋而辟之,不得与之言。

接下来就讲孔子在周游列国途中遇到的事情,孔子不仅不被当政者用,还时常遇到些隐士讥讽嘲笑他。楚狂人接舆就是第一个。楚国的狂人接舆唱着歌经过坐在车上赶路的孔子旁,接舆唱歌是故意的,就是唱给孔子听的。接舆唱道:凤凰啊凤凰,你的道德为什么这么衰败呢? 凤凰本来是吉祥珍贵的东西,当时的人认为,只有天下盛世的时候,凤凰才出来,乱世凤凰是不会出来的。接舆的意思是现在分明是个乱世,你凤凰还出来,你真是太贱了啊。其实他这个话是用凤凰来比喻孔子,意思是孔子孔子,何德之衰啊,天下清明你才出来做事嘛,天下这么混乱你还出来做什么呢? 过去的事情就算了,我也没法给你提意见了,可是以后的事情你还可以改变嘛,以后你是可以把握的。陶渊明的《归去来兮辞》就化用了这一句话:"悟以往之不谏,识来者之可追。"中国很多好的文章,都是从经典里边化出来的。"已而,已而",意思是算了吧,算了吧,今天从政的那些诸侯大夫们都是一群不可用的人,"殆"就是危险,都是一些危险的人。孔子是何等的圣人,他听到这些话肯定不会怨恨,而是下车想去请教接舆。"趋",小跑。接舆看到孔子来了,就小跑着避开了。这也是隐士狂人的特点,行为狂放不羁,不守礼法。孔子想和他交流一下,谈一下自己的想法,并听听他的高见,但未能实现。这对比中也更看出孔子的境界与仁厚,哪怕是讥讽嘲笑他的狂人,他也谦恭礼敬,圣人就是圣人啊!

🌀　长沮、桀溺耦而耕,孔子过之,使子路问津焉。长沮曰:"夫执舆者为谁?"子路曰:"为孔丘。"曰:"是鲁孔丘与?"曰:"是也。"曰:"是知津矣。"问于桀溺,桀溺曰:"子为谁?"曰:"为仲由。"曰:"是鲁孔丘之徒与?"对曰:"然。"曰:"滔滔者天下皆是也,而谁以易之? 且而与其从辟人之士也,岂若从辟世之士哉?"耰而不辍。子路行以告。夫子怃然曰:"鸟兽不可与同群,吾非斯人之徒与而谁与? 天下有道,丘不与易也。"

　　长沮、桀溺又是两个隐士。大家注意,隐士高人终不是圣人,隐士高人只能保全自己,不管他人,没有悲心是不足以成圣人的。"耦而耕",就是两个人并排在一起耕田,"耦"读ǒu。孔子经过这里,让他的弟子子路去问渡口在哪里。"津"就是渡口。长沮就说了,"执"就是拿,"执舆者"就是赶车的人,那个拿着绳子在车上赶车的人是谁啊? 子路就说,那是我们老师孔丘。长沮又问,是不是那个鲁国的孔丘啊? 可见孔子大名远播,都知道鲁国有个孔丘,但并不意味大名远播就都说你好,盛名在外,不同的人有不同的看法,古今同然。是那个鲁国的孔丘啊,从这个语气里就看得出轻蔑的态度。子路说,是。长沮就说,既然是孔丘,就应该知道渡口在哪里,孔丘有什么不知道的呀。他那么有学问,无所不知,还问什么渡口呀? 这显然是不满,严重的不满,不予回答。不回答怎么办,有两个人并耕,这个不回答问那个。子路又问桀溺,桀溺就说,你是哪个啊? 子路说,我是仲由。桀溺又说,你是不是那个鲁国孔丘的徒弟啊? 子路说,是,我就是。桀溺根本就不回答子路的问题,环顾左右而言它,问东说西。"滔滔",浊浪滔滔,天下都是浊浪,而谁能让它改变呢? "易"就是改变,哪一个能来改变天下的污浊混乱呢? 他是针对子路说的,你与其去跟从"辟人之士","辟"就是回避,"辟人"就是回避污浊之人,"辟人之士"就是不与污浊之人为伍的人,这里实指孔子,因为大家都知道孔子是不同流合污的圣人。你与其跟从不与污浊的人交往的人,你不如跟从辟世的人。"辟世之人"就是逃避社会之人。桀溺认为孔子是辟人之人,他们才是辟世之人,根本不与昏昏浊世为伍。桀溺说子路你与其跟随那个辟人之人孔丘,你不如跟随我们两个辟世之人。"耰"读yōu,就是覆盖种子。"辍"当"停"字讲,"耰而不辍"就是不停地覆盖种子,根本不回答子路的问题。这些隐士都是怪脾气,子路回去以后就告诉孔子,"夫子怃然"。孔子深邃的内心世界,内心的孤独流露出来了。"怃然",表示忧伤、怅惘。孔子怃然长叹,更看出孔子的那种忧伤。孔子就说,鸟兽不可与同群,鸟兽我们是不可以和它们同群的,我们怎么能和鸟兽结伴成群呢? 我们要和它们同群也不可能,我们去亲近鸟兽,鸟兽就要飞要跑，所以鸟兽不可与同群。孔子一生就是要把人从禽兽中分开来，从人的状态分开来，然后把人从一般的人提高到道德境界的人，提高到天地境界的人，他就是要不停地提升人的思想境界，所以鸟兽岂可与同群呢？既然鸟兽不可与同群，我不和世间的人在一起，又和谁在一起呢？我不和世间之人为伍，我又和谁为伍啊？如果天下真是有道的话，我孔丘就不会出来改变了，正是因为天下无道，我才四方奔走，才一生孜孜不倦希望改变世道。这里孔子终于讲出他之所以栖栖遑遑颠沛流离的根本原因，这才是孔子精神里最可贵的，明知山有虎，偏向虎山行，知其不可为而为之的精神。他知道天下是不可救的，但还是要救。知道不可救是他的智慧，还是要救是他的仁德，这就是智者和仁者境界的不同。很多人读《论语》，把智者和仁者当作两种对立的人，智者是一种人，仁者是一种人，其实不然，智者和仁者是人的不同阶段，是人的两种不同境界，智者是一个境界，仁者是更高的境界。智者知道天下乱了，没有办法救就不救。知道天下乱了，救不了还要救，这就是仁者的境界。长沮、桀溺最多是智者，他们以为天下无道就该隐，而孔子才是真正的仁者，天下无道就应该出来改变、拯救。这也正是孔子仁者悲天悯人的情怀，智者还没达到仁者的境界，自然无法理解仁者的精神世界，所以楚狂接舆、长沮、桀溺不理解孔子也是自然而然的了。

　　🌀　子路从而后，遇丈人，以杖荷蓧。子路问曰："子见夫子乎？"丈人曰："四体不勤，五谷不分，孰为夫子？"植其杖而芸。子路拱而立。止子路宿，杀鸡为黍而食之，见其二子焉。明日，子路行，以告。子曰："隐者也。"使子路反见之。至则行矣。子路曰："不仕无义。长幼之节，不可废也；君臣之义，如之何其废之？欲洁其身，而乱大伦。君子之仕也，行其义也。道之不行，已知之矣。"

　　子路跟在孔子的后面，一路行来，遇到了楚狂接舆，遇到了长沮、桀溺，这下又遇到了荷蓧丈人。丈人，挂杖之人，"丈"通"杖"，挂着拐杖的人，肯定是老人了。这位老人还用拐杖挑了一个竹篮。"蓧"读 diào，指装草的篮子。《论语》里的人物描写，往往是几个字就把这人的精神状态刻画出来了，而且很有趣味。用拐杖挂了个篮子在那儿走，一下子人物的风味就出来了。前面长沮、桀溺是耦而耕，并排在一起耕田，说明这两个人是好朋友，是两个隐士，而且两个人说的话一个挖苦老师，一个挖苦弟子，一唱一和，就像合和二仙。楚狂接舆是歌而过孔子，一边走一边唱。孔子要见他是趋而避之，一个"趋"字表现他的状态，小跑步，唯恐被孔子追上的样子，很精彩。这几个人的情况是层层递进，一个是根本不见，二个是答非所问，第三个接待了子路。这一次子路和孔子走散了，看见这位荷蓧丈人,子路就上前问丈人,您见到我们夫子了吗？丈人就说"四体不勤,五谷不分,孰为夫子?"这一段话也是被很多人误解的,认为孔夫子是四体不勤,五谷不分。其实错了,你们读第九篇《子罕》里就有"吾少也贱,故多能鄙事",孔子说他少时贫贱,什么贱活都做过,当过农民,种过地,做过各种工匠,并不是一个四体不勤,五谷不分的人。为什么丈人会这么讲呢？关键问题在子路那里,因为子路问话问错了,他问见到夫子了吗？当时夫子这个词是一个泛指的概念,凡是做大夫的都叫夫子,不是特指孔子。孔子做过大夫,所以弟子们都叫他夫子,且在弟子们心中,夫子就成了孔子的专称。子路问夫子,以为别人都知道是孔子,而丈人并不知道。这就使问话的人和听话的人在词语释义上发生了误会。丈人并没有看见孔子,一听问他夫子,他就以为是说那些做官的大夫,所以就开始讥讽了,四肢不勤劳,五谷都分不出来,哪个是夫子,我没有见到什么夫子。其实这就是当时人们对做官的,对大夫,对当权者的看法。所以"四体不勤,五谷不分"是泛指当时的统治者,并不是特指的孔子。国学大师杜道生先生还专门做了一篇《"四体不勤,五谷不分,孰为夫子"考》的文章论述这个问题。丈人说完后就把拐杖立在一边开始除草。"植"当"立"讲。除草就叫"芸"。子路这个人平时很勇猛鲁莽,但对贤人隐士还是很尊敬的。他出去问路,被打回来几次,可还恭恭敬敬地"拱而立",拱手站在那里。为什么子路会这样子呢？是孔子的影响。如果不是孔子对这些贤人隐士那么礼敬的话,可能子路早就跳起来了,你敢说我的老师,那还得了。可是他还是那么礼敬,老师的态度就决定了学生的态度。比如,我和几个学生一起在外边走,有几个人很无礼来侮辱我,我一生气,学生们肯定要起来维护老师。可是如果他对我无礼,我还是很礼敬他,大家一看老师都这么礼敬,就算了。潜移默化,大鱼前导,小鱼尾随,是为从游也。由于子路态度很谦和,所以丈人就把子路留下来住了一晚上,而且还款待了子路。杀了鸡,拿出粮食来,好好招待了子路,还让自己的两个儿子拜见了子路。第二天子路走了,追上孔子了。把这个事情告诉孔子,孔子就说,"隐者也",这个丈人是个隐士啊。孔子就叫子路返回去再去拜见这个丈人,等子路走回去,这个丈人已经走了,不见了。像不像《聊斋》里的故事啊,住了一天,第二天去人就不在了,真是漂泊浪迹的隐士,云游之人。子路在寻人不见的情况下,或许联想到这几次的所遇就忍不住把自己的内心想法说了出来,为老师正正名。子路感叹说,"不仕无义"。什么叫义？义就是宜,就是应该,作为一个人应该做的事就叫义。你们来听课,就应该认真地听,不认真听,想睡就睡,想走就走,就叫不义。你应该做的事而不做,就叫不义。人应该尊敬父母,你不尊敬,就叫不义。儒家讲人就应该为国出力,为民做事,一个人不出来做官,不出来为国家、百姓出力,就是不义。比如,我是老师,我就应该讲学,我是老师而不讲学就是不义。而你们是学生,是学生就该来听课,来听课就是义,不来听课就是不义。正在上课,一个同学病了,晕倒在地上,这个时候大家争先恐后把她扶起来送到医院,这就是义。如果一个人在旁边看,哼,自己不爱惜身体,活该,这就是不义。因为同情人、恻隐人、帮助人,这是人的本分,而人遇到自己本分的事情不做就是不义,所以不去做官救众生本身就是不义。"长幼之节不可废",您的儿子你都要让他们来见我,让晚辈来见长辈。晚辈见长辈就是长幼之节,"节"当礼节讲。长幼之节您都知道不废,君臣之义又怎么能废呢?出来为国家做事就是君臣之义,您既然懂得长幼之序,怎么又不懂得我们师徒周游求仕是为尽君臣之义呢?长幼之序扩展就是君臣之义。"欲洁其身,而乱大伦。"这句话很重要,欲保全自己的干净,而使天下的人伦大义都乱了,人都为了自己清洁而不顾大家,不顾国家的安危,生灵的涂炭。大伦就是君臣关系,天下兴亡,匹夫有责,像这样的大义怎么能乱。君子出来做官,并不是为了做官的本身,是为了行君子应该尽的义务。学而优则仕,君子读书就是为了治国平天下的,读书出来做官救民,本来就是君子应该做的事情。"道之不行,已知之矣",大道不行了,我是知道的,如今天下混乱,大道不行,这是我和我老师都知道的。这补充了前面讲的,知其不可为而为之。孔子并不是不知道救不了才去救,而是明知救不了还去救,这就是儒家的大义。救不救得了是天命,救不救是人事,要尽人事,听天命。这好比医生看病的三个层次:不知道他得了绝症去救他,叫做愚;知道他得了绝症就不救他,叫智;知道他得了绝症还去救他,就叫做仁。这三章集中、深刻地展现了孔子知其不可为而为之的救世情怀,以及不计较成败得失、百折不挠的理想主义精神。

☸ 　逸民:伯夷、叔齐、虞仲、夷逸、朱张、柳下惠、少连。子曰:"不降其志,不辱其身,伯夷、叔齐与!"谓:"柳下惠、少连,降志辱身矣。言中伦,行中虑,其斯而已矣。"谓:"虞仲、夷逸,隐居放言。身中清,废中权。""我则异于是,无可无不可。"

这是孔子用古代的隐士贤人和自己作比较,逸民就是古代的隐士贤人。古代的隐士贤人有哪些呢?孔子列举了伯夷、叔齐、虞仲、夷逸、朱张、柳下惠、少连七人。孔子对这七个贤人做了评点。孔子说能够不降低自己的志向,又不侮辱自己的身份,大概只有伯夷、叔齐两个人做到了。柳下惠多次被免官就是降志,他们虽降志辱身,但是他们"言中伦,行中虑",他们说话都符合伦常大义,绝不昧着良心说话,他们即使在官场里也要说该说的话,不说不该说的话。他们的行动都经过深入的思考。虞仲、夷逸两个人隐居起来,想说什么就说什么,有点像后来的阮籍、嵇康。虽然他们隐居是顾全自己,但是他们能身清,保持自己的清白,不受污染。他们隐居,不出来做事,就叫废。他们虽然不出来做事,"权"就是权

子曰隱者也

故鄉重慶羅漢寺
有九旬高僧竺霞
法師八旬高僧洪禪
法師皆厚德飽學之
隱者誼在師友之間
畫以記之共龢國五
十八年立夏李里於
川師東園天人軒中

子曰:隐者也。故乡重庆罗汉寺有九旬高僧竺霞法师、八旬高僧洪禅法师,皆厚德饱
学之隐者,谊在师友之间,画以记之。共和国五十八年立夏,李里于川师东园天人轩中。

变,他们懂得权宜、权变。他们虽然隐居放言,可是那都是权宜之计。在乱世,只有用这种方式来反抗,如果天下没有大乱,也许他们就不会那样。天下太混乱了,只能通过这种方式来曲折地反抗。伯夷、叔齐是第一等,他们能固守气节,保全自己的理想。第二等就是委曲求全。第一等是敢于向世俗挑战,以自己的崇高品格来给世间树立一个榜样。第二等,不能直面惨淡人生,就委曲求全,也做官,但是要变法改良。第三等,干脆就用敌对的方法,既然你是混浊的,我就以混浊对混浊。这三种人都是贤人,因为他们都是心中有道,只不过方法不同,境界不一样。孔子说,我则不然,我可不一样,我和他们都不同。无可无不可,就是没有一个固定不变的标准,我是审时度势、与时偕行。我能守得住自己的本心,能清醒地观察事物,观照世界,在该用什么办法的时候,我就用什么办法,这就是指的适中。孟子说伯夷、叔齐是圣之清者也,是圣人中最清洁的人,柳下惠是圣之和者也,是圣人中最和谐的,孔子是圣之时者也,是圣人中最能把握时空的,这个把握时空就是中道。比如颜渊死,子哭之恸,颜回死了,孔子号啕大哭。弟子们很不理解,孔夫子一天到晚讲中庸,讲中道,你怎么号啕大哭呢? 孔子说,除了颜回这个人,我会对什么人的死这样哭呢? 孔子在颜回之死这件事上的表现合乎中庸。因为颜回是传孔子大道的人,他的死就意味着道之不传,道不传众生就找不到光明,对这样的问题还不大哭,又为什么大哭呢? 并不是任何一个弟子死了都要号啕大哭。孔子的儿子孔鲤死了,孔子也没有号啕大哭。对不同的事物采取与之相适应的不同态度,这才叫真正的中庸。中庸是最不好把握的,因为它随时随地都在变。什么在变? 外界环境在变。什么不变? 心不变。只有你心不变,你才能随时随地适应外界环境的改变,你的心一变,你的变化就发生了本质的区别,那叫随波逐流。既能把事物处理好,又能固守你的本心,这才是真正的中庸。处理不好,要么就是迂腐的折中主义,要么就是放任自流、随波逐流,要么就是圆滑,什么都能处理,但是本心丧失了。既能够守,又能够动,动静相宜,与时俱进就是动,守住本心就是静。这就是孔子的无可无不可,也是孔子与其他贤人不同的地方。

大师挚适齐,亚饭干适楚,三饭缭适蔡,四饭缺适秦。鼓方叔入于河,播鼗武入于汉,少师阳、击磬襄入于海。

春秋末年,鲁国的音乐已经非常混乱了,太师、亚饭、三饭、四饭、鼓、播鼗、少师、击磬都是鲁国的乐官名。挚、干、缭、缺、方叔、武、阳、襄则是各乐官的名字。"适"当"到"字讲,意思就是大乐师挚到齐国去了;二乐师干到楚国去了;三乐师缭到蔡国去了;四乐师缺到秦国去了;打鼓的方叔到黄河地区去了;鼗读 táo,就是今天说的拨浪鼓,摇拨浪鼓的武到汉水地区去了;少师阳、打磬的襄到海滨去了。春秋末年,音乐混乱,正音难闻,孔子自卫国回到鲁国后着手订正鲁国的音乐,一时间乐师们都喜悦音乐得以订正而凝聚在一起。到鲁哀公时,鲁国越来越混乱衰微,乐师们只有各自散去。孔子的理想是希望用音乐来教化民众,然而现实如此,从这里也可看到孔子的悲哀。这一句放在第十八篇也反映出春秋末年贤人隐退、散去的无奈。

🌀　周公谓鲁公曰:"君子不施其亲,不使大臣怨乎不以。故旧无大故,则不弃也。无求备于一人。"

鲁国是周公的封地,周武王得天下以后,把周公分封到鲁国,周公为辅佐成王,未到鲁国,就派儿子伯禽到鲁国受封,伯禽就是鲁公。周公对自己的儿子鲁公告诫以治国之法。周公说,君子不要怠慢他的亲族。"施"同"弛",当放松讲,表示怠慢。不要让你手下的大臣埋怨你不用他们,"怨乎不以"的"以"当"用"字讲。旧臣如果没有犯大的错误,你就不要遗弃他。不怠慢亲族则众人拥护;不使大臣怨乎不以则是能够识人、用人,人尽其才;追随你得天下的那些人没有大错,你不遗弃他,则人心稳定。这和后世完全不一样。后来的帝王得天下以后就杀功臣、远亲旧。不要对一个人过于求全责备,鸡蛋里挑骨头,吹毛求疵,用人千万不能求全责备。人都有问题,要用他之所长,避他之所短。这几条训诫之辞正是周公得贤人、治天下的法宝,可谓仁厚之至。统治者如能按此实行,自然人心归向,天下泰平。这也是西周所以兴盛的原因。

🌀　周有八士:伯达、伯适、仲突、仲忽、叔夜、叔夏、季随、季骊。

孔子说周朝有八个贤人:伯达、伯适、仲突、仲忽、叔夜、叔夏、季随、季骊。相传这些都是周成王时候的人,他们的母亲"四乳而生八子",母亲有四个乳房,生了八个儿子,一个乳头喂两个孩子,这八个人都辅佐成王治天下,所以周成王时政通人和,天下和美。如果说历史上有过哪些和谐社会,周成王时候就要算一个。周成王的时候,天下不用刑法十年,十年之中天下没有人犯法,那不是盛世,不是和谐社会又是什么呢?孔子讲这段话的意思是成王之时之所以成盛世就是因为有贤人,而今贤人大都隐去,所以天下衰乱如此。贤人得用是因为有圣主明君,反过来贤人隐去则正是天下无道的反映。孔子是言古伤今,哀叹当世。

第十八篇中,前面列举的贤人从商朝的箕子、微子、比干,鲁国的柳下惠,到古逸民与鲁乐师,都是与孔子一样心怀忠贞而不被世所用的君子。将其集中归为一篇也正表现了儒家一以贯之的处衰乱之世仍不忘救世的崇高情怀。孔子则是这种情怀的集中代表。

子张第十九

　　《论语》到《微子》篇,已将孔子的言行基本记录完了。孔子的伟大理想、孔子对混乱现实的批判、孔子在黑暗现实中知其不可为而为之的崇高情怀都全面展现出来了。《子张》篇则是记孔门弟子的言论。虽言孔门弟子,实际只是记了曾子、子游、子夏、子张、子贡五人。曾子、子游、子夏、子张都是孔子晚年的学生。孔子去世以后,这四子讲学最勤奋,时间也最长,所以将他们的言论编为一篇,以反映孔子的伟大影响以及孔门学问的灯火相续与逐渐分流。子贡是孔子早期的学生,孔子去世后他在众弟子中年龄较长,地位最高,对孔子的认识也最深。孔子去世后真正将孔子表彰、推崇出来使其居于不可逾越的崇高地位的就是子贡。子贡对孔门可以说是居功至伟,所以特将其言论列于《子张》篇的最后以为总结。

　　🌀　子张曰:"士见危致命,见得思义,祭思敬,丧思哀,其可已矣。"

　　真正的士就是有德有学又能一个顶十个的民族栋梁。这样的人能够杀身成仁、舍生取义,所以到了天下危难的时候,到了死生大义的关键时候能献出自己的生命,"见危致命"就是危难时能献出自己的生命,"见得思义"就是获得利益时考虑这个利益该不该得,不该得的利得了,就是不义之财。祭祀的时候思诚敬,办丧事的时候思悲哀,士人要像这样才可以。这是子张对士人精神状态的理解和描述。

　　🌀　子张曰:"执德不弘,信道不笃,焉能为有? 焉能为亡?"

　　子张说:实行德而不能发扬光大,信仰道而不能坚定不移,这样的人怎么能算有,怎么能算无呢? 也就是说可有可无。子张务外好大,故而说话颇绝对。能相信道义而守住德行,这样的人已经不错了,但是如果能相信道义而且十分坚定,守住德行还能将其发扬光大,那就更好了。

◎　子夏之门人问交于子张。子张曰："子夏云何?"对曰："子夏曰:'可者与之,其不可者拒之。'"子张曰:"异乎吾所闻:君子尊贤而容众,嘉善而矜不能。我之大贤与,于人何所不容? 我之不贤与,人将拒我,如之何其拒人也?"

子夏的弟子,就是孔子的徒孙去问他们的师伯子张,人应该怎么交朋友? 子张就问,你们的老师子夏如何说的? 弟子们就说,老师说可以和他交往的就和他交往,不值得交往的人你就要拒绝他。子张听了不以为然,你们老师讲的和我听说的不一样。我听说真正的君子能够尊重贤人而包容众生,称赞善良的人而同情做得不好的人。如果我真是一个大贤的人,什么人我不能容呢? 管你是好人还是坏人,我都能包容。如果我不贤德的话,人们都会拒绝我,不和我交往,我哪里还有去拒绝人家的机会和资格呢? 这一段是谈子张与子夏对待交友的态度。子夏严正,子张高远,各不相同。由此也可看出孔子学问的分途,直系弟子们各有所重,故而他们下面的徒弟们认识也就越来越不同。

◎　子夏曰:"虽小道,必有可观者焉;致远恐泥,是以君子不为也。"

子夏说,即使是小道,雕虫小技,也有可取的。但是如果你在这条路上走远了,你就会陷进去。"泥"就是陷进去。所以学习小道必须以大道为前提,在掌握了大道的坚固基础上,才能学习小道。如果你大道都没有学好,你根本无法学小道。因为你只见到末,没见到本,就无法正确把握事物。就像盲人摸象,最终依然只见腿而不见大象。所以君子不做这样的事。有些人学《易经》,一开始就学算命看相,结果陷进去,始终不明白《易经》的真正精神。现在的教育也是如此,多教学生知识技能的小道,而缺乏对宇宙、人生大道的阐扬,所以很多学生读到大学毕业,虽有很多知识,但对人生还是感到迷茫和彷徨。而儒家的教育最根本的就是教人明白人生、宇宙的大道,这是儒家的一贯主张。

◎　子夏曰:"日知其所亡,月无忘其所能,可谓好学也已矣。"

"亡"通"无",这里指不知道的东西。子夏说,什么人算好学呢? 每天都能学到自己所不知道的东西,每月都不忘记自己曾经学到的。就是说,你每天都能获得新知识,而每个月又不忘记你以前的旧知识。旧的东西一点儿没忘,新的东西不停地在增加,这样的学问就了不得了,那就像滚雪球一样,越滚越大,这就是好学。"也已矣",语气词。要想"日知其所亡"必须有活到老学到老的情怀,勇猛精

雖小道，必有可觀者焉
致遠恐泥，是以君子不為也
共和國五十八年暮春李里繪

虽小道，必有可观者焉；致远恐泥，是以君子不为也。共和国五十八年暮春李里绘。

进,努力向学;要想"月无忘其所能"必须时时温习。既能努力向学,又能时时温习,自然是好学的人了。

🌀　子夏曰:"博学而笃志,切问而近思,仁在其中矣。"

"笃志"就是对自己的志向很坚定。子夏说,一个人有广博的学问,又能守住自己的志向,问题既能问到要害上又有价值,仁就在里边了。为什么呢?因为人们往往容易犯这样的错误,就是知识越多越不明白自己究竟要干什么,最初的志向反而被越来越多的知识和学问所淹没。像现在的很多人,没事就打开电脑,网上什么都看得到,可是一进去就走不出来,被它丰富庞杂的内容淹没了。打开电脑之前,还在想要做些什么,可是打开电脑,一会儿看这里,一会儿看那里,直到最后关机,连本来要做什么都不知道了。有些人读书多了,知识广博了,就以炫耀、卖弄学问为能,把读书治学的根本目的忘了。读书人的志向是明白人生宇宙之道,而后成己成人,不能在知识学问中迷失方向。这是非常重要的,这也是我们读书治学时尤其应重视的问题。在生活中也是同理,很多人赚钱的最初目的是为了改善生活或实现理想,然而在赚钱的过程中往往被金钱所诱惑或异化,最终和自己的初衷背道而驰,不是赚钱来为理想人生服务,而是变成了金钱的奴隶,这不能不引起大家的深思啊。"切问",就是问问题问得很恳切,问到要害上,不是泛泛而问。比如我们《论语》都要教完了,你还在问:李老师,《论语》讲的什么呢?孔子是个什么人呢?泛泛地问,足见你没认真学,没认真思考。如果能问出很贴切的问题,比如:孔子满了七十三岁后是再过几个月去世的啊?可见你是在思考了,至于你这个问题有没有意义,姑且不谈,但足见你在学,在思考。你再问,问到最后,老师只能用"是"和"不"来回答的时候,就说明你思考得非常之深入了。"近思"就是思考要有价值。有些人爱思考,但喜钻牛角尖,思考些没有价值的东西。比如孔子身上有多少根汗毛呀?孔子到底是一米八三还是一米八四呀?他也说他思考得很仔细深入,但这些问题实在没有多少价值。所以不仅要能深入思考,而且还要有意义、有价值,这才叫切问近思。

🌀　子夏曰:"百工居肆以成其事,君子学以致其道。"

子夏说,各行各业的工匠在作坊中完成自己的工作,君子通过学习来掌握宇宙、人生之大道。"肆"就是古代制造物品的作坊。工人不在作坊里就难以集中精力完成他的工作。君子不学也就难以明道,因为道必须学而后明,所以儒家极看重人的学习与教育。《论语》开篇就是"学而时习之",即是让人学习人生大道。不学就根本无法成为君子。

◎ 子夏曰:"小人之过也必文。"

子夏说,小人犯了错误必定要掩饰自己,"文"就是掩饰。君子犯了错误能坦然面对,认真改正。犯错误,这在君子、小人都是难免的,然而对待错误的态度上,君子、小人则截然不同。君子犯过错多出于无意或不觉,所以一旦知错就积极承认,以求改正。小人犯错则往往是故意,所以被人识破后就要百般掩饰。

◎ 子夏曰:"君子有三变:望之俨然,即之也温,听其言也厉。"

子夏说,人们能从君子的状态感觉出三种变化:远望他是一副很庄严的样子,而当你靠近他时却觉得他很温和,如坐春风,到你再听他说话时,则是句句有金石声。你远远看,他很严肃,因为君子不重则不威,君子肯定是沉重而威严的。你靠近他,和他交流,他是如何的温润和蔼,因为君子的内心是和谐、从容、安详的。你和他说话,虽然他给你的感觉很温润,但是温润里边透着刚毅,因为君子内心有道,有自己的价值追求与人格操守,君子外柔而内刚。君子如玉,玉就是外面很温润,而内中很刚毅。所以古代的君子都要佩玉。这里说君子有三变,并不是说君子随时在变化,君子是一以贯之的。这个变是人们感受的变化,人们因为与君子接触深浅程度的不同,而获得了不同的感受。这些感受恰恰将君子的精神气象全面展示了出来。通过这句话,我们可以想见孔子的精神气象。

◎ 子夏曰:"君子信而后劳其民,未信则以为厉己也;信而后谏,未信则以为谤己也。"

子夏说,君子要使用百姓的时候,先要让百姓信任他,才能让百姓为他做事,为他效劳。你要给人家提意见,也必须要先取信于人家,再给他提意见。比如我要让你去帮我做什么事情,首先你要信任我、尊重我,我让你去做事,你就很愿意为我去做。如果你都不认识我,或者不信任我,我叫你去做事,你就不会理我。没取信于他就让他做,他会以为你在胁迫他。我们两个很要好了,彼此很信任了,即使我没请你帮忙,你都会主动帮忙。在生活当中也是一样的,朋友之间需要帮助,只要是相互信任的,就心甘情愿。提意见也是如此。我们关系很好了,大家相互信任,你给他提意见,他会认为你在关心他,爱护他。如果没有取得信任,关系不好,你给他提意见,他会认为你在诽谤他:哼,他又在说我坏话了。这两条既是人与人之间交往的原则,又是与人交往的方法,大家依此而行,必会受益。

◎　子夏曰：“大德不踰闲，小德出入可也。”

“大德”即大节，“小德”即小节，“踰”即超越，“闲”指木栏，这里指“界限”。子夏说，大节上不要超越界限，小节上有些出入是可以的。这就像装修房子，首先是把房屋建好，才谈得上装修。房子都没建好，装修就免谈。同理，做人要先在大节上用功，再在小节上精益求精。后人有钻这句话空子的，往往不拘小节时就以这句话来搪塞。但子夏这句话是说给初学者听的，当我们深入学习之后就应该以此话来作为精益求精的勉励，而不是给自己找原谅自己的理由。还有一种讲法说是大德之人不会超越规矩，只有小德之人才会在规矩间进进出出。

◎　子游曰：“子夏之门人小子，当洒扫、应对、进退，则可矣。抑末也，本之则无。如之何？”子夏闻之曰：“噫！言游过矣！君子之道，孰先传焉？孰后倦焉？譬诸草木，区以别矣。君子之道，焉可诬也？有始有卒者，其惟圣人乎！”

子游说他的同门子夏收的弟子门人，在洒水、扫地、待人接物、知进知退这些事情上还是做得不错的，但这些都是末技，不是根本。就是说洒扫、应对、待人接物这些事做得再好，都还只是末技，而不是大道。子夏听了这话不以为然，反驳子游。子游叫言偃，所以子夏叫他言游。子夏说，子游说得太过了，说得不对，君子之道哪一样先传，哪一样后传，是有次第的。“倦”也是传的意思。就像草木，我们要分类才能进行区别，木本、草本、蔷薇科、丁香科，要分门别类，教徒弟也应该有先后次第，分门别类，对哪样的徒弟教哪样的东西，哪样先教，哪样后教，应该秉承我们老师的因材施教之道。君子的大道哪里可以诬陷、诬蔑呢？不可以诬蔑的啊。教育弟子能够有始有终，有前有后，有本有末，样样都教得很齐备的，那可能只有圣人吧。我们是圣人的弟子，只能是一样一样地去教。子夏的话还是有道理的，意思就是教授徒弟，本和末是分不开的，必定是要由浅入深，由易入难，而且在教末的时候，本也就慢慢地有了。本在末中。一个得了道的人和一个没有得道的人，各自的洒扫应对是不一样的。就拿扫地来讲，一个得了道的人扫地，他扫得很干净，而且自得其乐，扫得很高兴；而一个没有得道的人扫地，东一扫把，西一扫把，扫得不干净不说，还越扫越烦。这就是得了道的人和没有得道的人的区别。虽然都是洒扫应对，可是境界完全不一样。洒扫应对中也有本，洒扫应对中也有道。吃喝拉撒可以参禅，洒扫应对也可以悟道。从这一段我们也可以看出，孔子之道到了弟子这里就开始分化了，弟子们各以其理解而有所偏重。子游为学重清楚简易，子夏为学重详尽笃实。子游之学为后世聪明才智之士所好，开启重思想义理一派的儒学；子夏之学为后世谨严专心之士所好，开启重辞章考据一派的儒学。佛学也是如此,释迦牟尼佛圆寂后,弟子分为迦叶、阿难两派,迦叶重仪表行持,形成后来的小乘佛教;阿难重义理思想,形成后来的大乘佛教。所以一种学问的各个宗派就是对这个学问不同方面的择重阐发,而在根本的理义上还是一致的、相通的。

◎ 子夏曰:"仕而优则学,学而优则仕。"

"优"是有余力的意思,不是优秀的"优"。后来的人对这句话是有曲解的。并不是做官做优秀了才去学,也不是学习优秀了就去做官,而是做官有余力的时候就应该去多学习,求学有余力了也应该去做官。做官的目的是为了治国平天下,为了达到这个目的就必须不停地切磋琢磨,研究现实问题,进行理论学习,用理论指导实践,才能把官做得更好。而做学问的目的是为了治国平天下,做学问有闲暇了还是应该出来为苍生做事,出来做官,这样才能更好地学以致用,并真正检验自己的学问。

◎ 子游曰:"丧致乎哀而止。"

子游说,办丧事达到悲哀就可以了。其实这句话的核心是讲发乎情,止乎礼,乐而不淫,哀而不伤。办丧事达到悲哀的程度就可以了,不要太悲伤。伤者,伤也,过于悲伤就要伤人、伤心。这也是讲的哀而不伤的道理。还有一种讲法说是办丧事重在表达悲哀的感情,而不重丧礼的奢华。但"而止"二字有只重内容,不重形式之嫌。这也可以看出弟子说话不如老师的从容中道。

◎ 子游曰:"吾友张也,为难能也,然而未仁。"

子游说,我的朋友子张,可以说是难能可贵了,但是他还没有达到仁者的境界。子张是孔子的高足之一,所以子游说他难能可贵。但子张这个人好高骛远,诚厚不足,心外驰而不内敛,所以子游说他还未仁。

◎ 曾子曰:"堂堂乎张也,难与并为仁矣。"

"堂堂"就是仪表堂堂,容貌之盛。曾子说,子张是仪表堂堂的,气派很大,但是要和他一起进入仁者的境界,那是很难的。子张是务外之学,少从内心上用功,所以难以与他共同成为仁者,而儒家真正的气象应是从内心中流露出来的,不是做出来的。

◎ 曾子曰:"吾闻诸夫子:人未有自致者也,必也亲丧乎!"

"自致",就是自己达到极点,也即情不自禁。曾子说:我听老师孔夫子讲,人很少出现情不自禁的状态。人在哪种情况下会情不自禁呢？只有在亲人去世的时候，才会情不自禁。弗洛伊德讲人有意识和潜意识，一般情况下人的意识会约束潜意识，人的喜怒哀乐都是被自我约束了的，不是随意流露出来的，很难情不自禁。人情不自禁的时候只有在丧亲的状态下，这是孔子说人在哪些情况下情感会强烈外露，从这里可以看出孔子对人性的探讨是很深的。

曾子曰："吾闻诸夫子：孟庄子之孝也，其他可能也；其不改父之臣与父之政，是难能也。"

曾子说：我听老师孔夫子说，孟庄子的孝道，其他是大家都可以做到的，只有一点，他不撤换父亲的旧臣，不改变父亲曾经的政治主张，这是很难得的。一般人，一朝天子一朝臣，新官上任三把火，自己得位以后就喜欢大调整，安插自己的人，把前朝的旧人、旧政全换了、改了。而孟庄子能继承父志，这算是大孝。孔子说过，"三年无改于父之道，可谓孝矣"。《孝经》里说："大孝者，善继其志也。"真正的孝是能够继承父母亲身上的美德与大志，孟庄子能这样，所以孔子很称赏。

孟氏使阳肤为士师，问于曾子。曾子曰："上失其道，民散久矣。如得其情，则哀矜而勿喜。"

孟氏就是孟孙氏，鲁国的权臣。阳肤是曾子的学生，孟氏让曾子的学生阳肤"为士师"，士师就是典狱之官，法官。阳肤来问他的老师曾子，我去做法官该注意些什么呢？曾子说，国君丧失正道已经很久了，所以老百姓很涣散。如果你弄清了他们的情况，你要悲悯他们，可怜他们，同情他们，而不要以抓了几个人而喜悦。一个当法官的，不要以为你抓了几个犯人，办了几个案子，就很了不起了。你办的人越多你就越应该感到天下的混乱，你更应该悲悯众生，众生是因为天下混乱才出来做坏事的，是因为流离失所，无处安身。哪个人愿意去犯法？谁不愿意太太平平过日子呢？所以对这些犯人，你更应该悲悯他们，同情他们，不要以办了案子而沾沾自喜。这是儒家很可贵的思想，认为天下治安混乱，不能怪百姓，只能怪治国之人。第二十篇《尧曰》里讲"朕躬有罪，无以万方"，"万方有罪，罪在朕躬"，就是这个道理。万方的人有罪都是因为统治者没治理好，不怪百姓，只怪统治者。由此我们也应该想到，子女出了问题，父母应该多反省是不是自己的教育方式出了问题；学生出了问题，老师应先反省是不是自己的教学出了问题。

◎ 子贡曰："纣之不善,不如是之甚也。是以君子恶居下流,天下之恶皆归焉。"

子贡说,商纣王的不善,不像我们说的这么厉害——商纣王果然坏,也没有我们说的这么坏。商纣王为什么没有这么坏而被说得这样坏呢?因为一个人变坏以后,什么污泥浊水都会往他身上泼。一个人平时没事的时候,你好我好他也好,一旦出了什么事,大家都出来说他,这个人就是坏啊,他这里坏,那里坏,他不坏都坏了,这就叫"不如是之甚也"。这话说得很深刻,世间的人就是这样子,一旦别人出了事,就什么污水都往他身上泼。曾子讲,君子不要去"居下流"。下流就是下游,因为水都往下流,也就是说君子不要去做损坏自己名誉的坏事,一旦做了,一切坏事、恶名都会加在你的头上。这一方面说明了世态炎凉,另一方面,也说明了要尽量避免做不好的事。

◎ 子贡曰："君子之过也,如日月之食焉:过也,人皆见之;更也,人皆仰之。"

子贡说,君子的过错,像日食和月食一样,犯错误的时候人人都看得见,改正以后人人都仰望他。君子本身是很好的人了,所以但凡犯点错误,人家就容易看到,但是当你改了,人们就会更加敬仰你这个君子。这句说明君子是随时被大家关注着的,一言一行、一举一动都在众人眼里,更不可以不谨慎认真。

◎ 卫公孙朝问于子贡曰："仲尼焉学?"子贡曰:"文武之道,未坠于地,在人。贤者识其大者,不贤者识其小者,莫不有文武之道焉。夫子焉不学?而亦何常师之有?"

以下这几段都是子贡在称赞孔子。孔子弟子中若论聪慧,颜回之外就数子贡,子贡非常敬仰孔子的人格学问,所以从子贡的话中我们也可以进一步认识与理解孔子。卫国的大夫公孙朝问子贡,孔子从哪里学到那么多学问呢?子贡说,周文王、周武王的大道没有断绝,还在人间流传,贤德的人能认识它的根本,不贤德的人只能了解它的末节,无处不有文王、武王之道。我们老师孔夫子什么不学呢?他又何必有固定的老师呢?这段是子贡在讲孔子学问的来源。文武之道只是代指,代指孔子以前的一切圣王之道。孔子学什么?就是学先王之道,而且孔子没有固定的老师,只要是有所长的人他都学,这就是前面讲的向群体学习。相传孔子曾问礼于老子、访乐于苌弘、问官于郯子、学琴于师襄。这也是为什么孔子能学集大成,成为他那个时代最博学的人的原因吧。子贡向我们透露了孔子之学,一方面是对先王圣贤之道的传承,一方面是对历史文化的继承,孔子是既有道又有学。

🌀　叔孙武叔语大夫于朝曰："子贡贤于仲尼。"子服景伯以告子贡。子贡曰："譬之宫墙，赐之墙也及肩，窥见室家之好。夫子之墙数仞，不得其门而入，不见宗庙之美，百官之富。得其门者或寡矣。夫子之云，不亦宜乎！"

鲁国的大夫叔孙武叔在朝廷上给大夫们说，子贡比孔子还贤德。大夫子服景伯就把这话告诉了子贡。子贡听了这话以后就说，为什么叔孙武叔会说我比孔子强呢？是因为我的学问少，大家一眼就看到了，所以说我好；夫子的学问太高，太深远，一般的人看不懂，所以觉得不好。"譬"就是比如，"宫墙"，这里指围墙。就好比围墙，我子贡的围墙很矮，只达到肩膀，所以人家一眼就看到围墙里边房屋很美。可是我们老师的围墙太高了，有数仞之高，七尺为一仞，一般的人连门都摸不到，当然就更不能看到围墙里边宗庙屋宇的壮观美丽。"百官"指大户人家内管理事务的机构，只有大户人家才有祭祀的宗庙与管事的百官，这哪是小户人家的室家可比。这里子贡是用大户与小家来比喻道德学问的差别。只有智慧才能认识智慧。夫子之学太高，所以曲高和寡，子贡这个话是有道理的。"夫子之云，不亦宜乎"，这个"夫子"指叔孙武叔，叔孙武叔说的话不也是应该的吗？因为夫子之墙太高，看不见，所以他说我比老师强，这不也是自然的吗？这是子贡解释为什么叔孙武叔会说自己比老师孔子好的原因。这段话深刻地体现了子贡的智慧，体现了子贡对自己与对老师评价的准确与精当。

🌀　叔孙武叔毁仲尼。子贡曰："无以为也，仲尼不可毁也。他人之贤者，丘陵也，犹可逾也；仲尼，日月也，无得而逾焉。人虽欲自绝，其何伤于日月乎？多见其不知量也！"

当时有很多人不理解孔子，叔孙武叔也毁谤仲尼。子贡就反驳叔孙武叔说，你不要做这种傻事啊，孔子是毁谤不了的，你不要去做这样的事。其他人的贤德就像一个个山丘一样，是可以跨过去的。孔子的贤德就像天上的日月，哪个人能超越日月呢？有人虽然想自绝于日月，在日月面前自杀，但这对日月又有什么损害呢？只能证明你的不自量力。这是比喻说虽有人要毁谤孔子，但这对孔子又有何伤害？只能看出你自己不知道自己的分量。这句话既反映出子贡对孔子的认识之深，崇敬之甚，更可以看出子贡设喻的巧妙与恰当。子贡对孔子的评价可以说是最全面、深刻、精彩的了。

🌀 陈子禽谓子贡曰:"子为恭也,仲尼岂贤于子乎?"子贡曰:"君子一言以为知,一言以为不知,言不可不慎也。夫子之不可及也,犹天之不可阶而升也。夫子之得邦家者,所谓立之斯立,道之斯行,绥之斯来,动之斯和。其生也荣,其死也哀,如之何其可及也?"

　　最后一段称赞孔子到极点了。陈子禽也是孔子的学生,他对子贡说,你对老师太恭敬了,仲尼难道比你还贤德吗?你看,他叫仲尼,直呼老师的名字,足见对老师的不尊重。这里也看出从古到今,不是所有的弟子都能全面深刻地认识、理解自己的老师的。子贡就批评他说,君子一句话就可以看出他智慧,一句话就可以看出他愚蠢,所以君子说话不可不谨慎。我们老师孔子的境界之不可以达到,就像你不可能拿个楼梯爬得上天一样,哪个人能搭个楼梯爬上天啊。如果我们老师孔子得到天下的话,他一立在那里,大道就立在那里。"道"当引导的"导",孔子往哪里引导,天下苍生就往哪里走。"绥"当"安"讲,孔子要安抚百姓,百姓就从四方来归顺。孔子一行动就能使天下和乐,载歌载舞,这就是孔子的魅力。他生的时候是精神领袖,大家崇敬他,是何等的荣耀;他死的时候,山颓木毁,电闪雷鸣,天地为之动容,是何等的悲哀:一般人怎么能达得到孔子这样的境界呢?子贡这段话既称赞了孔子的不可逾越,更描述了孔子在政治上所能达到的成就,也就是天下大治的美好蓝图,而这种画面正是孔子人格魅力之所至。孔子内圣外王的人格被子贡完整地描绘出来了。颜回去世以后,对孔子认识得最深刻的就是子贡。孔子去世以后,弟子们守孝三年,子贡在孔子的坟旁边修间茅草房住下,一共守了六年,他对孔子认识最深刻,体会最透彻,所以才有这样的师生高谊。颜回、子路都先孔子而死,曾子等人都是小徒弟,跟孔子相处的时间少一些,感情没有这么深。子贡和颜回、子路是早期的弟子,跟随孔子时间最久,理解与情感也最深。

尧曰第二十

《尧曰》是《论语》的最后一篇,画龙点睛,讲出了儒家圣贤代代相传的道统,也就是儒家治国平天下,追求光明的传统。

🌀　尧曰:"咨！尔舜！天之历数在尔躬。允执其中。四海困穷,天禄永终。"舜亦以命禹。曰:"予小子履,敢用玄牡,敢昭告于皇皇后帝:有罪不敢赦。帝臣不蔽,简在帝心。朕躬有罪,无以万方;万方有罪,罪在朕躬。"周有大赉,善人是富。"虽有周亲,不如仁人。百姓有过,在予一人。"谨权量,审法度,修废官,四方之政行焉。兴灭国,继绝世,举逸民,天下之民归心焉。所重:民、食、丧、祭。宽则得众,信则民任焉,敏则有功,公则说。

尧把天下传给舜的时候就说,哎呀,舜啊,帝王相承的次序已传到了你的身上。"咨"是嗟叹之声。"天之历数"就是天受命某人为人间之王的运数。"尔躬",即你的身上。尧告诉舜守天下、治天下的秘诀就是四个字——"允执其中"。"允"就是信,"执"就是拿着,"其"就是它的意思,代指一切事物,"中"就是中道。意思是你要坚信拿着事物的中道,也就是说治理天下的时候一定要行中道,要不偏不倚,秉公办事。只有这样天下才会太平,江山才能巩固。如果你不行中道,天下就会困穷,到那个时候天给你的王位就永远终结了。"允执其中"这四个字是我们大中华立国之本,也是历代圣贤相传之心法。尧、舜、禹、汤、文、武、周公,直至孔子,传的都是这个允执其中之道。允执其中四个字说起来容易,行起来并不容易,所以舜在传给禹的时候,就把这四字诀变成了十六字诀。《尚书·大禹谟》里记载了这十六字诀:"人心惟危,道心惟微,惟精惟一,允执厥中。"意思是人心是很危险的,因为人心有欲望,人心有恶念,人心时时刻刻受到私欲的牵引,难以觉解人生宇宙之道。而人的向道之心又是很微弱的,不向道就更无法觉悟,无法见到光明。只有守住不偏不倚、精纯不二的本心,才能允执厥中,才能把握宇宙的中道。商朝开国之君商汤在祭祀天地的时候也说,我小子履,大胆地用黑色的公牛来祭祀天地,向伟大的天帝祷告。"履"是商汤的名字,"予小子履"是祭天地时自称,亦即天帝的儿子。"敢用",即大胆地用。"牡"指公牛。"玄"指黑色。"玄牡"即黑色公牛。因夏朝崇尚黑色,商汤当时还未改夏礼,所以仍用黑牛。"皇皇"指伟大。"后帝"即天帝。祷告什么呢?祷告夏朝的旧臣有罪,我不敢不听天命私自赦免他们,天帝你为我选的贤臣,我不会隐蔽他们的才能,我会让他们人尽其才,天下一切的事情都在你天帝的掌握之中,在你天帝的心中,你什么都知晓。"帝臣"即天帝之臣,即谦指我手下的臣子都是你天帝为我选定的。"不蔽",即不隐蔽他们的才能。"简"即知道。"简在帝心",即一切事情天帝心中都明了。商汤说,如果我天子有罪的话,不要怪罪到天下万方的黎民百姓;如果天下万方有罪,都归在我天子一人头上,因为万方有过错,都是我天子没治理好。"朕躬"指我自己。古时候无论贵贱都可自称朕,秦始皇以后才定朕为皇帝专用。这段话体现了儒家圣王薄责于人而厚责于己的崇高情怀。讲了商汤以后紧接着又讲周武王。"赉"读 lài,当赏赐讲。周武王克商以后,大赏天下,分封诸侯,凡是善人都富贵起来了。"周亲"即至亲。这句话的意思是商纣王虽有许多至亲,但不如周武王有许多仁人志士。因为商纣王任人唯亲,周武王是任人唯贤。只有任人唯贤才能把天下家国治理好。正是由于武王任人唯贤,所以凡是有德的善人都富且贵了。武王又说老百姓有过错,都在我一个人身上。接下来孔子又讲了治天下之道。孔子说,第一要谨慎地对待"权量",权是秤砣,量是斗斛,权量就是指度量衡。治天下首先要严谨度量衡,所以秦始皇得天下第一件事就是统一度量衡,否则这个地方 50 克为一两,那个地方 80 克为一两,另一个地方 90 克为一两,天下怎么交流呢?天下不能统一。第二是要审察礼法制度,只有礼法制度明晰了,社会才有序,人民才知什么能做,什么不能做。第三是将废坏的官职重新修立,恢复起来。官职健全了,对各项社会事务才能有条不紊地进行管理。做到了谨权量、审法度、修废官,然后政令才能够畅通无阻地通行于四方。另外还要恢复灭亡的国家。何谓灭国呢?灭国就是已经灭亡的朝代,如周朝之前的商朝、夏朝,及更早前的舜帝、尧帝、黄帝之世。兴灭国就是分封这些灭亡朝代的后代,继绝世就是让已断绝了后人的昔日诸侯重新立起继承人。绝世指有爵位有土地而无继承人的昔日诸侯。要举用隐逸在野的贤人,逸民指散在民间未做官的贤人,举逸民则是要将这些贤人举荐出来,授之官爵,使之为国出力。做到了兴灭国、继绝世、举逸民,足见统治者之仁厚,那么天下的人自然真心归顺。能够政令畅通,人心归顺,必定政通人和,海清河宴,遐迩一体,天下大治。孔子还讲了治天下最应重视的几个问题:第一是民众,第二是粮食,第三是丧葬,第四是祭祀。重视民众，反映了儒家民为贵的思想，政府是为人民办事的，粮食又是民众安居乐业的根本，民以食为天，用今天的话来说，即解决人民的温饱问题。祭、丧是培养纯朴民风的重要手段，因为只有慎终追远才能民德归厚。另外为政者要宽厚，才能得到民众的拥护，守信用，才能被民众信任，你这个政府为政勤敏才有功绩，为政公平，百姓才会心悦诚服。这一段集中讲了儒家治国平天下之道，并历数了尧、舜、禹、汤、武王，直至孔子代代相传之治国心法，也展现了儒家圣贤的道统。所谓道统就是大道相传的传统，也即历代圣贤治国平天下所共同遵循的准则，这个准则就是允执厥中，公正爱民。

子张问于孔子曰："何如斯可以从政矣？"子曰："尊五美，屏四恶，斯可以从政矣。"子张曰："何谓五美？"子曰："君子惠而不费，劳而不怨，欲而不贪，泰而不骄，威而不猛。"子张曰："何谓惠而不费？"子曰："因民之所利而利之，斯不亦惠而不费乎？择可劳而劳之，又谁怨？欲仁而得仁，又焉贪？君子无众寡，无小大，无敢慢，斯不亦泰而不骄乎？君子正其衣冠，尊其瞻视，俨然人望而畏之，斯不亦威而不猛乎？"子张曰："何谓四恶？"子曰："不教而杀谓之虐；不戒视成谓之暴；慢令致期谓之贼；犹之与人也，出纳之吝，谓之有司。"

子张问孔子怎么样才能管理政事呢？孔子讲有两大点：第一要尊重五种美德，第二要摒除四种恶行。"屏"同"摒"，表示排除。子张问什么是五美。孔子说，当政者给老百姓恩惠但自己又不耗费；让百姓去劳动，百姓又不埋怨；追求仁德，又无所贪求；庄重而不傲慢；威严却不凶猛。子张又问，什么叫惠而不费呢？孔子回答，根据老百姓的有利条件而给他们利益，这不就是给民众恩惠而不耗费吗？"因"当根据讲。比如这个地区多湖泊溪流，就引导这个地区的人民养鱼；这个地区多山地，就引导这个地区的人民栽种果树。这些地区的人民合理利用自己的有利条件致富了，而政府并不耗费太大的财力，这就是因民之利而利之。什么又叫劳而不怨呢？选择老百姓可以劳动的去让他们劳动，又有谁会怨恨呢？这个选择是多方面的，比如选择农闲时间叫百姓去修水利，去服劳役，百姓就不会埋怨。选择百姓很想做的事让他们劳动，比如这个地方长年累月都没有好路，政府就组织这里的人去修路。修路是人们盼望已久的，政府组织他们做这样的劳动，他们自然不会怨恨，这就叫择其可劳而劳之。什么叫欲而不贪呢？想得到仁就得到仁，又贪图什么呢？求仁德就乐天知命，知足常乐，还有什么可贪的。什么叫泰而不骄呢？为政者不管人多人少，不管地位尊卑，都不敢怠慢，这不就是泰而不骄吗？为政者能心存平等，一视同仁，则自然庄重，不傲慢。什么叫威而不猛呢？为政者端正自己的帽子，整齐自己的衣裳，使自己的目光严肃，这不就是威严而不凶猛吗？所以为政者的仪容相貌是很重要的。子张再问，什么是四恶？孔子说，第一，不教化民众，让他们犯罪而杀掉他们就是虐。"虐"就是残酷不仁。所以对老百姓，首先是要教化，刑罚是其次又其次的事，教化是本，刑罚是末。第二，预先不告诫，临时要检查成功没有，就是暴，仓促没有余地即是粗暴。比如修一个工程，事先并未说要求什么时候完工，但突然一天来检查完工没有，就是粗暴。第三，开始下命令好像不急，但要到时间了又像很急迫，完不成则要受罚，就叫贼。"贼"即迫害。好比考试的时候，开始监考老师说不要紧，大家慢慢做，不要急，三小时以后才交卷。过了一个小时，监考老师就说收卷子了，不准做了，马上收，不交就作废，这就是害人。第四，至于说给人财物，凡是必须要给的就给，不要在出纳的时候显出吝啬的样子，不然就像有司一样。有司这里指小气，为政者不应在当拿的财物上显出小气。这一段是孔子比较系统全面地给子张讲的为政之道。前一段讲孔子及孔子以前历代圣王的为政之道是承上，这一段孔子给弟子讲为政之道是启下，两段合起来则是承上启下，讲了孔子以前、孔子以后儒家一以贯之的为政之道，也集中展现了儒家的政治主张，这两段放在《论语》的最后一篇，可谓提纲挈领，画龙点睛。

子曰："不知命，无以为君子也。不知礼，无以立也。不知言，无以知人也。"

这一句是和"学而时习之"相配合的。不知命，一个人就不能为君子。孔子说，不懂得天命就不足以成为君子，不懂礼则无以立于天地之间，不懂得别人说的话就不能了解别人。什么是天命？人所不能决定的事，比如你出生的时间、地点，你的父母，你的美丑高矮，你的家庭，你的寿命，你生什么病等，这些都是人所不能选择和决定的，只有知道了命运这些不由人决定的因素，我们才能真正不被命运所累，一切成败得失、穷达荣辱、生老病死才不会困扰我们的心，我们才能听其自然，乐天知命，知足常乐。但知命并不是让我们消极地对待人生，而是以更积极的态度面对人生。因为知命，我们知道一切事情的结果都有天命决定，所以我们不再为结果烦恼，我们只需重视每一样事情的过程，竭尽全力，尽自己本分，就不会后悔。一切结果有天定，我们也就无怨无悔，我们才能坦然面对人生。比如对我们的健康，我们尽力做到生活规律，劳逸结合，适当锻炼，心情舒畅，即使生病了，我们也不后悔，因为我们尽力了。如此我们能够生顺死安，安详自在，对一切事情都可以平和对待，这就是真正的君子了。礼，前面讲过是根据天道制定出来的人的行为规范，人只要按照这些规范去行动，每样行为都符合天道，自然

不知命無以為君子

故鄉重慶有九十六歲大
居士賀嘉寅老先生儒
釋道醫無不精通慈
悲豁達知命樂天
共龢國五十八年暮
春李里客於蓉城

不知命，无以为君子。故乡重庆有九十六岁大居士贺嘉寅老先生，儒、释、道、医，无不精通，慈悲豁达，知命乐天。共和国五十八年暮春，李里客于蓉城。

也就能堂堂正正立于天地之间,做个真正的人了。不知礼,不按礼行动,衣食住行都与天道不合,也就无法立于天地之间了。言为心声,语言是心灵的声音,人与人交往最重要的是说话,通过说话,我们大概就可以辨别这个人的思想、情操、境界。当然语言有真伪,这就贵在能辨。怎么辨?必须自己有智慧,有德行,有操守,如此则不管什么语言都能辨。能辨其语言则自然能识别人。能知命则能安贫乐道,能知礼则能立身做人,能知言则能与人交往。《尧曰》篇开篇两段讲治国平天下之道,但达到国治天下平的根本还是每个人自身的净化与完成,所以最后一句还是落脚到个人的完成。《论语》开篇第一句就是"学而时习之",学什么,结尾三句点明了:学知命,学知礼,学知言。

　　《尧曰》是整部《论语》的结尾,非常重要,与《学而》、《乡党》、《先进》,并列为《论语》的精要。《学而》讲为学的重要;《乡党》讲学之目的在行,讲日用行常的重要;《先进》讲教化的重要;《尧曰》则讲为政的重要。这四篇合起来就总括了孔子的全部思想:学、行、教、治,学圣人之道,行圣人之道,教圣人之道,以圣人之道治天下。学、行在己,是完成自己的过程,教、治在人,是化成天下的过程。故《论语》上半部重在成己,下半部重在成人,成己成人然后天下大同,这是孔子的全部追求。

一百零二岁刘克生先生手书勘误表

《论语大义》勘误表

页次	行次	误	正	备注
1	18	十月	八月	
3	倒5	名	明	
4	9	遂	邃	以下同
5	5	芦	庐	
8	倒7	只	用	
"	7	径	胫	
"	10	但	旦	
14	1	厨	除	
21	19	西可	亦可	
24	17	昂	昂	
"	19	花儿	花木	
25	18	窈窈	窕窈	
26	10	宽	广	
28	10	修	惰	104页8行同 以下同
30	倒14	份	分	
32	倒6	东土	西天	
36	22	淑	漱	以下同
38	22	孟子	《诗经》	
39	18	奉	俸	
40	20	龍文	不文	
44	倒14	安祥	安详	以下同

-1-

页次	行次	误	正	备注
52	10、18	敝	蔽	
67	17	礼	理	
69	倒13	纳	讷	93页7行同
70	倒9	继往	既往	
79	1	自己自己	自己	
80	倒3	礼	视	
81	2	封的候	封的子	
82	倒8	拨	拔	
″	21	陕西	山西	？
83	倒9	待	侍	
91	15	老子	《左传》	？
101	倒13	祥	详	
102	倒12	徒	徙	
108	11	如	如也	
″	倒5	以以学	以学	
112	倒11	网	纲	
123	倒13	谱	僭	
″	倒21	籍	籍	
124	倒13	义	羲	
125	倒4	翼睦	翼畦	
137	倒5	藏	藏	
139	倒16	藏	藏	
143	6	份	分	

写在后面

　　《〈论语〉讲义》即将付梓了，这是我外孙李里数年来讲学《论语》的一次小结。李里在成都川音美院任教时即给学生义务宣讲《论语》，此后又在西安理工学院、重庆华岩寺佛学院任教时讲《论语》，近年来更多次在四川省社科院、四川师范大学、成都文殊院等处宣讲《论语》，深受大众欢迎。现在他把《〈论语〉讲义》录音整理成册，以谢听众，并飨读者。他能宣讲《论语》并整理成书，这是我始料不及的。在他孩提时，家人以为他只能往绘画方面发展。谁知在他六七岁时，一次我老家来人，将我家藏的《论语》、《左传》、《康熙字典》等书带来了。一天，我忽然看见他手持《论语》，在家得意洋洋地走进走出。当时我还笑他："你这点大，懂也不懂，拿在手里装潢自己吗？"他笑而不答，以后仍我行我素。那时我们也未在意，只以为小孩好奇，玩玩而已。孰料随着时间的推移，因无缘进入从小爱好的美术殿堂，他学了中文，且对中国传统文化情有独钟。后来我才得知，很小时他就曾向我与他外公的同窗，擅长古文的何世森爷爷请教过《论语》。他从小喜欢读书，各类书籍都喜欢浏览，常把平时积攒下来的零花钱拿来买各类书籍，特别是古典文学书，像二十五史这类大部头也不惜"重金"购买（在当时他的藏书中，这算够贵的了）。当然他父母也支持他买书。所以在十几岁时，他已贮藏了满满几大柜书籍。对这些书，他绝不会让它们闲着，常常手不释卷，很多古文他都能全文背诵。本以为这只是他个人爱好而已，想不到他后来不但自己学国学，还宣讲起国学来了。现在回想起来，是不是他第一次将《论语》拿在手里就种下了这种子呢？

　　近年来，他致力于国学，立志"为往圣继绝学"而辛勤耕耘，各地宣讲。在讲学中尚能结合现实,古为今用,他想把古圣先贤安身立命、齐家治国的至理与美德传承下来,弘扬开去,把中华几千年的灿烂文化发扬光大,为国学的复兴,为构建和谐社会尽一点绵薄之力。尽管他教学繁忙,时间紧迫,但他仍不辞辛劳奔赴各地讲学。凡向他求教者,他都满腔热忱地把自己的心得体会拿来与人交流,并征询意见,改进教学。见到这些,我深深地为我的孙儿感到高兴。

李里还很年轻,学识有限,经验不足。《〈论语〉讲义》虽然付梓了,但难免有不当和疏漏之处,现在公之于众,尚望读者提出宝贵意见。

八十二岁苏应萱于二零零七年春节

我与《〈论语〉讲义》

　　孟春三月，桃花盛开，《〈论语〉讲义》，基本杀青。一年来，为此书尽快脱稿，我既做儿子的"生活秘书"又兼任其"工作秘书"，每天如打仗般忙碌。如今书成付梓，我长舒一口气，借儿子要我为此书撰文之际，一则梳理自己之退休生活，一则也捋捋自己与《〈论语〉讲义》之关系。

　　我于2005年6月退休，8月为照顾儿子生活并助其做点工作，扔下他父亲独在重庆便来到了成都。孰知来蓉后，儿子情况日变。尤自央视《面对面》栏目播出其专访后，他社会事务日增。媒体相继采访，观众信件数百。慕名上门拜访、求学、求医人员有之，全国各大专院校、机关、团体、企业请讲学有之，而他自己教学任务在身，书稿《国学通观》亦正紧张写作。对此书，关爱他的亲人师长、关心他的领导朋友、全国热爱国学之读者纷纷寄予厚望，殷殷期盼其早日问世。但以此书容量和他目前状况，该书断不能短期内与读者谋面。为飨读者，出版《〈论语〉讲义》便成为全家关注的重要工作。

　　2005年底，儿子第五遍义务为民众讲完《论语》。因他的讲课精彩独到，最后一遍做了全程录音。2006年3月儿子助手着手将录音转换成文字。由于儿子讲课从不带片纸只字，全为现场发挥。虽众人皆夸他天资聪颖、记忆力超群、出口成章，课讲得极好，但其中的重复、啰唆、不准确，甚至错误之处在所难免，为此该书的后续修改整理任务十分繁重。儿子太忙，他将第一遍初步校对修整工作交于我，以助他一臂之力。去年6月，文稿陆续出来，我在半天学校上班，半天做家务及接听有时甚至应接不暇之电话、安排协调儿子各地讲座时间、登记来信来访、接待来人来客之隙，开始对照原文，将其中自认为不通顺、不准确、不合逻辑，甚至与原文不太吻合等处进行修改整理，并做错别字初步校对之工作。

　　《论语》，我学中文时有所接触，对其中脍炙人口之名句也略有记忆。来蓉后耳濡目染,更增了解。此次通过校整全书,更是眼界大开。对其丰富内容、深厚人文内涵及儒家理论有了较全面认识。不仅明白其为何为儒家经典,更明白了它在指导人们处理好人与天、人与人、人与心、人与身四组关系并进而成为身心快乐之人、道德高尚之人、有益于社会之人等方面的"超时空、永恒性价值"。虽自认为对儿子了解十分,但仍惊叹他何时对国学知识懂得这么多?对圣人的微言大义如何体会得这样深?讲课中的绘声绘色、深入浅出令我赞叹,结合文字学解经典之手法更让我服膺。而最难能可贵的是他把《论语》中那些人们早已耳熟能详并自认为明白,但实则只知其然而不知其所以然,甚至连然都未必清楚的一些内容之深意作出了新的诠释,确实讲出了《论语》的微言大义,让普通民众亦能从中获益,并通过听课获得身心之极大愉悦,儿子真让母亲刮目相看了!

我整理本书时获益匪浅,也望书成后广大读者喜爱。基于此,渴望《〈论语〉讲义》早日问世之心更急。但因家务和杂务缠身,每日我时间有限,几天无法开工之情形常有,故整理速度很慢。除周末可多做,平日只能完成很少一点。唯暑期儿子父亲来蓉分担了大量家务,我方有较多时间工作。时天气闷热异常,我则全身心投入,工作有较大进展,前十章一鼓作气校完。然此况只十余天,暑假未完,我又陪儿子外地讲学,送侄儿威海读书,校阅之事暂停,直至10月下旬,才重新开始。又经两月辛苦劳作,至12月初,第一遍校整基本完成。此书迟迟不能付梓,一段时间以来总觉一块石头沉甸甸于心,致使后半部校整比前粗糙许多,其中问题只好留待儿子自己修改。12月底,儿子开始反复对文稿全面修改整理,修改后是否还有问题及错别字等,又让我再给他把关。于是这边修改稿出来,那边我又于忙碌中开始第二遍修改校对。

而今,整个工作结束,《〈论语〉讲义》将付印,我心中石头落地。此书凝聚儿子多年研究国学之心血,我全家亦共同参与,若问世后果能如我所愿,受广大读者喜爱,我和我的家人则心满意足。能吗?我的心忐忑着。

信笔写来,不觉千字有余。借此文检点自己之退休生活,体味个中之酸甜苦辣,忽觉自己虽远离了悠闲,但能照顾帮助儿子,并促使自己老而益学,每日虽忙累,却活得更充实而有意义,于是我心释然。

搁笔抬头窗外,满园桃花正灿然绽开。

黄旬于《〈论语〉讲义》交稿之时

2007 年 3 月

后　记

　　共和国五十八年暮春,《〈论语〉讲义》校毕,诸亲友复劝里自绘插图,里素喜绘画,亦觉图文并行,或增其趣,遂欣然命笔,历月始成。里所绘者乃取《论语》二十篇各篇之一句,并以里之生活及里所熟悉之人事可喻其义者为图,共二十幅。以今人生活绘插图,既增《论语》之亲切感,更知圣人之道,虽历两千五百余岁至于今,仍无不在也。里之讲《论语》乃本朱子集注大义,略辅里之人生体验,且润色以今人易晓之通俗语,流行于间里乡党则可,似难登大雅之堂。然蒙广西师大出版社汤文辉先生不弃,邀刊"讲义",故有是书。而此书更幸得众师长关切,最是蜀中百岁硕儒刘克生老先生,不辞年高,嘉惠后学,将里三十余万言初稿逐字读毕,并工整手书勘误表,复为之序,令里深景崇于老人之崇高人格,感激之情,难以言宣。四川师范大学九十五岁国学大师杜道生老先生为题写书名,匡正其失,使里获益匪浅。恩师四川大学教授美术史论家林木先生素来厚爱,今又百忙中暂弃手中书稿为里作序,里铭感曷深。另为里撰序之广西中医学院教授、经典医学博士刘力红先生及为此书出力之诸亲友,皆深表谢忱。众先生序中于里之褒赞,诚愧难当,唯以自勉励鞭策。他日此书流传,或于圣贤之道普及弘扬有些许贡献,则里又何幸甚至哉。谨以此书为作业,敬呈于里寄殷殷期望之季羡林先生。

共和国五十八年孟夏,李里于西蜀天人轩

重刊后记

　　子曰"质胜文则野",意即内容大于形式则有粗野之病,里之《〈论语〉讲义》正有是疾。何以? 因兹书为讲学录音整理,非如《蒙书讲义》乃笔就墨将、字斟句酌而成。讲学之要,在使闻者易晓,自不惮喻例繁举,言语重复。记录在文,弊在拉杂,与文章简明之要不合。既不合为文之道,必难有辞章之美,此里之长久耿耿于怀者。或曰:"是书能广布闾里乡党,适由其语言之亲切通俗,读其书如亲临讲堂,先生音容谈笑俱在,圣人之道更昭昭然若见,又何患乎言之不文?"聆斯言,稍慰重刊无暇更易之疾。复思古圣贤得意忘言之教,更祈读里书者,但求圣意,不落言筌是幸。而讲义之文质彬彬,将俟诸他年。

共和国六十一年仲春,李里于蓉城东篱居